养禽与禽病防治

主　编　李雪梅　文　平

副主编　唐利军　曹洪志　贺杨海

参　编　蒋增海　易宗容　杨仕群

　　　　阳　刚　李成贤　张晓川

主　审　张平英

北京理工大学出版社

BEIJING INSTITUTE OF TECHNOLOGY PRESS

内容提要

　　本书内容由5个项目19个实训构成，包括种蛋孵化、养禽场管理、养鸡与鸡病防治、养鸭与鸭病防治、养鹅与鹅病防治，将家禽的养、防、检、治融入项目中。每个项目根据工作任务流程和要求设置相关的内容和技能，力求突出职业岗位能力的培养；同时，通过案例导入、知识链接充分调动学生的学习积极性，培育"三农"情怀，落实立德树人的根本任务。

　　本书可作为高等职业院校畜牧兽医专业的教材，也可供同行业从业者参考使用。

图书在版编目（CIP）数据

　　养禽与禽病防治 / 李雪梅，文平主编. -- 北京：
北京理工大学出版社，2025.1.
　　ISBN 978-7-5763-4970-2

　　Ⅰ. S83；S858.3

　　中国国家版本馆CIP数据核字第2025DV9601号

责任编辑：封　雪　　　　　文案编辑：毛慧佳
责任校对：刘亚男　　　　　责任印制：王美丽

出版发行 / 北京理工大学出版社有限责任公司

社　　址 / 北京市丰台区四合庄路6号

邮　　编 / 100070

电　　话 / （010）68914026（教材售后服务热线）
　　　　　　　（010）63726648（课件资源服务热线）

网　　址 / http：//www.bitpress.com.cn

版 印 次 / 2025年1月第1版第1次印刷

印　　刷 / 河北鑫彩博图印刷有限公司

开　　本 / 787 mm×1092 mm　1/16

印　　张 / 20

字　　数 / 440千字

定　　价 / 82.00元

前言

Foreword

　　本书以习近平新时代中国特色社会主义思想为指导，贯彻落实党的二十大报告精神，编写时遵循"理论够用、突出技能"的原则，内容选取贴近行业和职业实际，体现了实用性和先进性，突出了高等职业教育的特色。

　　本书以知识和工作手册共同呈现，反映新知识、新技术、新工艺、新方法，实现课程内容与职业标准对接，提升服务国家产业高质量发展的能力。本书以需求、真实的工作任务为导向，坚持学生本位，构建了"三全育人"的"大思政"格局，特别是农业人才"三农"情怀培育，落实立德树人的根本任务，全面推动"社会主义核心价值观进教材"的理念。

　　全书共分为 5 个项目，内容包括种蛋孵化、养禽场管理、养鸡与鸡病防治、养鸭与鸭病防治、养鹅与鹅病防治。每个项目中都有实训部分，并根据工作任务流程和要求设置相关的内容和技能，力求突出学生职业岗位能力的培养，体现"理实一体化"教学思路。教材注重实际操作，项目后设有技能训练、项目思考和岗证测评，进一步发挥学生的能动性。

　　本书由李雪梅、文平担任主编，由李雪梅统稿，由张平英主审。本书的具体编写分工如下：项目一由李雪梅、贺杨海编写；项目二由李雪梅编写；项目三知识准备一由文平编写，知识准备二由李成贤编写，知识准备三由李雪梅、唐利军、蒋增海编写；项目四知识准备一由张晓川编写，知识准备二由杨仕群、阳刚编写；项目五知识准备一由易宗容编写，知识准备二由曹洪志编写；附录由李雪梅整理。

　　由于编者水平有限，加之时间紧促，书中难免存在疏漏之处，敬请广大读者批评指正。

编　者

目录

Contents

项目一 种蛋孵化

种蛋孵化

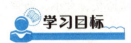 **学习目标**

知识目标

1.掌握种蛋孵化前的处理（种蛋选择、消毒、保存、包装与运输）；

2.了解家禽孵化期，掌握不同胚胎发育阶段的特征；

3.掌握种蛋孵化条件及其控制要求，为种蛋孵化管理打下基础；

4.了解家禽孵化器构造与使用，掌握种蛋孵化过程中的管理与种蛋照检技术；

5.掌握初生雏的分级、雌雄鉴别与免疫接种相关知识。

技能目标

1.能对孵化前的种蛋进行正确处理；

2.学会种蛋胚胎发育不同时期的照蛋特征；

3.能进行种蛋的孵化管理与种蛋照检；

4.能进行初生雏的处理，根据孵化指标评价孵化效果。

素质目标

1.树立正确的生命观；

2.培养操作安全意识和生物安全意识。

案例导入

高温运输引起的孵化失败案例

某养禽场夏天从外地调运种鸡蛋孵化，运用普通车辆运回 10 000 枚种蛋，车程 5 h，室外温度 28～31 ℃，第二天中午上完蛋熏蒸后入孵，7 d 照蛋受精率为 52%，其中死精蛋特别多，远低于受精率 95%，而同一批次留在原场孵化的 7 d 照蛋受精率达 95%。

分析：胚胎剖检时发现，死亡胚胎大部分已开始发育，胚珠很小，有的出现血丝，发育 1～2 d 内死亡。高温运输胚胎发育产生 CO_2 等有害气体不能顺利排出，存放时间长，种蛋在蛋箱内大量放热，产生的有害气体得不到及时排出。胚胎在孵化前已开始发育，熏蒸消毒对胚胎产生不利影响。

知识准备

种蛋的孵化需要选好种蛋和按孵化流程及孵化条件操作，并且做好消毒防疫，才能培育出健康的禽苗。

一、种蛋的管理

（一）种蛋的选择

种蛋的品质对孵化率和雏鸡的质量均有很大的影响，种蛋品质好，供给胚胎发育的各种营养物质丰富，胚胎活力强，从而提高雏鸡及成鸡的成活率。通过从形状、大小、新鲜程度等方面按种蛋要求进行严格选择，把好入孵前第一关。

1. 种蛋选择的标准

（1）种蛋必须来自健康无病的种禽群。种禽未发生过传染病，特别是对受精和孵化有影响的传染病。刚开产种禽的蛋不宜作种用，一般种蛋收集的时间从 25～26 周开始，受精率应在 90% 以上。

（2）种蛋品质应新鲜。种蛋保存时间不超过两周，从鸡蛋产出至入孵的适宜存放期限为 4～7 d，每多存放 1 d 孵化率将下降 1%～3%。新鲜种蛋蛋白浓厚，蛋黄隆起高，蛋黄膜完整，气室较小。

（3）种蛋形状、大小适宜。种蛋形状以卵圆形为宜，蛋形指数为 1.28～1.43，过圆、过长、软壳蛋等不宜作种用。种蛋蛋重应符合品种特征，其范围为标准蛋重的 15%，一般鸡蛋蛋重为 50～65 g，鸭蛋蛋重为 60～80 g。

（4）其他要求。种蛋表面清洁，不含粪便、破蛋液或其他脏物。蛋壳颜色、厚度符合品种特征，无裂纹、沙皮。

2. 种蛋选择方法

在鸡舍内收集蛋时将破损、污染、过小、双黄及畸形等不合格种蛋剔除。送入蛋库后将漏选的不合格种蛋，以及运输中破损的种蛋剔除，在孵化车间孵化前，再进行最后一次不合格蛋的剔除操作。

不合格蛋：脏蛋；双黄蛋；形状明显不规则的畸形蛋，蛋形指数大于 1.43 或小于 1.28 的蛋；有裂缝的蛋、沙壳蛋、薄壳蛋、厚薄不均匀的皱纹蛋、蛋重小于该品种最低标准的种蛋；蛋壳颜色明显不符合该品种特征的种蛋。

（二）种蛋的消毒

1. 种蛋消毒的作用

种蛋产出后在蛋壳表面很容易感染各种微生物，尤其蛋壳污染有粪便时微生物更多。这些微生物在种蛋保存和孵化过程中由于温度、湿度等原因，各种微生物大量繁殖，对种蛋造成污染，影响种蛋的孵化率和雏禽质量。所以，种蛋在保存前和入孵前必须进行各消毒一次，杀灭蛋壳表面的病原微生物，以提高种蛋孵化质量。

2. 种蛋消毒方法

（1）甲醛高锰酸钾熏蒸消毒法。甲醛高锰酸钾熏蒸消毒法对种蛋消毒应用最多，效果最确实。消毒室中每立方米体积药量与消毒方法：高锰酸钾 15 g，福尔马林 30 mL，水 30 mL，密闭熏蒸 20 ~ 30 min，消毒时温度保持 24 ~ 27 ℃，相对湿度 70% ~ 80%。消毒操作程序：用容积较大的陶瓷盘，至少是福尔马林用量的 5 倍以上，先倒入水和高锰酸钾，最后倒入福尔马林，消毒完毕后应及时冲洗陶瓷盘。注意不要伤及皮肤和眼睛，福尔马林挥发性很强，应随用随取。消毒结束后一定要排净甲醛气体；严禁消毒入孵 24 ~ 96 h 的胚蛋；容器可用陶瓷或玻璃容器，容器应足够大，避免火源。

（2）其他消毒法。新洁尔灭消毒法：新洁尔灭为无色或淡黄色液体，无刺激和腐蚀。0.1% 浓度浸泡 1 ~ 3 min 进行种蛋消毒，也可进行喷雾消毒。

高锰酸钾消毒法：0.5% 高锰酸钾溶液浸泡种蛋 0.5 ~ 1 min 进行消毒。

氯消毒法：将种蛋浸入含有活性氯 15% 的漂白粉溶液中 3 min，取出尽快晾干装盘。

（三）种蛋的保存

受精种蛋在母禽输卵管内已进行胚胎发育，因此，种蛋产出到入孵这段时间应注意种蛋的保存，防止因种蛋保存不当降低孵化率。

1. 贮蛋库要求

贮蛋库要求为无窗式的密闭房间，保温和隔热效果良好，配备恒温控制冷暖设备和湿度自动控制器。

2. 适宜的温度和湿度

鸡胚发育的临界温度为 23.9 ℃，保存中温度超过 23.9 ℃胚胎会开始发育，在孵化时会因胚胎老化而死亡。种蛋保存在一周内，15 ~ 17 ℃；保存在 1 ~ 2 周，12 ~ 14 ℃；两周以上，10.5 ℃；如果种蛋存放时间在 24 h 范围内的则无须存入空调室。种蛋保存相对湿度控制在 75% ~ 80% 为宜。

3. 种蛋放置位置

种蛋贮藏 10 d 内，以蛋的锐端向上放置为宜。种蛋保存超过一周，应注意翻蛋，防止胚胎与蛋壳粘连，以免胚胎在早期死亡。

实践证明，从鸡蛋产出至入孵的适宜存放期限为 4 ~ 7 d，每多存放 24 h，孵化率将降低 1% ~ 3%。

（四）种蛋的包装与运输

1. 包装

种蛋应采用规格化的专用种蛋包装箱进行包装，蛋箱要结实，有有一定的承重力，蛋托最好是纸质的。包装好的种蛋在蛋箱外要注明种蛋、防震、易碎等标记，印上种养禽场名称及许可证标号并开具检疫合格证。

2. 运输要求

运输过程中要求快速、平稳安全，防震动。运输过程中应注意保温防潮，并做好通风换气的措施。不当的运输可造成破壳、裂纹或使种蛋系带松弛，降低孵化率。

二、种蛋胚胎发育

（一）蛋的结构与形成

蛋的构造由内到外依次为胚珠或胚盘、卵黄、蛋白、内外蛋壳膜和蛋壳。产蛋母鸡的左侧输卵管为长而盘旋的导管，占据腹腔左侧的大部，管壁密布血管，富有弹性，适应由卵黄到蛋的形成过程中的巨大变化，右侧的卵巢和输卵管在出壳时已退化，仅留痕迹。蛋是在母禽的卵巢和输卵管中形成的。卵巢产生成熟的卵细胞，输卵管则在卵细胞外面依次形成蛋白、蛋壳膜和蛋壳。

输卵管由漏斗部、膨大部、峡部、子宫和阴道组成：

（1）漏斗部（又称喇叭部或伞部）。漏斗部为伞状薄膜结构，靠近卵巢，呈游离状态，为输卵管的入口，其边缘薄而不整齐，产蛋期长 3 ～ 10 cm，在排卵前后做波浪式蠕动，接受卵巢的排卵。漏斗部有精子贮存其中，卵子在漏斗部与精子相遇即发生受精作用。卵子在漏斗部停留约 20 min。

（2）膨大部。膨大部是输卵管最大并弯曲的一段，长 30 ～ 50 cm，密布管状腺、单细胞腺，可分泌浓蛋白、稀蛋白将卵黄包裹，形成卵黄系带和浓稀不同的蛋白层。卵子通过膨大部约需 3 h，靠膨大部蠕动促使其进入峡部。

（3）峡部。峡部为输卵管短窄的一段，长约 10 cm，卵子进入峡部后形成内外蛋壳膜，二膜互相粘连，仅在蛋的大端分开，形成气室，逐渐成为椭圆形的软蛋。该过程约需 70 min。

（4）子宫。前方窄短与峡部衔接，长 10 ～ 12 cm。蛋在其中停留约 19 h 以形成蛋壳，其间并有水分和盐类加入蛋白中。蛋壳的色素在产蛋前 5 h 形成，临产时分泌一层胶护膜，使蛋润滑，以利于产出，并保护蛋免受微生物的侵袭。

（5）阴道。以括约肌为界限区分子宫和阴道，其长度为 10 ～ 12 cm，开口于泄殖腔背壁的左侧，其功能与蛋的排出有关。

母鸡的卵巢含有许多直径 1 ～ 35 mm 的卵泡，其肉眼可见数为 1 000 ～ 3 000 个，高产鸡的更多。卵泡的生长和成熟是由垂体分泌的促卵泡素引起的。卵巢上每一个卵泡包含一个卵子，在排卵前经 9 ～ 10 d 达到成熟。卵泡成熟排出卵黄后，立即被输卵管喇叭部纳入，约经 18 min，进入蛋白分泌部（也称膨大部），因机械旋转，引起这层浓蛋白扭转而形成系带。卵在蛋白分泌部停留约 3 h，蛋白分泌部的蠕动，促使包有蛋白的卵进入峡部（管腰部），在此处分泌形成内外蛋壳膜。卵进入子宫部，存留 18 ～ 20 h，由于渗入子宫液，使蛋白的重量增加一倍；同时，使蛋壳膜鼓胀而形成蛋的形状。一个蛋的形成时间需 24 ～ 26 h。产蛋后一般需经 0.5 h 左右才会再次排卵。多数母鸡在上午产蛋，如最后一次产蛋是在下午 3 时左右，次日一般停产。现代优良蛋用鸡每只每年的产蛋量为 260～280 枚。

（二）家禽的孵化期与影响因素

1. 家禽的孵化期

家禽孵化期是指家禽胚胎在孵化过程中发育的时期。各种家禽的孵化期见表 1-1。

表1-1　各种家禽的孵化期

家禽种类	孵化期/d
鸡	21
鸭	28
鹅	30～31
番鸭	33～35
火鸡	28
山鸡	24
鹌鹑	17～18
鸽	18
鸵鸟	42

2. 影响孵化期的因素

孵化期与种蛋的来源、大小、保存时间、孵化时温度等有关。蛋用型家禽的孵化期稍短，兼用型和肉用型稍长；近亲繁殖所产的种蛋孵化期延长，出雏不一致；种蛋保存时间长，则孵化期延长；孵化温度高，孵化期缩短；孵化温度低，孵化期延长。

孵化期过长或过短对孵化率和雏禽品质都有不良影响。

（三）胚胎发育

1. 蛋形成过程中胚胎的发育

成熟的卵子进入输卵管伞部完成受精后开始发育。胚胎在蛋形成过程中不断分裂，形成一个多细胞的胚盘，胚盘为红色的圆盘状，分为明区和暗区两个部分。明区是胚盘中央较透明的部分，由内、外两个胚层组成；暗区是胚盘周围较厚的不透明区。种蛋产出后，因外界温度下降，低于胚胎发育的临界温度（23.9 ℃以下），胚胎发育停止。

未受精蛋产出后在蛋黄表面形成一白色小点，称为胚珠，未受精蛋没有胚胎发育。

2. 胚胎在孵化过程中的发育

种蛋入孵后，胚胎开始第二阶段发育，在内、外两个胚层之间很快形成中胚层。这三个胚层最终发育形成家禽的各种组织器官，其中外胚层发育形成家禽的羽毛、皮肤、喙、趾、神经系统，中胚层发育形成肌肉、骨骼、生殖器官、血液循环系统、消化系统和结缔组织，内胚层发育形成家禽的呼吸系统上皮、消化器官、内分泌器官和其他内脏。

胚胎体外发育大体分以下四个阶段，以鸡为例：入孵 1～4 d 为内部器官发育阶段；入孵 5～14 d 为外部器官形成阶段；入孵 15～19 d 为胚胎生长阶段；入孵 19～21 d 为出雏阶段。

鸡、鸭、鹅胚胎发育不同日龄的主要形态特征见表1-2。

表1-2 鸡、鸭、鹅胚胎发育不同日龄的主要形态特征

胚龄/d			胚胎发育的主要形态特征	照蛋特征（俗称）
鸡	鸭	鹅		
1	1～1.5	1～2	"血岛"胚盘边	鱼眼珠
2	2.5～3	3～3.5	心脏开始动	樱桃珠
3	4	4.5～5	尿囊现，胚血蚊子见	蚊虫珠
4	5～5.5	5.5～6	头、尾出，像只小蜘蛛	小蜘蛛
5	6～6.5	7～7.5	公母辨，明显黑眼点	单珠
6	7～7.5	8～8.5	喙基出，头躯像双珠	双珠
7	8～8.5	9～9.5	出现明显鸟类特征，胚沉羊水里	沉
8	9～9.5	10～10.5	显现肋、肝、肺，羊水胚浮游	浮
9	10.5～11.5	11.5～12.5	软骨硬，尿囊已串筋	发边
10～10.5	13～14	15～16	龙骨突，尿囊已合拢，体躯生出羽毛	合拢
11	15	17	背毛齐，血管相加深	血管加粗
12	16	18	身毛齐，胃肠作用起（蛋白吸收）	
13	17～17.5	19～19.5	筋骨全，蛋白进羊腔，头长绒毛	头长绒毛
14	18～18.5	20～21	全身覆盖被毛，胚胎位置变	全身被毛
15	19～19.5	22～22.5	翅形成，胫趾生硬磷	眼睑闭合
16	20	23	显冠髯，蛋白快输完	胚体加大
17	20.5～21	23.5～24	蛋白空，小头门已封	封门
18	22～23	25～26	气室斜，头弯右翅下	斜口
19	24.5～25	27.5～28	闪毛起，雏叫肺呼吸	闪毛
20	25.5～27	28.5～30	破壳多，蛋黄腹腔缩	起嘴
21	27.5～28	30.5～31	出壳	孵化结束

3. 胎膜的形成与功能

胚胎发育的同时，形成四种胚外膜，即羊膜、绒毛膜、卵黄囊膜、尿囊膜。

（1）羊膜和绒毛膜。羊膜在孵化 30～33 h 出现，第 4～第 5 天形成羊膜腔包围胚胎。羊膜表面没有血管，只有平滑肌纤维，能够有规律地收缩，同时羊膜腔内充满羊水，可起到平衡压力、保护胚胎免受震动、防止胚胎粘连的作用。绒毛膜又称浆膜，透明而无血管，后期与尿囊结合形成尿囊浆膜，其作用是包围胚胎、胚外膜、蛋内容物。

（2）卵黄囊膜。孵化第 2 天出现，第 9 天包围整个卵黄表面。作用：胚胎的营养器官；早期胚胎的呼吸和造血器官。雏鸡出壳时，卵黄囊和剩余未被利用的蛋黄一起被胚胎吸入腹腔，一般于出壳后 1 周全部被雏禽吸收。

（3）尿囊膜。孵化第 2 天出现，第 10 天包围整个胚胎内容物并在蛋的锐端合拢。血管丰富，构成尿囊血液循环。尿囊膜作用：胚胎的呼吸器官和营养吸收器官，吸收蛋白质和蛋壳上的矿物质；接受胚胎肾脏的排泄物。尿囊到孵化末期逐渐枯萎后连同囊内存留的胚胎代谢产物等残留在蛋壳内。

三、种蛋孵化条件

家禽胚胎发育主要依靠蛋内的营养物质和适宜的外部条件。孵化过程中应根据胚胎发育规律，严格控制孵化条件，才能获得高孵化率和优质雏苗。

（一）温度控制

1. 温度对胚胎发育的影响

温度是影响种蛋孵化质量的最重要因素。胚胎发育时期不同，对孵化温度要求不一样。孵化过程中胚胎自身会产热，因此对种蛋孵化温度的要求会产生影响。孵化初期，胚胎物质代谢水平低，胚胎产热少，需要较高的孵化温度；孵化中期，胚胎物质代谢水平提高，胚胎产热增多，孵化温度可在前期基础上适当降低；孵化后期，胚胎物质代谢水平最高，胚胎大量产热，造成蛋内温度升高，需要较低的孵化温度。孵化初期蛋内温度比孵化机温度高 0.5 ℃左右，孵化末期蛋内温度比孵化机温度高 2～3 ℃，因此孵化温度控制的原则是随胚龄增加逐渐降低孵化温度。孵化温度过高、过低都会影响胚胎发育，甚至引起胚胎死亡。温度过高，虽然胚胎发育加快，出壳时间提前，但弱胚增多，死亡率增高；温度升高到 42 ℃持续 2～3 h，胚胎全部死亡。温度过低，则胚胎发育缓慢，出雏推迟，死亡率增加；温度降低，低于 24 ℃持续 30 h，则胚胎全部死亡。

2. 适宜的孵化温度

（1）变温孵化与整批入孵。整批入孵、整批出雏就是孵化器中一次性将种蛋装满，在孵化过程中不再上蛋，胚蛋集中在同一时间出雏。温度控制采取变温孵化，其孵化温度控制标准见表 1-3。

表1-3　种蛋变温孵化温度控制标准

禽种	室温/℃	不同发育阶段的孵化温度/℃			
鸡	—	1～5 d	6～12 d	13～19 d	20～21 d
	20～25	38.3	38.1	37.8	37.2
	25～30	38.1	37.8	37.5	37.2
鸭	—	1～7 d	8～16 d	17～25 d	26～28 d
	20～25	38.3	38.1	37.8	37.2
	25～30	38.1	37.8	37.5	37.2
鹅	—	1～8 d	9～18 d	19～28 d	29～31 d
	20～25	38.1	37.5	36.9	36.5
	25～30	37.8	37.2	36.7	36.5

（2）分批入孵、分批出雏。分批入孵、分批出雏就是孵化器每隔 5 d 左右上一批种蛋，且新蛋与老蛋交替放置，以便相互调节温度。孵化期结束后，将等待出雏的胚蛋放入出雏器中出雏。这种孵化方式孵化器中有不同发育阶段的种蛋，一般将孵化分为孵化期和出雏期两个阶段，孵化期采取恒温孵化。当孵化室温度为 22 ～ 26 ℃，其孵化温度控制标准：孵化期 1 ～ 19 d，孵化温度 37.8 ℃；出雏期 20 ～ 21 d，出雏温度 37.3 ℃。若孵化过程中室温较低，则孵化温度应提高 0.5 ～ 0.7 ℃；若室温偏高，则孵化温度适当降低 0.2 ～ 0.6 ℃。

3. 孵化温度的调节

孵化过程中应做好孵化温度的记载，根据孵化效果的好坏对孵化温度进行调节。不同季节由于气温高低的差异，孵化温度也应进行适当调整。蛋小，孵化温度可适当降低；蛋大，孵化温度可适当提高，但在出雏期出雏温度要稍降低，以利于胚胎散热。一般白壳种蛋孵化温度稍低于褐壳种蛋、肉用种鸡所产的种蛋。同时，还应根据胚胎发育情况"看胎施温"：若胚胎发育缓慢，则适当提高孵化温度；若胚胎发育过快，则适当降低孵化温度，温度调整范围为 0.2 ～ 0.5 ℃。水禽蛋孵化前期种蛋升温困难，不易达到孵化所需的温度。因此，孵化初期水禽蛋孵化温度应稍高于鸡蛋孵化温度 0.28 ℃。

（二）湿度控制

1. 湿度对胚胎发育的影响

湿度是孵化成功的重要条件之一，适宜的孵化湿度在孵化初期可使胚胎受热均匀，有利于种蛋升温，而孵化后期可使胚胎散热加强，因而有利于胚胎发育与出雏。湿度过低，则蛋内水分蒸发过快；湿度过高，则阻碍蛋内水分正常蒸发。上述两种情况均会影响胚胎气体交换与物质代谢。在湿度和二氧化碳的作用下，蛋壳碳酸钙可部分转化为碳酸氢钙，使蛋壳脆性增强，从而有利于出雏。因此，在孵化后期，特别是出雏期，应适当提高孵化湿度。

2. 适宜的孵化湿度

种蛋整批入孵时可采取"两头高，中间低"的湿度控制方法，即1～7日龄相对湿度为50%～65%，8～18日龄50%～52%，19～21日龄70%～75%；种蛋分批入孵时，孵化期（1～18日龄）相对湿度为60%～65%，出雏期（19～21日龄）相对湿度为70%～75%。孵化湿度是否正常，可用干湿球温度计测定。

（三）通风换气

1. 通风换气的作用

胚胎在发育过程中，不断吸入氧气，呼出二氧化碳，进行气体交换。孵化过程中通风换气可以排除孵化机内胚胎发育过程中产生的二氧化碳，供给胚胎发育所需氧气，有利于胚胎发育。一般要求孵化机内氧气含量达21%，二氧化碳含量为0.5%。当孵化过程中蛋周围空气中二氧化碳含量超出0.5%，孵化率就会下降。但应注意通风换气对孵化器内温度、湿度的影响。在保证正常孵化温度和孵化湿度的前提下，尽量保持孵化过程中良好的通风换气。

2. 通风量的掌握

生产过程中不要经常打开机门，要用通风孔来调整通风量。孵化时保持室内有恒定的新鲜空气流动，一般原则是每10 000枚胚蛋的孵化期需要的空气流量是75 m³/h，即孵化所需的空气流量依胚蛋数量而定。

（四）翻蛋

1. 翻蛋的作用

改变种蛋的孵化位置和角度称为翻蛋。翻蛋的目的是防止胚胎与蛋壳发生粘连而导致胚胎死亡，保证胚胎各部位受热均匀。翻蛋有助于胚胎运动改善胚胎血液循环，保证胎位正常。

2. 翻蛋要求

孵化过程中必须按时翻蛋，尤其是第一周，一般每1～2 h翻蛋一次，每天12～24次。翻蛋的角度以水平位置为标准，前俯后仰各45°适宜，但鹅蛋为60°～70°。翻蛋应"轻、慢、稳"，以防止由于翻蛋而造成蛋壳破裂。鸡蛋入孵18 d后停止翻蛋。翻蛋角度不足会降低孵化率，不同翻蛋处理和翻蛋角度对孵化效果的影响见表1-4和表1-5。

表1-4　不同翻蛋处理的孵化结果

翻蛋处理方式	孵化率/%
整个孵化期都不翻蛋	29
前14 d翻蛋，14 d后不翻蛋	90
1～18 d翻蛋	96

表1-5　翻蛋角度对孵化率的影响

翻蛋角度	40°	60°	90°
受精蛋孵化率/%	69.3	78.9	84.6

（五）凉蛋

1. 凉蛋的作用

凉蛋是水禽蛋孵化的必要条件。凉蛋可以排除孵化器内多余的热量，排除污浊的气体，保持适宜的孵化温度。

鸭、鹅蛋脂肪含量高，中后期产热多；蛋壳和蛋壳膜较厚，胚胎后期散热困难，孵化后期孵化器温度应低于鸡蛋温度 0.56 ℃，并且必须凉蛋以促进胚胎散热。

2. 凉蛋方法

孵化第 15 d 开始，一般是每天上午、下午各凉蛋一次，每次 20 ～ 40 min。凉蛋有两种方法：一种是打开机门放出余热后恢复孵化；另一种是余热多时还可将蛋盘移出孵化器外，使蛋温降至 30 ℃左右再恢复孵化。注意，如果胚胎发育缓慢，则暂停凉蛋。为了降温和增加湿度，可以采用在蛋面喷雾（温水）的方法。

四、孵化器构造与种蛋孵化

（一）孵化器构造与使用

现代孵化器包括孵化器、出雏器两部分，孵化器是种蛋孵化前期、中期发育的场所，出雏器是孵化后期雏禽破壳的场所。一般情况下，将 5 台孵化器与 1 台出雏器组合使用。也有的小型孵化器，孵化、出雏在同一台机器内完成。

孵化器可分为平面孵化器和立体孵化器两大类。现在采用较多的是立体孵化器（图1-1、图1-2）。立体孵化器分为箱式和巷道式。箱式立体孵化器分入孵器和出雏器，容蛋量从几千枚到 2 万枚左右，适用于每年多批次孵化的孵化厂；巷道式孵化器专为大型孵化厂而设计，分入孵器和出雏器，入孵器容蛋量达 8 万～ 16 万枚，甚至更多。

图1-1　孵化设备

图1-2　孵化设备内部构造

1. 普通孵化器的主要构造与部件

孵化机分为机体、控温系统、控湿系统、翻蛋系统、通风系统及其他附属设备。

（1）主体结构。

主体结构包括孵化器箱体、种蛋盘、出雏盘、活动转蛋架、出雏车等。

（2）控温控湿系统、降温冷却系统和报警系统。

①控温系统与控湿系统。控温系统主要由电热管、控温电路和温度感应调节器组成；控湿系统有超声雾化供湿装置、叶片轮式自动供湿装置等，也可在孵化器底部放置水盘来调节孵化湿度。

②降温冷却系统。当孵化器机内温度超过高温报警所设定的温度时，孵化器自动切断电热电源，停止供热，同时通过供给冷水或加大排风量来加速降温。

③报警系统。当机内温度超过设定温度一定范围时，自动报警。

（3）机械传动系统。机械传动系统主要由翻蛋系统、通风换气系统构成。翻蛋系统控制翻蛋并显示翻蛋次数。通风换气系统由孵化器进气孔、出气孔、电机和风扇组成，电机带动风扇转动进行通风换气，同时使机内温度湿度均匀；通过关闭或打开通气孔与进气孔，可控制孵化器内通风换气量。

（4）安全保护装置。除上述报警系统外，某些大型孵化器（如巷道式孵化器）还设有打开孵化器门时，电机风扇停止转动；关闭孵化器门时，电机风扇自动转动等装置，有利于孵化安全。

（5）机内照明装置。孵化器内安装照明灯，可方便孵化操作。

出雏器除没有翻蛋系统外，其余均与孵化器的构造相似，另配有出雏车、出雏盘等。

2. 孵化器的使用

使用孵化器前，要认真阅读孵化器使用说明书，严格按照有关要求进行安装和操作。正式孵化前要对孵化器预先调试 24 h，调试过程中主要观察孵化器控温是否正常、控湿是否正常、通风换气是否正常、是否定时翻蛋及翻蛋角度是否为 ±45°，以及各控制系统是否处于正常工作状态。经调试合格的孵化器方能进行正式孵化。

（二）种蛋孵化前的准备

1. 孵化室的准备

孵化室内必须保持适宜的温度和良好的通风。一般要求孵化室温度 22～24 ℃为宜。孵化前要对孵化室进行清扫、冲洗、消毒。消毒可采用甲醛高锰酸钾熏蒸消毒，以保证孵化的卫生。

2. 孵化设备的调试

打开电源开关，分别启动各系统，并试机运行 1～2 d，待确认无异常后方可入孵。

3. 种蛋预热与消毒

（1）种蛋预热。一般蛋库温度在 12～17 ℃，而孵化室的温度一般在 25 ℃左右，温度相差近 10 ℃，可能会导致鸡蛋表面出现冷凝水，影响种蛋升温。因此，种蛋孵化前应将种蛋由贮存室移至孵化室内环境或孵化机中进行预热，将孵化机门打开，不要开机加热，预热 8～10 h，可以除去蛋表面的冷凝水，使孵化器升温快，使胚胎渐醒，对孵化的环境有一个适应过程，有利于孵化率提高。

（2）种蛋消毒。种蛋装盘后在单独的消毒间内，按每立方米容积置甲醛 30 mL、高锰酸钾 15 g 的比例熏蒸 20～30 min。熏蒸时关严门窗，室内温度保持 25～27 ℃，湿度 75%～80%，熏蒸结束后排出消毒气体。

（三）孵化期的管理

1. 种蛋入孵

当孵化机预运行升温的时候，就应将两辆清洗消毒过的空蛋车备好，准备上蛋。将托盘放在工作台上，在托盘上排放蛋盘，先将入孵蛋放在蛋盘上（大头朝上，小头朝下），再小心地把托盘连同种蛋送入孵化车，然后用手指顶住蛋盘，抽出托盘，直至装满蛋车。当孵化机正常运行 4 h 后，就可准备首次入孵了。

将孵化机温度设定为（37.80±0.01）℃，湿度设定为 60%RH，当温度升至控温状态稳定后，温度显示值与标准温度计的值之差小于 ±0.1 ℃；湿度显示值与干湿温度计换算出来的相对湿度值一致，误差不大于 ±2%RH。

保持室内有恒定的新鲜空气流动，定期检查出气口开闭情况，根据胚龄决定开启大小。

定期翻蛋，每 2 h 翻蛋一次，并检查孵化机是否正常运转，翻蛋时动作要轻、稳、慢，翻蛋角度为 ±45°。

2. 做好孵化记录

在孵化前和孵化过程中要仔细阅览孵化室内的孵化操作规程、孵化日程表、工作时间表，每天做好孵化室、孵化器的温度、湿度、通风等观察，并进行温湿度登记表的登记。

3. 凉蛋

鸡蛋孵化不凉蛋，鸭蛋、鹅蛋孵化需 18 d 后凉蛋。每天凉蛋 2 次，每次凉蛋 20～40 min。

4. 照蛋

（1）照蛋的目的。照蛋是检查胚胎发育状况和调节孵化条件的重要依据。照蛋是通过灯光对种蛋进行透视，观察胚胎发育情况，以便及时调整孵化温度。通常采用照蛋器进行照蛋（图 1-3、图 1-4）。

（2）照蛋的时间。一般孵化场对每批种蛋照蛋 2 次。但在大型孵化场，为了减轻劳动强度和避免照蛋对胚胎产生的应激反应，通常只在移盘前照蛋一次。种蛋照蛋的时间见表1-6。

图1-3　照蛋

图1-4　照蛋时剔除不合格蛋

表1-6　种蛋照蛋的时间

项目	孵化天数/d		
	鸡	鸭	鹅
头照	5～6	6～7	7～8
抽照	10～11	13～14	15～16
二照	19	25～26	28

（3）照蛋时正常胚与异常胚的区别。

①头照。照蛋时要快、准。剔除无精蛋、死胚、破蛋、散黄、臭蛋等。受精蛋照蛋时整个蛋红色，血管网鲜明，呈放射状分布，扩散面占蛋体的4/5，可见喙原基，眼有黑色素沉着，照蛋时有明显的黑眼点，称单珠或起珠，将蛋微微晃动，胚胎也随之而动。未受精的蛋照蛋时蛋体透明，有时能看到淡淡的蛋黄阴影，蛋黄稍扩大，气室边界模糊，看不见血管和胚胎。死胚蛋可看见不规则的血点、血线或紧贴于蛋壳表面的血圈。

②抽照。发育正常胚蛋：尿囊血管两端在蛋的小头合拢，称为封门。照检时若70%种蛋合拢，少数种蛋发育较快或较慢，说明胚胎发育正常。

③二照。发育正常胚蛋气室大而弯曲，边界不整齐。胚胎已占据蛋的全部容积，照蛋时看到的胚蛋全是黑色，气室内有颈、喙的阴影。发育缓慢的胚蛋照蛋时可见气室边界平整，无闪毛。死胚蛋气室边界暗淡不清，有时上清下黄，蛋身发凉。

4. 移盘

在孵化至19 d或有1%的种蛋轻微啄壳时将胚蛋转入出雏盘等待出雏，称移盘。如移到摊床上自温孵化出雏称上摊。移盘后停止翻蛋，并将出雏温度调整到37.2 ℃，将相对湿度调高到75%。

（四）出雏

鸡蛋孵化至 20 d 左右开始出雏，出雏机中的温度设定为 37.0～37.2 ℃（夏季）、37.2～37.3 ℃（冬季），湿度为 70% 左右。出雏期应关闭照明灯，以免雏鸡骚动影响出雏。每隔 4～6 h 拣雏一次，将绒毛已干的雏鸡和空蛋壳拣出。将小部分绒毛未干的雏鸡和已打嘴未出壳的胚蛋送回出雏机继续孵化。出雏完结后，将水盘、出雏盘取出，清理孵化器底部，并清洗、消毒、晾干，以备下次使用。

（五）衡量孵化效果的指标

1. 种蛋合格率

种蛋合格率是指种鸡在规定产蛋期内所产合格种蛋数占产蛋总数的百分比。一般要求达 90% 以上。

$$种蛋合格率 =（合格种蛋数 / 产蛋总数）\times 100\%$$

2. 种蛋受精率

种蛋受精率一般在 90% 以上，高水平可达 98% 以上。

$$种蛋受精率 =（受精蛋数 / 入孵蛋数）\times 100\%$$

3. 早期死胚率

早期死胚率的正常水平应低于 2.5%。

$$早期死胚率 =（5 日龄照检时死胚数 / 受精蛋数）\times 100\%$$

4. 入孵蛋孵化率

入孵蛋孵化率一般应达 80% 以上，高者可达 87%。

$$入孵蛋孵化率 =（出雏总数 / 入孵蛋数）\times 100\%$$

5. 受精蛋孵化率

受精蛋孵化率一般应达 90% 以上，高者可达 93%。

$$受精蛋孵化率 =（出雏总数 / 受精蛋数）\times 100\%$$

6. 健雏率

健雏指能够被用户认可接受的雏禽。健雏率应达到 97% 以上。

$$健雏率 =（健雏数 / 出雏总数）\times 100\%$$

7. 毛蛋率

毛蛋是指出雏时死亡的胚蛋。正常情况下，毛蛋率应在 5%～7% 范围内。

$$毛蛋率 =（出雏死胚蛋数 / 入孵总蛋数）\times 100\%$$

五、初生雏的处理

（一）初生雏的雌雄鉴别

1. 初生雏雌雄鉴别的意义

雏禽出壳后，要及时进行雌雄鉴定，尤其是对雏鸡进行雌雄鉴定具有重要的经济价值。一是减少饲料消耗，尤其是蛋鸡，由于公鸡不产蛋，商品蛋鸡生产中公鸡没有饲养价值，及时鉴别淘汰。二是节省养殖成本，降低饲养密度，减少各种管理费用。三是提高母禽的成活率和均匀度。因公鸡生长快，公母混群饲养，会降低母雏培育质量。

2. 雏鸡的雌雄鉴别

雏鸡雌雄鉴别的方法主要有伴性性状鉴别法、翻肛鉴别法。

（1）伴性性状鉴别法。伴性性状鉴别法是利用伴性遗传原理培育自别雌雄品系，通过不同品系间进行杂交，根据初生雏羽色差异、羽毛生长快慢对雏鸡进行雌雄鉴别。

①羽色鉴别。利用初生雏鸡绒羽颜色的不同，直接鉴定雌雄。银白羽色对金黄羽色，银白色绒羽由显性基因控制，金黄色绒羽由隐性基因控制，用银白色母鸡与金黄色公鸡交配，子一代雏鸡中，银白色为公鸡，金黄色为母鸡，如浅花苏赛斯鸡、白色温多德鸡等品种中含银白色绒羽基因，而洛岛红鸡、新汉夏鸡等则含金黄色绒羽。

②快慢羽鉴别。快羽与慢羽的区别主要由初生雏翅膀上的主翼羽和覆主翼羽的长短来判断。慢羽和快羽是一对伴性性状，在用慢羽母鸡与快羽公鸡交配而产出的子一代雏鸡中，快羽为母鸡，慢羽为公鸡。

快羽：初生雏的主翼羽长过覆主翼羽 2 mm 以上，且绒羽更换为幼羽时的生长速度很快。

慢羽：初生雏如只有覆主翼羽而无主翼羽，或覆主翼羽较主翼羽长，或两者等长，或主翼羽较覆主翼羽微长在 2 mm 以内，这种初生雏由绒羽更换为幼羽时生长速度慢。

（2）翻肛鉴别法。翻开初生雏鸡的肛门，在泄殖腔口下方的中央有微粒状的突起，称为生殖突起。其两侧斜向内方有呈"八"字形的皱襞，称为八字状襞。

在出壳后 12～24 h 内鉴别。右手心贴着雏背，食指和中指夹住雏鸡的头，其他三指握住鸡身将鸡身拿起，并迅速移到左手，由左手的中指与无名指夹住雏颈，肛门向上，无名指与小拇指弯曲，将两脚夹在掌面。左拇指、食指和中指分别轻压雏鸡腹部左、右两侧髋骨下缘，借助雏鸡呼吸将粪挤入排粪缸中，但应注意不要挤破腹腔内的卵黄囊，然后将雏鸡肛门翻开。

翻肛时，三指指关节不要弯曲（图 1-5），三角区宜小，翻肛出现粪便时，用左拇指轻抹，右拇指及食指切勿移动（图 1-6），以免人为造成隆起。翻肛时无生殖突起，则为母雏。翻肛时有生殖突起，轮廓鲜明，周围组织陪衬有力，生殖突起血管发达，表面紧张有光泽，富有弹性，轻压不易变形，则为公雏。初生雏鸡生殖突起的形态特征见表 1-7。

图1-5　翻肛手法

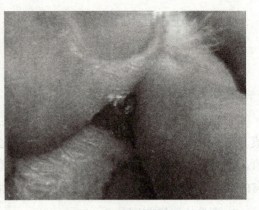
图1-6　翻肛后三角区

表1-7　初生雏鸡生殖突起的形态特征

性别	类型	生殖突起	八字皱襞
母雏	正常型	无	退化
	小突起	突起较小，不充血，突起下有凹陷，隐约可见	不发达
	大突起	突起稍大，不充血，突起下有凹陷	不发达
公雏	正常型	大而圆，性状饱满，充血，轮廓明显	很发达
	小突起	小而圆	比较发达
	分离型	突起分为两部分	比较发达
	肥厚型	比正常型大	发达
	扁平型	大而圆，突起变扁	发达，不规则
	纵型	尖而小，着生部位较深，突起直立	不发达

3. 初生鸭、鹅的雌雄鉴定

初生鸭、鹅公雏有外部生殖器，呈螺旋形，翻转泄殖腔即可进行雌雄鉴定。对初生鸭还可采取触摸法，不需翻肛，即从鸭泄殖腔上方开始，轻轻夹住直肠往泄殖腔方向触摸，如摸到有突起的阴茎，可判断为公雏。

（二）初生雏的分级

1. 初生雏分级的作用

初生雏分级的作用主要有两个：对孵化效果进行评价，一般要求初生雏健雏率应达到

97% 以上；将健雏、弱雏分群饲养，单独培育，减少疾病发生，提高雏禽成活率。

2. 健雏与弱雏的表现

（1）健雏的表现：羽毛发育良好、无污浊；体重适宜，活泼好动，两脚站立稳健；蛋黄吸收良好，腹部大小适中；脐部愈合良好、干燥且被腹毛覆盖，无残痕；喙、胫、趾湿润、鲜艳、有光泽。

（2）弱雏（残雏）的表现：绒毛污乱，独居一隅，无活力，两眼常闭，头下垂，脚站立不稳甚至拖地，有的翅下垂，显得疲惫不堪；腹部干瘪或腹大拖地；脐部有残痕或污浊潮湿，有异臭味；如果出现脱水，则喙、胫、趾干瘪、无光泽；有时可见交叉喙、瞎眼、残疾的雏鸡。

（三）初生雏免疫接种

初生雏鸡经雌雄鉴别和分级后，便可进行马立克氏病疫苗的免疫接种，即 1 日龄雏鸡颈部皮下接种鸡马立克氏病疫苗，每只注射 0.2 mL。

🖾 知识链接与课堂讨论

知识链接：

现有研究的鸡胚性别检测方法有分子生物学技术、蛋壳形态学检测、光谱检测法、激素检测法等。分子生物学技术具有 100% 的准确率，但由于其操作步骤烦琐，检测速度较慢，且需要对鸡种蛋进行破坏，提取种蛋组织、血液等物质，导致种蛋不能进行后续的孵化。可以抽样检测，但难以在实际生产上应用。蛋壳形态学检测能够在孵前提取蛋壳形态的特征，对鸡种蛋的雄雌性别进行鉴定，但其准确率低，还需进一步研究提高其准确率。光谱检测法具有一定的准确率，其判别时间处于鸡种蛋孵化的中期或前中期，且大部分都属于无损检测，具有很好的应用前景。但其成本较高，且数据庞大，处理起来较为烦琐，后续还需进一步优化算法等改进模型提高其应用性。激素检测法特别是尿囊液激素检测通过对鸡种蛋进行微创提取尿囊液，比较雌雄胚胎之间的激素浓度差异进而达到判别雌雄的目的，对后续孵化的影响较小，判别精确度高，有望在实际生产中得到应用。但此项技术仍不成熟，比如如何精确提取尿囊液使对鸡种蛋的损害降到最低、雄雌胚胎间的特异性激素有哪些等诸多问题还未得到解决。其他方法中如光电检测法虽然能够对鸡种蛋实现无损检测，但其判别时间较晚，实际应用价值有待验证，而且其判别准确率仍有待提高。（宋科、韩璐、杨崇龙，等，鸡胚性别鉴定方法研究进展，中国家禽，2022 年第 10 期，第 101—107 页）

课堂讨论： 鉴别方法改进与生产关系；人才与养殖业发展；农业技术发展与乡村振兴等。

种蛋孵化工作手册

工作任务	工作流程	工作内容	注意事项
任务一：孵化前准备	1.制订孵化计划	根据孵化与出雏能力、种蛋数量等具体情况，制订孵化计划与工作计划，以便生产顺利进行	计划好孵化场种蛋孵化能力
	2.用具设备的准备	开孵前一周应准备好一切用具，如蛋车、平板车、照蛋器、温度计、消毒药品、记录表格、防疫注射器和易损电器元件、发电机等；并进行孵化机调试	各种设备检查并试运行一次
任务二：种蛋的准备	1.种蛋验收	合格种蛋：蛋壳清洁、质量良好，无沙壳，无裂纹；蛋重大于该品种最低重量标准的种蛋；蛋形为卵圆形，无明显畸形，纵径/横径的指数在1.28～1.43；蛋壳颜色符合品种特征。 不合格蛋：脏蛋；双黄蛋；形状明显不规则的畸形蛋，蛋形指数大于1.43或小于1.28的蛋；有裂缝的蛋、沙壳蛋、薄壳蛋、厚薄不匀的皱纹蛋、蛋重小于该品种最低重量标准的种蛋；蛋壳颜色明显不符合该品种特征的种蛋	
	2.种蛋消毒	消毒室中每立方米体积药量与消毒方法：高锰酸钾15 g，福尔马林30 mL，水30 mL，密闭熏蒸35 min	
	3.种蛋的保存	种蛋保存温度：18～20 ℃（如存放时间超过3 d，温度应在15～17 ℃），湿度：75%～80%。 从鸡蛋产出至入孵的适宜存放期限为4～7 d，每存放多1 d孵化率将降1%～3%。如果种蛋存放时间不超过24 h，则不用存入空调室	
任务三：上蛋孵化	1.码盘	将托盘放在工作台上，在托盘上排放蛋盘，将入孵蛋放在蛋盘上（大头朝上，小头朝下），再小心地把托盘连同种蛋送入孵化车，然后用手指顶住蛋盘，抽出托盘，直至装满蛋车	
	2.种蛋预热	将种蛋由蛋库移出，推到预温室（25 ℃左右）进行预热8～10 h	
	3.上蛋	调整好翻蛋架，推入孵化车放好，将挡车销放入导轨槽中，往后拉一下蛋车，使蛋车后轮压住挡车销	

工作任务	工作流程	工作内容	注意事项
任务三：上蛋孵化	4.消毒	入孵后10 h左右用福尔马林和高锰酸钾熏蒸消毒20 min，再启动大风扇排尽药味	
	5.孵化条件的控制	设定适宜的孵化温度、湿度和通风换气，定期翻蛋	
任务四：照蛋	鸡	孵化7 d左右第一次照蛋，18～19 d第二次照蛋	剔除无精蛋、死胚蛋、破蛋、散黄蛋、臭蛋
	鸭	孵化7 d左右第一次照蛋，25 d第二次照蛋	
	鹅	孵化8 d左右第一次照蛋，28 d第二次照蛋	
	水禽凉蛋	孵化第15 d开始，将蛋盘移出孵化器，使蛋温降至30 ℃左右再恢复孵化。一般每天上午、下午各凉蛋一次，每次20～40 min。凉蛋时要注意，如果胚胎发育缓慢，则暂停凉蛋	
任务五：转盘	移盘	孵化的第18天，将胚蛋从孵化机转到出雏机，转机前出雏机内部、出雏盘要绝对干燥。转蛋时要轻、稳、快，粗鲁对待胚蛋会对胚胎造成许多伤害。要求破蛋率小于0.3%	保持机器、落盘设施和地面干燥可控制微生物的生长
	移盘照蛋	从孵化车上取出整盘的种蛋时，先照蛋，再剔除血蛋和无精蛋，然后落盘	
任务六：出雏	出雏机温、湿度设定	出雏机中的温度设定为37.0～37.2 ℃（夏季）、37.2～37.3 ℃（冬季），湿度为70%左右	
	出雏中的消毒	当出雏达50%后，用福尔马林熏蒸消毒3 min	
	拣雏后调温	每隔4～6 h拣雏一次，将绒毛已干的雏鸡和空蛋壳拣出。将未出雏的种蛋相对集中并送回出雏机继续孵化，将出雏机温度调到37.5～37.6 ℃，使出雏速度加快	
	孵化机和出雏机清洗消毒	出雏完结后，将水盘、出雏盘取出，清理孵化器底部，并清洗、消毒、晾干，以备下次使用	
任务七：雏禽公母鉴别	雏鸡公母鉴别	在出壳后12～24 h内鉴别。翻肛时，三指指关节不要弯曲，三角区宜小，翻肛出现粪便时，用左拇指轻抹，右拇指及食指切勿移动，以免人为造成隆起。翻肛时无生殖突起，则为母雏。公雏生殖突起充实，轮廓鲜明	

工作任务	工作流程	工作内容	注意事项
任务七：雏禽公母鉴别	鸭、鹅公母鉴别	初生鸭、鹅公雏有外部生殖器，呈螺旋形，翻转泄殖腔即可进行雌雄鉴定。对初生鸭还可采取触摸法，不需翻肛，即从鸭泄殖腔上方开始，轻轻夹住直肠往泄殖腔方向触摸，如摸到有突起的阴茎，可判断为公雏	
任务八：雏禽分级	第一类	雏鸡多好动，对声音反应积极，腹部柔软收缩，脐部愈合良好，泄殖腔洁净。绒毛光亮，色鲜明，足有力，头大，眼清澈明亮，喙短而粗，双翼紧贴两侧。触摸雏鸡时有结实感，胸骨峭有弹性，活重不低于该品种规定的标准重	
	第二类	雏鸡略有缺点，站立稳健，对声音反应良好，腹部稍大，脐部有已干结的血块，直径不大于2 mm，绒毛稍蓬松，无光泽，色稍暗深	
	第三类	雏鸡为弱雏，表现为少活动，对声音反应弱或根本没有反应。雏鸡双眼无光，眼睑低垂。翼下垂，脊背长而窄，胸骨短，躯体不结实，绒毛短分布不均匀，色暗淡。有的腹部残留大量卵黄而下垂	
	第四类	雏鸡为残雏，有各种残疾，属淘汰之列。如各种头部畸形，躯干和肢体畸形，卵黄未收缩的，脐部出血肿大，肢弯曲，足或颈瘫痪，腹膨胀，泄殖腔污浊，羽毛发育不全	
任务九：疫苗注射		分级后即1日龄雏鸡颈部皮下接种鸡马立克氏病疫苗，每只注射0.2 mL	
记录		在整个孵化过程中做好各种数据的记录工作，分析衡量孵化效果	为改进提供参考

 技能训练

实训一　种蛋的选择与消毒

一、目的要求

掌握种蛋的选择与消毒的操作方法及技能。

二、材料与用具

合格种蛋若干枚、不合格种蛋（双黄蛋、异形蛋、裂壳蛋、薄壳蛋等）若干枚；消毒间（柜）或孵化室、照蛋器、蛋托、瓷容器、天平、量杯、量筒；福尔马林、高锰酸钾等适量。

三、操作步骤

1. 种蛋的选择

（1）操作时以目测为主，根据现代鸡种入孵蛋重、蛋外观和形状、蛋照检特征判断合格种蛋与不合格种蛋。

（2）检查有无裂纹蛋，将2～3枚种蛋放于手中轻碰，以碰撞声音判断。

合格种蛋：种蛋来自健康无病的种禽群；蛋壳清洁，蛋壳质量良好，无沙壳，无裂纹；蛋重大于该品种最低重量标准的种蛋；无明显畸形，蛋形为卵圆形，纵径／横径的指数在1.28～1.43；蛋壳颜色符合品种特征。

不合格种蛋：脏蛋；双黄蛋；形状明显不规则的畸形蛋，蛋形指数大于1.43或小于1.28的蛋；有裂缝的蛋、砂壳蛋、钢皮蛋、薄壳蛋、厚薄不匀的皱纹蛋、蛋重小于该品种最低重量标准的种蛋；蛋壳颜色明显不符合该品种特征的种蛋。

挑出不合格种蛋，并说明不合格种蛋不能孵化的原因。

2. 种蛋熏蒸消毒

常用消毒方法为熏蒸法，按以下消毒程序进行：

（1）装蛋。将蛋的钝端向上、锐端向下装入蛋盘，并放于蛋架车上，送入孵化机或消毒间（柜）。

（2）消毒药品准备。按每立方米熏蒸空间需福尔马林30 mL和高锰酸钾15 g的要求，计算出种蛋消毒所需消毒药品的用量，并准确称取（或量取）消毒药品。

（3）消毒操作。先关闭消毒室门窗或孵化器通气孔；再将高锰酸钾放入瓷容器中，置于消毒间（柜）或孵化器中央，然后倒入福尔马林，让两种药品混合后，关闭消毒室门或孵化器门，对种蛋进行熏蒸消毒20～30 min。最后，打开消毒室门窗和通风设备，加强通风换气，排出消毒气体。

（4）种蛋熏蒸消毒需要注意的问题：消毒必须在密闭条件下进行，否则影响消毒效果；种蛋必须在入孵前12 h消毒完毕；消毒药物准确称量；消毒结束后及时通风换气；注意消毒环境温湿度，以温度24～27 ℃、相对湿度70%～80%为宜；消毒时注意安全，防止火源；严禁对入孵24～96 h的胚蛋进行熏蒸消毒。

技能考核：要求学生熟练掌握种蛋的选择标准，能在规定的时间选出合格种蛋与不合格种蛋；能正确进行种蛋的熏蒸消毒操作，程序正确，并能注意消毒过程中的问题。

实训报告：根据实训结果完成实训报告。

实训二　孵化器的构造观察与调试

一、目的要求

了解孵化器各部分构造并熟悉其使用方法；能进行孵化器的使用和保养。

二、材料与用具

孵化器及其配套设备、孵化记录表格、孵化规程、种蛋若干、蛋盘、孵化出雏用具、照蛋器等。

三、操作步骤

1. 孵化器的构造观察

学生在教师或技术员指导下，按实物依序识别孵化器和出雏器的各部分构造，并熟悉其使用方法。

（1）主体结构。主体结构包括孵化器箱体、种蛋盘、出雏盘、活动转蛋架等。

控制柜上有电源开关、风扇、加热、加湿、翻蛋、通风孔等开关及指示灯、显示屏、观察窗、皮带、温度计等。

（2）控温、控湿系统、降温冷却系统和报警系统。

①控温、控湿系统：控温系统主要由电热管和温度感应调节器组成；控湿系统有超声雾化供湿装置、叶片轮式自动供湿装置等，也可在孵化器底部放置水盘来调节孵化湿度。

②降温冷却系统：当孵化器机内温度超过高温报警所设定的温度时，孵化器自动切断电热电源，停止供热，同时通过供给冷水或加大排风量来加速降温。

③报警系统：当机内温度超过设定温度一定范围时，自动报警。

（3）机械传动系统。机械传动系统主要有转蛋系统（控制转蛋并显示转蛋次数）、通风换气系统（由孵化器进气孔和出气孔、电机和风扇组成。电机带动风扇转动进行通风换气，同时使机内温度湿度均匀。通过关闭或打开通气孔与进气孔，可控制孵化器内通风换气量）。

（4）安全保护装置。除上述报警系统外，某些大型孵化器（如巷道式孵化器）还设定打开孵化器门时，电机风扇停止转动；关闭孵化器门时，电机风扇自动转动等装置，有利于孵化安全。

（5）机内照明装置。孵化器内安装照明灯，可方便孵化操作。

2. 孵化器的调试

（1）开机运行前必须完成以下工作。

①检查总电源的电压是否正常。

②检查加湿喷雾装置的工作状态是否正常，水管各接头处是否漏水。

③检查压缩空气压力，翻蛋和加湿气压是否均为 0.6 ～ 0.8 MPa。

④检查导电表是否接好，并调节在所需的保护点上。

⑤在机内温、湿度探头处挂上标准温度计和干湿表，供校准数显表用。

⑥检查每辆蛋车内蛋盘放置是否妥当，以免发生损坏蛋车事故。

（2）启动升温。关上左、右门，先后将控制面板上的"电源开关""风扇开关"拨向"开"位，机器开始升温。注意：启动孵化机时，应确认所有人员已避开加热管、风扇和强电器件。

（3）试运行。

①设定温度、湿度；将温、湿度调到需要的值上。

②检查6台风扇电机的转向是否正确：人为接通（即压住不放）任一个风扇检测开关，都应发出风扇故障报警，电铃响，自动切断加热电源及风门向"大"方向运动。

③检查加湿喷雾系统工作是否正常。

④检查加热管是否工作正常。

⑤观察风门系统是否运转正常。

⑥观察是否定时翻蛋及翻蛋角度是否为42°（±3°）。

⑦人为调节导电表使之接通，机器将出现超高温报警，电铃响，加热电源被切断，风门向"大"方向运动。

（4）观察。观察机器运转情况，做好机器运转情况记录，对设定的温度、湿度等孵化条件进行反复调试，直至符合要求。

3. 种蛋孵化的操作技术

根据孵化操作规程，学生在教师和孵化场技术员的指导下，进行各项孵化实际操作。

（1）选蛋。首先将过大或过小，形状不正的，壳薄或壳面粗糙的，有裂纹的蛋剔出；选出破壳蛋，可用照蛋器照检破蛋，或者每手握蛋3个，活动手指使其轻度碰撞，撞击时如有破裂声者则为破蛋。

（2）装盘和消毒。

①装盘：选蛋同时进行装盘，即将合格种蛋装入孵化盘。装盘时使蛋的钝端向上，装后清点蛋数，登记在孵化记录表中。

②消毒：种蛋装盘后即上架在单独的消毒间内，按每立方米容积置甲醛30 mL、高锰酸钾15 g的比例熏蒸20～30 min。熏蒸时应关严门窗，室内温度为25～27 ℃，湿度为75%～80%，待熏蒸结束后排出消毒后的气体。为节省用药也可用塑料薄膜封闭蛋架，将甲醛和高锰酸钾置于蛋架下熏蒸。

（3）种蛋预热。入孵前12 h将蛋移至孵化室内，使种蛋温度逐渐上升，有利于种蛋在孵化器内达到孵化温度。

（4）入孵。种蛋预热后按计划于16：00—17：00上架孵化，可保证多数种蛋出雏时集中在白天出雏；如果孵化室内气温较低，则上蛋后应打开孵化器的辅助加热开关，使种蛋加速升温，以免影响早孵胚的发育，待机内温度接近孵化要求温度时即关闭辅助电热器。

（5）孵化条件。实训时可参考下列孵化条件进行操作：

孵化室条件：温度为20～22 ℃，相对湿度为55%～60%，通风换气良好。出雏室湿度适当提高些。

孵化器内孵化条件控制标准见表1-8。

表1-8 孵化器内孵化条件控制标准

	孵化器	出雏器
温度	37.8 ℃	37.2～37.5 ℃
湿度	55%左右	65%左右
通气孔	全开	全开
翻蛋	每次2 h，90°	停止

（6）温湿度的检查和调节。孵化期间应经常检查孵化器和孵化室的温、湿度情况，观察机器对温湿度的灵敏程度，遇有超温或降温时，应及时查明原因并进行检修和调节。机内水盘每天加温水一次。干湿球温湿度计的纱布应每出雏一次就更换一次。

（7）孵化器的管理。孵化过程中应注意孵化器内机件的运转，特别是电机和风扇的运转情况，注意有无发热和撞击声响的机件，定期检修加油。

（8）移盘和出雏。

①移盘：种蛋孵化第18 d或19 d用照蛋器照检后，将合格胚蛋移至出雏器中进行出雏。同时增加水盘，提高湿度，降低出雏器内温度。

②出雏：种蛋孵化满20 d后，将出雏器玻璃门用黑布或黑纸遮掩，防止已出的雏鸡骚动；每天隔4～8 h捡出雏鸡和蛋壳一次；出雏完毕，清洗出雏盘并消毒。

（9）熟习孵化规程与记录表格。学生在孵化前和孵化过程中要仔细阅览孵化室内的孵化操作规程、孵化日程表、工作时间表，并每天做好温湿度登记表和孵化记录等的登记。

技能考核： 在实训过程中，结合孵化过程重点考核学生对孵化器各部件的使用和孵化操作技术的掌握程度。

实训报告： 根据实训情况，完成孵化器的使用和孵化操作实训报告，并写出孵化操作体会。

实训三　照蛋检查

一、目的要求

掌握家禽胚胎发育的特征；掌握孵化第5～6 d、第10～11 d、第17 d、第18 d、第19 d胚胎的照蛋特征，能准确判断发育正常胚蛋、弱胚蛋、死胚蛋和无精蛋。

二、材料与用具

家禽胚胎发育挂图、照片或幻灯片，胚胎发育标本；孵化 5 d、10 d、17 d、18 d 和 19 d 发育正常的胚蛋、无精蛋、死胚蛋、弱胚蛋；照蛋器，解剖器，培养皿，手术剪，放大镜，天平，纸尺，滤纸和生理盐水等。

三、操作步骤

1. 了解家禽胚胎发育特征

由教师通过家禽胚胎发育挂图、照片或幻灯片以及胚胎标本或模型介绍家禽胚胎发育特征，让学生了解不同孵化日期中胚胎发育特征。

2. 观察活胚

（1）不同发育阶段胚胎外部特征观察。分别打开孵化 1.5 d、5.5 d、10.5 d 和 18.5 d 的活胚蛋，从胚胎外部形态上观察各日龄胚胎发育情况和胚膜的发育，测量胚胎的长度和质量，借以了解不同时期胚胎发育的外形变化。不同发育阶段胚胎外部特征如下：

1.5 d：胚胎与蛋的长轴呈垂直躺卧，可初步辨出脑泡、眼泡以及 8～10 对体节，血管域发育良好，心脏形成并跳动，胚长 4～5 mm，血管域直径 6～8 mm。

5.5 d：第三以下鳃弓几乎为第二鳃弓遮掩，前肢及后肢进一步伸展，尿囊增大达蛋壳内面，与头相比胴体显得很小。前脑分叉消失，出现嗅窝内、外两侧的隆起，即内鼻突起与外鼻突起，上腭突起与下腭突起愈益发育。胎儿沉入蛋黄的深处，胚胎质量 0.18～0.4 g。

10.5 d：眼皮达瞳孔处，冠呈小长轴样。可看到爪的胚芽，羽乳头被覆整个身体，胴体已大于头部，胚胎质量 2.7～3.5 g。

18.5 d：眼睁开，蛋黄开始吸进腹腔，胚胎质量 23～29 g。

（2）胚胎处理和观察方法。1 日龄胚胎的处理与观察方法：打开孵化 1.5 d 的胚胎时，先用镊子敲开蛋的钝端，然后沿气室边缘夹去蛋壳，轻轻撕下蛋壳膜，随即看到血管网及胚胎。接下来，用小剪子剪断血管周围的蛋黄膜，用药匙小心取出胚胎及其周围的血管网，放在盛有生理盐水的玻璃皿中。用广口吸管冲洗 2～3 次，以洗掉附着的蛋黄和蛋黄膜。将玻璃皿放在黑色的纸尺上面，使胚胎顺着纸尺放置，测量其长度。然后在低倍显微镜或放大镜下观察胚胎脑泡的分化、体节对数、心脏的跳动和血管域的直径等。

按同样的方法打开孵化 5.5 d、10.5 d 和 18.5 d 的胚蛋，取出胚胎。取出的胚胎用生理盐水洗净后用滤纸吸干以称量胚胎的质量，然后观察胚胎外部的形态变化。观察 5.5 d 的胚胎时，应注意辨认羊膜、尿囊和蛋黄囊。观察 10.5 d 以上的胚胎时应注意肝的颜色、心脏的大小及颜色，找出性腺。

3. 种蛋照检与死胚剖检

（1）种蛋照检。在暗室中用照蛋器透视孵化第 5～6 d、10～11 d、18～19 d 鸡胚的发育特征，并用铅笔在蛋壳上记录透视的结果（正常胚蛋、弱胚蛋、死胚蛋、无精蛋）。不同发育阶段胚胎照检特征见表 1-9。

表1-9　不同发育阶段胚胎照检特征

项目	第一次（5～6 d）	抽检（10～11 d）	第二次（18～19 d）
正常胚蛋	胚胎下沉或在气室近处看到黑眼点（胚胎眼睛），周围有扩散的血管网	尿囊在蛋的尖端合拢，血管网扩散至蛋的尖端	蛋内全为黑色，气室边界弯曲，其周围有粗大的血管，仔细可看出胎动
弱胚蛋	胚胎浮于表面，血管网纤细而淡白	尿囊尚未合拢，蛋的尖端无血管分布，因而淡白	蛋内为黑色，气室边界平齐
死胚蛋	蛋内有血圈，断片的血丝，或有死亡的胚胎	蛋内呈红褐色，内部常有血条	气室边界颜色较淡，看不见血管
无精蛋	蛋内透明，有时蛋中央呈现一朦胧阴影（蛋黄）		

（2）死胚剖检。对照蛋中检出的死胚蛋和孵化结束后清除的死胎蛋进行解剖，观察其死亡日龄和病理变化，借以分析孵化不良的原因。剖检时打开死胚蛋，撕开蛋壳膜，首先注意胚胎的位置、尿囊和羊膜的状态；然后用镊子取出胚胎，对照胚胎发育不同日龄的外部特征、孵化不良原因分析表判定日龄，借以分析死亡原因。

胚胎发育不同日龄的外部特征、孵化不良原因分析表详见教材相关章节。死胚剖检应以第三次照检的死胚蛋和孵化结束后的死胚蛋为剖检重点。

技能考核：重点考核学生能否使用照蛋器识别不同孵化阶段的胚胎发育特征，能否准确判断正常胚蛋、弱胚蛋、死胚蛋、无精蛋。

实训报告：根据观察到的胚胎不同发育阶段特征、种蛋照检特征和死胚剖检情况，对孵化条件的控制和孵化效果作出综合判断，并提出改善孵化效果的技术措施。

实训四　初生雏鸡翻肛雌雄鉴别

一、目的要求

学会用翻肛法鉴别雏鸡雌雄。

二、材料与用具

初生雏鸡若干箱（出壳12 h以内的雏鸡若干），鉴别操作台、鉴别灯（用60～100 W的乳白色灯泡）。

三、操作步骤

1. 抓雏与握雏

握雏分夹握法和团握法两种方式。夹握法是右手抓雏后移至左手，雏背贴掌心，泄殖腔向上，将雏轻夹于中指和无名指之间，将双翅夹在食指与中指之间，无名指与小姆指弯曲，将两脚夹在掌面。团握法是左手抓雏，即首先抓起雏鸡，雏背贴掌心，泄殖腔向上，将雏团握在手中，雏的颈部与两脚则顺其自然。

2. 排粪与翻肛

翻肛前应排粪。排粪手法是左手拇指轻压雏鸡腹部左侧髋骨下缘，借助雏鸡呼吸将粪挤入排粪缸中。排粪时应注意不要挤破腹腔内的卵黄囊。翻肛手法是左手大拇指从前述排粪的位置移至泄殖腔左侧，食指弯曲贴雏鸡背部，与此同时右手食指放在泄殖腔右侧，大拇指侧放在雏鸡脐带处。右手大拇指沿直线向上顶推，右手食指往下拉并向泄殖腔靠拢，左手拇指也往里收拢，三指在泄殖腔处形成一个小三角区，三指一挤，泄殖腔即翻开。

3. 鉴别与放雏

在强光下（60～100 W的乳白色灯泡）观察生殖突起的有无和生殖隆起形态差别进行判断。如无生殖突起即为母雏；如有生殖突起则依组织形态上的差异区别雌雄。初生雏雌雄生殖突起组织的差异见表1-10。

表1-10　初生雏雌雄生殖突起组织的差异

生殖突起状态	公雏	母雏
充实和鲜明程度	充实，轮廓鲜明	相反
周围组织陪衬程度	陪衬有力	无力，突起显得孤立
弹力	富有弹力，受压迫不易变形	相反
光泽及紧张程度	表面紧张而有光泽	有柔软而透明之感，无光泽
血管发达程度	发达，受刺激易充血	相反

翻肛鉴别法的注意问题：固定雏鸡时不得用力压迫；开张肛门必须完全彻底，否则不能将生殖突起全部露出；如遇有粪便或渗出物排出，可用左手大拇指或右手食指抹去后再进行鉴别；鉴别时间以雏鸡出壳后2～12 h为最佳。

技能考核： 重点考核雏鸡伴性性状鉴别法、翻肛鉴别法，根据学生鉴别方法掌握、鉴别结果的准确程度评定成绩。

实训报告： 学生在实训中应进行反复鉴别，且要注意翻肛鉴别的手法，并写下初生雏鸡雌雄鉴别的过程与体会。

项目思考

1. 如果你是孵化管理员，请分析孵化各流程中哪些因素影响孵化效果。
2. 简述种蛋熏蒸消毒的方法与应注意的问题。
3. 怎样控制种蛋的孵化条件？
4. 怎样做好种蛋的孵化管理工作？
5. 分析孵化中胚胎出现死亡高峰的一般原因。
6. 举例说明鉴别禽雏性别对禽类饲养管理有何重要性。

岗证测评

1. 一般性况下，孵化鸡蛋的温度应经常保持在（   ）℃。

    A.35   B.37.7   C.40.5   D.43   E.30

2. 鸡的孵化期为（   ）d。

    A.17   B.19   C.21   D.23   E.25

3. 鸭的孵化期为（   ）d。

    A.20   B.22   C.24   D.26   E.28

4. 鸡马立克氏病是由鸡马立克氏病病毒引起的一种鸡的（   ）传染病。

    A. 淋巴组织增生性   B. 实质脏器坏死性

    C. 败血性   D. 神经性

    E. 出血性

5. 合格种蛋受精率应在（   ）% 以上。

    A.70   B.80   C.90   D.95   E.85

项目二　养禽场管理

 **学习目标**

养禽场管理

知识目标

1.了解员工岗位职责；

2.了解养禽场生产计划制订的依据；

3.掌握养禽场消毒方法及清毒药物的选用；

4.掌握养禽场防疫制度及免疫。

技能目标

1.会制订鸡群周转计划；

2.会制订防疫计划；

3.能进行家禽免疫接种。

素质目标

1.管理养禽场时树立从实际情况出发的意识；

2.凡事预则立，学会制订各种工作计划。

案例导入

　　饮水免疫失败案例：王某从正规渠道购买了在有效期内鸡新城疫Ⅳ系苗（用了冰块保存），对饲养的3 200只48日龄肉鸡用山泉水作为稀释液与鸡新城疫Ⅳ系苗3倍量饮水免疫，饮水器为日常使用的经过清洗的中号饮水壶25只，在3 h内饮完。4 d后，鸡群减料，精神较差，拉绿色稀粪，开始出现死亡。为了预防大肠杆菌病，在使用疫苗2 d前连续用了3 d的氟苯尼考原粉（含量96%）。解剖了6只鸡，鸡冠呈紫色，腺胃乳头出血，肌胃角质层下有大小不一的出血点，小肠黏膜有充血和小出血点，盲肠扁桃体出血，泄殖腔黏膜有出血点，诊断为新城疫。

　　分析：免疫前要关注鸡群的健康状况；饮水免疫要注意水质、饮水器的数量是否足够鸡群同时饮用；免疫前使用抗生素会影响免疫效果；疫苗免疫是预防病毒性传染病有效的方法。

知识准备

　　养禽场必须要有周密的生产计划和严格的防疫制度。合理的养禽生产计划可以大大提高生产效益，而在养禽过程中疾病的预防是提高禽的生产性能的必要条件。因此，严格按照生物安全体系饲养管理是禽病综合防治的重要保证，而饲养管理是由各岗位人员来完成的。

一、养禽场人员岗位职责

在养禽场的生产管理中，要使每一项工作都有人去做，并按期做好，使每个职工各得其所，能够充分发挥主观能动性和聪明才智，需要建立各岗位责任制。

（一）场长职责

（1）负责养禽场的全面工作，根据市场订单需求编制季度禽群生产计划。

（2）拟定全年防疫、免疫、消毒实施计划，并根据实际情况做出调整。

（3）制订场内各项规章制度，定期和不定期检查技术操作规程执行情况，核对生产报表，并及时分析报表。

（4）负责全场职工的考勤，考评，工资审核，员工外出的审批和记录，归场后消毒和记录工作的监督。

（5）及时掌握场内人员的思想动态及工作状态，对后备人员进行培养指导并对新进员工进行上岗培训。

（6）及时收集和掌握市场信息，并修订和调整生产计划。

（7）每周至少召开一次管理人员会议，每两周召开一次全场职工会议。

（8）克己奉公，秉公办事，廉洁自律，严格管理。

（9）监督食堂的工作，将每月账目公开，安排好电费发票的领取，电话清单的领取，门卫工作的监督及消毒记录的检查。

（10）做好全场年终总结，写出总结报告。

（二）技术员职责

（1）合理制订禽群饲养保健方案。

（2）制订防疫计划。

（3）能够从鸡群表现判断出鸡群是否正常。

（4）具有对一般常见病进行诊断、防治的能力。

（5）能够制订和推行本场的饲养管理规程、鸡群周转计划。

（6）有对鸡群进行选留、淘汰、合理分群的知识和操作能力。

（7）定期检查更换场门口消毒池内的消毒液。

（8）熟悉发生疫情时的处理办法，善于学习和掌握疫病防治的新技术和新方法。

（9）监督检查生产现场执行情况并及时改进，认真做好相关数据的整理、汇总分析。

（10）完成场长交代的其他工作。

（三）饲养员责任

（1）认真学习家禽基本理论知识和饲养技术。

（2）遵纪守法，遵守场内各项规章制度。

（3）严格贯彻各项饲养操作规程。

（4）服从领导工作分配，坚守岗位，遵守工作时间，不迟到，不早退，不误工，不离岗。

（5）杜绝饲料浪费，及时检查水槽、饮水器是否漏水，认真观察禽群状况。

（6）协助技术员做好群体防疫工作。

（7）做好防雨、防寒、防暑工作。

（8）舍内工具、饲料、杂物等的放置要有条不紊，登记台账。

（9）要定期打扫卫生，擦洗水/料槽，做到墙壁、笼上、线上无灰尘，舍内清洁，按时做好各项消毒卫生工作。

二、养禽场生产计划的制订

1. 制订生产计划的依据

编制季度生产计划，首先要由场领导和主要管理人员对季度的生产任务作出决策，再根据本场实际情况，对包括上一季度生产任务完成情况，生产能力和再扩大生产能力，以及市场占有和开发能力等资料进行科学的分析，制订出本季度的计划指标和任务。养鸡场的主要计划指标有饲养品种、饲养数量、产品数量、出栏日龄和出栏均重、生产成本构成、生产效益指标及利润预估指标等。制订生产计划主要从以下几个因素考虑。

（1）禽群生产工艺和周期。蛋鸡和肉鸡的生产周期不同；种鸡、蛋鸡和肉鸡饲养工艺不同；地方鸡种与现代鸡种饲养管理也有差异。

（2）生产条件。制订生产计划应考虑本场的各种生产条件，如禽舍的面积、环境、设备、饲料、资金、人员等。

（3）经济指标。经济效益是制订生产计划的重要依据。制订计划时要参考历年行情及本年度养殖大环境趋势及市场需求，饲养管理指标情况，本场实际情况。

2. 禽群周转计划的制订

根据生产计划确定的饲养品种和计划指标，分别制订不同禽群的生产周转计划。根据生产周转计划确定生产期各类禽（育肥禽、育成禽、雏禽）的饲养数量。根据生产阶段和品种特性确定各类禽的死亡淘汰率。

以商品蛋鸡为例，采取育雏期（0～6周龄）、育成期（7～17周龄）和产蛋期（18～72周龄）三个阶段的饲养方式，以母鸡从产蛋开始至产蛋结束为一个生产周期，其周转见表2-1。

表2-1　商品蛋鸡场的鸡群周转计划

饲养阶段	育雏期	育成期	产蛋期
各阶段周龄	0～6	7～17	18～72
各阶段周龄数	6	11	55
每批空舍周数	2	2	2
每批周转周数	8	13	57
每个生产周期周转次数	7	4.5	1

3. 饲料计划制订

根据鸡群生产周转计划和生产规模要求，以及品种出栏指标料比和阶段耗材数据。计算各生产阶段和各月份饲料需要量。统计全饲养期饲料需要量。

三、养禽场防疫制度制订

为了保证家禽健康和安全生产，养禽场必须制订严格的防疫措施和卫生防疫制度，规定对场内外人员及车辆、场内环境及设备、禽舍空栏后进行定期的冲洗和消毒，对各类禽群进行免疫和对种鸡群进行检疫等。

（一）生活区卫生防疫制度

（1）养禽场谢绝参观，未经场长允许，非本场员工不能进入养禽场。

（2）大门口消毒池内投放 2%～3% 的氢氧化钠溶液，每 3 d 更换 1 次，保持有效。

（3）大门关闭，车辆和人员必须经过消毒池消毒后方可入内。进入场内的车辆在指定地点停放，按指示路线行走。

（4）任何人不准携带畜禽及畜禽产品进场。

（5）生活公共区域每天清扫，保持整洁、无杂物，定期灭鼠、驱鸟、灭虫。

（6）做好大门内外卫生和传达室卫生工作，做到整洁、整齐，无杂物。

（二）生产区卫生防疫制度

（1）非本场工作人员不得进入生产区。

（2）生产区谢绝参观。必须进入生产区的人员，在消毒室更换工作衣、帽、鞋，经雾化消毒踩踏消毒池后方可进入。消毒池投放 3% 的氢氧化钠，每 3 d 更换 1 次，保持有效。

（3）饲养员和技术人员工作时间必须身着卫生清洁的工作衣、鞋、帽，每周洗涤 2 次，并消毒，工作衣、鞋、帽不准穿出生产区。

（4）非生产需要，饲养人员不要随便出入生产区和串舍。

（5）生产区设有净道、污道，净道为送料、人行专道，每周 2% 氢氧化钠溶液消毒

1次；污道为清粪专道，每周消毒2次。

（三）禽舍卫生防疫制度

非生产人员不准进入禽舍。必须进入禽舍的人员经同意后应身着消毒过的工作衣、鞋、帽，经消毒后方可进入，消毒池内的消毒液每2d更换1次，保持有效。

（1）保持禽舍整洁干净，工具、饲料等堆放整齐。

（2）每天清洗禽舍水箱、过滤杯，保持水箱清洁干净，每隔3月彻底清洗贮水池1次，并加入次氯酸钠消毒。

（3）工作用具每周消毒至少2次，并要固定禽舍使用，不得串用。

（4）禽舍门口消毒池内的消毒液每2d更换1次，人员进出必须脚踏消毒池。

（5）每周带禽消毒2次，要按规定稀释和使用消毒剂，确保消毒效果。

（6）每周对禽舍内外大扫除，并对禽舍周围环境用2%氢氧化钠+20%石灰乳溶液喷洒消1次。

（7）每天清粪1次，清粪后要对粪铲、扫帚进行冲刷清洗。禽粪要按规定堆放，定期撒生石灰进行粪池消毒。

（8）按规定的免疫程序和用药方案进行免疫和用药，并加强饲养管理，增强禽群的抵抗力。

（9）饲养人员每天按规定的工作程序进行工作。

（10）饲养员每天要观察禽群，发现异常，及时汇报并采取相应的措施。

（11）饲养员每天要保持好舍内外卫生清洁，每周消毒1次，并保持好个人卫生。

（12）饲养员定期对饮水消毒。

（13）兽医技术人员每天要对禽群进行巡视，发现问题及时处理。对新引进的禽群应在隔离观察舍内饲养观察1个月以上，方可进入正常禽舍饲养。

（四）禽舍空栏后的卫生防疫制度

禽舍空栏后，应马上对禽舍进行彻底清扫与消毒。禽舍消毒程序：清扫禽舍→高压水枪冲洗禽舍→用具浸泡清洗→干燥→消毒液（3%的氢氧化钠溶液）喷洒禽舍→福尔马林熏蒸消毒→空舍半月以上→进禽前两天舍内外消毒。

化学药品消毒最彻底，最好使用两种消毒液交替消毒，对杀死病原微生物较为有效。

（五）禽群免疫接种

（1）各批次禽群要严格按照制订的免疫程序及时进行免疫接种。

（2）各批次禽群要按计划进行免疫抗体检测，抗体检测不合格的禽群要及时补免。

（3）发现疫情后的紧急措施。

①发现疫情后立即报告场领导及兽医技术人员，尽早查明病因，明确诊断。

②严格隔离封锁，防止疫情扩散。严禁出售病禽和病死禽，死禽尸体要做无害化处

理。养禽场环境、饲养设备、用具、工作服等严格消毒。

③对健康禽群及假定健康禽群紧急免疫接种。

④对无治疗价值的禽群进行及时处理，对一般性疾病的禽群进行常规治疗减少损失。

四、养禽场消毒技术

养禽场中会存在各种微生物，其中也包括某些病原微生物，因此需要采取措施清除病原微生物。消毒能有效控制和消灭有害的微生物。

（一）消毒方法

消毒方法可分为机械性消毒、物理消毒、化学消毒和生物热消毒四种。

1. 机械性消毒

机械性消毒是单纯用机械的方法（如清扫、洗刷、通风等）清除病原微生物，这是一种最普通、最常用的方法，可结合日常卫生清扫工作进行。机械性消毒只能使病原微生物减少，机械性消毒无法彻底消除病原微生物，但可以消除表面覆盖物增大暴露面，配合其他理化消毒方法进行可达到最佳效果。

通风换气可在短期内使舍内空气交换，降低空气中病原微生物的数量。通风换气加快禽舍内水分蒸发，使物体干燥，缺乏水分，使许多微生物不能存活。通风的时间长短根据禽舍内外温差的大小灵活掌握，一般不少于 30 min。冬季饲养时应严格掌握通风和保温之间的协调，防止家禽冷应激的发生。

2. 物理消毒法

物理消毒法是指通过高温、阳光、紫外线等物理方法杀灭或清除病原微生物及其他有害微生物的方法。物理消毒法的特点是作用迅速，消毒物品上不遗留有害物质。

高温能使菌体蛋白质变性或凝固，酶失去活性而导致微生物死亡，是最实用和有效的消毒方法。养禽场常采用火焰灼烧灭菌法，即用专用的火焰喷射器对金属的笼具、水泥地面、砖墙进行烧灼灭菌，或将动物的尸体，以及传染源污染的饲料、垫草、垃圾等进行焚烧处理。烘箱内干热消毒、高压蒸汽湿热消毒、煮沸消毒等，主要用于衣物、注射器等的消毒。

阳光是天然的消毒剂，其光谱中的紫外线有较强的杀菌能力。日光暴晒能够直接杀灭多种病原微生物。阳光的灼热和蒸发水分引起的干燥也有杀菌作用。

紫外线具有较强的杀菌能力，其中以波长 265 ～ 266 nm 杀菌力最强。紫外线消毒只能杀灭大多数病原微生物，同时由于紫外线穿透力不强，生产中只能用于消毒空气和物体表面。紫外线对眼睛和皮肤有损伤作用，不能在紫外线照射下工作。使用紫外线消毒时应注意防护。

3. 化学消毒法

化学消毒法是指应用化学药物杀灭病原体的方法。通常采用浸泡、喷洒、熏蒸等消毒方法。消毒剂的种类很多，其杀菌作用也不相同，要达到理想消毒效果，必须根据消毒对象、病原菌的种类、消毒剂的特点等因素进行选择。下面是一些常用的消毒剂。

（1）醛类消毒剂：常用的有甲醛、戊二醛等。甲醛溶液为含36%甲醛的水溶液（简称福尔马林），是一种应用广泛、效果较好的消毒剂。2%的溶液可用于器具的浸泡消毒；2%～4%的溶液喷洒墙壁、地面、饲槽等；养禽场常用福尔马林熏蒸消毒，20%的溶液可直接加热熏蒸消毒禽舍、蛋库、孵化器等，也可以按7～21 g/m³高锰酸钾，加入14～42 mL福尔马林进行熏蒸消毒。戊二醛是一种广谱、高效的消毒剂，具有作用迅速、刺激性小、低毒安全等特点。但由于其价格高，在兽医领域中并未广泛使用。

（2）碱类消毒剂：常用的有氢氧化钠、生石灰等，对细菌和病毒均有强大的杀灭作用。氢氧化钠又名苛性钠、烧碱、火碱，常用1%～2%的溶液消毒地面、器具。2%～5%的溶液用于环境消毒，此溶液具有腐蚀性，消毒后6～10 h，用清水冲洗干净，再让家禽进舍。生石灰又称氧化钙，生石灰1份加水1份制成熟石灰，再用水配制成10%～20%的浓度即为石灰乳，粉刷禽舍墙壁、地面，要注意现用现配。也可将生石灰撒于潮湿地面、门口及过道处消毒。

（3）含氯消毒剂：常用的有漂白粉、次氯酸钠、二氯异氰尿酸钠（优氯净）、氯胺-T、二氯二甲基海因等。漂白粉是一种应用广泛的消毒剂，有效氯含量在25%～36%。5%的溶液喷洒消毒，可杀死一般的病原微生物；10%～20%乳剂用于鸡舍、粪池、车辆等的消毒；饮水消毒时每立方米河水或井水加6～10 g漂白粉，30 min后即可饮用。次氯酸钠溶液有强大的杀菌消毒作用，0.3%的溶液，每立方米50 mL带禽消毒。

（4）氧化物类消毒剂：常用的有过氧乙酸、高锰酸钾、过氧化氢、二氧化氯、臭氧等。过氧乙酸对各种病原体都有高效的杀灭作用，消毒效果好，市售成品为20%～40%水溶液，0.05%～0.2%溶液常用于浸泡消毒各种耐腐蚀的用具，0.5%的溶液多用于喷洒禽舍地面、墙壁、水槽等。稀释后的过氧乙酸溶液稳定性较差，应现配现用。由于具有强腐蚀性和刺激性，配制时谨防溅伤人的眼睛、皮肤和衣服。10%以上浓度加热至70 ℃以上能引起爆炸。高锰酸钾为强氧化剂，常利用其氧化性来加速甲醛蒸发速度，提高空气消毒效果，0.02%～1%的水溶液用于皮肤、黏膜消毒及饮水消毒，2%～5%溶液用于浸泡、清洗食槽和饮水器。

（5）酚类消毒剂：常用的有来苏尔、复合酚等。来苏尔对皮肤无刺激性，对一般病原微生物有良好的杀灭效果。常用1%～2%溶液进行皮肤消毒，0.1%～2%溶液用于冲洗创口和黏膜，5%～10%溶液用于排泄物的消毒。复合酚又名消毒灵，可杀灭各种致病菌、霉菌、病毒，还可抑制蚊、蝇等昆虫和鼠害的滋生，0.5%～1%溶液用于禽舍、笼具、排泄物的消毒，不得与碱性药物或其他消毒液混用。

（6）表面活性剂类：常用的有新洁尔灭、度米芬（消毒宁）、百毒杀，它们具有毒性低、无腐蚀性、稳定性好的特点。新洁尔灭为季铵盐类消毒剂，兼有杀菌和去污作用，0.05%～0.1%浓度常用于洗手消毒、淋浴消毒、用具消毒，0.15%～2%溶液可用于禽舍空间喷雾消毒。使用时应避免与肥皂接触，因肥皂属阴离子清洁剂，能减弱其抗菌效果。

新洁尔灭不适用于饮水消毒。百毒杀对各种细菌、真菌、病毒、藻类等微生物都有较强的杀灭作用，0.01% 溶液用于饮水消毒，0.03% 溶液用于带禽消毒，0.1% ～ 0.3% 溶液用于禽舍、用具和孵化室的环境消毒。

（7）碘制剂：常用的有碘附、碘酊、碘甘油等，可杀死细菌、芽孢、真菌、病毒及原虫等。碘酊是最常用和最有效的皮肤消毒药。碘甘油（含 1% 碘的甘油制剂）常用于口炎、咽炎和病变皮肤等局部的涂擦。

（8）醇类消毒剂：常用的有乙醇、异丙醇等。乙醇俗称酒精，对细菌繁殖体、真菌孢子、病毒均有杀灭作用，75% 酒精溶液具有较好的杀菌作用，用于注射针头、注射部位、擦拭皮肤局部、医疗器械等的消毒。

4. 生物热消毒法

生物热消毒法是指通过堆积、沉淀池、沼气池等发酵方法，以杀灭粪便、污水、垃圾及垫草等内部病原体的方法。在发酵过程中，利用嗜热细菌繁殖时产生高达 70 ℃以上的热，经过 1 ～ 2 个月后便可杀灭病原菌、寄生虫卵、病毒等，从而达到消毒目的。此法主要用于大规模废物和污染粪便的无害化处理。

（二）消毒措施

1. 空禽舍消毒

每栋禽舍全群移出后，在下一批家禽进舍之前，必须对空禽舍及用具进行全面彻底的严格消毒，然后至少空闲两周。为了获得确实的消毒效果，禽舍全面消毒应按一定的顺序进行，即清扫→冲洗→干燥→喷洒消毒剂→干燥→熏蒸消毒。

（1）清扫。将所有能移动的饲养设备（料槽、饮水器、底网等），全部搬到禽舍外面的专用消毒池，彻底清洗消毒，将笼具、天花板、墙壁、排风扇、通风口等部位的尘土清扫干净（顺序为由上到下、由里向外），清除所有垫料、粪便。

（2）高压冲洗。使用高压水枪由上到下、由里向外用清水冲洗禽舍的地面、墙壁、门窗、屋角等，直到清洗干净为止，做到不留死角。对较脏的地方，可先进行人工刮除。

（3）喷洒消毒剂。地面、墙壁干燥后，对禽舍和器具进行整修，即可进行喷洒消毒。为了提高消毒效果，禽舍最好使用两种以上不同类型的消毒药进行至少 2 次消毒，即 24 h 后用高压水枪冲洗，干燥后再喷雾消毒 1 次。第一次消毒剂可使用来苏尔、百毒杀或过氧乙酸等，第二次使用 2% 氢氧化钠石灰乳喷洒消毒。

在喷洒消毒药之前，还可使用火焰喷射器灼烧墙壁、金属笼具等。

（4）熏蒸消毒。待消毒液稍干燥后，把所有用具搬入禽舍，门窗关闭，提高室内湿度（60% ～ 80%）和温度（25 ～ 27 ℃），熏蒸消毒。

最常用的消毒剂是福尔马林，其原理是通过热作用将甲醛以气体的形式挥发出来，扩散于空气中和物体表面，对物体表面消毒。甲醛能使蛋白质变性凝固和溶解类脂，对细菌、芽孢、真菌和病毒等微生物均有良好的杀灭作用。高锰酸钾与甲醛配合比例是每立方米空间用福尔马林 28 mL、高锰酸钾 14 g。先将高锰酸钾倒入耐腐蚀的陶瓷容器内，再加入福尔马林，人员应迅速离开，将门窗密闭。待消毒 12～24 h 后，打开门窗，通风换气 2 d 以上，散尽余气后，方可使用。盛放药液的容器要耐腐蚀，且要深大，比消毒液容量至少大 4 倍，以免药液沸腾时溢出。

经上述消毒程序后，有条件的养禽场应进行禽舍内空气采样，做细菌培养，若没有达到要求须重复消毒。

2. 带禽消毒

带禽消毒是指禽入舍后至出栏前整个饲养期内，定期使用有效的消毒剂对禽舍环境及禽体表面进行喷雾，以杀死空气中悬浮和附着在禽体表面的病原微生物，达到预防性消毒的目的。

（1）带禽消毒的作用。带禽消毒是集约化养禽综合防疫的重要措施之一，是防止禽舍环境和疫病传播的主要手段。带禽消毒能沉降禽舍内飘浮的尘埃，抑制氨气的产生和吸附氨气，在夏季有降温防暑的作用。

（2）带禽消毒的消毒剂。带禽消毒须慎重选择消毒剂，要求广谱、高效、强力，无毒、无害、无残留，对人和禽刺激性小、腐蚀性小。

常用的消毒剂有 0.015% 百毒杀、0.1% 新洁尔灭、0.2%～0.3% 过氧乙酸、0.2% 次氯酸钠等。消毒剂配成消毒液后稳定性较差，不宜久存，应一次用完。最好用温的自来水配制，消毒液的浓度要均匀。各类消毒药交替使用，每月换 1 次，单一消毒剂长期使用，杀灭效率有所下降。

（3）带禽消毒的程序和方法。

①提前通风：对可通风的鸡群进行消毒通风，降低气溶胶中有机物含量。

②清理粪污：用清水将污物冲出禽舍，提高消毒效果。

③正确喷雾：先关闭门窗，然后使用高压喷雾器或背负式手摇喷雾器，将消毒药液均匀喷到墙壁、屋顶和地面，一般喷雾量以每立方米空间约 15 mL 计算。

喷雾时不要直接对着禽体喷，应高于禽体 60 cm 左右，使喷雾颗粒落下，以禽体表微湿为宜。雾粒大小应为 80～120 μm，雾粒过大，易造成喷雾不均匀和禽舍过于潮湿，且在空中下降速度太快，与空气中的病原微生物、尘埃接触不充分，起不到消毒空气的作用。雾粒过小，则易被家禽吸入肺泡，诱发呼吸道疾病。

消毒时宜在傍晚或暗光下进行，且喷雾的动作要缓慢，防止惊吓禽群。消毒后要进行通风换气。

④注意事项：

a. 首次带禽消毒的日龄：鸡、鸭不得低于 8 d，鹅不得低于 10 d，以后根据家禽的健康状况而定。

b. 带禽消毒的次数：一般雏禽每周消毒 1 次，育成禽每 10 d 消毒 1 次，成禽每 15 d 消毒 1 次，养禽场发生疫病时每天消毒 1 次，在清除粪便后进行 1 次消毒。

c. 适宜的消毒时间：禽群接种疫苗前后 3 d 内停止喷雾消毒。消毒时间最好安排在禽群休息或安静时，特别是平养的禽群，以免在消毒时，造成禽群应激，引起飞扑、骚乱而使舍内的灰尘增加、出现拥挤等现象，严重者会造成生产力下降，甚至死亡。炎热夏季，消毒时间可选在一天中最热的时间，以便消毒的同时也起到防暑降温的作用。

d. 合理的消毒方法：按照应先内后外的顺序喷雾，雾滴要细，喷头向上，不可直接喷向禽体，距离禽体 60 ～ 80 cm，动作要轻，声音要小，避免引起禽群大的骚动不安。喷雾量以禽体和笼具潮湿为宜，不要喷得太湿。

e. 注意配伍禁忌：不同的消毒剂联合使用时可能出现相互干扰的现象。酸性和碱性消毒剂不能同时应用，以免发生中和；也不能错误配伍消毒剂，否则药物失效，有的甚至引起禽群中毒，而造成较大损失。

3. 设备用具消毒

设备用具消毒时，先搬出禽舍彻底冲刷干净，再用 3% ～ 5% 来苏尔溶液或 0.1% 新洁尔灭溶液浸泡或喷洒消毒，并在熏蒸禽舍前送回禽舍内进行熏蒸。免疫用的注射器、针头及相关器材每次使用前、后都须煮沸消毒。化验用的器具和物品等每次使用后都应消毒。水槽、食槽应每天清洗、消毒。有些设备如蛋箱、运输用禽笼等因传染病源的危险发生大，应在运回饲养场前进行消毒，或在场外严格消毒。

4. 场区环境消毒

在生产区出入口设置喷雾装置，喷雾消毒药可采用 0.1% 新洁尔灭或 0.2% 过氧乙酸。生产区大门口和禽舍的门前设有消毒池，消毒液要定期更换，也可用草席及麻袋等浸湿药液后置于禽舍进出口处；禽舍周围、生产区道路可用 2% 的氢氧化钠石灰乳喷洒消毒，每周 1 ～ 2 次。养禽场周围及场内的污水池、排粪坑和下水道出口等，每月用漂白粉撒布消毒 1 ～ 2 次。定期清除杂草、垃圾，做好灭鼠和杀虫工作，保持良好环境卫生。当禽群周转、禽群淘汰和养禽场周围有疫情时，要加强对场区环境的消毒。有条件的养禽场最好每年将环境中的表层土壤翻新一次，减少环境中的有机物，以利于环境消毒。

5. 人员、车辆消毒

养禽场一般谢绝外人参观，外人必须进入时，需经批准后进行严格的消毒。所有人员进入养禽场生产区或禽舍，须按以下程序消毒进场：脱衣→洗澡→更衣换鞋→进场工作。场内技术人员很容易成为传播疾病的媒介，应特别注意自身的消毒，每免疫完一批禽群用消毒药水洗手，工作服用消毒药水泡洗 10 min 后在阳光下暴晒消毒。

养禽场大门设车辆消毒池和脚踏消毒池，并经常保持有新鲜的消毒液。车轮胎必须从消毒液中驶过，消毒池应宽 2 m、长 4 m 以上，消毒液深度在 5 cm 以上，消毒池内常用 3% ～ 5% 来苏尔、10% ～ 20% 石灰乳或 3% 氢氧化钠溶液等，定期更换，多种消毒药交替使用，不定期地更换最新类型的消毒药，防止因长期使用一种消毒药而使细菌产生耐药性。消毒车体及其所载物品，选用不损伤车体涂漆和金属的消毒剂喷洒消毒，如 0.1% 新洁尔灭。

6. 饮水消毒

饮水消毒的目的主要是控制大肠杆菌等条件性致病菌，同时对控制饮水管中的细菌总数也非常有效。

常用的饮水消毒法有两种，即物理消毒法和化学消毒法。物理消毒法是用煮沸的方法来杀灭水中的病原微生物，即饮用温开水。这种方法适用于用水量少的育雏阶段。化学消毒法就是在水中加入化学消毒剂消毒。目前市售的很多消毒剂都可作饮水消毒之用，可按外包装上的使用说明进行配制。需要注意的是，家禽免疫接种的前后 2 d 内禁止使用饮水消毒，以免影响消毒效果。

家禽饮用水每 100 mL 样品中细菌总数不超过 100 个。

7. 粪便和尸体的消毒

（1）粪便消毒。禽粪中往往含有各种病原体，特别是在患传染病期间，含有大量的病原体和寄生虫卵，如不进行消毒处理，直接作为农田肥料，往往成为传染源，因此，对禽粪必须进行严格消毒处理。常用的消毒方法有生物热消毒法和化学消毒法。

①生物热消毒法：此法是粪便消毒最常用的消毒方法，禽粪中有好热性细菌，经堆积封闭后，可产生热量，使内部温度达到 80 ℃左右，从而杀死病原微生物和寄生虫卵，达到无害化处理的目的。

常用的堆粪法是在距离禽舍 100～200 m 的地方，挖一个宽为 1.5～2.5 m，深约 20 cm 的坑，从坑底两侧至中央有缓慢的斜度，长度视粪便量的多少而定。在坑底垫上少量干草，其上堆放欲消毒的禽粪，高度为 1～1.5 m，然后在粪堆外围堆上 10 cm 厚的干草或干土，最后抹上 10 cm 厚的泥土，如此密封发酵 2～4 月后即可用作肥料。

②化学消毒法：此法是对恶性或对人有危害的某些传染病的禽粪处理法，即将粪填入坑内，再加水和适量化学药品，如 3%～5% 来苏尔（煤酚皂溶液）、漂白粉或 3% 甲醛（福尔马林）、20% 石灰乳等，使消毒剂浸透均匀后，填土长期封存。

（2）尸体消毒。家禽尸体能很快地分解、腐败、散发恶臭，不但污染环境，还可能传播疾病，如果处理不当，还会成为传染病的污染源，威胁家禽健康。合理而安全地处理病死禽，对于防止养禽场传染病发生和维护公共卫生都有重大意义。

①堆肥法：此法是目前小型养禽场处理病死禽的最佳途径，经济实用，若设计合理，管理得当，不会对地下水及空气造成污染。此法可与鸡粪、垫料一起进行堆肥处理。

建造堆肥设施：按 1 000 只种鸡的规模，建造高 2.5 m、宽 3.7 m 的堆肥池，至少分隔为两个隔间，每个隔间不得超过 3.4 m²。地面为混凝土结构，屋顶要防雨，边墙用宽 5 m、长 20 m 的厚木板制作，既可以承受肥料的重量压力，又可使空气进入肥料之中使需氧微生物产生发酵作用。

堆肥的操作方法：在堆肥设施的底部铺放一层 15 cm 厚的鸡舍地面垫料，再铺上一层 15 cm 厚的棚架垫料，在垫料中挖出 13 cm 深的槽沟，再放入 8 cm 厚的干净垫料，将死鸡顺着槽沟排放，但四周要离墙板边缘 15 cm，先将水喷洒在鸡体上，再覆盖上 13 cm 部分地面垫料和部分未使用过的垫料。堆肥过程在 30 d 内将全部完成，可有效地将昆虫、细菌和病原体杀灭。堆肥后的物质可用作改良土壤的材料或作肥料。

②掩埋法：此法是利用土壤的自净作用使其达到无害化。此法简便易行，但不是彻底处理的方法，某些病原微生物能长期生存，从而污染土壤和地下水，并会造成二次污染，主要用于小规模的养禽场，对于患有烈性传染病的病死禽尸体不宜用此法。在掩埋病死禽尸体时，应注意选择远离住宅、水源及道路的僻静地方，土质干燥、地下水水位低，并避开水流、山洪的冲刷。掩埋坑的深度不得小于 2 m。掩埋前，在坑底铺上 2 ~ 5 cm 厚的石灰，将病死禽尸体投入后再撒上一层石灰，填土夯实。

③焚烧法：此法是一种传统的处理方法，是杀灭病原菌最彻底的方法，避免了地下水的污染，但要消耗大量燃料，成本较高，而且在焚烧时易造成对空气的污染，对烈性传染病死禽尸体最好用此法处理。操作方法是挖一个长 2.5m、宽 1.5m、深 0.7m 的焚尸坑，坑底放上木柴，在木柴上倒上煤油，将病死禽尸体放上后再倒煤油，放木柴，最后点火，一直到病死禽尸体烧成黑炭样为止，焚烧后就地埋入坑内。还可用专用的焚尸炉或锅炉进行焚烧。

五、免疫接种

免疫接种是指用人工方法把疫苗或菌苗等引入禽体内，从而激发家禽产生对某种病原微生物的特异性抵抗力，防止发生传染病，使易感动物转化为不易感动物的一种手段。在常发生疫病的地区，或有某些传染病潜在危险的地区，有计划地对健康家禽进行免疫接种，是预防和控制家禽传染病发生的重要措施之一。特别是对禽流感、鸡新城疫等重点疾病的防治措施中，免疫接种起着关键性的作用。

（一）免疫程序

免疫程序是指在家禽的生产周期中，为了预防某种传染病而制订免疫接种的次数、间隔时间、疫苗种类、用量、用法等。免疫程序的制订受多种因素的影响，如母源抗体水平、本地区疫病的流行情况、本场以往的发病情况、鸡的品种和用途、疫苗的种类、鸡的日龄等。因此，各养禽场不可能制订一个统一的免疫程序，应根据鸡的品种、来源，以及本场以往的病例档案酌情而定。即对于已制订好的免疫程序，在有些情况下也可以适当调整。表2-2 ~ 表2-4 为养禽场不同品种鸡的免疫参考程序。

表2-2　蛋用种鸡免疫参考程序

日龄	疫苗	用量	免疫方法
1	鸡马立克氏病	0.2 mL	颈部皮下注射
5~7	鸡新城疫Colon-30+传染性支气管炎H120+肾型传染性支气管炎	1.5倍量	滴鼻或点眼
12~14	法氏囊中等毒力冻干苗	1.5倍量	滴口或饮水

日龄	疫苗	用量	免疫方法
21	法氏囊中等毒力冻干苗	1.5倍量	饮水
25	鸡新城疫Colon-30+传染性支气管炎+肾型传染性支气管炎同时鸡新城疫+传染性支气管炎油苗	2倍量	滴鼻或点眼，胸肌注射
33	鸡痘苗	2倍量	翼膜刺种
40	鸡传染性喉气管炎弱毒疫苗	1倍量	点眼
45	传染性鼻炎油苗	0.5 mL	胸肌注射
60	鸡新城疫Ⅳ系+传染性支气管炎H52	2倍量	饮水
70	鸡痘苗	2倍量	刺种
80	传染性鼻炎油苗	0.5 mL	胸肌注射
85	鸡传染性喉气管炎弱毒疫苗	1倍量	点眼
110	法氏囊油苗	0.5 mL	肌内注射
120	鸡新城疫Ⅳ系同时新支减三联油苗	2倍量	饮水 肌内注射

表2-3 肉用仔鸡免疫参考程序

日龄	疫苗	用量	免疫方法
5～7	鸡支肾二联三价苗	1.5倍量	滴鼻或点眼
12～14	传染性法氏囊冻干苗	1.5倍量	饮水
18	新支二联苗	1.5倍量	饮水
21	传染性法氏囊中等毒力冻干苗二免	1.5倍量	饮水
33～35	鸡新城疫克隆苗	1.5倍量	饮水

表2-4 蛋鸡免疫参考程序

日龄	疫苗	用量	免疫方法
1	鸡马立克氏病	0.2 mL	颈部皮下
5～7	鸡新城疫Colon-30+传染性支气管炎H120+肾型传染性支气管炎	1.5倍量	滴鼻或点眼
12～14	法氏囊中等毒力冻干苗	1.5倍量	滴口
21	法氏囊中等毒力冻干苗	1.5倍量	滴口
25	鸡新城疫Colon-30+传染性支气管炎H120+肾型传染性支气管炎；同时鸡新城疫+传染性支气管炎油苗	2倍量	滴鼻或点眼注射

日龄	疫苗	用量	免疫方法
33	鸡痘	2倍量	刺种
60	鸡新城疫Ⅳ系+传染性支气管炎H52	2倍量	饮水
70	鸡痘苗	2倍量	刺种
110	法氏囊油苗	0.5 mL	肌内注射
120	鸡新城疫Ⅳ系同时新支减三联油苗	2倍量	饮水，肌内注射

（二）免疫接种的途径及方法

家禽疫苗的免疫方法可分为群体免疫法和个体免疫法。前者包括饮水、气雾等方法，省时省力，但受到理化因素干扰较大，免疫效果不稳定，特别是幼雏；后者包括点眼、滴鼻、滴口、刺种等，免疫效果稳定，但费时费力，劳动强度大，且产生的应激也大。采用哪种方法，应根据实际情况和使用说明为准。

1. 点眼、滴鼻法

用滴管将稀释好的疫苗逐只滴入眼内或鼻腔内，刺激上呼吸道黏膜、眼角膜产生局部抗体，使机体产生免疫力，适用于弱毒苗，如鸡新城疫 Lasota 疫苗、传染性支气管炎 H120 疫苗等。这是雏鸡免疫经常使用的一种方法，能保证每只雏鸡都能得到免疫，且剂量基本相同，产生的抗体也较一致，会取得较好的免疫效果。

（1）疫苗稀释。分别开启疫苗、稀释液的瓶盖露出中心胶塞，用无菌注射器抽 5 mL 稀释液注入疫苗瓶中，反复摇匀溶液，使疫苗完全溶解，再吸出注入稀释液中，摇匀备用。1 瓶 1 000 羽份疫苗配 1 瓶专用稀释液，或使用 30 mL 灭菌生理盐水或蒸馏水，不要随意加入抗生素。稀释液的用量要准确，最好根据自己所用的滴管事先试滴，确定每毫升多少滴，然后计算疫苗稀释液的实际用量。

（2）免疫操作。一只手握住一只雏鸡，应把鸡的头颈摆成水平的位置（一侧眼鼻朝天，另一侧眼鼻朝地），并用食指堵住下侧鼻孔；另一只手用滴管吸取疫苗液垂直滴进雏鸡的眼或上侧鼻孔（1 滴），稍停片刻，待滴入眼结膜和鼻孔的疫苗吸入后方可放鸡。应注意稀释的疫苗要在 1～2 h 内用完，已接种和未接种的鸡只要分开，防止漏免。为减少应激，最好在晚上弱光环境下接种，也可在白天适当关闭门窗后，在稍暗的光线下接种。

2. 饮水免疫法

饮水免疫法是根据家禽的数量，将疫苗混合到一定量的蒸馏水或凉白开水中，在短时间内饮用完的一种免疫方法。饮水时通过吞咽，疫苗粒子经腭裂、鼻腔、肠道产生局部免疫及全身免疫。

饮水免疫法的优点是不会骚扰禽群，省时省力，但受较多因素影响，易造成免疫剂量不均，免疫效果参差不齐，从而使禽群不能抵御较强毒株的疾病传染。常用于弱毒和某些中等毒力的疫苗，如传染性法氏囊疫苗、新城疫疫苗、传染性支气管炎疫苗、传染性喉气管炎疫苗等；对于大鸡群和已开产的蛋鸡，为省时省力和减少因注射疫苗而带来的应激反应，常采用饮水免疫法。

（1）免疫前准备。根据鸡只数量确定疫苗用量；根据鸡只年龄大小确定疫苗稀释的用水量，并备好稀释用的蒸馏水或凉开水；准备好干净清洁、足够的饮水器和脱脂奶粉；免疫前 2～4 h，停止饮水，正常喂料。

（2）免疫操作。当鸡群出现"抢水"现象时，即可开始免疫。开启疫苗瓶盖，露出中心胶塞，用无菌注射器抽取 5 mL 稀释液注入疫苗瓶中，反复摇匀溶解，吸出注入100～150 mL 稀释水中，摇匀备用。按免疫鸡只数计算好饮水量，加入 0.2% 脱脂奶粉，将稀释好的疫苗倒入，用清洁的棒搅拌均匀，然后将疫苗水装入饮水器，迅速放入鸡群中，让鸡群饮水免疫。稀释后的疫苗应在 2 h 内饮完。要在免疫过程中注意观察鸡只饮水情况，确保每只鸡均能饮到疫苗水。

（3）影响饮水免疫成效的因素。

①停止饮水时间。为了使鸡群中大部分鸡能尽快而一致地饮用完疫苗，都得到有效的疫苗接种，必须使鸡产生适当程度的渴感。根据经验，大多数鸡群要经过 2 h 才能产生渴感，然后再给予疫苗。在生产中，要根据环境因素，特别是舍温进行调整。如果舍温高（29～32.2 ℃），停止饮水 1 h 就可使鸡产生适度的渴感，如果舍温低（21.1 ℃以下），则需 4 h 或 4 h 以上。所以饮水免疫前应停止供水 2～4 h，一般夏季可停水 2 h 左右，冬季停水 4 h 左右。另外，停止饮水时间直接影响鸡饮用疫苗的速度，这对疫苗接种效果可能产生明显影响。

②饮水器和水管状况。要准备充足的饮水器，确保绝大多数鸡能够同时饮上水。饮水器不宜采用金属制品，饮水器具必须清洁，无消毒剂和铁锈残留，以免降低疫苗效价。在接种疫苗前，要用不含消毒剂的水清洗饮水器。

③饮水质量。饮水质量可以直接影响疫苗病毒的稳定性和活力，间接地影响接种疫苗的鸡群所达到的保护水平。饮水中的消毒剂残留可以使大量的疫苗病毒粒子灭活而导致接种失败，饮水免疫前 24 h 内不得饮用任何消毒药，免疫后 2～3 d 内暂停使用抗菌或抗病毒药物。应使用清洁的不含有氯和铁及其他金属离子的凉开水稀释疫苗。加入 0.2% 脱脂奶粉，可减少饮水中异物对疫苗的影响，延长疫苗的活性，提高免疫效果。

④接种疫苗的持续时间。从理论上讲，应当在清晨给鸡接种疫苗，并且应当在 2 h 内使鸡将疫苗全部饮完。不足 1 h，会使部分鸡只未能饮到足够剂量的疫苗；如超过 2 h，则可能损害疫苗病毒的活力。

⑤疫苗剂量。饮水接种疫苗是一种群体接种方法，很难使每只鸡都得到充分的保护剂量的疫苗，特别是影响个体鸡摄入量的因素很多，且疫苗经肠道吸收时会损失 40%，因此，疫苗必须是高效价的，疫苗剂量应比规定量加倍使用。

⑥稀释疫苗的用水量。疫苗水要求在 2 h 之内饮完，一般按全天饮水量的 1/5～1/4

计算，如蛋鸡疫苗饮水量：1周4 mL/只，2周8 mL/只，3周12 mL/只，4周17 mL/只，5周23 mL/只，6周28 mL/只，7周40 mL/只。

⑦疫苗管理和保存。用于饮水接种的活病毒疫苗，必须始终做到冷冻运输和保存，以防因温热使疫苗滴度受到损失。所以对于疫苗运输、接收和使用的日期等都要准确进行记录。疫苗要始终用冰盒或冰瓶等冷藏密闭容器运送，防止日光直接照射疫苗。疫苗一旦配制就应尽快泵入饮水系统，要始终保证配制饮水疫苗所用的水中含有疫苗稳定剂、脱脂奶粉，并且是冷水。疫苗应在水中开瓶倒出，疫苗溶液不得暴露在阳光下。

⑧鸡群的健康状态。在一般情况下，只给健康禽接种疫苗。因为家禽在患病时已经受到应激，由活疫苗病毒另外造成的应激只能使病情加重。在接种疫苗后，对禽群要细心严密观察几天，以检查接种后有无不良反应。此外，不能给处于应激状态的禽群接种疫苗，因为应激本身是一种免疫抑制并且可以干扰主动免疫，此时接种很可能使疫苗反应加大。

3. 刺种法

刺种法主要用于鸡痘疫苗的接种，通过穿刺部位的皮肤增殖产生免疫。

（1）操作方法。将1 000羽份的鸡痘疫苗用25 mL灭菌生理盐水或蒸馏水稀释，充分摇匀，将刺种针浸入疫苗溶液；同时，展开鸡的翅膀内侧，暴露三角区皮肤，避开血管，把蘸满溶液的针刺入翅膀内侧，直到溶液被完全吸收为止。小鸡刺种1针，成鸡刺种2针。

（2）注意事项。接种后1周左右检查刺种部位，若见刺种部位的皮肤上产生绿豆大小的小疱，以后干燥结痂，说明接种成功，否则需要重新刺种。做刺种免疫时，一定要确定接种针已蘸取了疫苗稀释液，使每只鸡接种到足量的疫苗。注意不能在翅膀外侧刺种，以防羽毛擦掉疫苗溶液或刺伤骨头和血管。

4. 注射免疫法

注射免疫法是把疫苗注射到肌内或皮下组织中，刺激禽体产生抗体。这种免疫方法作用迅速，剂量准确，效果确实，但应激较大。注射法适用于鸡马立克氏疫苗、新城疫Ⅰ系、鸭病毒性肝炎及各种油乳剂灭活苗的接种。

（1）操作方法。

①颈部皮下注射：该法用于鸡马立克氏病疫苗。用该疫苗的专用稀释液200 mL稀释1 000羽份的疫苗，每只鸡注射0.2 mL。注射时一手握鸡，用食指和拇指将颈背部皮肤轻轻提起呈三角形，用针头从颈部中段以下沿鸡身体方向30°角刺入，将疫苗注入皮肤与肌肉之间。

②胸部肌内注射：用针头呈30°～45°角，于胸部1/3处朝背部方向刺入胸肌，切忌垂直刺入胸肌，以免刺破胸腔。

③腿部肌内注射：用针头朝身体方向刺入外侧腿部肌肉，操作要小心，避免刺伤腿部血管、神经和骨头。

（2）注意事项。一般使用连续注射器，配7～9号针头，使用前要调整好剂量再进行注射免疫，以每只 0.2 ～ 1 mL 为宜。

疫苗稀释液应经消毒而无菌，不要随便加入抗菌药物。

应先接种健康群，再接种假定健康群，最后接种有病的禽群。在给病禽注射时，最好每注射一只换一个针头。

注射器及针头使用前均应消毒，以防止因免疫注射而引起传染病的扩散或引起接种部位的局部感染。

皮下注射的部位一般选在颈部背侧，肌内注射部位一般选在胸肌或肩关节附近的肌肉丰满处；针头插入的方向和深度应适当，颈部皮下注射时针头方向为后下方，与颈部纵轴基本平行，雏鸡进针深度为 0.5 ～ 1 cm，胸部肌内注射时，针头方向应与胸骨大致平行，进针深度雏鸡为 0.5 ～ 1 cm，大鸡 1 ～ 2 cm。

在注射过程中，应边注射边摇动疫苗瓶，力求疫苗的均匀，在将疫苗液推入后，针头应慢慢拔出，以防疫苗液漏出。

5. 气雾免疫法

气雾免疫法是通过气雾发生器压缩空气，使稀释疫苗形成一定大小的雾化粒子，均匀地浮游于空气中，随呼吸进入鸡体内，以达到免疫接种的目的。这种免疫法适用于 60 日龄以上、密集饲养的鸡群免疫。

气雾法省工省时，简便有效，对于呼吸道有亲嗜性的疫苗效果更佳，如鸡新城疫Ⅳ系弱毒疫苗、传染性支气管炎弱毒苗等。但喷雾也容易引起鸡群的应激，尤其容易激发慢性呼吸道病，且易造成散毒现象。

（1）操作方法。免疫时将 1 000 羽份的疫苗溶解于 250 mL 蒸馏水或去离子水中，最好再加 0.1% 脱脂奶粉，用清洁的棒搅拌均匀，装入疫苗免疫专用喷雾器械或农用背负式喷雾器，喷雾枪距离鸡头上方约 60 cm，使鸡周围形成一个局部雾化区。进行喷雾免疫前，应关闭门窗和通风设备，最好将鸡只圈于灯光较暗处给予免疫。

（2）注意事项。

①必须确保喷雾器械内无沉淀物、消毒剂等。

②雾粒大小应合适，过大易被鼻黏膜所阻不能进入呼吸道深部；过小，则吸收的雾粒又易随呼吸排出体外。建议育成鸡和成年鸡雾粒直径为 20 ～ 50 μm，雏禽用大雾滴，雾粒直径为 100 μm。

③必须计划和控制疫苗的用量，使整个鸡舍的雾滴均匀分布。

④喷雾期间要关闭鸡舍所有门窗和通风设备，减少空气流动，并避免阳光直射舍内。在停止喷雾后 20 ～ 30 min，才可开启门窗和启动风扇。

⑤为了达到最佳的免疫效果，宜将鸡群围圈在灯光幽暗的鸡舍某一部分，或在夜间进行免疫。

⑥实施喷雾时，喷雾器喷头与鸡保持 1m 左右，对准鸡头来回移动，均匀地喷雾，使气雾全面覆盖鸡群。至鸡群头、背部羽毛略有潮湿感觉为宜。

⑦喷雾时要求温度为 15 ～ 20 ℃，湿度 70% 以上，以避免雾滴迅速被蒸发。

（三）免疫失败原因

近年来随着养禽业的不断发展，饲养管理水平、免疫防治技术有了较大的提高，特别是对于一些严重的病毒性传染病的防控取得了较好的效果。但是，各种非典型病例也经常发生。免疫失败的原因是复杂的，归纳起来主要有以下几个方面：

1. 禽体以外的原因

（1）家禽的饲养环境差。禽舍尘土飞扬、污水四溢、消毒不严、通风不良、持续噪声、严寒酷暑等，都可能影响免疫效果。

（2）疫苗方面的原因。

①疫苗失效。疫苗通常有一定的有效期，过期的疫苗不能使用，使用过期疫苗不能产生理想的免疫力。

②疫苗质量差。疫苗本身质量差，如病毒或细菌的含量不足、冻干或密封不佳、油乳剂疫苗油水分层；疫苗在存放和运输过程中长时间处于 4 ℃ 以上的温度，或疫苗取出后在免疫接种前受到日光的直接照射，或取出时间过长，或疫苗稀释液未经消毒、受污染，或疫苗稀释后未在规定时间内用完，氢氧化铝佐剂颗粒过粗，均可影响疫苗的效价，甚至无效。

③疫苗选择不当。疾病诊断不准确，使用的疫苗与所发生的疫情或血清型不对应，如鸡患了新城疫，却使用传染性喉气管炎疫苗；或弱毒活疫苗、灭活苗、血清型、病毒株或菌株选择不当。使用与本地区、本场血清型不对应的禽出败菌苗、大肠杆菌苗等。生产中应根据当地传染病流行的严重程度和禽的种类选择不同的疫苗。

④疫苗稀释的差错。如马立克氏病疫苗没有使用指定的特殊稀释液；饮水免疫时仅用自来水稀释而没有加脱脂乳，或用一般井水稀释疫苗时，其酸碱度及离子均会对疫苗产生较大影响；稀释液量的计算或称量差错；从稀释后到免疫接种的间隔时间太长等。

⑤多种疫苗之间的干扰作用。若不同疫苗的接种时间相差过短，或多种疫苗间随意混合使用，会产生免疫干扰，如传染性喉气管炎疫苗病毒对鸡新城疫疫苗病毒的干扰作用，使鸡新城疫疫苗的免疫效果受到影响，导致新城疫免疫失败。

⑥疫苗接种时操作失误。采用饮水免疫时，饮水的质量、数量、饮水器的分布、饮水器卫生不符合标准；喷雾免疫时气雾的雾滴大小、喷雾的高度或速度不恰当，以及环境、气流不符合标准等；滴鼻、点眼时，疫苗尚未进入眼内或鼻内就将鸡放回原地；注射的部位不当或针头太粗，当针头拔出后疫苗液即倒流出来；针头刺在皮肤之外疫苗喷射出体外；工作人员态度不认真等，都会影响免疫效果。

⑦接种途径选择不当。每种疫苗均有其最佳的接种途径，如随意改变则会影响免疫效果。如当鸡新城疫 I 系疫苗用饮水免疫、传染性喉气管炎疫苗用饮水或肌注免疫时，效果都较差。

（3）免疫程序的原因。制订免疫程序时，如果对某段日龄敏感性、疫病流行季节、当地的疫病威胁、家禽品种差异、母源抗体的影响等因素考虑不够周到，就达不到满意的免疫效果。因此，制订一个科学合理免疫程序时，必须综合考虑，还要结合母源抗体监测，不能完全照搬别人的免疫程序。

（4）霉菌毒素和化学物质的影响。饲料中若含有黄曲霉毒素、农药、重金属（如铅、汞、镉、砷）等都会造成严重的免疫抑制，进而引起免疫失败。某些抗生素类药物可使活菌苗中的细菌灭活或改变苗菌的抗原成分，而使菌苗接种时免疫失败。

2. 家禽自身的原因

主要是指家禽自身免疫系统的功能缺损。影响免疫系统功能的因素很多，概括起来主要包括以下几点：

（1）雏禽母源抗体干扰。母源抗体是指雏禽从卵黄中吸收的抗体，它在雏禽的被动免疫中发挥着重要作用，可保护雏禽在出壳后1～2周内免受相应病原微生物的感染。生产中，如果所有雏禽固定同一日龄进行接种，若母源抗体过高会抑制疫苗的免疫反应，不产生应有的免疫应答，使雏禽首免失败。

（2）家禽的营养状况。饲料营养不全面，如氨基酸、微量元素、维生素的缺乏或不足，导致禽体营养不良，从而引起禽体免疫抑制，导致免疫失败。

（3）各种应激因素。家禽在饲养过程中，会因转群、换料、接种、限制饮水、使用药物等因素而发生应激反应；饲养密度过高和饲养环境不良也会引起机体的特异性应激反应，导致抗病力降低；大的噪声会影响家禽体内生理变化，使采食量、饲料转化率、生产性能下降。生产中应重视消除各种应激因素。

（4）某些传染病的影响。感染马立克氏病病毒、传染性法氏囊病病毒、传染性贫血病病毒、呼肠孤病毒、霉菌毒素后会导致组织器官发生严重的病理性损伤，损害家禽的免疫器官，如法氏囊、胸腺、脾腺、盲肠、扁桃体等，从而导致免疫抑制。

（5）免疫麻痹。在一定限度内，抗体的产生随抗原的用量增加而增加，但抗原量过多，超过一定的限度时，抗体的形成则反而受到抑制，这种现象称为"免疫麻痹"。有些养禽场超剂量多次注射免疫，这样可能引起家禽机体的免疫麻痹，往往达不到预期的效果。

（6）免疫缺陷。禽群内的某些个体如果缺乏 γ-球蛋白、免疫球蛋白A等，则对抗原的刺激不能产生正常的免疫应答，影响免疫效果。

（7）免疫抑制。很多原因如机体营养不良，缺乏维生素E、维生素C，缺锌、氯、钠等；各种应激因素发生仍进行免疫接种；鸡贫血因子病毒、传染性法氏囊病病毒和马立克氏病病毒感染等，尤其是当多种因素共同引起的免疫抑制作用更为明显，使机体在接种疫苗后，不能产生预期的免疫效果。

（8）病原微生物的抗原发生变异。病原本身时刻都在变异，但疫苗在制作、推广、使用上不可能完全跟上它的变异。在实际生产中，进行疫苗免疫接种后，往往免疫达不到理想的保护能力，造成部分或全部的免疫失败。例如一些超强毒株或新血清型的出现，使仍用常规弱毒疫苗的禽群难以抵御强毒的侵袭而发病。

📟 知识链接与课堂讨论

知识链接:

养禽业使用疫苗存在的"三多一大"现象（刘秀梵，2017）

养禽业使用疫苗存在"三多一大"的现象。

第一多是使用疫苗的病种多，有十几种。对这些病种进行疫苗免疫是否都是必需的？凡是有疫苗的病种全部选用对应疫苗免疫对家禽健康有益还是有害？通过加强生物安全措施，有的疫病发生概率是极低的，一般不需要使用疫苗。对于这类疫病，注射疫苗反而对家禽机体免疫力带来一定的副作用，进而降低禽群免疫力，不利于家禽疫病防控；对家禽生产而言，既增加了人工成本又让禽群产生应激，也会进一步影响家禽的生产性能，如有的国家，对有的家禽疫病不采用疫苗免疫。通常，只免疫发生风险较大的几种疾病。国内也有这样的情况，如峪口禽业监测发现鸡传染性鼻炎（IC）数年没有发生后，说明此病发生风险很小，就选择不再注射 IC 疫苗。

第二多是同一种疾病使用的疫苗毒株多，如在同一鸡群使用的传染性支气管炎（IB）活疫苗和灭活疫苗，疫苗毒株在 4 种以上（H120、LDT3、4/91、2886、con 株、H52、Ma5、M41）。有些疫苗本身会引起免疫抑制，有的毒株对家禽免疫器官的危害非常大，会导致家禽的整体免疫力下降。

第三多是同一种疾病在一个生产周期使用疫苗的次数多，如蛋鸡和种鸡的鸡新城疫（ND）、H5 型高致病性禽流感（H5 HPAI）、传染性支气管炎均在 10 次以上。

所谓一大，就是大剂量使用活疫苗、灭活疫苗，这是超过正常需要的。有的养殖场活疫苗注射剂量达到正常用量的几倍，这样做没有科学依据。无论是活疫苗还是灭活疫苗，过量使用无利而有害，有可能产生免疫麻痹和其他副作用。

家禽业疫苗使用产生的"三多一大"现象，正是过分依赖疫苗、滥用疫苗的结果。

课堂讨论：（1）你对疫苗使用生物安全性有什么看法？（2）如果是小型养殖户，你如何指导其进行免疫防制？（3）使用疫苗过程中如何避免对环境造成污染？（4）你认为应该如何改进免疫程序中的疫苗使用情况，从而避免"三多一大"现象？

🧰 工作手册

养禽场管理工作手册

工作任务	工作流程	工作内容	注意事项
任务一：人员岗位职责	做好人员岗位职责划分	按岗位场长、技术人员、饲养员等岗位划分各自责任和工作任务	

工作任务	工作流程	工作内容	注意事项
任务二： 养禽场生产计划制订	1.生产条件	根据本场的各种生产条件以及资金条件等因素，确定饲养计划	
	2.生产工艺流程	根据养禽生产的产品不同而异，如饲养种禽、商品禽等；同时，还要考虑家禽的生产周期，场内与饲养环节相关的各环节配套能力，确定生产计划	
	3.经济指标	参照饲养管理标准提供的指标，结合本场状况，挖掘潜力，制订生产计划	
任务三： 禽群周转计划的制订	1.成禽周转计划	根据生产规模确定各类禽群饲养只数；考虑生产实际确定死淘率指标；计算每月或每季度需补充饲养只数	
	2.雏禽周转计划	根据成禽周转计划确定各月份需补充的只数；根据本场实际情况确定育雏死淘率指标；计算每批转入成禽的只数	
任务四： 饲料计划制订	饲料计划制订	根据鸡群生产周转计划和生产规模要求，计算各生产阶段和各月份平均饲养各类鸡只数。根据历年生产经验和生产技术水平，确定各类鸡群每只各阶段和每月饲料需要量。计算各生产阶段和各月饲料需要量。统计全饲养期饲料需要量	
任务五： 防疫计划制订	1.生活区卫生防疫制度	采取各种杜绝外来病源引入的措施；制订好人员、物品进入的严格程序；制订好严格的消毒程序	
	2.生产区卫生防疫制度	制订好人员、物品进入的严格程序；制订好舍中操作的工作流程；制订好严格带禽消毒和环境消毒制度	
任务六： 禽舍空栏后的卫生防疫制度	禽舍空栏后的卫生防疫制度	禽舍空栏后，应马上对禽舍进行彻底清扫与消毒。禽舍消毒程序：清扫禽舍→高压水枪冲洗禽舍→用具浸泡清洗→干燥→消毒液（3%的火碱水）喷洒禽舍→福尔马林熏蒸消毒→空舍半月以上→进禽舍前两天舍内外消毒	
任务七： 免疫制度	免疫接种	按本场的免疫程序专人负责免疫；定时检测抗体水平，对抗体水平检测不合格的及时补救	

工作任务	工作流程	工作内容	注意事项
任务八：消毒技术	1.准备常见化学消毒药品	如氢氧化钠、戊二醛、百毒杀、聚维酮碘等	
	2.选择适时适宜的消毒方法进行消毒	开展机械消毒、物理消毒、化学消毒、生物消毒	
任务九：免疫技术	1.制订免疫程序	根据本场养殖环境情况、禽群品种、用途、饲养周期等制订免疫程序	
	2.免疫前准备	禽群的准备、免疫用具	
	3.免疫操作	用专用稀释液稀释疫苗、按规定免疫方法进行免疫；如是饮水免疫避免水质污染或含有消毒液等	疫苗需在短时间内用完，如是饮水免疫，则需在1 h内喝完

实训一 家禽免疫接种技术

一、目的要求

了解家禽生产中的常用疫苗，熟悉疫苗的保存和运送方法，用肉眼正确鉴别疫苗质量，掌握疫苗稀释方法、免疫接种方法与步骤。

二、材料与用具

（1）场地：雏鸡舍。

（2）材料：雏鸡、新城疫弱毒冻干苗、油乳剂灭活苗、鸡痘苗、马立克HIV冻干苗、稀释液（或生理盐水）。

（3）用具：连续注射器、玻璃注射器、针头、胶头滴管、刺种针、消毒盒（煮沸消毒锅）、脱脂奶粉、喷雾器、水桶、雏鸡、育成鸡。

三、操作步骤

免疫接种是指用人工方法把疫苗或菌苗等引入禽体内，从而激发家禽产生对某种病原微生物的特异性抵抗力，防止发生传染病，使易感动物转化为不易感动物的一种手段。有计划地对健康家禽进行免疫接种，是预防和控制家禽传染病发生的重要措施之一。特别是对禽流感、鸡新城疫等重点疾病的防治措施中，免疫接种起着关键性的作用：不同的免疫操作，免疫效果会不同，血清学检测时抗体滴度相差 1～2 个滴度甚至更多，往往是免疫技术不规范造成的。

1. 疫苗的保存、运送和用前检查

（1）疫苗的保存。各种疫苗均应保存在低温、阴暗、干燥的场所。灭活苗及油乳剂灭活苗等的保存温度应为 2～15 ℃，防止冻结。弱毒活苗应在 0 ℃以下冻结保存。

（2）疫苗的运送。要求包装完善，防止碰坏瓶子和散播活的弱毒病原体。运送途中避免日光直射和高温，防止反复冻融，并尽快送到保存地点或预防接种的场所。弱毒疫苗应使用冷藏箱或冷藏车运送，以免其效价降低或丧失。

（3）疫苗用前检查。各种疫苗在使用前，均需进行外观检查，观察疫苗瓶的完好程度、瓶内真空度、有无变质等现象。检查疫苗瓶签和疫苗使用说明书。登记疫苗名称、规格、有效期、批号、生产厂家。凡是过期、无真空度的；无瓶签、瓶签残缺不全或字迹模糊不清；瓶塞松动或瓶壁破裂；疫苗变色、有异物、异味、发霉、出现不应有的沉淀；灭活苗油水分离、未按规定方法保存和运输的均不可使用。经过检查，确实不能使用的疫苗，应立即废弃，不能与可用的疫苗混放在一起。废弃的弱毒疫苗应煮沸消毒或深埋。

2. 疫苗的稀释方法

按瓶签或使用说明书，用灭菌生理盐水或冷开水将弱毒冻干苗稀释，疫苗稀释后应立即接种。

3. 免疫接种的方法

（1）点眼、滴鼻法。应先对点眼、滴鼻的滴管进行计量校正，以保证免疫剂量。操作时一手握鸡，并用食指堵住鸡的下侧鼻孔，另一只手用滴管吸取疫苗滴入其上侧鼻孔或眼睑内，待鸡将疫苗吸入后，方可放鸡。

（2）刺种法。展开鸡的翅膀内侧，暴露三角区皮肤，避开血管，用刺种针或蘸水笔尖蘸取疫苗刺入皮下。

（3）注射免疫法。注射免疫法分为肌肉注射和颈背部皮下注射。

颈背部皮下注射时，用食指和大拇指将颈背侧皮肤捏起，由两指间进针，针头方向后下方，与颈椎基本平行，雏鸡插入深度为 0.5～1 cm，成鸡为 1 cm。

肌肉注射可以选择胸肌发达部位和外侧腿肌注射，胸肌注射时应斜向前入针，防止刺入胸、腹腔引起死亡。

（4）饮水免疫法。饮水免疫时，应按鸡只数量和饮水量准确计算需用的疫苗剂量和稀释疫苗的用水量，疫苗用量一般加倍，用水量掌握在 2 h 内能饮完，一般 20～30 日龄雏鸡 15～20 mL，成鸡 30～40 mL；免疫前饮水器要清洗干净，无消毒剂残留，数量要充足，保证 2/3 以上的鸡能同时饮到水；免疫前应停水 2～4 h（视气温情况）；应当用冷的洁净清水稀释疫苗，最好加入 0.15% 脱脂奶粉作保护剂；疫苗一经开瓶稀释，应迅速饮喂；免

疫前后24 h内不得饮用高锰酸钾水或其他含有消毒剂的水。

（5）气雾免疫法。气雾免疫法适用于60日龄以上的鸡。疫苗用量一般加倍或增加1/3的剂量。每1 000羽份疫苗加蒸馏水或去离子水250 mL稀释（最好加入0.15%的脱脂奶粉），喷雾时气雾粒子直径以30～50 nm为宜，喷雾5～10 min。气雾免疫时关闭鸡舍门窗，关闭风机，停止舍内外气体交换：喷雾枪距离鸡头上方约60 cm，使鸡周围形成一个局部雾化区。疫苗喷完后，应停留20～30 min方可开门窗通风换气。一般宜安排在早晨或夜间免疫，避免阳光直射而影响疫苗活性，操作人员应注意自身防护。

4. 免疫接种的组织及注意事项

免疫接种前要检查鸡群健康状况，对患病鸡和可疑感染鸡，暂不免疫接种，待康复后再根据实际情况决定补免时间。

接种疫苗后，应加强护理和观察，如发现严重反应甚至死亡，要及时查找原因，了解疫苗情况和使用方法。蛋禽或种禽开产后一般不宜再接种疫苗。注射器、针头、镊子等，经严格的消毒处理后备用。

注射时，每只家禽应使用一个针头。稀释好的疫苗瓶上应固定一个消毒过的针头，上盖消毒棉球。疫苗应随配随用，并在规定的时间内用完。一般气温15～25 ℃，6 h内用完；25 ℃以上，4 h内用完；马立克氏疫苗应在2 h内用完，过期不可使用。针筒排气溢出的疫苗，应吸附于酒精棉球上，用过的酒精棉球和吸入注射器内未用完的疫苗应集中销毁。稀释后的空疫苗瓶深埋或消毒后废弃。

技能考核：重点考核疫苗的正确运输和保存、不同免疫方式的正确操作方法。

实训报告：根据对家禽采用不同免疫方法的操作体会完成实训报告。

实训二　禽舍消毒技术

一、实训目标

掌握禽舍消毒方法，学会常用消毒液的配制。

二、材料与用具

场地：禽舍。

材料：氢氧化钠、来苏尔、高锰酸钾、福尔马林等。

用具：喷雾消毒器或塑料喷壶，量筒，卷尺或直尺，报纸或包装纸，糨糊或胶水，天平或台秤，量杯，盆、桶、缸等用具，清扫及洗刷用具，橡胶长靴等。

三、操作步骤

消毒就是通过一定的方法杀灭或清除外界环境中的病原微生物，以减少或防止传染病的发生。在家禽生产实践过程中，主要使用化学药物对所有可能污染病原微生物的物体、用具、禽舍环境，进行有计划、有目的的消毒。

1. 人员入场消毒

进入生产区更换工作服、换鞋，经紫外线照射、喷洒消毒液、洗手后，方可进入禽舍。养禽场每周消毒 1～2 次。

2. 空禽舍喷洒消毒

（1）禽舍排空。将所有家禽全部清转，饲养用具移出舍外浸泡消毒。

（2）机械清扫。禽舍排空后，清除饮水器、饲槽的残留物。对风扇、通风口、天花板、横梁、吊架、墙壁等进行彻底清扫，最后清除垫料和禽粪。清除的粪便、垃圾集中处理。为了防止尘土飞扬，清扫前可先用清水或消毒液喷洒。

（3）冲洗。经清扫后，用高压水枪冲洗墙壁、地面，最好使用热水，并在水中加入清洁剂或表面活性剂。对较脏的地方可事先进行人工刮除，洗净时按照从上到下，从里到外的顺序进行，做到不留死角。

（4）禽舍检修维护。经彻底洗净后，对禽舍、用具进行检修维护。

（5）计算消毒面积。

（6）计算消毒液用量。消毒液的用量一般以 $1\,000\ \text{mL/m}^2$ 计算。

（7）计算消毒剂用量。根据消毒液的浓度和消毒液用量即可计算出消毒剂用量。通常使用 2%～4% 浓度的氢氧化钠作消毒剂。

（8）配制消毒液。

（9）实施消毒。消毒时先由远门处开始，对天花板、墙壁、笼具、地面按顺序均匀喷洒至门口。消毒物体的表面要全部喷湿而不积水。喷洒完毕后，关闭门窗处理 6～12 h，再打开门窗通风，用清水洗刷笼具、饲槽和水槽等，将消毒药味除去。

3. 空禽舍熏蒸消毒

（1）密闭禽舍。禽舍经喷洒消毒后，关闭门窗、换气孔等，将与外界相通的地方用报纸糊好，不能漏气。

（2）计算消毒面积。测量鸡舍长、宽、高，计算消毒空间的体积。

（3）计算消毒剂的用量。根据禽舍空间，按福尔马林 $28\ \text{mL/m}^3$、高锰酸钾 $14\ \text{g/m}^3$、水 $14\ \text{mL/m}^3$ 的标准计算用量。

（4）实施消毒。将清洗干净的饲养设备等搬进禽舍，将禽舍内的管理用具、工作服等适当打开，开启箱子和柜橱的门。按禽舍空间大小放置一个或数个陶瓷容器（或金属容器），先将称好的高锰酸钾放入器皿中，然后沿容器壁倒入福尔马林溶液（加水稀释），此时，混合液自动沸腾，经几秒钟即可见有浅蓝色刺激眼鼻的气体蒸发出来，人迅速离开禽舍，将门关闭。经过 12～24 h 后，将门窗打开通风。操作时绝不能将高锰酸钾倒入福尔马林溶液中，以防药液沸腾时溢出烧伤人体。操作人员要避免福尔马林与皮肤接触。

为了增强消毒效果，通常在熏蒸消毒前使用表面活性剂类或酚类等消毒剂先进行一次喷洒消毒。

4. 带禽消毒

首先关闭门窗，使用高压喷雾器或背负式手摇喷雾器，将消毒药液均匀喷到墙壁、屋顶和地面，一般喷雾量以每立方米空间约 15 mL 计算。

喷雾时不要直接对着禽体喷，应高于禽体 60 cm 左右，使喷雾颗粒落下，以禽体表微湿为宜。雾粒大小应为 80～120 μm，不要小于 50 μm。雾粒过大，易造成喷雾不均匀和禽舍太潮湿，且在空中下降速度太快，与空气中的病原微生物、尘埃接触不充分，起不到消毒空气的作用。雾粒太小，则易被家禽吸入肺泡，诱发呼吸道疾病。

消毒宜在傍晚或暗光下进行，且喷雾的动作要缓慢，防止惊吓禽群。消毒后要进行通风换气。

5. 消毒质量检查

（1）地面、墙壁和顶棚消毒效果的检查。用灭菌棉拭子蘸取灭菌生理盐水分别对禽舍地面、墙壁、顶棚进行未经任何处理前和消毒后 2 次采样，采样点为至少 5 块相等面积（3 cm×3 cm）。用高压灭菌过的棉棒蘸取含有中和剂的缓冲液，在采样点内轻轻滚动涂抹，然后将棉棒放在生理盐水管中。振荡后将洗液样品接种在普通琼脂培养基上，置 37 ℃ 恒温箱培养 18～24 h 后进行菌落计数。

（2）空气消毒效果检查。将制备好的普通琼脂平板于空气消毒前和消毒后分别放在室内的四角和中央，相当于鸡呼吸道的高度，暴露采样 15 min，然后置于温箱中培养，观察结果。对消毒前后各 5 个平板分别求出平板菌落的均数，然后计算出杀灭率。

技能考核： 重点考核消毒药的正确配制、消毒效果的检测。

实训报告： 完成三种常用消毒药配制过程、使用方法报告。

📖 项目思考

1. 如果计划饲养 10 000 只蛋鸡，请制订出详细的生产计划。

2. 如何制订养禽场的免疫计划？

3. 为什么进行免疫后，家禽仍有可能发病？

4. 以肉种鸡场为例，制订一份防疫制度并设计免疫程序。

📖 岗证测评

1. 用高压蒸气灭菌的条件是（　　　）。

    A.121.3 ℃，20～30 min   B.100.3 ℃，30～40 min

    C.160 ℃，2 h   D.140 ℃，3 h

    E.115 ℃，20～30 min

2.（　　　）的煤酚溶液用于浸泡用具、器械及禽舍、场地、病畜排泄物的消毒。

    A.3%～5%   B.5%～7%

C.4% ～ 8% 　　　　　　　　　D.5% ～ 10%

E.1% ～ 2%

3. 用于皮肤及器械消毒的酒精浓度是（　　　）。

A.70% 　　　　　　　　　　　　B.95%

C.20% 　　　　　　　　　　　　D.100%

E.60%

4. 鸡群接种疫苗的原则是（　　　）。

A. 尽可能接种所有的疫苗

B. 患什么病就接种什么疫苗

C. 一般不使用疫苗，用药物和蛋黄液等预防控制疾病

D. 根据当地疫情，制订合理的免疫程序，选用优质的疫苗

E. 需要接种所有血清型

5. 鸡痘的接种途径是（　　　）。

A. 放入饮水中 　　　　　　　　B. 点眼或滴鼻

C. 翼膜刺种 　　　　　　　　　D. 气雾

E. 皮下注射

项目三　养鸡与鸡病防治

学习目标

知识目标

1. 了解蛋鸡养育阶段的划分，理解雏鸡生理特点，掌握雏鸡饲养管理技术措施；
2. 理解蛋用型育成鸡的培育标准、育成鸡的生理特点、育成鸡的饲养工艺，掌握育成鸡饲喂技术、管理技术；
3. 理解蛋鸡产蛋规律与营养需要，掌握产蛋鸡的饲喂与管理技术；
4. 理解光照对蛋鸡产蛋的影响，掌握蛋鸡的光照控制技术；
5. 掌握快大型肉用仔鸡的生产特点与生产技术；
6. 掌握优质肉鸡生产即"放养鸡"的生产技术；
7. 要求学生熟练掌握禽病诊断、预防和控制的常用方法，重点掌握各种禽病的病原或病因、流行特点、症状、病理变化、诊断要点和防治措施等基本知识。

养鸡与鸡病防治

技能目标

1. 能进行雏鸡进雏前的准备、饮水、开食、日常管理、断喙等，为提高雏鸡成活率创造条件；
2. 能进行育成鸡培育，做好定期称测体重、跖骨长度和群体均匀度、卫生防疫等工作；
3. 能对蛋鸡开产前后、产蛋期不同阶段进行饲养管理；
4. 能合理设计蛋鸡育雏期、育成期、产蛋期的光照控制方案。
5. 能对各种禽病进行初步的临床诊断，能够熟练使用各种禽药，对常见的禽病进行治疗，预判治疗效果。禽病暴发后，能够具备应变处理能力。

素质目标

1. 具备认真负责、吃苦耐劳、细心观察、团队协作的职业素质。
2. 培养服务"三农"、乡村振兴、服务客户、返乡创业的服务和创业意识。
3. 在鸡病的防治过程中不过度医疗，不乱使用抗生素，注重生物安全。

案例导入

产蛋期违规使用抗生素案例

某农业专业合作社，主要经营肉鸡和蛋鸡的饲养。2021年2月，周某发现其合作社

饲养的蛋鸡出现死亡情况，经咨询后发现，是由鸡呼吸道疾病所致。随后其在明知兽药氟苯尼考粉禁用于蛋鸡产蛋期的情况下，擅自在禽料中添加兽药氟苯尼考粉，用于正在产蛋期的蛋鸡治疗，并将蛋鸡在其间所产的20余斤鸡蛋予以销售，获利200余元。2021年5月，县农业农村局工作人员对该农业合作社的鸡肉及鸡蛋进行抽检。经检测，鸡肉中金刚烷胺项目不合格；鸡蛋中金刚烷胺项目、氟苯尼考项目不合格。2021年10月26日，被告人周某向县公安局投案，归案后如实供述了自己的犯罪事实。

经审理，法院认为，被告人周某在养殖的蛋鸡产蛋期使用禁止使用的兽药氟苯尼考，并销售含有氟苯尼考的鸡蛋，其行为已构成生产、销售有毒、有害食品罪。公诉机关指控的罪名成立，予以支持。最终，法院以犯生产、销售有毒、有害食品罪，判处周某有期徒刑六个月十五日，并处罚金10 000元，追缴违法所得200元，予以没收，上缴国库，支付惩罚性赔偿金2 000元，禁止其在刑罚执行完毕之日或者假释之日起三年内从事食品生产、销售及相关活动，并于判决生效之日起三十日内在媒体上向社会公开赔礼道歉。

分析：蛋鸡产蛋期禁用药物，一般都有明确的每日允许摄入量和其他动物、组织的残留限量标准，与禁用清单品种有本质区别，而这类药物在蛋品中含量超标可能对人体造成危害。上述案例中鸡蛋中氟苯尼考含量超标。氟苯尼考又称氟甲砜霉素，是农业农村部批准使用的动物专用抗菌药，主要用于敏感细菌所致的猪、鸡、鱼的细菌性疾病。氟苯尼考是一种广谱抑菌抗生素，长期食用氟苯尼考残留超标的食品，会对人体健康产生一定影响。因此，《食品安全国家标准 食品中兽药最大残留限量》（GB 31650—2019）（现已部分失效）中规定，氟苯尼考在产蛋鸡中禁用（鸡蛋中不得检出）。因此在产蛋期前，养殖人员应该严格遵循相应的休药期，针对病症适当使用相应药物。在产蛋期间严禁使用蛋鸡产蛋期禁用药。

鸡翅静脉采血　　　　鸡颈静脉采血　　　　鸡心脏采血

 知识准备一

蛋鸡养殖技术

蛋鸡生产是养鸡生产的重要组成部分，承担为消费者提供优质鸡蛋的重要任务。健康优良的蛋鸡品种、营养完善的配合饲料、条件适宜的鸡舍环境、先进的机械化设备和严格的防疫措施，是构成现代化蛋鸡生产的基本条件。蛋鸡生产的任务就是依据蛋鸡不同阶段的生理特点、生产要求进行科学合理的饲养管理，培育出优质健康、生长发育整齐的高产蛋鸡群，充分发挥蛋鸡的遗传潜力，提高蛋鸡的产蛋性能和养殖经济效益。

现代蛋鸡生产从雏鸡出壳到产蛋期结束淘汰，全程约72周。根据蛋鸡生理特点和培育要求，将蛋鸡生产分育雏期（0～6周）、育成期（7～20周）、产蛋期（21～72周）三个阶段。蛋鸡生产养殖周期长，涉及养殖环节多，技术要求高，必须做好蛋鸡精细化的饲养管理，才能提高蛋鸡产蛋率。蛋鸡生产的技术环节主要包括：蛋鸡的品种与选择→蛋用型雏鸡的培育→蛋用型育成鸡的培育→产蛋鸡的饲养管理→蛋用种鸡的饲养管理。

一、蛋鸡的品种与选择

（一）现代蛋鸡品种的主要特点

现代蛋鸡品种是指工厂化养鸡业中采用的商品杂交蛋鸡或专门化的商用配套蛋鸡品系。现代蛋鸡品种的主要特点：具有优良的产蛋性能，有的还能自别雌雄或抗某种疾病；生命力强，生产性能整齐一致，适合规模化工厂化养殖；现代蛋鸡均为杂交配套系，不能复制，商品场应选养商品代鸡；绝大多数蛋鸡品种以公司名称、编号命名，品种商品化明显。

（二）现代蛋鸡品种

现代蛋鸡品种根据蛋壳颜色可分为白壳蛋鸡、褐壳蛋鸡、粉壳蛋鸡，其中，粉壳蛋鸡很少。蛋鸡主要品种如下。

1. 伊莎褐鸡

伊莎褐鸡由法国伊莎公司培育，属褐壳蛋鸡，其父母代生产性能：76周龄入舍母鸡产蛋量292枚，22周龄达5%产蛋率，24周龄达50%产蛋率，高峰期产蛋率达92%，74周龄产蛋率66%，平均蛋重65 g，产蛋期成活率93%。

2. 海兰褐壳蛋鸡

商品代鸡饲养日年产蛋量310～330枚，产蛋期成活率91%～95%，150～160日龄产蛋率达50%，高峰期产蛋率为91%～96%，72周龄平均蛋重66.8 g，74周龄体重2.2 kg。

3. 北京白鸡

北京白鸡是中国培育的优良白壳蛋鸡。商品代鸡年产蛋量260～280枚，蛋重58～62 g，产蛋高峰期产蛋率达90%～92%，育成期的成活率96%～98%，产蛋期成活率为92%～94%。

4. 海赛克斯蛋鸡

可以根据颜色鉴别海赛克斯蛋鸡的雌雄，雏鸡出壳时，母雏颜色全部为棕红色的占90%，全身棕色为主但背部有白色条纹者占8%，全身白色为主但头为红色或棕色者占2%；公雏颜色全部为黄色者占90%，全身白色但背部呈棕色条纹者占8%；全身白色但背部有四条棕色窄纹者占2%。商品代蛋鸡入舍母鸡年产蛋299枚，平均蛋重63.2 g，料蛋比 2.39 ：1，产蛋期末体重 2.25 kg。

5. 其他蛋鸡品种

其他蛋鸡品种主要有：罗曼蛋鸡、迪卡蛋鸡、雅康蛋鸡、农大褐矮小型蛋鸡等。

（三）现代蛋鸡的杂交繁育体系

现代蛋鸡品种普遍利用鸡标准品种优良的遗传基因，采用双杂交进行配套杂交而成，其杂交繁育体系包括保种、育种、制种三个基本环节。各环节的工作分别由下列部门承担：

1. 品种资源场

每个品种都是育种基因库，品种资源场承担品种资源的保存工作，如标准品种保种场。

2. 育种场

育种场利用各个标准品种培育不同的纯系，如 A 系、B 系、C 系、D 系、E 系、F 系等，为原种场进行配合力测定提供杂交亲本。

3. 原种场（曾祖代鸡场）

原种场的任务主要有：①利用育种场的纯系进行配合力测定，筛选最佳杂交组合；②繁育配套纯系，向祖代鸡场提供配套单性纯系。

4. 祖代鸡场

祖代鸡场的任务主要有：①利用原种场提供的配套单性纯系第一次杂交制种，如 A系（公）×B 系（母），C 系（公）×D 系（母）；②向父母代鸡场提供单交种，如 AB种鸡、CD 种鸡。

5. 父母代鸡场

父母代鸡场的任务主要有：①利用祖代鸡场提供的单交种进行第二次杂交制种，如 AB 种鸡（公）×CD 种鸡（母）；②向商品场提供商品代鸡苗（ABCD 鸡苗）。

6. 商品场

商品场的任务主要有：饲养父母代鸡场提供 ABCD 杂交鸡苗，生产商品蛋。特别注意的是，商品场饲养的鸡不能作种用。

二、鸡舍建筑、常用设备与设施

1. 鸡舍建筑

（1）鸡舍类型。鸡舍类型应选用全密闭的有窗或无窗环控鸡舍。有窗鸡舍采光面积按舍内面积的 1/10 设计。无窗鸡舍也称全密闭鸡舍，宜采用机械通风的方式调节空气和温湿度，全程由人工控制光照。鸡舍朝向应采用南北朝向建造。

（2）鸡舍建筑要求。地基稳固、墙体屋顶坚实、内壁及地面光滑防水耐酸碱、便于消毒处理。建筑材料可选用砖混结构或其他混合材料墙体，墙体及屋顶的材料应符合防火的要求。

（3）鸡舍外围护结构。要求保温隔热（墙体、屋顶）、防雨雪、防鼠害、防鸟。鸡舍外墙合理设置门窗（有窗鸡舍）及通风口。

（4）排水系统。地面两侧设 30 cm 宽带漏缝地板的排水沟、排水管道，通往舍外污水排放系统。

2. 常用设备

（1）蛋鸡配套笼养设备。蛋鸡配套笼养设备包括育雏、育成、产蛋鸡笼，自动给料、自动给水与自动除粪设备。产蛋鸡笼笼地面积不得少于每只 380 cm²。

（2）饲料加工设备。根据饲养规模购置原料粉碎机、饲料搅拌机、成品料包装设备及原料储存仓等。

（3）环控设备。通风换气设备可采用纵向通风使用的轴流风机及湿帘降温系统，风机宜使用大口径低速风机。光照设备包括灯具及其控制设备，照明宜采用现代节能灯具。育雏舍的供暖设备根据条件可采用水暖设备、火炉供暖及热风炉供暖设备。另外，蛋鸡养禽场还需要配备粪污处理及死鸡焚烧炉等设备。

3. 常用设施

（1）消毒设施。场区门口有消毒池，鸡舍门口有消毒间，场区有消毒泵等消毒器械。

（2）辅助设施。有门卫公共更衣消毒室、兽医化验室、解剖室。配备清粪设施、储粪场所及鸡粪无害化处理设施，大门消毒池。

（3）其他配套设施。配电室及发电房配 15 kW 以上的发电机组；场内排水排污系统包括地下排水管道等。

三、蛋用型雏鸡的培育

（一）蛋鸡培育阶段的划分与饲养工艺

1. 蛋鸡培育阶段的划分

现代蛋鸡生产从雏鸡出壳到产蛋期结束淘汰，全程约 72 周。根据蛋鸡的生理特点和培育要求，将蛋鸡分为三个阶段饲养。

（1）育雏期。育雏期指 0～6 周龄阶段。这个阶段的小鸡称雏鸡。

（2）育成期。育成期指 7～20 周龄阶段。育成期又可分为中雏期（7～14 周龄）、大雏期（15～20 周龄）阶段。这个阶段的鸡称为育成鸡。

（3）产蛋期。产蛋期指 21～72 周龄阶段。这个阶段的鸡称产蛋鸡，是蛋鸡集中产蛋的时期，产蛋期一般约 52 周。

2. 蛋鸡的饲养工艺

（1）三段式饲养。三段式饲养即将商品蛋鸡场生产区鸡舍分为育雏鸡舍、育成鸡舍、产蛋鸡舍三种类型，三种鸡舍分区建设。鸡苗先在育雏鸡舍饲养（0～6周龄），育雏期结束后再转到育成鸡舍饲养（7～20周龄），育成期结束后转到产蛋鸡舍饲养（21～72周龄），整个全程饲养周期中需要转群二次。这是传统的蛋鸡饲养工艺，也是目前我国蛋鸡饲养的主要方式。

（2）两段式饲养。两段式饲养即将蛋鸡整个饲养期分为两个阶段饲养，1～10周龄在育雏鸡舍饲养，10周龄后转入产蛋鸡舍饲养，不需要专用的育成鸡舍，可减少一次转群，且在较小的年龄转入产蛋鸡舍，可减少转群对蛋鸡开产的转群应激，是当前和今后种蛋鸡饲养的工艺趋势。

（3）一段式饲养。一段式饲养多应用于种鸡地面平养、网上平养、板条饲养，从1日龄直至产蛋结束，均在同一鸡舍内完成。

（二）雏鸡的生理特点与培育目标

1. 雏鸡的生理特点

（1）生长发育迅速。雏鸡出壳重40 g，6周龄末达440 g，42 d时体重增加11倍。雏鸡代谢旺盛，生长发育迅速。雏鸡日粮要严格按照雏鸡营养标准予以满足，蛋白质、氨基酸、能量、矿物质与微量元素、维生素等应全价。

雏鸡羽毛更新速度快，对饲料中蛋白质要求高，特别是含硫氨基酸水平要求高，应注意雏鸡日粮中含硫氨基酸的补充。某些微量元素缺乏会引起雏鸡发病，如雏鸡日粮中锰缺乏，容易使雏鸡发生溜腱病。

（2）体温调节机能差。雏鸡绒毛稀、短，保温能力差；单位体重散热面积大于成年鸡；体温调节中枢机能不完善，3周龄后逐步完善。0～6周龄雏鸡对环境温度适应力差，特别怕冷，在低温环境下雏鸡易发生挤堆死亡、爆发雏鸡白痢等传染病。因此，雏鸡培育要创造温暖、干燥、清洁、安静的环境条件，人工保暖是提高雏鸡成活率的关键技术措施。

（3）消化机能尚未健全。雏鸡消化器官容积小，消化机能差，特别是对粗纤维的消化差。雏鸡饲养应给予含粗纤维低、易消化、营养全面而平衡的日粮。在投料方式上应少喂勤添，适当增加饲喂次数（5～7次/d）。棉籽饼、菜籽饼等非动物性蛋白料，适口性差，雏鸡难以消化，应适当控制比例。

（4）抗病力差。雏鸡体弱娇嫩，易感染疾病，如鸡白痢、鸡大肠杆菌病、鸡法氏囊病、鸡球虫病、慢性呼吸道疾病等。因此，在雏鸡培育过程中要严格控制环境卫生、做好疾病预防，其中免疫接种、投药预防是雏鸡疫病控制的两条关键措施。

（5）雏鸡群居性强、胆小。雏鸡胆小、缺乏自卫能力，喜欢群居，并且比较神经质，稍有外界的异常刺激，就有可能引起惊群，影响正常的生长发育和抗病能力。所以育雏需要安静的环境，要防止各种异常声响、噪声及新奇颜色对雏鸡的应激，防止鼠、雀、犬、猫的入侵，同时在管理上要注意鸡群饲养密度的适宜性。

（6）初生雏鸡易脱水。刚出壳的雏鸡含水率在76%以上，如果在干燥的环境中存放时间过长，则很容易在呼吸过程中失去很多水分，造成脱水。育雏初期干燥的环境也会使雏鸡因呼吸失水过多而增加饮水量，影响消化机能。所以，在出雏之后的存放期间、运输途中及育雏初期，应注意环境湿度要适宜。在雏鸡进鸡舍时配制 2% ～ 5% 葡萄糖溶液及时饮水。

2. 雏鸡的培育目标

雏鸡的培育也称育雏，育雏阶段是养好鸡的关键。雏鸡饲养管理的好坏，是养鸡生产中的一个关键环节，不仅影响雏鸡的生长发育和成活率，还影响育成鸡培育和蛋鸡产蛋期生产性能。雏鸡培育应达到以下目标。

（1）健康无病。雏鸡培育阶段未发生传染病，特别是烈性传染病；食欲正常，精神活泼，反应灵敏，羽毛紧凑而富有弹性。

（2）成活率高。雏鸡培育难度大，雏鸡育雏存活率是衡量育雏工作好坏的一个重要指标。目前，雏鸡培育先进的水平育雏第一周死亡率不超过 1%，0 ～ 6 周龄死亡率不超过 2%。

（3）生长发育正常。雏鸡不同阶段体重符合品种标准，骨骼良好，胸骨平直而结实，具有良好的群体均匀度。群体均匀度是衡量雏鸡生长发育是否整齐的重要指标，一般用标准体重 ±10% 范围内的雏鸡个体数占雏鸡总数的百分率表示。合格的雏鸡群体均匀度应达 80% 以上。

（三）雏鸡育雏方式与供温设备

1. 雏鸡育雏方式

（1）地面育雏。在水泥地面上培育雏鸡，地面上铺设垫料，垫料厚度为 20 ～ 25 cm。垫料要求干燥、保暖、吸湿性强、柔软、不板结，可选锯末、麦秸、谷草等作为育雏垫料。地面育雏成本低，条件要求不高，但易发生球虫病、雏鸡白痢等疾病。

（2）网上育雏。在距地面以上 50 ～ 60 cm 高度铺铁丝网或塑料网，也可以使用木条或竹竿搭成平面网，小雏用小孔网，大雏用较大的网孔。开始时要铺报纸或纸板，而后 1 周左右撤换掉。网上育雏粪尿混合物可直接掉于地面，雏鸡与粪尿接触机会少，可有效控制雏鸡白痢、球虫病爆发，但投资较大，技术要求较高，雏鸡饲料必须全价化。

（3）立体育雏。将雏鸡饲养在 3 ～ 5 层育雏笼内，育雏笼由镀锌或涂塑铁丝制成，网底可铺塑料垫网，四周挂料桶和水槽。立体育雏饲养密度大，热源集中，易于保温，雏鸡成活率高，但投资较大，且上下层温差大，应将日龄小的雏鸡移到育雏笼上层集中饲养，随着日龄增大逐渐将雏鸡移到育雏笼下层饲养。该法是大型养鸡厂常用的一种育雏方式。

2. 供温方式与供温设备

（1）温室供温。人工形成一个温室环境，雏鸡饲养在温室中，采取网上育雏和立体笼养育雏必须采用该供温方式。温室供温所需供温设备可分为以下几种。

①暖风炉供温。暖风炉供温是指以煤为原料的加热设备产热，舍外设立热风炉，将热风送入鸡舍上空使育雏舍温度升高。国内大型养鸡厂采用，但投资较大。

②锅炉供温。锅炉供温是指锅炉烧水，热水集中通过管网进行热交换，使育雏舍温度升高。较大规模养鸡场采用。

③烟道供温。烟道供温分地上烟道、地下烟道两种，烟道建于育雏舍内，一端砌有炉灶（煤燃烧产热），另一端砌有烟囱（高出屋顶1 m以上）。该法的育雏效果好，规模化育雏场常用。

育雏保温灯

（2）保温伞供温。保温伞供温分电热保温伞、煤炉保温伞、红外线灯保温伞等。其中250 W的红外线灯可为100～250只雏鸡保温，将红外线灯安装在地面35～45 cm处。

供温设备包括育雏保温灯、育雏保温伞等。

育雏保温伞

（四）蛋用型雏鸡育雏前的准备

1. 育雏计划的制订

要依据鸡舍建筑和设备条件、生产规模及工艺流程制订较缜密的年度育雏计划。育雏计划的具体内容：拟定雏鸡周转计划和育雏数量，饲料及物资供应计划，防疫计划。

2. 育雏室、用具、饲料、垫料、药品准备

（1）育雏舍、用具清洗、消毒。对育雏室、垫料、垫网、饮水器、料槽、料盘等有关设备、用具等彻底清洗、消毒。可以采用甲醛高锰酸钾熏蒸消毒1～2 d，用量按照高锰酸钾15 g+福尔马林30 mL/m³进行计算。

（2）垫料准备。准备并铺设好垫料。垫料要干燥、无霉变、吸水性好。

（3）提前升温。检查保温设备、烟道、保温伞等是否良好，并提前1 d升温达到育雏温度。笼养育雏室32～34 ℃；平养育雏室25 ℃以上；保温伞温度35 ℃。

（4）用具、饲料、药品和疫苗准备。准备充足料盘、饮水器，并准备好饲料、药品和疫苗等。

（5）饮水准备。进鸡前2 h将水装入饮水器并放入舍内预热，水中加入2%～5%葡萄糖和适量的电解多维。

（6）保温伞准备。平养鸡舍应安装好保温伞（500只/个），在伞边缘上方8 cm处悬挂温度计，测试保温伞温度。育雏舍相对湿度60%。

3. 雏鸡的选择与运输

（1）雏鸡的选择。鸡苗品种纯正，健康无病、无残疾，卵黄吸收好，腹部松软，精神状态好，活泼好动，羽毛整齐清洁有光泽，手握有挣扎力。雏鸡应来自合格种养禽场，注射过马立克氏病疫苗的健康雏鸡，并索取相关的饲养管理资料。

（2）雏鸡的运输。运输的关键是注意运输过程中的通风、保温。

①装运工具。一般采用专用的运雏箱，运雏箱用塑料、木板或硬纸板做成。运雏箱长60 cm、宽45 cm、高20～25 cm，箱内用瓦楞纸分为四格，每格装20～25只雏鸡，每箱可装80～100只雏鸡。纸箱上下、左右均有通气孔若干个，箱底铺有吸水性强的垫纸。

②注意运输过程中的温度。冬季接雏应在温暖的中午进行，夏季应在早晚凉爽时进行。运输中应防止雏鸡打堆、挤压、过热等造成死亡。

③运输时间要求。最好在8～12 h运抵目的地，长途运输不超过24～36 h。

（五）雏鸡的饲养

1.雏鸡的饮水

（1）饮水原则。先饮水后开食（开食是指雏鸡出壳后的第一次喂料），即先让雏鸡充分饮水1～2 h后再开食。原因：及时饮水可促进卵黄的吸收和胎粪的排出；雏鸡出壳后失水较多，同时运输过程中也容易失水，先饮水可及时补充水分、让雏鸡恢复体力。

（2）初饮。初饮指雏鸡出壳后的第一次饮水。不会饮水的雏鸡应调教饮水，可滴嘴或强迫饮水。出壳第一周最好饮温水，水温15～25 ℃。饮水中加入2%～5%葡萄糖，以后可在水中加入电解多维、抗生素（采用低毒广谱的抗生素）2～3 d，起抗应激和防病的作用。

（3）饮水管理。保证饮水清洁、充足。饮水器应分布均匀，每1～2 d洗刷、消毒一次。每100只雏鸡应有饮水器2个，或每只雏鸡占有1.5～2 cm长的水槽。随着雏鸡日龄的增加，要更换饮水器的大小和型号。有条件的鸡场最好采用乳头式饮水器，可保证饮水卫生。

2.雏鸡的开食与饲喂

（1）开食。由于雏鸡出壳后体内仍有少量卵黄可供给雏鸡所需营养，故雏鸡出壳后不能马上开食。通常在雏鸡出壳后16～28 h进行开食，也可让雏鸡自由饮水2 h后进行开食。开食方法是将红色浅平饲料盘铺在地面，将调制好的饲料均匀撒在其上，并增加光亮度，引诱雏鸡啄食。绝大多数雏鸡可自然开食。为保证开食整齐，对不会开食的雏鸡应进行调教。开食饲料可直接选用雏鸡饲料（小破碎）进行开食。

为了让雏鸡熟悉环境，有利于开食，雏鸡出壳后1～3 d按照每天23 h光照、1 h黑暗进行光照控制。

（2）雏鸡日粮要求。由于雏鸡早期生长快，但消化机能尚未健全、雏鸡消化器官容积小，消化机能差，特别是对粗纤维的消化能力差。因此日粮要求严格按照雏鸡营养标准予以满足，蛋白质、氨基酸、能量、矿物质与微量元素、维生素等应全价。雏鸡日粮可向质量有保证的饲料企业购买，有条件的育雏场也可自配饲料。

（3）饲喂次数。根据雏鸡的消化特点，雏鸡饲喂应少喂勤添，增强食欲。最初1～2 d，饲喂次数为每天8次；1周后可逐渐减少为每天6～7次（春夏季）或5～6次（冬、早春）；3周后改为每天4～5次。

（4）喂料用具。开食用红色浅料盘，将饲料均匀撒在上面让雏鸡自由采食。待雏鸡习惯采食后撤去料盘，0～3周龄使用幼雏料盘，4～6周龄使用中型料槽/桶，6周龄后改为大型料槽/桶。喂料时要备足料槽，保证每只雏鸡都有采食位置，可保证生长整齐，提高雏鸡群体均匀度。

（5）采食量。不同日龄、不同品种的雏鸡喂料量不同，应根据雏鸡的生长发育和体重增加调整。蛋鸡育雏期参考采食量见表3-1。

表3-1 蛋鸡育雏期参考采食量   单位：g/只

周龄	白壳蛋鸡		褐壳蛋鸡	
	日耗量	周累计耗料	日耗量	周累计耗料
1	7	49	12	84
2	14	149	19	217
3	22	301	25	392
4	28	497	31	609
5	36	749	37	868
6	43	1 050	43	1 169

（六）雏鸡的管理

1. 提供合适的温度

（1）适宜的育雏温度。适宜的育雏温度是提高育雏成活率的关键。雏鸡绒毛稀、短，保温能力差，3周龄前体温调节机能不完善，一般要3周龄后才能逐步完善。因此，雏鸡对环境温度适应力差，低温环境对它们的危害大。

生产中雏鸡育雏温度要求：1～3 d，育雏温度34～35 ℃；4～7 d，育雏温度32～33 ℃；以后每周下降2～3 ℃，至室温达到20 ℃时可自然脱温。

（2）做好舍温监测。一般采取看鸡施温进行舍温检测，即通过观察雏鸡的分布、行为、精神状态判断雏鸡培育温度是否恰当。温度适宜时，雏鸡活泼好动，精神旺盛，叫声轻快，羽毛平整光滑，食欲良好，饮水适度，粪便多呈条状，饱食后休息时，在育雏笼中分布均匀，头颈伸直熟睡，无不安的叫声，鸡舍安静。温度偏低时，雏鸡行动缓慢，挤堆，尖声鸣叫，雏鸡生长缓慢、大小不均，严重者发生感冒或下痢致死。温度高时，雏鸡精神不振，趴于网面，两翅展开，张口喘气，大量饮水，食欲减退，严重时会导致雏鸡热射病引起雏鸡大批死亡。

舍温监测也可结合温度计测定进行检查。

（3）脱温管理。随着雏鸡年龄增大，体温调节机能逐步完善，可逐渐脱温。脱温应逐渐过渡，时间为3～5 d。脱温时应避开各种逆境（如免疫接种、转群、更换饲料等）。

2. 保持适宜的湿度

雏鸡对湿度的适应范围较大，对湿度要求不如温度要求严格，但适宜的湿度有利于雏鸡健康生长。如果育雏前期育雏舍湿度过低，环境干燥，易引起雏鸡脱水，羽毛生长不良，影响采食且空气中尘土飞扬，易诱发呼吸道疾病。因此，应在热源处放置水盆、挂湿物或往墙上喷水等，以提高湿度。育雏后期随着雏鸡日龄增长，排泄量增加，容易造成育雏舍湿度过大，易诱发球虫病。因此，育雏后期要定期打开门窗、开动风机排出湿气；严格管理舍内用水，垫料地面平养要经常更换水槽周边的垫料，保持环境干燥，防止病原菌和寄生虫的繁殖。

育雏期湿度控制原则是前高后低。一般前 10 d 的相对湿度应为 60% ～ 70%，后期为 50% ～ 60%。

3. 做好通风换气

雏鸡新陈代谢旺盛，需要不断吸入新鲜的氧气，排出大量的二氧化碳和水气，同时地面育雏的鸡粪和垫料等分解后会产生大量氨气和硫化氢等有害气体。因此，要保证雏鸡正常健康生长，应加强育雏舍的通风换气工作，确保空气新鲜。但育雏期通风换气量过大，容易引起育雏舍温度下降，因此，通风换气时应注意对育雏温度的影响。要在保证温度合适的情况下，合理进行通风换气。育雏舍可利用自然通风、机械通风等方式进行通风换气，排出室内的有害气体。一般要求育雏舍内氨气浓度不超过 15 mg/L，硫化氢浓度不超过 6.6 mg/L，二氧化碳浓度不超过 0.15%。

4. 保持合理的饲养密度

饲养密度与雏鸡的生长发育密切相关。雏鸡鸡群密度过大吃食拥挤，抢水争食，饥饱不均，从而导致雏鸡生长缓慢，发育不整齐。饲养密度过大也会造成育雏舍内的空气污浊，二氧化碳含量增加，氨气浓度过高，卫生环境差，雏鸡容易感染疾病和产生恶癖，死亡率增高。雏鸡饲养密度过小，热源利用效率低，育雏室的利用率较低，投入成本较高，不利于保温，在经济上不划算。雏鸡饲养密度控制要求是随着鸡日龄和体重的增长逐渐降低饲养密度。雏鸡不同饲养方式的饲养密度见表 3-2。

表3-2　雏鸡不同饲养方式的饲养密度

地面平养		立体笼养		网上平养	
周龄	饲养密度/（只·m⁻²）	周龄	饲养密度/（只·m⁻²）	周龄	饲养密度/（只·m⁻²）
0～6	13～20	0～4	60～40	0～6	15～24
7～12	10	5～11	24～34	7～20	8～14
13～20	5～9	12～20	14		

雏鸡的饲养密度可根据不同的品种品系、鸡龄的大小、季节、鸡舍的构造、通风和饲养条件等具体情况而灵活掌握。

5. 合理的光照

雏鸡在进舍时要保证有充足的光照时间，以利雏鸡适应环境，使雏鸡能够正常地饮水和采食，如果光照时间不够，则影响雏鸡正常的采食，造成弱雏增多。在光照管理上还要注意光照强度的控制，光照强度过大、过小均影响雏鸡正常生长，光照强度应保持适宜。一般雏鸡出壳后 1～3 d 按照每天采取 23 h 光照、1 h 黑暗进行光照时间控制，光照强度以 10 lx 为宜，3 d 以后的光照按光照制度执行。

6. 适时断喙

现代养鸡生产中，对雏鸡适时断喙可有效防止啄癖、减少饲料浪费。蛋用型雏鸡断喙时间一般为 6～10 日龄，并与免疫接种错开 2 d 以上。

（1）断喙方法。雏鸡一般采用断喙器断喙。雏鸡断喙时，断喙者一手握住雏鸡脚部，另一只手拇指放在雏鸡头部背侧上方，食指放在咽喉部下方，其余三指放在雏鸡胸部下方。将雏鸡喙插入孔眼中，将上喙断去 1/2，下喙断去 1/3，并在高温刀片（600～800 ℃）停留 2～3 s，以利止血。

（2）断喙注意事项。免疫接种前后 2 d 不应断喙；鸡群健康状况不良时不断喙；断喙前后 1～2 d，应在饲料中添加维生素 K_3（2～4 mg/kg）、维生素 C（150 mg/kg），以利止血和抗应激；断喙后料槽中饲料应撒得厚些。

四、蛋用型育成鸡的培育

（一）育成鸡的饲养

1. 做好育雏鸡向育成鸡的过渡

（1）脱温、转群。

①脱温：随着雏鸡体温调节机能的逐渐完善，4～6 周龄后可逐渐停止供温。脱温应有一周左右的过渡期，严禁突然停止供温。

②转群：是指将雏鸡由育雏鸡舍转入育成鸡舍饲养的过程。雏鸡转群前，育成鸡舍、各种用具应彻底清扫、消毒后再进行转群。

（2）做好饲料的过渡。育成鸡消化机能逐渐健全，采食量与日俱增，骨骼、肌肉都处于旺盛发育时期。此时的营养水平应与雏鸡有较大区别，尤其是蛋白质水平要逐渐减少，能量也要降低。蛋白质和能量水平过高会大量积聚脂肪，引起过肥和早产，影响成年后的产蛋高峰的持续时间。

日粮应逐渐过渡，过渡期以 3～5 d 为宜。饲料过渡的具体方法：第 1～2 d，用 2/3 育雏料和 1/3 育成料混合喂给；3～4 d，用 1/2 育雏料和 1/2 育成料混合喂给；5～6 d，1/3 育雏料和 2/3 育成料混合喂给；7 d 后全部喂给育成料。

2. 蛋鸡育成期饲料营养水平合理

一般认为，育成期蛋鸡合理的营养水平为：7～14 周龄日粮中粗蛋白质为 15%，代谢能 11.49 kJ/kg；15～20 周龄日粮中粗蛋白质为 13%，代谢能 11.28 kJ/kg。7～14 周龄和 15～20 周龄育成鸡参考饲料配方见表 3-3 和表 3-4。

表3-3　7～14周龄育成鸡参考饲料配方

种类	比例	种类	比例
玉米面	54.13%	豆饼	10%
高粱	7%	叶粉	6%
小麦麸	10%	骨粉	2.5%
大麦	5%	食盐	0.37%
鱼粉	5%	磷	0.6%
钙	1.70%		
日粮中粗蛋白质含量要达到15%			
代谢能11.49 kJ/kg			

表3-4　15～20周龄育成鸡参考饲料配方

种类	比例	种类	比例
玉米面	47.13%	鱼粉	2%
高粱面	10%	豆饼	4%
小麦麸	15%	叶粉	7%
大麦	12%	骨粉	2.5%
食盐	0.37%	磷	0.5%
钙	0.9%		
日粮中粗蛋白质含量要达到13%			
代谢能11.28 kJ/kg			

说明：饲喂过程中应适当添加多种维生素和微量元素，以满足育成鸡生理需要。

3. 添喂不溶性沙砾

对育成鸡添喂不溶性沙砾，可提高肌胃的消化机能，改善饲料消化率；防止育成鸡因肌胃中缺乏沙砾而吞食垫料、羽毛等。

沙砾添加量与粒度：每 1 000 只育成鸡，5～8 周龄时每次饲喂 4 500 g，能通过 1 mm 筛孔；9～12 周龄时 9 kg，能通过 3 mm 筛孔；13～20 周龄时 11 kg，能通过 3 mm 筛孔。

沙砾可拌入日粮中，也可单独放在饲槽内让鸡自由采食。饲喂前用清水洗净，再用 0.01% 的高锰酸钾水溶液消毒。

4. 做好蛋鸡育成期的限制饲养

（1）限制饲养的方法。一般从 9 周龄开始限制饲养。限制饲养的方法有以下 3 种：

①限量饲喂：即每天每只鸡的饲料量减少到正常采食量的 90%，但应保证日粮营养水平达到正常要求。多数情况下采用该法。

②限时饲喂：主要是通过控制鸡的采食时间来控制采食量，以达到控制体重和性成熟的目的。根据鸡群状态和品种的特点，可采取以下限时法进行饲喂：每日按规定饲喂次数、每次喂食的时间喂给一定量的饲料，这种方法对鸡的应激较小；隔日限喂，即喂 1 d，停 1 d，把两天限喂的饲料量在 1 d 中喂给，该法可以降低育成鸡采食时因竞争料槽对鸡只的影响，从而得到符合目标体重、群体均匀度较高的群体；每周限饲，即每周喂 5 d，停 2 d，每周一般是周日、周三停喂，喂料日的喂料量是将 1 周中限喂的饲料量均衡地分作 5 d 喂给（即将 1 d 的限喂量乘 7 除 5 即得）。

③限质饲喂：即限制育成鸡饲料中的营养水平，降低日粮中粗蛋白质和代谢能的含量，减少日粮中鱼粉、能量饲料（如玉米、高粱等）的比例，适当增加养分含量低、体积大的饲料（如麸皮、叶粉等）的比例。限制营养水平一般为：7 ～ 14 周龄日粮中粗蛋白质为 15%，代谢能为 11.49 kJ/kg；15 ～ 20 周龄蛋白质为 13%，代谢能为 11.28 kJ/kg。

（2）限制饲养注意问题。

①限制饲养应以跖长、体重监测为依据进行。进行跖长、体重监测时，鸡只数量按照鸡群总数的 10% ～ 15% 进行抽测，最低数量不得少于 50 只。

②足够的采食、饮水位置。保证足够的食槽、饮水器和合理的鸡舍面积，使每只鸡都能均等地采食、饮水和活动。

③营养控制。限制饲养主要是限制摄取蛋白质、能量，而维生素、常量元素和微量元素要满足鸡的营养需要。

④断喙与个体选择。限制饲养前应断喙，淘汰弱鸡、残鸡。限制饲喂会引起饥饿应激，容易诱发恶癖，在限饲前对母鸡进行正确的断喙，公鸡还需断趾、断距。

⑤防止应激。限制饲喂时观察鸡群健康状况，当鸡群处于患病、接种疫苗、转群等应激状态时要酌量增加饲料或临时恢复自由采食，并要增喂抗应激的维生素 C 和维生素 E。

⑥不可盲目限制饲养。当鸡群饲料条件不好、鸡群发病、体重较轻时停止限制饲养。另外，注意鸡种的影响，白壳蛋鸡体内脂肪沉积能力相对较差，限制饲养时间可以控制在 12 周龄后进行，有时可不限饲；褐壳蛋鸡脂肪沉积能力较强，必须进行限制饲养，且限制饲养时间可适当提前。

（二）育成鸡的管理

1. 定期称测体重、跖骨长度，提高群体均匀度

（1）定期测定体重。

①体重测定时间应合理。白壳蛋鸡从 6 周龄开始，每 1 ～ 2 周称测体重一次；褐壳蛋鸡从 4 周后每 1 ～ 2 周称测体重一次。

②称重时，抽样鸡只应有代表性。一般大群鸡群按1%的比例抽样；小群按5%的比例抽样，但不少于50只。先将鸡舍内各区域的鸡进行驱赶，使各区域的鸡和大小不同的鸡分布均匀，然后在鸡舍任一地方用铁丝网围大约需要的鸡数，然后逐个称重登记。笼养育成鸡，则上、中、下各层鸡笼都应有鸡只被抽中进行测定。蛋鸡育成期体重标准见表3-5。

表3-5 来航型与中型蛋用型种鸡的体重标准　　　　　　　　单位：kg

周龄	来航型种鸡		中型蛋种鸡（产褐壳蛋）	
	母鸡	公鸡	母鸡	公鸡
1	0.09	0.14	0.13	0.18
2	0.14	0.18	0.18	0.22
3	0.22	0.27	0.27	0.32
4	0.27	0.36	0.36	0.45
5	0.36	0.46	0.46	0.59
6	0.41	0.55	0.59	0.73
7	0.50	0.68	0.68	0.86
8	0.59	0.77	0.77	1.00
9	0.68	0.91	0.86	1.09
10	0.73	1.00	0.95	1.22
11	0.82	1.04	1.04	1.32
12	0.91	1.14	1.14	1.45
13	0.96	1.23	1.23	1.54
14	1.04	1.32	1.32	1.63
15	1.09	1.36	1.36	1.73
16	1.14	1.46	1.45	1.82
17	1.19	1.50	1.50	1.91
18	1.23	1.55	1.54	1.96
19	1.27	1.64	1.64	2.09
20	1.32	1.68	1.68	2.13
21	1.36	1.73	1.73	2.18

③根据体重计算育成鸡群体均匀度。群体均匀度是指符合某品种标准体重±10%的鸡只数占抽样鸡只总数的百分率，即

鸡群体均匀度＝（品种标准体重±10%的鸡只数）/抽样鸡只总数×100%

鸡群群体均匀度计算示例如下：某育成鸡群10周龄平均体重为760 g，超过或低于平

均体重 ±10% 的范围是：

$$760+（760×10\%）= 836\ g$$
$$760-（760×10\%）= 684\ g$$

在规模为 5 000 只的鸡群中按 5% 的比例抽样 250 只鸡进行称重，在标准体重 ±10%（836 ～ 684 g）范围内的鸡只数量为 198 只，占称重总数的百分比为

$$（198/250）×100\% = 79\%$$

则该鸡群的群体均匀度为 79%。

④鸡群群体均匀度的评价标准。一般群体均匀度 70% ～ 76% 为合格，均匀度 77% ～ 83% 为良好，均匀度 84% ～ 90% 为优秀。

（2）定期测定跖骨长度。跖骨长度简称跖长，是指鸡爪底部到跗关节顶端的长度，用游标卡尺测定，单位为厘米（cm）。跖长反映鸡骨骼生长发育的好坏。在定期测定育成鸡体重的同时可测定育成鸡跖骨长度，并与育成鸡跖长标准进行对照。迪卡父母代种鸡的跖长标准见表 3-6。

表3-6　迪卡父母代种鸡的跖长标准　　　　　　　　　　　　　单位：mm

周龄	公鸡跖长	母鸡跖长	周龄	公鸡跖长	母鸡跖长
1	35	33	11	106	91
2	44	40	12	110	95
3	52	46	13	114	99
4	60	52	14	117	101
5	67	58	15	120	102
6	74	65	16	122	103
7	81	71	17	124	104
8	88	78	18	125	105
9	95	83	19	125	106
10	101	87	20	126	106

育成鸡 8 周龄末，跖长未达到标准，应提高日粮中营养水平，并适当加大多维用量，同时可在每吨饲料中加入 500 g 氯化胆碱（可促进增重、提高产蛋率）。

（3）提高群体均匀度。群体均匀度是显著影响蛋鸡生产性能的重要指标。

造成均匀度差的原因：疾病影响，特别是肠道寄生虫病；管理不当，如喂料不均、密度过大、舍内温度不均匀、断喙不成功、通风不良、光照强度过大等。

提高均匀度的措施：做好分群管理，保持合理饲养密度，满足营养需要与采食均衡、保持空气良好，光照合理等。

2. 保持合适的饲养密度

合适的饲养密度有利于育成鸡的正常发育，也有利于提高后备鸡的成活率和均匀度。随着日龄的增加，饲养密度也应相应降低。如果密度不合理，即使其他饲养管理工作都好，也难以培育出理想的高产育成鸡群。

育成期在平面饲养的情况下，每平方米地面的合适饲养鸡只数为：7 ~ 12 周龄，10 ~ 8 只；13 ~ 16 周龄，8 ~ 6 只；17 ~ 20 周龄，6 ~ 4 只。笼养：15 ~ 16 只 /m²。

3. 保持充足料位、水位

平养条件下，每只鸡应有 8 cm 长的料槽长度或 4 cm 长的圆形食槽位置，以防抢食和拥挤践踏；每 1 000 只鸡应有 25 m 长的水槽位置，保证每只鸡都能自由饮水。

4. 保持良好的通风换气

注意鸡舍通风，鸡舍通风条件要好，特别是夏天，一定要创造条件使鸡舍有对流风。即使在冬季也要适当进行换气，以保持舍内空气新鲜。通风换气好的鸡舍，人进入后感觉不闷气、不刺眼和刺鼻。育成鸡对高温的适应能力差，当气温高于 30 ℃时，应加大通风换气量。

5. 保持良好的光照管理

合理的光照可使育成鸡在适宜的日龄开产。育成鸡性腺发育很快，对光照变化非常敏感。如果在育成期间光照时间增加过早，光照时间过长，可导致鸡群过早性成熟，同时由于性成熟早于体成熟易出现鸡群产蛋脱肛、鸡只啄肛的现象并导致产蛋高峰持续时间较短。此外，光照强度过大还会引起鸡群啄癖的发生，鸡只争斗明显，造成育成率降低。

6. 预防啄癖

育成阶段管理不当，鸡只易发生啄癖，预防啄癖的发生是育成鸡管理的一个难点。具体措施主要有：做好雏鸡阶段的断喙，对断喙效果不好的育成鸡在 10 周龄左右可再次断喙；改进日粮营养水平，特别注意维生素、微量元素的添加；改善舍内环境，降低饲养密度，保持空气质量良好，采用低强度光照等。

7. 减少各种应激

日常管理工作，要严格按照操作规程进行，尽量避免外界不良因素的干扰。

（三）育成鸡的卫生防疫

1. 做好环境的卫生消毒

在鸡舍门口建消毒池或消毒舍，人员和鸡只进出严格消毒。育成鸡进舍前，对鸡舍墙壁、地面、饲养设备及鸡舍周围进行彻底冲洗，鸡舍充分干燥后，采用消毒剂进行消毒。消毒剂可选用含过氧乙酸、火碱、醛类、碘附、有机氯制剂、复方季铵盐等，按照产品的使用说明书使用。

2. 做好鸡群的日常观察

鸡群日常观察工作是育成期的一个重要工作，发现问题及时处理。鸡群的日常观察包括：精神状态、采食情况、排粪情况、外观表现等，重点在早晨和晚上进行。

（1）精神状态观察。健康的鸡群表现为鸡群活泼，反应灵敏，叫声清脆。如果部分鸡表现精神沉郁，闭目呆立，离群独居，羽毛蓬松，翅膀下垂，呼吸有声，表示鸡群处于发病初期；如果大部分鸡只出现精神委顿，说明疫情严重，应尽快诊治。

（2）羽毛状况观察。鸡周身掉毛，但鸡舍未发现羽毛，说明羽毛被其他鸡吃掉了，这是鸡体内缺乏含硫氨基酸或硫酸亚铁所致，应补充钙磷或氨基酸。

（3）食欲状况观察。食欲旺盛说明鸡生理状况正常，健康无病；减食是鸡群换料等应激过大或疾病所致；鸡只出现异食癖说明饲料营养吸收不全，主要受到饲料营养浓度和肠道健康影响；饮水突然增加说明饲料中盐分过多或发生热性疾病。

（4）粪便的观察。正常的粪便是灰色的、干燥的，上覆一层白色粪便，其含量的多少可以衡量饲料中蛋白质含量的高低及吸收水平；褐色的稠粪也属于正常的粪便。如果是红色、粉红色粪便则说明是肠道出血所致，可能患有球虫病，如果是白色粪便说明肝肾损伤导致嘌呤代谢异常，可能是肾型传支等疾病。

3. 定期驱虫

地面平养育成鸡，要定期驱除体内寄生虫。在 60～75 日龄，用吡喹酮粉剂和阿维菌素粉剂混入饲料中，拌料 3～5 d，吡喹酮量按每千克鸡体重 15 mg 一次服用剂量计算，阿维菌素量按每千克体重 0.03 mg 一次服用剂量计算；在 100～110 日龄，用吡喹酮粉剂和阿维菌素粉剂混入饲料中，拌料 3～5 d，药物剂量同上。

4. 投药预防

地面平养育成鸡要重点预防鸡白痢、鸡球虫病。

（1）预防鸡白痢。对于雏鸡和育成鸡可在饮水中加入恩诺沙星、环丙沙星等预防，发病鸡可用上述药物加大剂量使用。

（2）预防鸡球虫病。具体方法：5～6 周龄前常量投药→6～7 周龄开始减量投药→8～9 周龄再次减量投药→10～12 周龄停药。

常用药物及用量（拌药用量）：

氨丙林	125～240 mg/kg
氯羟吡啶	125 mg/kg
莫能菌素	75～125 mg/kg
常山酮	4 mg/kg
磺胺敌菌净合剂	200 mg/kg

5. 做好疫苗接种

鸡场应根据各地流行的鸡疫病种类进行免疫，免疫剂量及方法，按照各疫苗的使用说明书进行。蛋鸡育成期参考免疫程序见表3-7。

表3-7　蛋鸡育成期参考免疫程序

60～70日龄	鸡新城疫活疫苗（Ⅰ系）	肌注0.5 mL/只
70～91日龄	传染性脑脊髓炎疫苗	刺种或饮水
95日龄	禽霍乱疫苗	肌注1羽份
100日龄	减蛋综合征疫苗	肌注
110日龄	传染性支气管炎疫苗	肌注
110日龄	鸡新城疫活疫苗（Ⅰ系）	肌注
120日龄	鸡痘疫苗	刺种
130日龄	传染性鼻炎油佐剂灭活苗	肌注

（四）育成鸡培育要求

（1）体质良好。育成鸡培育期间未发生传染病，食欲旺盛，羽毛紧凑，体质健康结实，活泼好动。

（2）育成率高。7～20周龄成活率应达96%～97%。

（3）体重符合品种标准。育成期体重应达到良好的体重标准，体重过大、过小都不合适。一般情况下，20周龄时，罗曼褐鸡体重应达到1.64～1.87 kg，迪卡父母代种鸡应达到1.76 kg，伊萨褐鸡应达到1.55～1.65 kg，罗曼白鸡应达到1.35 kg。

（4）育成鸡群体均匀度高。育成期结束，群体中体重在标准体重±10%范围内的鸡只数应达到鸡只总数的80%以上，个体跖长在标准跖长±10%范围内的鸡只数应达到鸡只总数的80%。

五、产蛋鸡的饲养管理

21～72周龄是蛋鸡的产蛋阶段。由于现代遗传育种技术在蛋鸡育种中的广泛应用，现代蛋鸡普遍具有优良的生产性能，蛋鸡在整个产蛋期的平均产蛋率可达80%以上，高峰期产蛋率可达90%以上，单只蛋鸡的年产蛋量可达280枚以上，总蛋重可达20 kg以上。产蛋期蛋鸡的饲养管理就是要结合蛋鸡的生理特点和产蛋规律，为蛋鸡产蛋提供良好的饲料条件、环境条件，充分发挥蛋鸡的产蛋潜力，提高蛋鸡养殖效益。

（一）蛋鸡开产前的准备

（1）蛋鸡设备维护。对供水、供料、集蛋、通风、鸡笼、清粪及其他辅助设备等进行维护，并试运行。

（2）鸡舍维护。维护地面、墙壁、门窗及堵塞漏洞防止贼风侵袭。

（3）鸡舍消毒。鸡舍消毒目的是消灭有害微生物，保证蛋鸡产蛋需要的环境卫生条件。鸡舍消毒按以下程序进行：

①清理物资。上一批鸡淘汰后，移出舍内能活动的用具，在舍外指定地点冲刷、晾晒、消毒。

②鸡舍清扫与消毒。彻底清扫鸡舍每一角落，清扫后用高压水枪对鸡舍内墙壁、地面、设备进行彻底冲刷，直至无污迹为止，然后水泥墙面鸡舍可用火焰消毒灯（汽油或煤气喷灯）对舍内、金属设备表面进行火焰消毒。

③设备复位与消毒。将鸡舍内所有移出用具重新摆放安装到位，并调试正常；然后用化学消毒剂对舍内地面、设备和工具喷洒消毒，消毒时要保持舍温在 25 ℃以上，地面用火碱刷洗消毒；最后进行熏蒸消毒，熏蒸时封闭鸡舍，加温、加湿，用福尔马林、高锰酸钾（用量按高锰酸钾 21 g/m³ 计算）熏蒸 24 h 以上，在进鸡前 3 d 打开鸡舍。

④空舍。老鸡淘汰再进新鸡，两批鸡衔接消毒空舍时间不得少于 3 周。

（二）调整鸡群与转群

1. 调整鸡群

育成期结束，育成鸡转入产蛋鸡舍前，对育成鸡进行选择，严格淘汰病、残、弱、小的不良个体；做好驱虫、疾病净化和最后的免疫接种。

2. 转群

（1）转群时间的选择。一般在 18 ～ 20 周龄前必须将后备鸡转入产蛋鸡舍。应选择气温适宜的天气转群。最好是夜晚转群。

（2）做好后备蛋鸡转群前的饲养管理。转群前两天，饲料中添加育成后期饲料中 2 倍的维生素和电解质，转群当日 24 h 光照，并停水 4 ～ 6 h。

（3）转群的组织工作。做好人力、工具的准备，做好分工，转群时轻拿轻放，防止伤鸡和压死鸡的现象发生。

（4）做好育成鸡转群后的饲养管理。转群后要观察鸡群状态，观察是否有异常并采取相应措施；及时给水、给料，继续给维生素和电解质 2 ～ 3 d，换料与补充光照。

（三）做好蛋鸡开产前后饲养管理

1. 控制适宜的体重标准

育成鸡 18 周龄必须测体重与相对应的蛋鸡标准体重相对照。一般开产时白壳蛋鸡体重 1.2 ～ 1.3 kg，褐壳蛋鸡 1.4 ～ 1.5 kg。对未达标的鸡群提高饲料能量蛋白水平，继续使用育成鸡饲料至体重达标时换料，并自由采食。

2. 做好饲喂

换料后供给高营养的产蛋鸡饲料，不得限饲，一直饲喂到蛋鸡产蛋高峰结束。

3. 补充光照

18 周龄体重达到标准的鸡群，18 周或 20 周开始补充光照；体重未达标者推迟 1 周补光。

4. 更换日粮

鸡群产蛋率达 5% 前要做好产蛋鸡日粮更换，一般在 18 ～ 19 周更换。更换方法：设计一个前期饲料配方，饲料中钙含量 2%，其他营养与产蛋鸡相同，用作过渡饲料；蛋鸡料比例从 1/3 过渡至 1/2，逐渐替换育成鸡料。

（四）蛋鸡产蛋期的饲养

1. 产蛋鸡的生理特点

（1）开产后身体尚在发育。刚进入产蛋期的母鸡，虽然已经性成熟，但身体仍在发育，体重继续增长。蛋鸡开产后 20 周（约 40 周龄）后生长发育才基本停止，体重增长较少，40 周龄后增重多为脂肪积蓄。因此，在产蛋期不同阶段应根据鸡的生长特点和产蛋规律进行调整饲养。

（2）产蛋鸡对环境变化非常敏感。产蛋鸡产蛋期间富有神经质，饲料配方的变化，饲喂设备的改换，环境温度、湿度、通风、光照、鸡群密度的改变，饲养人员和日常管理程序等的变换，鸡群发病、接种疫苗等应激因素等，都会对产蛋产生不利影响。因此，维持蛋鸡养殖环境的稳定是维持蛋鸡产蛋性能稳定的必要条件。

（3）不同时期对营养物质的利用率不同。刚到性成熟时期，母鸡身体贮存钙的能力明显增强；随着开产到产蛋高峰，鸡对营养物质的消化吸收能力增强，采食量持续增加；而到产蛋后期，其消化吸收能力减弱而脂肪沉积能力增强。因此，蛋鸡饲养管理中必须根据蛋鸡营养利用特点供给饲料营养。

2. 蛋鸡的产蛋规律

蛋鸡的产蛋规律反映在蛋鸡的产蛋曲线上。产蛋曲线是在坐标纸上，将产蛋期周龄作为横坐标，每周龄产蛋率作为纵坐标，并将各点连接起来所得到的一条曲线。这条曲线反映了蛋鸡整个产蛋期产蛋的规律性变化。蛋鸡的产蛋规律表现为三个特点：

（1）开产后，产蛋率上升快。一般呈陡然上升态势，这一时期产蛋率成倍增长，在产蛋 6 ～ 7 周内产蛋率达到 90% 以上。

（2）产蛋中后期，产蛋率下降平稳。蛋鸡产蛋高峰过后，产蛋曲线下降十分平稳，呈直线状，一般每周产蛋率下降 0.7% ～ 1%。

（3）产蛋的不可补偿性。在产蛋过程中，若遇到饲养管理不善，或其他应激时，会使蛋鸡产蛋率低于标准而不能完全补偿。

每个蛋鸡品种均有其标准的产蛋曲线，每个蛋鸡养殖群体都有其实际的产蛋曲线，将实际产蛋曲线与标准产蛋曲线进行对照，可判断蛋鸡在养殖过程中是否达到标准，从而找出原因，对饲养管理进行改进。

3. 满足产蛋鸡的营养需要

蛋鸡在产蛋期产蛋强度大，对饲料营养要求高。产蛋鸡饲料中各种营养物质必须全价化，能量、蛋白质、氨基酸、矿物质、微量元素、维生素等营养物质必须满足产蛋的营养需要。产蛋鸡对各种营养物质的需要见表 3-8。

表3-8 产蛋鸡对各种营养物质的需要

指标	产蛋率>80%	产蛋率80%～65%	产蛋率<65%
代谢能/（MJ·kg^{-1}）	11.5	11.5	11.5
粗蛋白质/%	16.5	15	14
蛋白能量比/（g·MJ^{-1}）	14.34	12.9	12.18
钙/%	3.5	3.25	3.0
总磷/%	0.60	0.60	0.60
有效磷/%	0.40	0.40	0.40
食盐/%	0.37	0.37	0.37

4. 产蛋鸡的饲喂与饮水

（1）产蛋鸡的喂料量、饲喂次数。每只110～120 g/d，3次/d。产蛋高峰期增加到4次/d。每天喂料量应根据体重、周龄、产蛋率、气温进行调整。

（2）补喂大颗粒钙。一般在下午5点补喂大颗粒（直径3～5 mm）贝壳砺，每1 000只鸡3～5 kg。饲料中钙源采用1/3贝壳粉、2/3石粉混合应用的方式为宜，可提高蛋壳质量。

（3）保证充足饮水。水位足够，自由饮水。夏季饮凉水。

5. 产蛋鸡饲养密度、水位、料位

（1）饲养密度。笼养蛋鸡每只鸡450 cm^2。

（2）料位。每只鸡10 cm的料位长度。

（3）水位。每只鸡4 cm的水位长度。

6. 产蛋鸡的阶段饲养

（1）产蛋鸡阶段饲养的概念。蛋鸡在不同生理状况、产蛋水平下，对营养物质的需求不同。产蛋鸡的阶段饲养就是根据鸡的产蛋周龄和产蛋水平，将产蛋期分为若干阶段，并考虑环境因素，按不同阶段喂给不同营养水平的饲料。

（2）产蛋鸡阶段饲养的方法。根据产蛋鸡产蛋的规律变化，生产中常用三段制饲养法，即21～42周龄为第一段，43～58周龄为第二段，59～72周龄为第三段。采取三段制饲养，产蛋鸡产蛋高峰出现早，高峰期维持时间长，中后期产蛋下降慢，产蛋量多。我国产蛋鸡的饲养标准也是按这三个阶段制订的。产蛋鸡三段制饲养具体方法如下：

① 21～42周龄阶段：该阶段产蛋鸡产蛋率急剧上升到产蛋高峰并在高峰期维持一段时间，同时鸡的生长仍在进行，此时体重的增加主要是肌肉和骨骼，因此饲料中营养必须同时满足鸡的生长和产蛋需要。该阶段饲料中营养物质水平要高，要促使鸡只多采食，在饲喂方法上以自由采食为宜。

② 43 ～ 58 周龄阶段：该阶段产蛋鸡的产蛋率缓慢下降，而鸡的生长发育基本停止，但是其体重继续增加，体重增加主要是脂肪的沉积。所以在饲料营养物质供给上，要在抑制产蛋率下降的同时防止母鸡体内沉积大量脂肪。在饲养实践上，可以在不控制采食量的条件下适当降低饲料能量水平。

③ 59 ～ 72 周龄阶段：该阶段产蛋鸡产蛋率下降加快，体内脂肪沉积增多，饲养上要在降低饲料能量水平的同时对产蛋鸡适当限制饲养，防止其体况过肥而影响产蛋。

7. 产蛋鸡的调整饲养

调整饲养就是根据环境条件和鸡群状况的变化，及时调整日粮配方中各种营养物质浓度以适应鸡对各种因素变化的生理需要。调整饲养是解决饲养管理中营养性应激的重要措施，可以保证鸡群健康，充分发挥产蛋鸡的产蛋潜能，提高蛋鸡养殖的经济效益。

（1）按产蛋规律调整饲养。按产蛋规律调整饲养即根据产蛋鸡产蛋率的变化及时调整产蛋鸡饲料，具体方法是在蛋鸡开产后，在产蛋率还未达到高峰时提前更换为高峰期饲料，以促进产蛋率的快速提高；当产蛋率下降后，为抑制产蛋率的下降速度，要在产蛋率下降一周后再更换饲料。

（2）按季节气温变化调整饲养。冬季，产蛋鸡采食量大，可适当降低日粮中粗蛋白质水平；夏季，产蛋鸡采食量减小，可适当提高日粮中粗蛋白质的比例水平。

（3）鸡群采取特殊管理措施时的调整饲养。在断喙当天或前后 1 d，在饲料中添加维生素 K 5 mg/kg；断喙一周内或接种疫苗后 7 ～ 10 d 内，日粮中蛋白质含量增加 1%；出现啄癖时，在消除引起原因的同时，饲料中适当增加粗纤维含量；在蛋鸡开产初期、脱羽、脱肛严重时，可加喂 1% 的食盐；在鸡群发病时，可提高蛋白质 1% ～ 2%，多种维生素 0.02% 等。

（4）产蛋鸡产蛋中后期的调整饲养。在现代蛋鸡品种中，褐壳蛋鸡在产蛋高峰期过后易沉积大量脂肪，影响产蛋量，因此对褐壳蛋鸡进行适当的限制饲养，有利于提高产蛋鸡的产蛋量。而白壳蛋鸡由于沉积脂肪能力不强，则可以不进行限制饲养。

8. 蛋鸡饲料形状与减少饲料浪费的措施

（1）蛋鸡饲料形状。生产中，蛋鸡饲料形状以颗粒为宜，不可磨得太细。由于饲料成本在养鸡成本中比重很大，饲料支出占养鸡总支出的 60 ～ 70%，因此减少饲料浪费可以有效降低养殖成本，提高蛋鸡养殖经济效益。

（2）减少饲料浪费的措施。主要措施有：饲养高产优质品种；采用优质全价配合饲料；按需给料；严把饲料原料质量关；饲料不可磨得太细；注意保存饲料；改进饲槽结构；每次加料不超过料槽深度的 1/3；及时淘汰低产和停产鸡。

（五）蛋鸡产蛋期的管理

1. 温度管理

（1）产蛋鸡对温度的要求。高温和低温对产蛋的产蛋率影响较大，尤其是高温影响很大。产蛋鸡的适宜环境温度为 5～28 ℃，适宜产蛋温度为 13～20 ℃，13～16 ℃产蛋率较高，15～20 ℃饲料转换率较高。

（2）高温季节缓解热应激的措施。夏季气温高，对蛋鸡产蛋影响很大。当鸡舍温度上升到 28 ℃以上时，鸡的采食量开始减少，产蛋量逐渐下降；达到 38 ℃时，产蛋量显著下降，甚至停产，产蛋鸡极容易发生热衰竭而死亡。因此，要采取各种有效的措施，使鸡舍温度保持在 28 ℃以下。

缓解热应激的措施主要有：加强通风换气，地面和墙角喷洒凉水，降低舍内温度；饮喂凉水，必要时可在饮水中加入冰块；鸡舍外围搭荫棚，种丝瓜，植葡萄及瓜蔓等植物遮阳避暑，以减缓直射阳光的强度。此外，加喂抗应激药物，也可有效缓解热应激，如在饮水中添加 0.1% 碳酸氢钠，对提高产蛋鸡的抗高温能力和产蛋率有明显作用；在饮水中添加 0.01%～0.04% 维生素 C 和 0.2%～0.3% 氯化铵，可提高蛋鸡抗热应激的能力；在饲料中添加 0.3% 的柠檬酸可以缓解热应激，提高产蛋率。

2. 湿度管理

蛋鸡适宜的相对湿度为 60%～70%。如果相对湿度低于 40%，蛋鸡羽毛零乱，皮肤干燥，空气中尘埃飞扬，容易诱发呼吸道疾病；如果相对湿度高于 72%，其羽毛粘连、污秽、关节炎病例会增多。相对湿度过高或过低均可引起产蛋率下降。

3. 通风管理

蛋鸡日粮属于高能量、高蛋白日粮，蛋鸡肠道相对于其他畜禽较短，对蛋白质消化不充分，其排泄物中含有较多的含氮、含硫有机物。在高温、高湿、高密度饲养条件下，蛋鸡舍内由于呼吸、粪便及潮湿垫料散发出大量氨气、硫化氢和二氧化碳等有害气体。这些有害气体超过一定的浓度，就会影响蛋鸡采食，诱发蛋鸡发生呼吸道病，降低蛋鸡产蛋率。产蛋鸡鸡舍中有害气体的卫生学标准为氨气（NH_3）不超过 20 mg/L，二氧化碳（CO_2）不超过 0.15%，硫化氢（H_2S）不超过 10 mg/L。

4. 光照管理

光照对蛋鸡的开产和产蛋期产蛋影响很大，在蛋鸡养殖场通过光照控制提高蛋鸡产蛋性能已经是一项常规的管理技术。蛋鸡的光照控制包括控制光照时间和光照强度。蛋鸡光照控制技术贯穿于雏鸡培育、育成鸡培育、蛋鸡饲养的整个生产过程。

当蛋鸡达到 2 月龄后，性腺的发育明显加快，此时光照时间的长短对性腺的发育有明显的调控作用。当光照时间在 12 h 以下时，抑制性腺的发育，光照时数越短，性腺的发育越慢。如果每天光照时数超过 12 h，则促进性腺的发育，光照时数越长，性腺的发育越快。因此，每天 12 h 的光照时间即被视为小鸡性腺发育的"阈值时数"。性腺发育加快，会导致母鸡开产过早，而此时，母鸡的骨骼、肌肉和其他内脏组织器官尚未发育成熟，常导致产蛋高峰期维持时间过短，产蛋率低，蛋小，产蛋量降低。因此，早产对蛋鸡不利，产蛋母鸡应做到适时开产，严防过早开产。

（1）光照时间的控制。蛋鸡出壳后，为尽快保证采食和饮水，0～3 日龄采取

23～24 h 的光照时间；生长期的光照时间宜短，特别是 10～20 周龄阶段，性腺发育加快，不可延长光照时间；产蛋期光照时间宜长，并保持恒定，不可缩短光照时间。

后备鸡密闭式鸡舍光照时间控制方案：密闭式鸡舍又称无窗鸡舍，鸡舍内的环境条件均为人工控制而不受自然气候条件的影响。该鸡舍主要在大型机械化养鸡场采用。光照控制方法：0～3 日龄，每日 23～24 h 光照；4～19 周龄，每日 8～9 h 光照；20 周龄开始，在原来 8～9 h 光照的基础上，每周增加 0.5～1 h，直至每日光照达 16 h，并维持到产蛋期结束。

后备鸡开放式鸡舍的光照时间控制方案：除机械化养鸡场外，绝大多数养鸡场均为开放式鸡舍。开放式鸡舍主要利用窗户自然采光，日照随季节变化而变化。从冬至到夏至，每日光照时数逐渐延长，到夏至达到最高；从夏至到冬至，日照时数逐渐下降，到冬至达到最低。因此，应根据光照的季节性变化控制光照。生长阶段根据后备鸡培育所处季节日照变化的不同，分两种情况进行控制：

①利用自然光照。每年 4 月 15 日到 9 月 1 日孵出的鸡，其生长后期处于日照逐渐缩短或日照较短的时期，对防止蛋鸡过早开产是有利的，完全可以利用自然光照，而不必人工控制光照。

②人工控制光照。每年 9 月 1 日到次年 4 月 15 日孵出的鸡，其生长后期处于日照逐渐增加或日照较长的时期，对防止蛋鸡过早开产是不利的，必须人工控制光照。采取渐减的光照控制，其方法是：以母雏长到 20 周龄时的自然日照时数为准，然后加 5 h，如母雏长到 20 周龄时的自然日照时数为 15 h，则加 5 h，总共 20 h（自然＋人工光照时间）作为孵出时的光照时间，以后每周减少 15 min，减至 20 周龄时刚好是自然的日照时间。整个生长期形成一个光照渐减的环境，可有效防止蛋鸡过早性成熟。

蛋鸡产蛋期光照时间控制方案：从 21 周龄开始，在 20 周龄日照时数的基础上，每周增加 15～30 min 人工光照，直至每日光照时数达 16 h，并维持到产蛋期结束。

（2）光照强度的控制方案。

①光源选择。光源可选白炽灯，15～60 W。安装高度为 2 m，灯泡行间距 3.6 m。保证照度均匀。

②光照强度控制。为达到光照强度标准，舍内每平方米所需灯泡瓦数为：出壳至第一周，2.5～3 W；第 2～第 20 周，1.5 W；第 21 周后，3.5～4 W。产蛋期每周擦拭灯泡，以保证正常发光效率，坏掉的灯泡及时更换。

（六）产蛋鸡的日常管理

1. 观察鸡群

观察产蛋鸡生产情况、精神状态、饮食情况、粪便状态、站立活动、鸡冠、羽毛光泽与整齐状态等；晚上安静时听鸡只有无呼吸异常、咳嗽、喷嚏、打呼噜、甩鼻等；平时注意触摸检查鸡的肥瘦、腹部大小、耻骨间距、嗉囊等。根据观察到的情况判断鸡群健康状况。

2. 按时完成各项工作

按时完成鸡舍的开灯、关灯、喂料、拣蛋、消毒、清粪、接种等。

3. 防止各种应激

产生应激的各种情况：突然停电或光照程序改变大；突然停水或饮水不足；突然换料或饲料成分改变；投料量减少或投喂时间与次数改变；突然降温与持续高温等。蛋鸡管理上应注意避免上述应激的产生。

4. 产蛋鸡的季节管理

春季注意气候变化、调节通风、加强卫生消毒、满足营养需求。夏季主要是防暑，采取一系列防暑措施，在日粮中添加抗热应激添加剂，调节日粮浓度（加3%～5%油脂）。秋季做好鸡舍防寒保暖准备工作，控制通风，补充光照，淘汰换羽和停产鸡只。冬季封闭鸡舍，防寒保暖，适度通风，注意光照，根据舍温适当供暖。

5. 鸡蛋管理

及时收集鸡蛋，每日2～3次，收集的鸡蛋应及时送专用商品蛋库保管，蛋库温度在10～15℃，湿度60%～70%，储存时间不得超过7 d。

六、蛋用型种鸡的饲养管理

蛋用型种鸡的基本饲养管理技术与商品蛋鸡相似。本部分主要介绍蛋用型种鸡的一些特殊的饲养管理措施。

（一）后备种鸡的饲养管理

1. 后备种鸡的饲养方式与饲养密度

（1）饲养方式。后备种鸡的饲养方式有地面平养、网上平养和笼养等。蛋用型种鸡多采用离地网上平养和笼养。育雏期笼养多采用四层重叠式育雏笼，育成期笼养时可用两层或三层育成笼。

（2）饲养密度。后备种鸡的饲养密度比商品蛋鸡小30%～50%即可。合适的饲养密度有利于种鸡的正常发育，也有利于提高后备种鸡的成活率和均匀度。随着日龄的增加，饲养密度也应相应降低，可结合断喙、免疫接种等工作调整饲养密度，并实行强弱分群饲养、公母分群饲养，淘汰体质过弱的鸡。

育雏期、育成期种鸡的饲养密度见表3-9和表3-10。

表3-9　育雏期育成期不同饲养方式的饲养密度　　　　　　　　单位：只/m²

蛋用型种鸡类型	周龄	全垫料	40%垫料+60%网面	网上平养
轻型鸡	0～8	13	15	17
	9～20	6.3	7.3	8

蛋用型种鸡类型	周龄	全垫料	40%垫料+60%网面	网上平养
中型鸡	0～7	11	13	15
	8～20	5.6	6.5	7.0

表3-10　笼养（重叠式）的饲养密度　　　　　单位：只/m²

蛋用型种鸡类型	周龄	饲养只数（只/组）	饲养密度	放置层数
轻型鸡	1～2	1 020	74	上2层
	3～4	1 010	50	3层
	5～7	1 000	36	4层
中型鸡	1～2	816	59	上2层
	3～4	808	39	3层
	5～7	800	29	4层

2. 公母分群饲养

现代种鸡生产中采用的都是高产配套系的种鸡，不同种鸡养殖场饲养的种鸡在配套杂交方案中所处的位置是特定的，不能互相调换。因此，不同种鸡在出雏时都要佩戴不同的翅号，或断趾或剪冠，以示区别。各系种鸡还应分群饲养，以免弄错和方便配种计划的编制，也便于根据各系种鸡不同的生长发育特点进行饲养管理。

另外，种公母鸡6～8周龄前可混养，9～17周龄阶段应分开饲养。公鸡最好采用平养育成，并备有运动场，让其充分运动，以锻炼体格，提高后备种公鸡质量。同时，还要注意饲养密度不能太大：6周龄后，种公鸡应为450～500 cm²/只，成年种公鸡应为900 cm²/只。在此期间，还可将体重过重和过轻者分开饲养，并有针对性地进行限饲和补饲。

分群后，公母鸡应按同样的光照程序进行管理。控制饲喂量，公鸡比母鸡多喂10%左右。育成后期至产蛋高峰前逐渐增加光照时数，母鸡增加到16 h/d，公鸡增加到12～14 h/d。如果公母混养，以母鸡的光照要求为准。

（二）公鸡的特殊管理技术

1. 断喙、断趾与戴翅号

配种时采取人工授精的种公鸡要断喙，以减少育雏、育成期间的死亡。自然交配的种公鸡虽不用断喙，但要断趾，以免配种时踩伤、抓伤种母鸡。种公鸡断喙的合理长度为商品蛋鸡的一半；断喙时间与商品鸡相同，即7～10日龄进行第1次断喙，在12周龄左右将漏断、喙长、上下喙扭曲等异常喙进行补断或重断。采用自然交配的种公鸡，可将内侧第一、二趾断去，以免配种时抓伤种母鸡。

引种时，各亲本雏出雏时都要戴翅号，长大后容易区别，特别是白羽蛋鸡，如果不戴翅号混杂了，后代就无法自别雌雄。

2. 剪冠

由于种公鸡的冠较大，既影响种公鸡的视线，也影响种公鸡的活动、饮水和配种，也容易因为争斗而受伤。因此，种公鸡要剪冠。此外，在引种时为了便于区别公母鸡也要剪冠。

剪冠的方法有两种：

（1）出壳后通过性别鉴定，用手术剪剪去公雏的冠。要注意不要太靠近冠基，防止出血过多，否则影响发育和成活。

（2）在南方炎热地区，只把冠齿剪去即可，以免影响散热。2 月龄以上的公鸡剪冠后，出血较多，容易影响生长发育。因此，剪冠不应在 2 月龄后进行。

3. 单笼饲养

繁殖期人工授精的公鸡应单笼饲养。群养时，公鸡相互争斗、爬跨等，影响精液数量和品质。

4. 育成期的限制饲养

蛋用型种鸡生产中，中型蛋用型种鸡在育成期一般都实行限制饲养，轻型蛋用型种鸡通常都未实行。是否采用限制饲养应由鸡种要求和鸡群体重的实际情况而定。限制饲养的具体操作可参考育成蛋鸡的限制饲养，并结合本品种的体重标准和均匀度要求进行。

5. 种公鸡的选择

种公鸡的质量直接影响到种蛋受精率及后代的生产性能。由于种公鸡在配种时所需数量明显少于种母鸡，因此每只种公鸡对后代的影响大于种母鸡，必须进行更严格的选择。

（1）第一次选择。在育雏结束公母分群饲养时进行，选留个体发育良好、冠髯大而鲜红者。留种的数量按 1：（8～10）的公母比选留（自然配种按 1：8，人工授精按 1：10），并做好标记，最好与母鸡分群饲养。

（2）第二次选择。在 17～18 周龄时选留体重和外貌都符合品种标准、体格健壮、发育匀称的公鸡。自然交配的公母比为 1：9；人工授精的公母比为 1：（15～20），并选择按摩采精时有性反应的公鸡。

（3）第三次选择。在 21～22 周龄进行，自然交配的此时已经配种 2 周左右，主要把那些配种时处于劣势的公鸡淘汰掉，如冠髯发紫、萎缩、体质瘦弱、性活动较少的公鸡，选留比为 1：10。进行人工授精的公鸡，经过 1 周按摩采精训练后，主要根据精液品质和体重选留，选留精液颜色乳白色、精液量多、精子密度大、活力强的公鸡，选留比例为 1：（20～30）。

6. 后备种公鸡的营养水平

种母鸡育雏育成期的营养水平与商品蛋鸡一致。种公鸡目前一般都使用母鸡料，这是不科学的，既影响了种公鸡的正常发育，又造成饲料浪费。后备公鸡的日粮中代谢能为11～12 MJ/kg；育雏期粗蛋白质18%～19%，钙1.1%，有效磷0.45%；育成期粗蛋白质12%～14%，钙1.0%，有效磷0.45%；微量元素与维生素可与母鸡相同。公母混养时应设公鸡专用料槽，放在比公鸡背部略高的位置，公鸡可以伸颈吃食而母鸡够不着；母鸡的料槽上安装防护栅，使公鸡的头伸不进去而母鸡可以自由伸头进槽采食。

7. 种鸡跖骨长度测定的作用

跖骨长度是指鸡爪底部到跗关节顶端的长度。跖长反映鸡骨骼生长发育的好坏。跖长可以用游标卡尺测定，单位为厘米（cm）。

育成鸡骨骼和体重的生长发育不同。体重是在整个育成期不断增长的，直到产蛋期36周龄时达到最高点。骨骼是在最初的10周内迅速发育，到20周龄时骨骼发育完成，前期发育快，后期发育慢。因此，要求后备鸡12周龄时完成骨骼发育的90%。如果饲料营养、种鸡管理等配合不当，为了达到体重标准就必然会出现带有过量脂肪的小骨架鸡，即小肥鸡，蛋鸡将来的产蛋性能明显达不到应有的标准。

在后备鸡培育过程中，跖长标准比体重标准更重要，应重视雏鸡及育成鸡骨骼的充分发育。在育雏期使雏鸡达到良好的体形和适宜的跖长是应追求的主要目标，如育成鸡8周龄实际跖长低于标准跖长，可暂不更换育成料，直到跖长达标后才更换。育成期，除注重体重均匀度外，还要增加跖长均匀度指标，并定期监测和调控。

表3-11列出了迪卡父母代种鸡的跖长标准，仅供参考。

表3-11 迪卡父母代种鸡的跖长标准　　　　　　　　　　　　　　　单位：mm

周龄	公鸡跖长	母鸡跖长	周龄	公鸡跖长	母鸡跖长
1	35	33	11	106	91
2	44	40	12	110	95
3	52	46	13	114	99
4	60	52	14	117	101
5	67	58	15	120	102
6	74	65	16	122	103
7	81	71	17	124	104
8	88	78	18	125	105
9	95	83	19	125	106
10	101	87	20	126	106

（三）产蛋期种鸡的饲养管理

1. 产蛋期种鸡的饲养方式和饲养密度

（1）饲养方式。蛋用型种鸡产蛋期的饲养方式有地面垫料平养、离地网上平养、地网混合平养、个体笼养和小群笼养等。采取人工授精的蛋鸡普遍采取个体笼养，多采取二阶梯式笼养，这样有利于公鸡采精和母鸡人工输精技术的操作。自然交配配种时，可采取地面垫料平养、离地网上平养、地网混合平养等饲养方式。平养还需配备产蛋箱，每四只母鸡配一个。采用小群笼养时，要注意群体不可太小，以免限制公母鸡之间的选择范围，造成种蛋受精率下降。

繁殖期人工采精的公鸡必须单笼饲养。一笼两只鸡或群养时，由于公鸡相互爬跨、格斗，容易影响公鸡体质及精液品质。

（2）蛋用型种鸡的饲养密度。饲养密度的大小与种鸡饲养方式和体型有关。不同饲养方式下不同体型蛋用型种鸡母鸡的饲养密度见表3-12，公鸡所占的饲养面积应比母鸡多一倍。

表3-12 蛋用型种鸡母鸡的饲养密度

鸡体型	地面平养		网上平养		混合地面		笼养	
	m^2/只	只/m^2	m^2/只	只/m^2	m^2/只	只/m^2	m^2/只	只/m^2
轻型蛋用型种鸡	0.19	5.3	0.11	9.1	0.16	6.2	0.045	22
中型蛋用型种鸡	0.21	4.8	0.14	7.2	0.19	5.3	0.050	20
注：笼养中所指的面积为笼底面积								

2. 适时转群

由于蛋用型种鸡比商品鸡通常迟开产1～2周，故转群时间可比商品蛋鸡推后1～2周，安排在18～19周龄进行。产蛋期进行平养的后备种鸡要求提前1～2周（即安排在17～18周龄）转群，目的是让育成母鸡充分熟悉环境和产蛋箱，减少窝外蛋，提高种蛋合格率。

3. 公母合群与种蛋收集时间

进行自然配种时，一般在母鸡转群后的第二天投放公鸡，以晚间投放为好。最初可按1：8的公母比放入公鸡，以备早期因斗架所致的淘汰和死亡。待群序建立后，按1：10的公母比剔除多余的体质较差的公鸡。通常在公鸡与母鸡混群后2周即能得到较高的种蛋受精率。但收集种蛋的适宜时间还与蛋重有关，一般蛋重必须在50 g以上才能留种，即从25周龄开始能得到合格种蛋。

种鸡采取人工授精时，只要提前1周训练公鸡适应按摩采精即可进行采精和输精，最初两天连续输精，第3天即可收集种蛋，受精率可达95%以上。对于老龄的种母鸡，最好用青年公鸡配种，种蛋受精率较高。

4. 种鸡体况检查与疾病检疫净化

（1）种鸡体况检查。实施人工授精的公鸡，应每月检查体重一次，凡体重下降在100 g以上的公鸡，应暂停采精或延长采精间隔，并加强饲养，甚至补充后备公鸡。对自然配种的公鸡，应随时观察其采食饮水、配种活动、体格大小、冠髯颜色等，必要时更换新公鸡，种鸡群中放入新公鸡应在夜间进行。

随时检查种母鸡，及时淘汰病弱鸡、产蛋量低的鸡和停产鸡，可通过观察冠髯颜色、触摸腹部容积和泄殖腔等办法进行。例如，淘汰冠髯萎缩、苍白、手感冰冷，腹部容积小而发硬，耻骨开张较小（三指以下），泄殖腔小而收缩的母鸡。

高产种鸡和低产种鸡的外貌和触摸品质的差异见表3-13和表3-14。

表3-13　高产鸡与低产鸡外貌和触摸品质的差异

项目	高产鸡	低产鸡
头部	清秀、头顶宽，呈方形	粗大或狭窄
喙	短而宽，微弯曲	长而窄直，呈乌鸦嘴状
冠和肉垂	发育良好、细致，鲜红色。触摸细致、温暖	发育不良，粗糙，色暗。触摸粗糙、发凉
胸部	宽、深、向前突出，胸骨长直	窄浅，胸骨短或弯曲
体躯	背部宽、直。腹部触摸柔软、皮肤细致、有弹性、无腹脂硬块	背部短、窄或呈弓形。腹部触摸皮肤粗糙，弹性差，过肥的鸡有腹脂硬块
耻骨	触摸耻骨时，薄而有弹性	触摸耻骨时，硬而厚、弹性差
脚和趾	跖坚实，呈菱形，鳞片紧贴，两脚间距宽，趾平直	两脚间距小，趾过细或弯曲

表3-14　高产鸡与低产鸡腹部容积的差异

项目	高产鸡	低产鸡
胸骨末端与耻骨间距	4指以上	3指以下
耻骨间距	3指以上	2指以下

（2）疾病检疫净化。种鸡场承担有向下一级鸡场或商品蛋鸡场供种的任务，因此要保证种鸡场所饲养的种鸡群健康无病，这样生产提供的禽苗才符合要求。种鸡场在疾病控制上要始终贯彻"防重于治"的方针，做好日常的卫生防疫工作，谢绝参观，加强疫苗的免疫接种和疫病监测工作，减少各种应激因素，控制鼠害、寄生虫，妥善处理死鸡和废弃物。

种鸡群（尤其是种公鸡）还要对一些可以垂直传染的疾病进行检疫和净化工作，如鸡白痢、鸡大肠杆菌病、鸡白血病、鸡霉形体病、鸡脑脊髓炎等。种鸡疾病检疫工作要年年进行，而且要求各级种鸡场都要进行。否则，会造成商品雏鸡带菌发病，降低雏鸡成活率，并影响其产蛋期的产蛋水平。

（四）提高种蛋合格率的技术措施

蛋用型种鸡蛋重以 50 ~ 65 g 为宜，蛋重过小过大和各种畸形蛋均影响种蛋孵化率。因此，饲养种鸡不但要考虑提高产蛋量，还要考虑提高种蛋合格率与受精率。提高种蛋合格率是提高种鸡场经济效益的重要措施。

1. 饲喂全价日粮

在种鸡的饲料中除考虑能量和蛋白质外，还要考虑影响蛋壳质量的维生素和矿物质元素的添加，尤其是钙、磷、锰、维生素 D_3。通过给予合理的营养水平，可以有效地降低破蛋率，从而提高种蛋合格率。种养禽场种蛋的破蛋率应控制在 2% 以内。

2. 科学管理种鸡

除常规管理外，要特别加强饲养员对种蛋收集和管理的责任心，并将种蛋破蛋率定为饲养员工作质量的考核指标之一。每天应拣蛋 5 次，其中上午拣蛋 3 次，下午拣蛋 2 次。还应重视使用蛋用型种鸡的生产标准，特别是蛋用型种鸡原产公司所制订的最新蛋用型种鸡生产标准，以便在种鸡生产中，及时与蛋用型种鸡的生产标准进行对照，寻找原因，调整蛋用型种鸡的饲养管理方法。

3. 提高种鸡初产时种蛋合格率

延迟开产可通过育成期内限制饲养和结合适当的光照控制来实现。推迟开产可使初产蛋较大，从而提高初产种蛋合格率，增加经济效益。

4. 选择设计合理蛋鸡笼

良好的养鸡设备是提高种蛋合格率的一个关键因素，优质笼具的破蛋率很低，一般可控制在 2% 以内。种鸡笼的选择应注意以下几个问题：底网弹性好；镀锌冷拔钢丝直径不超过 2.5 mm；笼底蛋槽的坡度不超过 8°；每个单体笼装鸡数不超过 3 只，每只鸡占笼体面积不少于 400 cm^2。

5. 提高种蛋受精率

提高种蛋受精率是提高合格种蛋利用率的有效途径，提高种蛋受精率主要从以下几个方面采取措施：选择繁殖力强的公鸡进行配种，并适时淘汰公鸡；保持种鸡群适宜的公母比例；推广应用人工授精技术。采取人工授精时，要掌握好正确的输精操作、准确的输精剂量和输精深度、适宜的输精间隔时间、一天中最佳的输精时间。同时，输精人员不要过度挤压母鸡腹部（特别是初产母鸡），防止卵黄破裂进入腹腔内引起卵黄性腹膜炎。

6. 合理控制光照

实际生产中，蛋用型种鸡与商品蛋鸡的光照控制略有不同，其光照管理方案见表 3-15、表 3-16。

表3-15 密闭式鸡舍光照管理方案（恒定渐增法）

周龄	光照时间/（h·d⁻¹）	周龄	光照时间/（h·d⁻¹）
0～3	24	23	12
4～19	8～9	24	13
20	9	25	14
21	10	26	15
22	11	65～72	17

表3-16 开放式鸡舍光照管理方案

周龄	出雏时间/月	
	4/5～11/8	12/8～3/5
	光照时间/（h·d⁻¹）	
0～3	24	24
4～7	自然光照	自然光照
8～19	自然光照	按日照最长时间恒定
20～64	每周增加1 h，直到达16 h	每周增加1 h，直到达16 h
65～72	17 h	17 h

（五）种鸡的强制换羽

种鸡人工强制换羽，就是人为地给种鸡施加一些应激因素，使其停止产蛋，体重下降，羽毛快速脱落更换新羽，达到缩短换羽期，提高产蛋量的目的。

1. 强制换羽的方法

（1）畜牧法。蛋鸡强制换羽最早采用的是畜牧法，也是目前使用最普遍、安全性最高、换羽效果最好的方法。畜牧法强制换羽是通过断水、断料、断光，人为地对鸡施加应激因素，打乱鸡的正常生活规律，造成激素分泌失去平衡，引起其停产和换羽。

（2）化学法。化学法主要是通过在鸡的饲料中添加一定数量的化学制剂，鸡在一定时间内摄入过量的化学物质后，使新陈代谢紊乱、内部器官的功能失调，使母鸡停产换羽。去除化学制剂后，母鸡经过休息，体质恢复后，在喂正常产蛋鸡饲料的条件下，再度恢复第二个产蛋周期。

目前在生产中应用较普遍的是喂高锌日粮。据有关资料，在含钙3.5%～4%的配合料中加入2%～2.5%氧化锌，让鸡自由采食，不限制给水，一般到第4天母鸡采食量下降75%～80%，到第7天产蛋率几乎降到2%。第8天开始，停喂高锌饲料而改喂正常蛋鸡饲料，25 ～ 30 d 后母鸡产蛋率可达 50%。饲喂高锌饲料期间不停料、不停水，开放式鸡舍可以停止补光，密闭式鸡舍由原来每天 16 h 光照减为 8 h 光照，一般在强制换羽 30 d 后逐渐恢复为 16 h 光照。

（3）激素法。激素法是通过给母鸡肌肉注射孕酮促进停产和换羽。鸡自由采食和饮水，头 12 d 把每天光照缩短到 8 h，给母鸡肌肉注射 30 mg 孕酮后，主翼羽和副主翼羽很快就更换，换羽后 41 ～ 48 d 开始产蛋。由于注射激素容易破坏体内激素的平衡而使代谢紊乱，激素方法很少使用。

2. 强制换羽注意的问题

（1）合理选择强制换羽时间。强制换羽要考虑经济因素、鸡群的状况和季节进行，一般在秋冬之交的季节进行强制换羽的效果最好。

（2）严格挑选健康的鸡。强制换羽对鸡体产生强烈应激，必须把病弱的个体挑出，只选健康的鸡进行换羽。只有健康的鸡才能耐受断水、断料的强烈应激影响，在第二年获得高产。

（3）换羽期间检测体重和死亡率变化。换羽期间体重比换羽前减轻 20% ～ 30% 为宜。当鸡的体重降低 20% ～ 30%，发现有部分鸡因体力消耗过大，精神萎靡，站立困难时，就要开始给料，否则会因饥饿过度引起死亡，也可隔离单独给料。换羽期间应注意死亡率的变化，一般第一周鸡群死亡率不应超过 1%，头 10 d 不应高于 1.5%。

（4）做好环境消毒和提前免疫。平养鸡强制换羽时要把全部垫料清除干净，防止因饥饿而啄食垫料，以致发生消化道疾病。强制换羽前应先对鸡群进行免疫，注射新城疫Ⅰ系疫苗，待一周后抗体效价升到理想水平时才实施换羽措施。

（5）注意体重的变化。一般认为，换羽期间蛋鸡体重减轻 25% ～ 30%，将来产蛋效果最好。体重减轻过少，达不到换羽的目的；体重减轻过多，减少超过 35%，又会使鸡的死亡率增加。在未达到预定的目标体重之前继续绝食，达到降低的目标体重后即可开始喂料，喂料应遵循逐渐增加的原则。

（6）注意控制光照。在换羽期间，有窗鸡舍尽可能遮光，以打乱光照制度产生应激，有利于换羽；密闭式鸡舍由原来的每天 16 h 光照减为 8 h 光照。一般在强制换羽 30 d 后，每周增加光照 1 ～ 2 h，直至每天 16 h 后便可保持恒定。

总之，在蛋鸡强制换羽过程中应合理采用有效换羽方法、加强蛋鸡免疫力与抗病能力、强制换羽前后加强蛋鸡管理、及时采取各项应对措施，才能保证强制换羽目标的实现，取得良好的经济效益。

📖 知识链接与课堂讨论

知识链接：

江苏省蛋鸡粪便不同处理模式（朱慈根，2023）

蛋鸡规模化养殖会产生大量粪污，随着经济社会发展，各地环保要求不断提高，粪污处理成了制约企业发展的瓶颈。目前蛋鸡企业普遍存在粪污处理水平不一、生产效率参差不齐等问题，而且粪污处理设施能耗偏高，处理过程中产生的臭气容易影响周边环境。为了深入研究不同粪污处理模式的优缺点和经济效益，江苏蛋鸡产业技术体系产业经济创新团队于 2022 年 12 月至 2023 年 3 月对部分蛋鸡场进行了抽样问卷调查，比较了筒仓式反应器堆肥、条垛式堆肥、槽式堆肥、简易堆沤四种处理模式的设施设备、水电、人工、转运等经济成本，以及便捷性、时效性等时间成本，粪肥销售的经济效益、粪污资源化利用带来的生态效益和社会效益，以期指导蛋鸡规模养殖场采用适宜的处理模式，科学合理地处理粪污，实现蛋鸡业绿色发展。

从调查结果来看，由于各家的养殖条件和资金实力不同，采取的鸡粪处理模式也不同。在有处理设施的养殖场（户）中，使用筒仓式反应器堆肥的占比最高，其次为槽式堆肥，这两种处理方式对设备要求高，自动化程度和处理效果也相对好，选择这两种模式的养殖场（户）多。表明大家处理鸡粪的意愿在提高。堆沤、泡沤后卖鲜粪以及大棚或晒粪场晒粪是低成本的处理方式，在小规模、大群体的养殖模式没有完全改变的情况下，这类模式还有一定的市场空间。此外，还有一些养殖场（户）采用条垛式堆肥和简易堆肥方式，个别养殖场（户）建造沼气池处理或者委托第三方进行社会化处理。从调研结果来看，目前鸡粪处理主要是生产农家肥，占养殖场（户）总数的 88.2%，生产生物有机肥的只占 1.2%，因为生产有机肥门槛高、成本高，而且很多养殖场（户）缺少有机肥销售渠道，因此不敢轻易尝试。由于大部分养殖场（户）周边没有足够的配套农田，因此，处理后的鸡粪主要是对外出售给大田作物或经济作物种植户，从调研情况来看，60.9% 的调研对象鸡粪全部出售，全部自用的只占 6.2%。

在处理鸡粪时，养殖场（户）考虑最多的因素就是设备投资和运营成本问题。除此之外，还有一些技术难题需要解决，例如，夏天鸡粪含水量高，增加了处理难度，冬天气温低时堆肥发酵效果不理想，还需要改进技术。此外，在清粪和鸡粪收集、转运、处理过程中都会有臭气产生，在生产过程中可以采取快速清理鸡粪、全量密封存贮的方法让鸡粪快速进入好氧堆肥状态，实现腐熟堆肥，减少臭气的产生和外溢，还可以喷洒抑臭微生物菌剂来降低舍内环境臭气浓度，液体粪污经过深度厌氧发酵形成腐熟粪水，减少臭气排放。

课堂讨论：如何在发展养殖的同时保护好环境？如何在养殖规划中将种养结合？

🧰 工作手册

蛋鸡养殖工作手册

工作任务	工作流程	工作内容	注意事项
任务一： 蛋鸡的品种 与选择	1.市场调查蛋鸡主要品种	（1）调查本地区消费者对鸡蛋的需求情况，蛋鸡品种的生产性能、优缺点、适应性等 （2）鸡苗来源有无保障	现场调查、 资料查阅等
	2.选择蛋鸡品种	根据本地区情况，综合选择最优品种	

工作任务	工作流程	工作内容	注意事项
任务二： 蛋用型雏鸡 的培育	1.雏鸡育雏方式与供温设备	（1）根据鸡场情况选择适宜育雏方式，规模化鸡场普遍采取立体笼养育雏。 （2）做好育雏舍建设特别是育雏温室建设，安装育雏设备（育雏笼、供温设备、喂料与饮水设备等）	
	2.雏鸡育雏前的准备	（1）制订育雏计划。 （2）做好育雏舍环境卫生与消毒。 （3）准备好各种饲料、药品与疫苗、养殖用具、垫料等。 （4）做好育雏舍升温：提前12 h	
	3.雏鸡的选择与运输	（1）鸡苗质量符合要求。 （2）运雏箱准备（清洁与消毒）与鸡苗分装。 （3）选择适宜的运输方式与运输时间，注意通风与保温	雏鸡运抵鸡场要及时观察鸡只状态，有无应激等
	4.雏鸡饲养	（1）先饮水后开食。 （2）做好雏鸡饮水管理。饮水中可添加电解多维、葡萄糖、抗菌药物等。 （3）做好雏鸡开食与饲喂	
	5.雏鸡的管理	（1）提供合适的温度，做好温度监测。 （2）保持适宜的湿度，相对湿度50%～70%。 （3）做好通风换气，舍内氨气浓度不超过15 mg/L。 （4）保持合理的饲养密度。 （5）合理的光照控制。 （6）6～10日龄断喙，注意断喙方法	育雏结束后做好脱温工作
任务三： 蛋用型育成鸡的培育	1.育成鸡的饲养	（1）做好育雏鸡向育成鸡的过渡：脱温、转群、饲料过渡。 （2）育成期饲料营养水平合理。 （3）定期添喂不溶性沙砾。 （4）9周龄开始做好蛋鸡育成期的限制饲养，限制饲养每1～2周测定跖长、体重和群体均匀度	限制饲养时注意白壳蛋鸡与褐壳蛋鸡的生理差别
	2.育成鸡的管理	（1）定期称测体重、跖骨长度，提高群体均匀度。鸡只选择应随机抽样具有代表性。 （2）保持合适的饲养密度并定期调整。 （3）保持料位、水位充足。 （4）保持良好的通风换气。	数据测定准备并记录，根据群体均匀度进行限制饲养

工作任务	工作流程	工作内容	注意事项
任务三：蛋用型育成鸡的培育	2.育成鸡的管理	（5）保持良好的光照管理。封闭式鸡舍采取短光照控制，开放式鸡舍采取光照渐减方式。 （6）预防啄癖，及时修喙。 （7）减少各种应激，夏季特别注意高温应激	
	3.育成鸡卫生防疫	（1）环境卫生与定期消毒。 （2）鸡群的日常观察。主要观察鸡只精神状态、羽毛状况、食欲状况、粪便状态。 （3）定期驱虫。60～75日龄、100～110日龄各驱虫一次。 （4）投药预防，主要预防雏鸡白痢、鸡球虫病。 （5）疫苗接种，按照蛋鸡免疫程序进行	按照接种和驱虫方案进行。驱虫时注意药品的用量
任务四：产蛋鸡的饲养管理	1.蛋鸡开产前的准备	（1）转群前鸡舍维护。对供水、供料、集蛋、通风、鸡笼、清粪及其他辅助设备等进行维护，并试运行。 （2）鸡舍清扫与消毒，消毒后鸡舍空2～3周	
	2.整顿鸡群与转群	（1）转群前整顿鸡群。包括育成鸡选择与淘汰、驱虫、疾病净化、免疫接种等。 （2）18～20周将后备鸡转入产蛋鸡舍。转群后要观察鸡群状态，及时给水、给料，转群后2～3 d饲料、饮水中添加维生素和电解质	
	3.蛋鸡开产前后饲养管理	（1）育成鸡18～20周龄体重、跖长是否达标。 （2）18～19周饲料逐渐更换为产蛋鸡饲料。 （3）逐渐补充光照，当光照时间增加到16 h/d后保持恒定，维持到产蛋期结束	产蛋阶段采取精细化饲养管理，避免各种应激发生
	4.蛋鸡产蛋期的饲养	（1）满足产蛋鸡的营养需要，饲料营养全价。 （2）产蛋鸡的饲喂与饮水。110～120 g/d只，3次/d。下午5点补喂大颗粒钙。自由饮水，夏季饮凉水。 （3）产蛋鸡饲养密度、水位、料位。笼养蛋鸡450 cm²/只，每只鸡10 cm的料位长度，每只鸡4 cm的水位长度。 （4）产蛋鸡的阶段饲养。21～42周龄为第一段，43～58周龄为第二段，59～72周龄为第三段，不同阶段喂给不同营养水平的蛋鸡料（蛋鸡高峰期饲料、蛋鸡中期饲料、蛋鸡后期饲料），并注意饲料过渡。	

工作任务	工作流程	工作内容	注意事项
任务四：产蛋鸡的饲养管理	4.蛋鸡产蛋期的饲养	（5）产蛋鸡的调整饲养，根据产蛋规律、产蛋季节、鸡群采取特殊管理措施等进行调整。 （6）蛋鸡全程注意饲喂方法，减少饲料浪费	
	5.蛋鸡产蛋期的管理	（1）温度管理。产蛋适宜温度为13～20 ℃，高温季节注意缓解热应激。 （2）湿度管理。相对湿度为60%～70%。 （3）通风管理。氨气（NH₃）浓度不超过20 ppm。 （4）光照管理。密闭式鸡舍光照控制：0～3日龄，每日23～24 h光照；4～19周龄，每日8～9 h光照；20周龄开始，在原来8～9 h光照的基础上，每周增加0.5～1 h，直至每日光照达16 h时为止，并维持到产蛋期结束。开放式鸡舍可根据培育季节的光照变化灵活控制鸡舍光照。 （5）产蛋鸡的日常管理。做好鸡群状态观察，判断鸡只健康。鸡舍开灯、关灯、喂料、拣蛋、消毒、清粪、接种等按时完成。管理上防止各种应激产生。及时收集鸡蛋并做好包装、贮存工作	产蛋初期光照增加应逐渐进行，不可骤然增加，否则极易引起蛋鸡脱肛
任务五：蛋用型种鸡的饲养管理	1.后备种鸡的饲养管理	（1）饲养方式与饲养密度。蛋用型种鸡多采用离地网上平养和笼养，后备种鸡的饲养密度比商品蛋鸡小30%～50%即可。 （2）公母分群饲养。公鸡最好采用平养育成，并备有运动场，让其充分运动	
	2.公鸡的特殊管理技术	（1）断喙、断趾与戴翅号。人工授精的公鸡要断喙，可在7～10日龄进行第1次断喙；自然交配的公鸡不用断喙，但要断趾，以免配种时踩伤、抓伤母鸡。各亲本雏出雏时都要戴翅号，以便区别个体。 （2）剪冠。出壳后通过性别鉴定，用手术剪剪去公雏的冠。 （3）繁殖期人工授精的公鸡单笼饲养。 （4）育成期种公鸡限制饲养。 （5）种公鸡的选择。育雏结束、17～18周龄、21～22周龄共进行三次选择。 （6）后备种公鸡饲料营养水平应全面	

工作任务	工作流程	工作内容	注意事项
任务五：蛋用型种鸡的饲养管理	3.产蛋期种鸡的饲养管理	（1）饲养方式和饲养密度。蛋用型种鸡产蛋期的饲养方式有地面垫料平养、离地网上平养、地网混合平养、个体笼养和小群笼养等。采取人工授精的蛋鸡普遍采取个体笼养。繁殖期人工采精的公鸡必须单笼饲养。种鸡饲养密度低于商品蛋鸡。 （2）适时转群。转群时间可比商品蛋鸡推后1~2周，安排在18~19周龄进行。 （3）公母合群与种蛋收集时间。自然配种时公母合群，公母比1∶（8~10），25周龄开始收集种蛋。 （4）种鸡体况检查与疾病检疫净化。种鸡群（尤其是种公鸡）对一些可以垂直传染的疾病进行检疫和净化工作，如鸡白痢、鸡大肠杆菌病、鸡白血病、鸡霉形体病、鸡脑脊髓炎等	
	4.种鸡的强制换羽	（1）强制换羽的方法。畜牧法、化学法、激素法。畜牧法强制换羽最常用，工作原理是通过断水、断料、断光，人为地引起种鸡停产和换羽。 （2）强制换羽注意的问题。一般在秋冬之交的季节进行强制换羽，换羽前严格挑选健康的鸡，做好环境消毒和提前免疫，换羽期间及时监测体重和死亡率变化	

📖 知识准备二

肉鸡生产技术

一、肉鸡的品种与选择

（一）快大型肉鸡品种

快大型肉鸡品种突出的特点是早期生长速度快，体重大，一般商品肉鸡6周龄平均体重在2 kg以上，每千克增重的饲料消耗在2 kg左右，料肉比在（1.8~2.0）∶1。快大型肉鸡都是采用四系配套杂交进行制种生产，大部分鸡种为白色羽毛，少数鸡种为黄（或红）色羽毛。这类肉鸡在西方和中东较受消费者喜爱。因为其较易加工烹调，是主要的快餐食品之一。目前，国内引进和饲养的快大型肉鸡品种主要包括以下11个品种。

1. 爱拔益加肉鸡（简称AA肉鸡）

爱拔益加肉鸡是美国爱拔益加育种公司培育的四系配套白羽肉鸡品种，四系均为白洛克型，羽毛均为白色，单冠，体型大。商品代肉用仔鸡羽毛白色，具有生产性能稳定、生长速度快，增重快、胸肉产肉率高、成活率高、饲料报酬高、抗逆性强的优点。

2. 艾维茵肉鸡

艾维茵肉鸡是美国艾维茵国际有限公司培育的三系配套白羽肉鸡品种，是白羽肉鸡中饲养较多的品种。艾维茵肉鸡为显性白羽肉鸡，体型饱满，胸宽、腿短、黄皮肤，具有增重快、成活率高、饲料报酬高、适应性强的优点。

3. 科宝肉鸡

科宝肉鸡是美国泰臣食品国际家禽分割公司培育的白羽肉鸡配套系。该品种鸡生长快，饲料报酬高，适应性与抗病力较强，全期成活率高。体型大，胸深背阔，全身白羽，鸡头大小适中，单冠直立，冠髯鲜红，虹彩橙黄，脚高而粗。

4. 罗斯 -308

罗斯 -308 是英国罗斯育种公司培育成功的优质白羽肉鸡良种。其突出特点是体质健壮，成活率高，增重速度快，出肉率高和饲料转化率高。该鸡种为四系配套，商品代雏鸡可以根据羽速自别雌雄。父母代种鸡抗病力强、成活率高，父母代种鸡开产早，育成成本低。其父母代种鸡产合格种蛋多，受精率与孵化率高，能产出最大数量的健雏。商品肉鸡适合全鸡、分割和深加工之需，畅销世界市场。

5. 哈伯德伊莎白羽肉鸡

哈伯德伊莎白羽肉鸡是法国哈伯德伊莎公司培育的白羽肉鸡系列配套系，分哈伯德常规型、伊莎 30MPK、伊莎 20、伊莎 15、雪佛星宝等几种类型。该品种商品代羽毛为白色，且具有快慢羽伴性遗传，即母雏为快羽型，公雏为慢羽型，是四系配套杂交鸡。

6. 海波罗肉鸡

海波罗肉鸡是荷兰泰高国际集团海波罗公司培育的白羽肉鸡配套系，为四系配套生产商品肉鸡。该鸡商品代羽毛白色，黄喙、黄腿、黄皮肤，以生产性能高、死亡率低而著名。

7. 罗曼肉鸡

罗曼肉鸡是德国罗曼印第安河公司培育的白羽肉鸡配套系，采用四系配套生产商品肉鸡。该鸡体型大，商品代肉仔鸡羽毛白色，幼龄期生长速度快，饲料转化高，产肉性能好。

8. 安卡白肉鸡

安卡白肉鸡是以色列 PBU 公司培育的白羽肉鸡配套系，为四系配套生产商品代肉鸡。

9. 安卡红肉鸡

安卡红肉鸡是以色列 PBU 公司培育的快大黄羽肉鸡配套系，为四系配套生产商品代肉鸡。安卡红商品代具有适应性强、耐应激、长速快、饲料报酬高等特点。黄羽，单冠，体貌黄中偏红，黄腿，黄皮肤，部分鸡颈部和背部有麻羽。该品种与国内的地方鸡种杂交有很好的配合力，国内目前多数的速生型黄羽肉鸡都用安卡红公鸡与商品蛋鸡或地方鸡种杂交，生产黄杂鸡。

10. 狄高 TR83 肉鸡

狄高 TR83 肉鸡是澳大利亚英汉集团狄高家禽发展有限公司培育的快大黄羽配套系。狄高种母鸡为黄褐羽，种公鸡有两个品系，其中 TR83 为有色羽，TM70 为银灰色羽，商品代羽色、命名随父本。TR83 品系公鸡与种母鸡杂交所得的肉用仔鸡为黄褐色羽。

11. 红宝肉鸡

红色宝肉鸡是加拿大谢弗种鸡有限公司培育的红羽肉用鸡种，又称红波罗肉鸡，为四系配套生产商品肉鸡。该配套系商品代具有黄喙、黄脚、黄皮肤的"三黄"特征。

（二）国内培育的主要优质肉鸡品种

1. 岭南黄鸡

岭南黄鸡是广东省农业科学院畜牧研究所经过多年选育而成的三黄鸡配套系，具有多种类型，分快羽快长型、高产蛋快长型、节粮高产蛋型等。父母代种鸡快羽快长型、高产蛋快长型、节粮高产蛋型的开产日龄分别为 24、23 和 23 周龄，产蛋高峰期平均产蛋率分别为 80%、83% 和 84%。

2. 金水乌鸡

金水乌鸡是以泰和鸡为基础，经 6 年 9 个世代闭锁群继代选育而培育成的乌骨鸡新品种。其白羽丝毛系、白羽丝毛快长系和黑羽丝毛系 3 个品系。金水乌鸡的体型外貌完全符合金水乌鸡的完美特征，具有凤头、丛冠、白羽丝毛、毛腿、绿耳、胡须、五爪、乌皮、乌肉、乌骨 10 大特征。

3. 新广黄鸡

新广黄鸡是佛山市新广畜牧发展有限公司应用现代先进的杂交配套育种技术培育出的优质黄羽肉鸡品种，其祖代及父母代种鸡的配套系（父系）是选用广东黄鸡通过个体选育和家系选育而成，母系是引进最优良的肉鸡高产品种——以色列 Kabir 隐性肉用型种鸡。新广黄鸡的特点是：父母代种鸡产蛋性能高，节省饲料，抗逆性强，具有生长快、饲料报酬高、抗病力强的特点。

4. 石岐杂鸡

石岐杂鸡是 20 世纪 60 年代中期，香港渔农处和香港的几家育种场选用广东的惠阳鸡、清远麻鸡和石岐鸡改良而成的品种。该鸡具有三黄鸡的黄毛、黄皮、黄脚、短脚、圆身、薄皮、细骨、肉厚、味浓的特点。为改进繁殖力低与生长慢等缺点，曾先后引进新汉县、白洛克、科尼什和哈巴德等外来鸡种的血缘，得到了较为理想的杂交后代石岐杂鸡。它的肉质与惠阳鸡相仿，而在生长速度及产蛋性能上均比上述三个地方的鸡种好。

5. 新浦东鸡

新浦东鸡是上海市农业科学院畜牧兽医研究所育成的我国第一个黄羽肉用鸡种，主要分布于上海、江苏、浙江、广东一带。新浦东鸡是利用原浦东鸡为母本，与红科尼什、白洛克作父本杂交选育而成。其外貌与原来无多大变化，但体躯较长而宽，胫部略粗短且无胫羽，其体型更接近于肉用型。

6. 新扬州鸡

新扬州鸡是江苏农学院（今扬州大学）1960年开始在扬州地方鸡种的基础上，通过本品种选育、杂交改良和品种、品系繁育等途径，经多年选育而成的"三黄鸡"新品种，具有产蛋性能高、肉质鲜、生长速度快、生命力强等优点。该品种鸡羽毛呈黄色，有黄褐色和淡黄色两种类型，喙黄褐色，胫黄色或间有肉色。

7. 浙江三黄鸡

浙江三黄鸡是以萧山鸡为母本，与引进的肉用公鸡进行杂交培育而成。主产区位于浙江省宁波、湖州、杭州、金华等地。该品种鸡羽毛呈金黄色无杂毛，腿黄色，高矮适中，双冠，脸部清秀，体态匀称，呈方圆型，重而不笨。耐粗饲，饲料报酬较高，前期生长快，胸肌丰满，屠体美观。蛋壳红色，蛋重55 g左右，抗病力强。

8. 海新肉鸡

海新肉鸡是上海畜牧兽医研究所用新浦东鸡与我国其他黄羽肉鸡品种杂交培育而成，为三系配套生产商品肉鸡。肉用仔鸡黄羽占95%，喙胫均为黄色，主要分为快速型和优质型两种类型。

9. 京星黄羽肉鸡

京星黄羽肉鸡是中国农业科学院北京畜牧兽医研究所培育出的黄羽肉鸡，又称京黄肉鸡，为三系配套生产商品肉鸡。该品种鸡商品代生长速度较快，分京黄1号和京黄2号。

（三）我国主要地方优质肉鸡品种

1. 洪山鸡

洪山鸡是湖北省兼用型地方良种鸡之一，为三黄鸡品种，其主产区位于现随州市曾都区西南、枣阳市南部的大洪山山脉北麓，因此命名为"洪山鸡"。

洪山鸡的羽毛、喙、胫均为黄色，青年鸡羽色较深，随着年龄增长，羽色逐渐变为浅黄色。从体型外貌上可分为"三黄一翘"和"三黄一垂"两个类型。"三黄一翘"型为黄羽、黄喙、黄胫，尾羽上翘，公鸡颈羽金黄微红色，瑶羽黑色，母鸡主尾羽也为黑色，体态直立，体型呈方形，全身羽毛紧凑，产蛋性能良好，约占洪山鸡的40%。"三黄一垂"型也为黄羽、黄喙、黄胫，而尾羽下垂。公、母鸡全身羽毛均为黄色，公鸡瑶羽不发达，母鸡主尾羽羽干纤细，均呈下垂状，仅尾部左右各有1～2根伸出于两侧，整个尾羽似佛手，俗称"狮子尾"，体型椭圆，羽毛较疏松，肉质细嫩，约占洪山鸡的60%。洪山鸡生长速度较慢。

2. 江汉鸡

江汉鸡主要分布于湖北省江汉平原，属蛋肉兼用型鸡种。

该鸡体型矮小、身长胫短，后躯发育良好，公鸡头大，呈长方形，多为单冠，直立，呈鲜红色，虹彩多为橙红色，肩背羽毛多为金黄色，镰羽发达，呈黑色发绿光。母鸡头小，单冠，有时倒向一侧。该鸡的羽毛多为黄麻色或褐麻色，尾羽多斜立，喙、胫有青色和黄色两种，无颈羽。

3. 惠阳胡须鸡

惠阳胡须鸡是原产于广东省惠阳地区，是我国比较突出的优良地方肉用鸡种，又名三黄胡须鸡、龙岗鸡、龙门鸡、惠州鸡，以颔下有张开的髯羽、状似胡须而得名。该品种以分布广、胸肌发达、早熟易肥、肉质特佳而著名。与杏花鸡、清远麻鸡一并被誉为广东省三大出口名产鸡之一。该鸡体质结实，头大颈粗，胸深背宽，胸肌发达，后躯丰满，体躯呈葫芦瓜形。惠阳胡须鸡肥育性能良好，脂肪沉积能力强。公鸡性成熟早。

4. 北京油鸡

北京油鸡是北京地区特有的地方优良品种，具特殊的外貌，即凤头、毛腿和胡子嘴。体躯中等，羽色美观，主要为赤褐色和黄色羽色。赤褐色者体型较小，黄色者体型大。公鸡羽毛色泽鲜艳光亮，头部高昂，尾羽多为黑色；母鸡头、尾微翘，胫略短，体态敦实；皮肤微黄。北京油鸡羽毛较其他鸡种特殊，具有冠羽和胫羽，有的个体还有趾羽。不少个体下颌或颊部有髯须，故称为"三羽"（凤头、毛腿和胡子嘴）。该鸡具有肉质细嫩鲜美、生命力强和遗传性稳定等特点。北京油鸡的生长速度缓慢。

5. 湘黄鸡

湘黄鸡是湖南省肉蛋兼用型地方良种，原产于湘南的永兴、桂东一带，现在的主产地已经北移至湘江中游的衡阳、湘潭等地。该鸡的外貌特征具有黄毛、黄嘴、黄脚，因而又称三黄鸡。湘黄鸡肉质细嫩，味道香甜，经济价值及药用价值较高，具有补虚损、健脾胃、强筋骨等药用功效。湘黄鸡躯体大小适中，结构匀称，头小，单冠，脚矮，颈短。公鸡前胸宽阔，毛色金黄带红，躯体秀丽而英武，啼声响而清脆；母鸡躯体较短，背宽，后躯浑圆，腹部柔软而富弹性。该品种早期生长较慢，但以肉质好而著称。

6. 浦东鸡

浦东鸡原产于上海黄浦江以东地区，肉质鲜美，蛋白质含量高，营养丰富，具有体大膘肥，肉质鲜美，耐粗饲，适应性强等特点。浦东鸡体型较大，呈三角形，偏重产肉。公鸡羽色有黄胸黄背、红胸红背和黑胸红背三种。母鸡全身黄色，有深浅之分，羽片端部或边缘常有黑色斑点，因而形成深麻色或浅麻色。公鸡单冠直立，冠齿多为7个；母鸡有的冠齿不清。耳叶红色，脚趾黄色。有胫羽和趾羽。生长速度早期不快，长羽也较缓慢，特别是公鸡，通常需要3～4月龄全身羽毛才长齐。浦东鸡是我国较大型的黄羽肉鸡品种，具有肉质优良的特点，但生长速度较慢。

7. 桃源鸡

桃源鸡是湖南省的地方鸡种，以体型高大而驰名，故又称桃源大种鸡，主产区在桃源县中部，分布于沅江以北、延溪上游的三阳港、佘家坪一带。桃源鸡体型高大，体躯稍长、呈长方形。公鸡头颈高昂，尾羽上翘，侧视呈"U"字形。母鸡背较长而平直，后躯深圆，近似方形。单冠，冠齿为 7～8 个，公鸡冠直立，母鸡冠倒向一侧。耳叶、肉垂鲜红，较发达，虹彩呈金黄色。公鸡体羽呈金黄色或红色，主翼羽和尾羽呈黑色，颈羽金黄色或间有黑斑。母鸡羽色有黄色和麻色两种类型，黄羽型的背羽呈黄色，颈羽呈麻黄色；麻羽型体羽麻色。黄、麻两型的主翼羽和尾羽黑色，腹羽黄色。喙、胫呈青灰色，皮肤白色。该鸡具有个体大、肉质好等有利性状，但早期生长速度慢、长羽迟、饲料利用率较低、繁殖力不高。

8. 萧山鸡

萧山鸡产于浙江萧山，分布于杭嘉湖及绍兴等地区，蛋肉兼用型品种。该鸡具有适应性强，易饲养，早期增重快，嫩滑味美等优点。体型较大，外形近似方而浑圆，公鸡羽毛紧凑，头昂尾翘。红色单冠、直立；全身羽毛有红、黄两种，母鸡全身羽毛基本黄色，尾羽多呈黑色；喙、胫均为黄色。

9. 固始鸡

固始鸡原产于河南省固始县，属蛋肉兼用型。固始鸡个体中等，羽毛丰满，尾型独特。初生雏绒羽呈黄色，头顶有深褐色绒羽带，背部沿脊柱有深褐色绒羽带。成鸡冠型分为单冠与豆冠两种，以单冠者居多。眼大略向外凸起，虹彩呈浅栗色。喙短略弯曲、呈青黄色。胫呈靛青色，四趾，无胫羽。尾型分为佛手状尾和直尾两种。皮肤呈暗白色。公鸡羽色呈深红色和黄色。母鸡的羽色以麻黄色和黄色为主。固始鸡具有耐粗饲，抗病力强，肉质细嫩鲜美等特点。

10. 丝羽乌骨鸡

丝羽乌骨鸡产于江西泰和县，福建省泉州市、厦门市和闽南沿海也有分布。该鸡具有头小、颈短、脚矮、体小轻盈等特点，同时具有桑葚冠、缨头（凤头）、绿耳（蓝耳）、胡髯、丝羽、五爪、毛脚（胫羽、白羽）、乌皮、乌肉、乌骨等"十全"特征。现今除白丝羽乌鸡外，还培育出了黑丝羽乌鸡。

11. 清远麻鸡

清远麻鸡产于广东省清远县一带，因母鸡背侧羽毛有细小黑色斑点而得名。该鸡种因具有体型小、骨细、皮脆、肉质嫩滑、鸡味浓等优点而成为有名的地方肉用鸡种。该鸡种的母鸡全身羽毛为深黄麻色，脚短而细，头小单冠，喙黄色，脚色有黄、黑两种。公鸡羽毛深红色，尾羽及主翼羽呈黑色。

12. 杏花鸡

杏花鸡原产于广东省封开县杏花村一带，小型肉用型鸡。前躯窄，后躯宽，形似沙田柚，颈短，脚短。单冠直立。冠和肉髯鲜红色，虹彩橙黄。喙、脚、羽毛为黄色或浅黄色，主翼羽和副翼羽的内侧多为黑色，外侧黄色。尾羽多有几根黑色羽。颈部末端的羽毛多有黑色斑点，形似项链状，皮肤浅黄而带有光泽。可概括为"两细"（头细、脚细）、"三黄"（羽黄、脚黄、喙黄）、"三短"（颈短、身躯短、脚短）。具有早熟、易肥、肉质鲜嫩、耐粗饲、适应性强等特点。

二、快大型肉鸡生产技术

我国肉鸡生产起始于20世纪80年代，快大型肉鸡最早从美国兴起，随后向全世界发展普及，是世界肉鸡养殖的主体，也是我国工厂化肉鸡养殖的主体。快大型肉鸡主要指现代工厂化养鸡生产中饲养的白羽肉鸡，其代表品种主要有爱拨益加肉鸡、爱维茵肉鸡等。肉鸡生产要求生长快，产肉率高，其生产目的是在短时间内为消费者提供商品鸡肉，与种鸡饲养、商品蛋鸡饲养有本质的区别。

（一）快大型肉仔鸡生产

1. 选择合适的鸡苗

雏苗品质好坏影响育雏的成活率及经济效益。应选择信誉好的大型种鸡场的雏苗，即精神活泼、眼大有神、绒毛整齐光亮、叫声清脆、脐部收缩良好、手握挣扎有力的雏鸡。

2. 肉仔鸡舍准备

肉仔鸡到场前，一定要做好所有准备工作，这是保证肉鸡生产取得好成绩的前提。每批肉鸡出场后，对肉鸡养殖舍都要严格按照规定程序进行清洗和消毒，然后可以饲养下一批肉仔鸡。肉仔鸡舍的准备工作包括清扫、水洗、干燥、焚烧、消毒、空舍、预热等。用2%烧碱冲刷地面和墙壁，两天后再用清洁水冲洗，再用0.5%的过氧乙酸冲刷地面和墙壁。待地面干燥后放回消毒好的饲养设备、用具和干燥吸湿性强的锯末刨花作垫料。禁止外来人员和车辆入舍，饲养员工作时要踩消毒盆后方可入舍，整栋饲养鸡的批次更新要做到"全进全出"。空栏后须经清扫、冲洗、消毒并空闲一周以上才能进鸡。

3. 设备及用具的准备

在肉仔鸡进舍前还需要准备饮水器、饲喂器、取暖设备，以及生产需要准备护栏、手电、台秤、消毒用具等。

育雏可准备真空饮水器，每50~80只鸡一台，乳头式饮水器每10~15只鸡一台。开食期间使用的料桶、料盘或反光硬塑纸，要清洗消毒后放入鸡舍内一并进行熏蒸消毒后方可使用。每40只肉仔鸡可备10 kg的料桶一个。根据鸡场实际准备好取暖设备，如保温伞、暖风炉、红外线灯等。实际生产中垫料平养中常用电热保温伞、红外线灯取暖，网上平养时常用暖风炉取暖。

4. 饲料准备及保证适宜的营养水平

在肉鸡整个饲养阶段，饲料成本占养鸡总成本的70%～80%。应根据肉鸡不同阶段的营养需要，选择适合不同生长时期需要的全价饲料。选用的饲料要安全、新鲜、适口性好，且应无霉变、无污染。根据快大型肉仔鸡营养需要准备各种饲料，并提前备好一周以上的饲料量。肉仔鸡生长速度快，要求供给高能量高蛋白的饲料，日粮各种养分充足、齐全且比例平衡。由于肉仔鸡早期器官组织发育需要大量蛋白质，生长后期脂肪沉积能力增强。因此在日粮配合时，生长前期蛋白质水平高，能量稍低；后期蛋白质水平稍低，能量较高。

从我国当前的肉鸡生产性能和经济效益来看，肉仔鸡饲粮中代谢能水平不低于12.1～12.5 MJ/kg；蛋白质水平以前期不低于21%，后期不低于19%为宜。同时，要注意满足各种必需氨基酸的需要量，特别是赖氨酸、蛋氨酸及各种维生素、矿物质的需要。肉仔鸡饲养标准参见表3-17。

表3-17　肉仔鸡饲养标准

营养成分	前期料（0～21 d）	中期料（22～37 d）	后期料（38 d～上市）
粗蛋白质/%	23	20	18.5
赖氨酸/%	1.20	1.01	0.94
蛋氨酸/%	0.47	0.44	0.38
精氨酸/%	1.28	1.20	0.96
代谢能/（MJ·kg^{-1}）	13.0	13.4	13.4
钙/%	0.9～0.95	0.85～0.90	0.80～0.85
有效磷/%	0.45～0.47	0.42～0.45	0.40～0.43
食盐/%	0.3～0.45	0.3～0.45	0.3～0.45

目前，市场上饲养的快大型肉仔鸡品种都有本品种的营养需要参考标准，饲养户可根据自己的实际条件参照执行。近年来由于肉鸡育种的进展，肉鸡生长速度更快，同时出现脂肪蓄积过多问题。为避免这一问题发生，国外有研究单位提出新的饲粮标准，可适当降低能量和蛋白水平，使肉鸡既可保持一定的生长速度，又不致脂肪蓄积过多。肉仔鸡公母雏不同的营养需求见表3-18。

表3-18 肉仔鸡公母雏的营养需要

营养成分	育雏料 （0～21日龄）		中期料 （22～37日龄）		后期/宰前料 （38日龄～上市）	
	公鸡	母鸡	公鸡	母鸡	公鸡	母鸡
粗蛋白质/%	23.0	23.0	21.0	19.0	19.0	17.5
代谢能/（MJ·kg^{-1}）	13.0	13.0	13.4	13.4	13.4	13.4
钙/%	0.90～0.95	0.90～0.95	0.85～0.88	0.85～0.88	0.80～0.85	0.80～0.85
可利用磷/%	0.45～0.47	0.45～0.47	0.42～0.44	0.42～0.44	0.40～0.42	0.40～0.42
赖氨酸/%	1.25	1.25	1.10	0.95	1.00	0.90
含硫氨基酸/%	0.96	0.96	0.85	0.75	0.76	0.70

5. 选择适宜的饲养方式

肉仔鸡的饲养方式较为常见的主要有地面平养、网上平养、笼养等。饲养场可根据饲养的肉仔鸡品种、自然条件和场地实际等因素对饲养方式进行合理选择。每一种饲养方式各有优缺点，合理的饲养方式将会在一定程度上提高养殖效益。

（1）地面平养。地面平养是目前肉仔鸡生产中较为普遍采用的一种饲养方式，分为更换垫料和不更换垫料（即厚垫料平养）两种，以后者居多。更换垫料平养，需要地面铺3～5 cm厚垫料，要经常更换垫料，可根据垫料潮湿、污浊情况进行部分更换，并且可以重复使用。厚垫料平养是先在地面上铺6 cm左右垫料，然后再根据饲养情况在原垫料上面铺就新垫料，直到厚度有18 cm左右停止，垫料在鸡出栏后进行清理和无害化处理。垫料要求松软、吸湿性好、干燥。生产中常用的垫料有稻壳、玉米秸、稻草等。

优点：设备投资少，简便易行，节省劳力，肉仔鸡残次品少。

缺点：疾病感染与传播机会大，需要对球虫病、大肠杆菌病、雏鸡白痢等疾病严格把关及控制，药品和垫料开支较大，单位建筑面积饲养量小等。

（2）网上平养。网上平养根据肉仔鸡喜安静、不好动的特点设计而成，是较常用的一种饲养方式。网上平养是在鸡舍内搭建一个离地面60～70 cm的塑料网或铁丝网，网孔一般为2.5 cm×2.5 cm，也可在饲养前期选择网孔更小的塑料网或铁丝网。在饲养时应选择优质弹性好的塑料网。网上平养肉鸡，粪尿可通过网眼掉到地面上，鸡只不与粪尿接触。

优点：减少呼吸道疾病、球虫病、大肠杆菌病、雏鸡白痢的发病概率，药品开支小，成活率高等。

缺点：肉鸡胸囊肿、腿部疾病发生率增加，在一定程度上影响商品合格率。同时，网上平养设备一次性投资较高，单位建筑面积饲养量小。

（3）笼养。目前国内小型养殖场采用还较少，现代化大型养殖场使用较多。

优点：饲养量大，饲料消耗少，有利于球虫病的预防，劳动效率高，房舍利用率高，便于管理。

缺点：一次性投资大，腿病、胸部囊肿等疾病发生率较高，对鸡舍环境条件要求高，对饲养管理技术要求高。

近年来，国内外有的肉鸡养殖场实行平养和笼养方式混合进行，也收到了不错的效果，即肉仔鸡在2～3周内的实行笼养或网养，2～3周后再实行地面饲养。

6. 合理饲喂

（1）及时饮水。肉雏出壳后能否及时饮水或在饲养过程中能否供给新鲜清洁的饮水对肉鸡正常生长发育极为重要。接雏鸡后，应遵循"先给水后开食"原则。

肉雏出壳后要在6～12 h接到育雏室，稍事休息饮水。在长途运输时，时间可放宽些，并给鸡强迫饮水（两手各抓一只肉雏，固定雏鸡头部，插入盛水的浅水盘内2 mm左右），或用滴管口腔内滴服。在饮水中加5%～8%的红糖、白糖或葡萄糖，以补充能量；在饮水中加入一定浓度的电解多维，以增强鸡体抗病力。

饮水新鲜清洁，符合人的饮用标准；饮水器做到每天清洗和消毒一次，也可每周进行2次饮水消毒，以杀灭饮水中的病原微生物。

雏鸡饮水量的大小与体重、环境温度有关。饮水量一般大约是采食量的2倍，但受气温影响大，温度越高，饮水量越大。肉仔鸡的饮水量参见表3-19。

表3-19　每1 000只肉仔鸡饮水量　　　　　　　　单位：L/ d

周龄	10 ℃	21 ℃	32 ℃
1	23	30	38
2	49	60	102
3	64	91	208
4	91	121	272
5	113	155	333
6	140	185	380
7	174	216	428
8	189	235	450

雏鸡饮水量的突然升高或降低，要给予关注，这往往是发生疾病的前兆。根据肉雏不同周龄，及时更换不同型号的饮水器。如育雏开始时用小型饮水器，4～5日龄将其移至自动饮水器附近，7～10日龄待鸡习惯自动饮水器时，去掉小型饮水器。饮水器数量要足够，分布均匀（间距大约2.5m），饮水器外沿距地面的高度随鸡龄不断调整，与鸡背

水平一致。

（2）适时开食。开食方法遵循"少喂勤添"的原则。雏鸡饮水2～3h后，开始喂料。雏鸡的第一次喂料称为开食。开食料应用全价碎粒料，均匀撒在饲料浅盘或深色塑料布上让鸡自由采食。

1～15日龄每天喂8次，每隔3～4h喂一次，每天不能少于6次；16～56日龄喂3～4次/d。为防止鸡粪污染，饲料浅盘和塑料布应及时更换，冲洗干净晾干后再用。4～5日龄逐渐换成料桶，一般每30只鸡一个，2周龄前使用3～4kg的料桶，2周龄后改用7～10kg的料桶。为刺激鸡的食欲，增加采食量，每天应加料4次，但每次加料不应超过深度的1/3，过多会被刨出造成浪费。每次喂料多少应根据鸡龄大小不断调整，肉仔鸡各周龄的喂料量参见表3-20。

表3-20 肉仔鸡公母混养的喂料量与体重

周龄	体重/g	每周增重/g	料量累计/（g·周⁻¹）	料量/g	料肉比
1	165	125	144	144	0.87：1
2	405	240	298	441	1.09：1
3	730	325	478	920	1.26：1
4	1 130	400	685	1 605	1.42：1
5	1 585	455	900	2 504	1.58：1
6	2 075	490	1 106	3 611	1.74：1
7	2 570	495	1 298	4 909	1.91：1
8	3 055	485	1 476	6 385	2.09：1
9	3 510	455	1 618	8 003	2.28：1
10	3 945	435	1 781	9 784	2.48：1

为提高商品肉鸡的整齐度，料槽必须充足且分布均匀，保证鸡在1.5m内能吃到料、饮到水。随着雏鸡日龄增长，应及时抬高料槽高度，保持与鸡背同高。

（3）限制饲养。肉仔鸡吃料多，增重快，鸡体代谢旺盛，需氧量大，在饲养管理及环境控制技术薄弱的条件下，易发生脂肪蓄积过多、腹水症等降低商品合格率。因此，在条件有限的养殖区域肉仔鸡有必要进行限制饲养，主要有两种方法：一种是限量不限质法，饲养早期进行；另一种为限质不限量法，即适当降低能量和蛋白水平。

7. 公母分群

不同性别的肉仔鸡对生活环境、营养条件的要求和反应不同，主要表现：生长速度不同，4周龄时公鸡比母鸡体重大近13%，56日龄体重相差27%；羽毛生长速度不同，公鸡长羽慢，母鸡长羽快；沉积脂肪的能力不同，母鸡比公鸡易沉积脂肪，反映出对饲料要求不同；表现出胸囊肿的严重程度不同，公鸡比母鸡胸部疾病发生率高。

公母分群饲养后，同一群体间的个体差异变小，鸡群的均匀度大大提高，便于"全进全出"饲养制度的执行和屠宰场机械化操作；实行公母分群饲养，可以分别配制饲料，避免母雏过量摄入营养而造成的浪费，提高饲料利用率，可有效提高肉鸡的生产水平；便于适时出场，以迎合不同市场需求。

公母分群饲养要求按公母分别饲喂适宜的日粮；给公鸡提供优质松软的垫料；温度前期公鸡比母鸡高 1～2 ℃，后期则低 1～2 ℃，公雏育雏舍内温度下降幅度可大一些，以促进羽毛生长；生长速度母鸡在 7 周龄后、公鸡在 8 周龄后下降，同期的公鸡体重一般比母鸡高 20%，应根据市场情况分别适时出场。

8. 加强管理

（1）保证适宜的温度。雏鸡出生后体温调节能力差，必须提供适宜的环境温度。温度低可降低鸡的抵抗力和食欲，引起腹泻和生长受阻。因此，保温是一切管理的基础，是肉仔鸡饲养成活率高低的关键，尤其在育雏第 1 周内。肉仔鸡 1 日龄时，舍内室温要求为 27～29 ℃，育雏伞下温度为 33～35 ℃，以后每周下降 2～3 ℃直至 18～20 ℃脱温。

检查温度是否适宜主要通过测温和观察雏鸡表现。低温时鸡群挤堆，靠近热源，尖声鸣叫；高温时鸡只张口喘气，远离热源，饮水明显增加；晚上鸡只安静，分布均匀是温度适宜的表现。

温度控制应保持平稳，并随雏鸡日龄增长适时降温，切忌忽高忽低，并要根据季节、气候、雏鸡状况灵活掌握。肉仔鸡适宜温度见表 3-21。

表3-21　肉仔鸡适宜的温度　　　　　　　　　　　　　　单位：℃

周龄	育雏方式		温舍育雏
	保温伞育雏		
	保温伞温度	雏舍温度	
1～3 d	35～33	27～29	35～33
4～7 d	32～30	27	33～31
2 周	30～28	24	31～29
3 周	28～26	22	29～27
4 周	26～24	20	27～24
5 周以后	24～21	18	24～21

（2）控制好湿度。湿度对雏鸡的健康和生长影响也较大，育雏第 1 周内保持 70% 的稍高湿度。因此时雏鸡含水量大，舍内温度又高，湿度过低易造成雏鸡脱水，影响羽毛生长和卵黄吸收。以后要求保持在 50%～65%，以利于球虫病的预防。

育雏的头几天，由于室内温度较高，室内湿度往往偏低，应注意室内水分的补充，可在火炉上放水壶烧开水，或地面喷水来增加湿度。10日龄后，由于雏鸡呼吸量和排粪量增大，应注意高湿的危害，管理中应避免饮水器漏水，勤换垫料，加强通风，将室内湿度控制在标准范围之内。

（3）加强通风。通风是鸡舍内环境的最重要的指标，良好的通风对于保持鸡体健康、生长速度是非常重要的。通风不良，空气污浊易发生呼吸道病和腹水症；地面湿臭易引起腹泻。肉仔鸡饲养密度大，生长速度快，代谢旺盛，因此加强舍内通风，保持舍内空气新鲜非常重要。通风的目的是排除舍内的氨气、硫化氢、二氧化碳等有害气体，空气中的尘埃和病原微生物，以及多余的水分和热量，导入新鲜空气。肉仔鸡舍的氨气含量以不超过20 mg/L（以人感觉不到明显臭气）为宜。

通风方法有自然通风和机械通风。1～2周龄以保温为主，3周龄注意通风，4周龄后加大通风。

（4）控制好光照的时间和强度。仔鸡的光照控制包括光照时间和光照强度的控制。光照强度的控制：育雏初期，为便于雏鸡采食、饮水和熟悉环境，光照强度应强一些，以后逐渐降低，以防止鸡过分活动或发生啄癖。育雏头两周每平方米地面2～3 W，两周后0.75 W即可。开放式鸡舍要考虑遮光，避免阳光直射和照光过强。光照时间较长，其目的是延长采食时间；光照强度小，弱光可降低鸡的兴奋性，使鸡保持安静的状态。

①连续光照法。在进雏后的头2 d，每天光照24 h，从第3 d开始实行23 h光照，夜晚停止照明1 h，以防鸡群停电发生的应激。此法的优点是雏鸡采食时间长，增重快，但耗电多，高原及通风不良地区的鸡易出现腿病、腹水、猝死等现象。

②短光照法。第1周每天光照24～23 h，第2周每天减少2 h光照至16 h，第3、第4周每天16 h光照，从第五周第四天开始每天增加2 h光照至周末达到23 h光照，以后保持23 h光照至出栏。此法可控制鸡的前中期增重，减少猝死、腹水和腿病的发病率，最后进行"补偿生长"，出栏体重不低却提高了成活率和饲料报酬。对于生长快，7日龄体重达175 g的鸡可用此法。

③间歇光照法。在开放式鸡舍，白天采用自然光照，从第二周开始实行晚上间断照明，即喂料时开灯，喂完后关灯；在全密闭鸡舍，可实行1～2 h照明，2～4 h黑暗的光照制度。此法不仅节约电费，还可促进肉鸡采食。但采用间歇光照，鸡群必须具备足够的采食、饮水槽位，保证肉仔鸡有足够的采食和饮水时间。

（5）保证适宜的饲养密度。饲养密度对雏鸡的生长发育有着重大影响。饲养密度过大，单位体积内鸡群产生的代谢产物浓度升高，同时集群拥挤采食饮水受限形成亚健康状态，极易造成应激发病。饲养密度应根据禽舍的结构、通风条件、饲养方式及品种日龄确定。生产中应注意密度大的危害，在鸡舍设备情况许可时尽量降低饲养密度，这有利于采食饮水和肉鸡发育，提高体重的一致性。地面垫料平养肉用仔鸡的饲养密度参考表3-22，不同体重肉用仔鸡网上平养饲养密度参考表3-23。

表3-22 地面垫料平养肉用仔鸡的饲养密度

日龄/d	饲养密度/（只·m^{-2}）	备注
1～7	40	
8～14	30	
15～28	25	每周应将鸡群疏散一次
29～42	16～17	
43～56	10～12	

表3-23 不同体重肉用仔鸡网上平养饲养密度

体重/kg	开放式鸡舍		环境控制鸡舍	
	只/m^2	kg/m^2	只/m^2	kg/m^2
1.5	15	22.5	22	33.0
2.0	11	22.0	17	34.0
2.5	9	22.5	14	35.0
3.0	7	21.0	11	33.0
3.5	6	21.0	9	31.0

（6）做好肉用仔鸡的卫生防疫。

①消毒：鸡舍及舍内设备用具彻底消毒。如采用"全进全出"的饲养制度，重视对垫料的管理；重视舍内外环境的消毒。带鸡消毒可净化舍内的小环境，使舍内病原微生物降低到最低限，夏季可每天一次，交叉选用广谱、高效、对黏膜刺激较小、无其他副作用的消毒剂。每批肉鸡出场时，由于抓鸡、装鸡、运鸡都会给舍外场地留下大量的粪便、羽毛及皮屑，应及时打扫、清洗、消毒场地。并定期对舍外环境进行消毒，可选用较为便宜、效果好的消毒剂。

②免疫接种：肉鸡养殖场必须根据本场和周围环境的实际情况制订切实可行的免疫程序。有条件的养殖场对新城疫和传染性法氏囊炎应进行抗体监测，根据抗体监测水平，确定适宜的免疫时间。免疫后最好进行血清检测，以保证免疫的确实效果。

③预防疾病：平养肉鸡最易患球虫病。一旦患病，会损害鸡肠道黏膜，妨碍营养吸收，采食量下降，严重影响鸡的生长和饲料效率。如遇阴雨天或粪便过稀，应立即投药预防（饮水或饲料）；若鸡群采食量下降、血便，立即投药治疗，用药时，要注意交叉用药，且在出场前一、二周停止用药（避免药物残留）。

预防球虫病还必须从管理上入手，严防垫料潮湿，发病期间每天清除垫料和粪便，以消除球虫卵囊发育的环境条件。

（7）非传染性疾病的预防。

①胸部囊肿。胸部囊肿是肉鸡胸部皮下发生的局部性炎症，肉鸡普遍发生。它既不传染，也不影响生长，但影响屠体品质和等级。应针对产生原因采取预防措施：尽量使用干燥、松软的垫料。及时更换黏结、潮湿的垫料，保持垫料应有的厚度；减少肉鸡卧地的时间。肉鸡68%～72%的时间处于卧伏状态，卧伏时体重的60%左右由胸部支撑，胸部受压时间长，压力大，胸部羽毛又长得晚，易造成肉鸡与垫料的接触与擦伤，造成胸部囊肿。应采取少喂多餐的方法，使肉鸡站立吃食。铁丝网平养、笼养，笼底应铺一层弹性塑料垫网。

②腿部疾病。肉用仔鸡由于体重大，生长快，腿部疾病的严重程度也在增加。引起腿部疾病的原因：遗传性腿病，如胫骨发育异常、脊椎滑脱症等；感染性疾病，如化脓性关节炎、鸡脑脊髓炎、病毒性腱鞘炎；营养性疾病，如脱腱症、软骨病、维生素 B_2 缺乏症等；管理性疾病，如风湿性腿病、外伤性腿病。

腿部疾病预防措施：完善防疫保健措施，杜绝感染性腿病；确保微量元素、维生素的合理供给，避免因缺乏钙磷而引起腿病；缺乏锰、锌、胆碱、尼克酸、叶酸、生物碱、维生素 B_6 等引起的脱腱症；缺乏维生素 B_2 引起的卷趾病；加强管理，避免因垫料湿度过大、脱温过早、抓鸡不当而引起的脚病。

③肉鸡腹水症。肉鸡腹水症是一种非传染性疾病，其发生与缺氧、缺硒及某些药物的长期使用有关。预防肉鸡腹水症的主要措施：改善环境条件，特别是密度大的情况下，应给予充分通风换气；适当降低前期料的蛋白质和矿物质水平；防止饲料中因缺乏硒、维生素 E（缺乏发生渗出性素质）；发现轻度腹水症时，应在饲料中添加维生素 C。有人试验后认为，8～18 日龄只喂给正常饲料量的 80%，可防止肉鸡腹水症的发生，且不影响肉仔鸡的上市。

④肉鸡猝死症。肉鸡猝死症症状表现为肉鸡群中某些增重快、体重大、外观健康的鸡突然狂叫，仰卧倒地死亡。剖解常发现肺肿、心脏扩大、胆囊缩小。导致肉鸡猝死症的病因不详。一般建议：饲料中适当加喂多维；加强通风换气；防止密度过大；避免突然的应激。

（8）肉仔鸡的出栏。肉仔鸡体重大、骨质相对脆嫩，在转群和出场过程中，抓鸡装运非常容易发生腿脚和翅膀断裂损伤的情况，据调查，肉鸡屠体等级下降有 50% 左右是由碰伤造成的，而 80% 的碰伤发生在出场前后。因此，肉鸡出场时尽可能防止碰伤，对保证肉鸡的商品合格率是非常重要的。肉仔鸡出栏的具体做法如下：

①停料：出场前 4～6 h 使鸡吃光饲料，吊起或移出饲槽及一切用具，饮水器在抓鸡前撤除。

②减少应激：尽量在弱光下进行，如夜晚抓鸡；舍内安装蓝色或红色灯泡，减少骚动。

③抓鸡方法要得当：用围栏圈鸡捕捉，抓鸡、入笼、装车、卸车、放鸡应尽量轻放，防止甩扔动作，每笼不能装得过多，否则会造成不应该的伤亡。抓鸡最好抓双腿，最好能请抓鸡队协助。

④缩短候宰时间：尽可能缩短抓鸡、装运和在屠宰厂候宰的时间。肉鸡屠前停食8 h，以排空肠道，防止粪便污染屠宰场。但停食时间越长，掉膘率越大。据有关资料，停食20 h比停食8 h掉膘率高3%～4%，处理得当掉膘率为1%～3%。

（二）快大型肉用种鸡生产

快大型肉用种鸡具有与肉鸡相似的遗传特性，胸肉比例高、生长速度快及饲料转化率高。肉鸡性状的改进对种鸡生产性能的影响如产蛋率、受精率、死淘率、抗应激能力、饲养环境条件和管理等提出了更高的要求。因此，应根据肉种鸡的生长发育特点，在饲养过程中尽量避免各种应激因素，提供良好的饲养环境，通过精确的料量控制和严格的限制饲养控制种鸡体重，正确管理好种鸡的各个饲养管理阶段，尽可能生产出最多、高质量的商品代肉鸡苗。饲养肉用种鸡的目的是获得受精率高、孵化率高的种蛋，生产可能多的健壮、优质和肉用性能好的肉用仔鸡。

1. 饲养方式

肉用种鸡的生产周期比较长，育成期为20周左右，繁殖期通常为40周，要求每只肉用种母鸡能繁殖尽可能多的健壮且肉用性能优良的肉用仔鸡。目前普遍采用网上平养、2/3棚架饲养和笼养三种方式。

2. 限制饲养

限制饲养的方法要依具体情况灵活掌握，不能生搬硬套，限饲时间一般从3～4周龄开始，开始时饲喂次数要由多次逐渐过渡到1次，不能过急，但也不能拖的时间太长，一般在1～2周内完成。

（1）每天限饲法。每天按本周体重增长所需1 d的饲料量一次性给料，每天限定的料量为自由采食量的90%左右。此法对鸡应激较小，限饲程度轻，适用于雏鸡转入育成期前2～4周（即3～5周龄）和育成鸡转入产蛋舍前3～4周（即20～24周龄）。

（2）隔日限饲法。在饲喂全价配合饲料的基础上，将2 d的限喂料量一天喂完，另一天不给料只给饮水。此法对鸡的应激性比较大，适于生长速度最快、体重难以控制的阶段，如4～8周龄。另外，体重超标的鸡群也可采用此法，但2 d的饲料量总和不要超过产蛋高峰期的用料量，如果超出应改用其他限饲方法。

（3）3/4限饲法。在每周内给料4 d，停料3 d（间隔停料），饲料量为本周体重增长所需总饲料量的1/4，在喂饲日一次性投给。适用于9～13周龄的鸡群。此法较隔日限饲法限饲强度稍轻些。

（4）2/5限饲法。在每周内给料5 d，停料2 d（间隔停料），饲料量为本周体重增长所需总饲料量的1/5，在喂饲日一次性投给，另外2 d不喂料只饮水。此法适用于14～18周龄的鸡群。此法限饲强度较小，适合生长速度较快或体重没有达到标准的鸡群或受应激影响较大，承受不了较强程度限饲的鸡群。

3. 育雏期的饲养管理

（1）育雏前的准备工作。

①鸡舍准备。提前制订合理的育雏计划，鸡场空舍期要进行清理冲刷。鸡群周转必须实行"全进全出"制，以实现防病和净化的要求。当上一批育雏结束转群后，应对鸡舍和设备进行彻底的检修、清洗和消毒。消毒工作结束后铺上垫料，重新装好设备，进鸡前锁好鸡舍（或场区），空闲隔离至少3周，待用。

②设备用具准备。根据生产计划、饲养管理方式及雏鸡适宜的饲养密度，准备足够的饲喂和饮水设备。为每500只1日龄雏鸡准备一台电热育雏伞。准备好接雏工具，如计数器、记录本、剪刀、电子秤、记号笔。准备好免疫工具、消毒用具、断喙用具等。

③其他准备。饲养人员在育雏前1周上岗，最好能选用有经验和责任心强的人员，必须进行岗前培训；育雏前1d准备好饲料和药品（消毒药物、生物制品、抗菌药物和营养剂等）。

④升温。提前开动加温设备进行升温，育雏前2～3d使温度达到育雏温度要求，稳定后进雏。

（2）接雏。引进种鸡时要求雏鸡来自相同日龄种鸡群，并要求种鸡群健康，不携带垂直传播的支原体、白痢、副伤寒、伤寒、白血病等疾病。出雏后尽快入舍，最理想的是出雏后6～12h将雏鸡放于鸡舍育雏伞下。将雏鸡小心从运雏车上卸下并及时运进育雏舍，检点鸡数，随机抽两盒鸡称重，掌握1日龄平均体重。公雏出壳后在孵化厅还要进行剪冠、断趾处理。

（3）育雏期管理。

①温湿度。雏鸡入舍前对鸡舍提前预温，正常气候预温24h，温度较低季节预温48h，寒冷冬季预温72h，使鸡舍温度和相对湿度保持稳定，垫料温度达到28～30℃，鸡背高的温度达到30℃以上，相对湿度60%～70%。肉用型种用雏鸡育雏期的温度与湿度见表3-24。

表3-24　肉用型种用雏鸡育雏期的温度与湿度

日龄/d	0～4	5～8	9～12	13～15	16～18	19～21
温度/℃	32～35	27～32	25～30	24～26	22～24	20～22
相对湿度	65%～70%	55%～65%	40%～50%	40%～50%	40%～50%	40%～50%

开始育雏时保温伞边缘离地面5cm处（鸡背高度）的温度以32～35℃为宜。育雏温度每周降低2～3℃，直至保持在20～22℃为止。

前7d雏鸡所感受的相对湿度应达到70%左右，可以采取在舍内火炉上放置水壶、在舍内喷热水等方法提高湿度；8～20d，相对湿度降到65%左右；20日龄以后，由于雏鸡采食量、饮水量、排泄量增加，育雏舍易潮湿，所以要加强通风，更换潮湿的垫料和清理粪便，以保证舍内相对湿度在 50% ～ 60% 为宜。

育雏人员每天必须认真检查和记录育雏温度，根据季节和雏鸡表现灵活调整育雏条件和温度。

②通风。通风换气不仅能提供鸡生长所需的氧气，调节鸡舍内温、湿度，更重要的是排除舍内的有害气体、羽毛屑、微生物、灰尘，改善舍内环境。

鸡舍内的二氧化碳浓度不应超过 0.5%，氨气浓度不应高于 0.002%，否则鸡的抗病力降低，性成熟延迟。通风换气量除考虑雏鸡的日龄、体重外，还应随季节、温度的变化而调整。育雏前期鸡的个体较小，鸡舍内灰尘和有害气体相对较少，所以通风显得不是十分重要，随着鸡只生长应逐渐加大通风量。

③饲养密度。雏鸡入舍时，饲养密度大约为 20 只/m²，之后，饲养面积应逐渐扩大，28 日龄（4 周龄）到 140 日龄，每平方米的饲养密度，母鸡 6 ～ 7 只，公鸡 3 ～ 4 只。同时保证充足的采食和饮水空间。

④光照管理。在育雏期前 24 ～ 48 h，应根据雏鸡行为和状况为其提供连续照明。此后，光照时间和光照强度应加以控制。育雏初期，舍内唯一且必要的光照来源应为每 1 000 只雏鸡提供直径范围为 4 ～ 5m 的灯光照明。该灯光强度要明亮，至少达到 80 ～ 100 lx。鸡舍其他区域的光线可以较暗或昏暗。鸡舍给予光照的范围应根据鸡群扩栏的面积而相应改变。

⑤饮水管理。雏鸡入舍前，要检查整个饮水系统以确保正常工作，并进行水的卫生检测，保证饮水干净。雏鸡到育雏舍后先饮水 2 ～ 3 h，然后再喂料。为缓解路途疲劳和减弱应激，可以在饮水中加葡萄糖和一些多维、电解质以及预防量的抗生素。

育雏期鸡舍温度较高，并且饮水中添加了葡萄糖、多维等营养物质，这些条件正适宜细菌、病毒的生长繁殖，所以饮水系统的消毒和饮水的及时更换直接关系到雏鸡的健康。配置含有机物溶质的饮水给予雏鸡饮用后，要立刻冲洗水线，且保证饮用时间根据溶质不同一般在 2 ～ 4 h 内饮用完成，然后立即清洗水线更换清水饮用，防止滋生细菌。

⑥开食管理。雏鸡入舍饮水后 4 h，检查鸡群饮水比例超过 70% 方可开食。开食要求使用开食盘勤添少加避免撒漏及粪便污染，两天后逐渐增加料筒过渡，饲料选择育雏前期小破碎料，一周后换成中破碎育雏料，饲料选择满足所养品种营养需求。第 3 周开始限量饲喂，要求第 4 周末体重达 420 ～ 450 g。公鸡前 4 周自由采食，采食量越多越好，让骨骼充分发育。对种公鸡来说前 4 周的饲养相当关键，其好坏直接关系到公鸡成熟后的体型和繁殖性能。

鉴于实际生产经验，育雏期要监测雏鸡采食行为。雏鸡嗉囊充满度是雏鸡采食行为最好的指征。入舍后 24 h 80% 以上雏鸡的嗉囊应充满饲料，入舍后 48 h 95% 以上雏鸡的嗉囊应充满饲料。良好的嗉囊充满度可以保持鸡群的体重均匀度并达到或超过 7 日龄的体重标准。如果达不到上述嗉囊充满度的水平，说明某些因素妨碍了雏鸡采食，应采取必要的措施。

如事实证明雏鸡难以达到体重标准，该日龄阶段的光照时间应有所延长。达不到体重标准的鸡群每周应称重两次，观察鸡群生长的效果。为保证雏鸡分布均匀，要确保光照强度均匀一致。

在公母分开的情况下把整栋鸡舍分成若干个小圈，每圈饲养 500 ～ 1 000 只。此模式的优点是能够控制好育雏期体重和生长发育均匀度，便于管理和提高成活率。

⑦垫料管理。肉种鸡地面育雏要注意垫草管理。要选择吸水性能好、稀释粪便性能好、松软的垫料，如麦秸、稻壳、木刨花。其中，软木刨花为优质垫料。麦秸、稻壳 1 : 3 比例垫料效果也不错。垫料可根据当地资源灵活选用。育雏期因为鸡舍温度较高，所以垫料比较干燥，可以适当喷水提高鸡舍湿度，有利于预防呼吸道疾病。

⑧断喙。对种公鸡和种母鸡实施断喙的目的是减少饲料浪费和啄伤的发生，全世界种鸡不实施断喙的趋势正在上升，许多未断喙的鸡群生产性能表现甚好，尤其是遮黑条件下或半遮黑条件下育雏育成的鸡群。

红外线断喙技术的出现使鸡只喙尖部在喙部组织不受任何剪切的条件下得到处理。由于没有任何外伤，则没有细菌感染的突破口并可大大减少对雏鸡的应激。

如不采用红外线断喙方法，则必须由训练有素的工作人员，使用正确的设备（专用断喙器）实施断喙。建议断喙在种鸡 6 ～ 7 日龄时进行，因为这个时间断喙可以做得最为精确。理想的断喙就是要一步到位将鸡只上、下喙部一次烧灼，尽可能去除较少量的喙部，减轻雏鸡当时以及未来的应激。断喙时有必要实施垂直断喙，避免后期喙部生长不协调或产生畸形。

断喙的正确操作方法是拇指置于雏鸡头部后方，食指置于喉部下方，把持雏鸡头部使之稍向后倾斜，再将其喙部插入断喙孔内，然后轻压喉部使舌头后缩，切下喙部后应保持伤口在刀片上烧灼 2 s 以利止血。值得注意的是，烧灼时间如过长将给鸡带来较强的应激，而烧灼时间过短则其喙部有再生的可能。为保证切喙彻底，必须经常更换刀片，同时操作时必须保持高度注意力。断喙操作准确比快速更重要。如操作正确将去除上喙的一半（即从喙尖至鼻孔前缘距离的1/2），剩余的喙部将约为 2 mm（从鼻孔前缘计）。断喙后数天内要在喂料器中多撒些饲料以减少应激。断喙前后于饮水中添加复合维生素和维生素 K 可起到减少应激和防止出血的功效。

⑨日常管理。注意观察雏鸡：观察环境温度、湿度、通风、光照等条件是否适宜；观察鸡群的精神状态、采食饮水情况、粪便和行为表现，掌握鸡群的健康状况和有否异常。

搞好卫生管理：每天清理清扫鸡舍，保持鸡舍清洁卫生；按照消毒程序严格消毒。做好生产记录。

4. 育成期（5 ～ 24 周）饲养管理

（1）育成前期。育成前期通过调整各栏的喂料量，合理控制各栏鸡群的体重增长，使鸡群获得均匀的骨架发育。公鸡早期的生长发育对于将来的受精率非常重要，12 周之前，公鸡 95% 的骨架几乎已发育完成，12 周公鸡体重小，腿就短，将来的腿也短。

分群时间很重要，正常情况下在 3 ～ 4 周、6 ～ 8 周及 10 ～ 12 周分群 3 次。分群后，重新制订体重生长曲线，控制好鸡群的体重，以确保鸡群在 7 周达到标准；8 周后必须每周增加一定的料量，稳定鸡群的饲养数量，达到正确的周增重。育成前期公母鸡体型配比的好坏对受精率会产生重要的影响，因此，应确保体型配比合乎标准要求。

（2）育成中期。育成中期保持正确的周增重，增加饲料量刺激生长，10 周龄时应重新审核鸡群的体重并与标准体重比较，制订平行于标准体重的生长曲线；15 周龄时再次审核鸡群体重，必要时重新制订新的体重生长曲线。保证饲料均匀分配、料位充足，维持好均匀度。10～15 周期间应制订一个体重调整计划，尽可能使体重在 15 周之前调整完成；15 周以后鸡群开始性成熟发育，调整体重比较困难。

（3）育成后期。育成后期确保提供适当的饲喂量，确保群内鸡只均衡的周增重、总增重。如果周增重不够，将会影响产蛋高峰；如果周增重及总增重过度，则会影响产蛋。维持均匀度的持续稳定，在 16～23 周每周称重时，通过目测和触摸对鸡只的胸部、翅部、耻骨和腹部脂肪等进行监测观察，确保丰满度发育适宜。确保公母分群饲养，防止公、母鸡相互偷吃料，公母鸡使用不同的饲喂器饲喂，料槽或料桶高度适当，确保每只鸡吃料均匀。

适时进行公母混群，18～21 周对公鸡进行选种，淘汰鉴别不合格公鸡；21～24 周根据鸡群的性成熟情况进行公母混群。未成熟的公鸡不应与母鸡混群。如公鸡性成熟早于母鸡，应分步混群，2～3 周后达到所要求的公母比例，公母比例应适宜，过大、过小均影响种蛋受精率和孵化率。

育成期保持恒定的光照时间 8 h，开产前增加光照时，每周光照时间增加不宜过快，应逐渐增加至每天光照时间达 16 h。

5. 开产前的管理

产蛋前期即 18～24 周龄光照刺激期，这一阶段是生殖系统迅速发育并逐渐成熟时期，一切工作都是给予最大刺激，促进适合其发育与成熟。

（1）光照刺激。按光照计划在 0 周龄中增加光照强度和长度。在加强光照前应把母鸡体重不是 2.05 kg（公鸡体重 2.8 kg）以下的鸡挑出来，单独放在一个舍内，保持 10 lx 的光照。当体重达到要求标准时再增却光照强度。

（2）饲料的转换与饲喂。21 周龄时改为每天限饲，减轻限料对机体的刺激，促进生殖系统的发育。22 周龄时改为产蛋前期料或产蛋料，换料用 3 d 换完（1/3，2/2，3/1）。23 周龄时增加多种维生素和微量元素给量，有利于以后产蛋。

（3）通风换气。开产前期乃至整个产蛋期都要进行良好的通风换气。生殖系统迅速发育需要空气含有足够的氧气量，舍内通风好，则舍内氧气浓度高，二氧化碳浓度及其他有害气体的含量低。舍内通风良好，鸡的活动加强，体内代谢旺盛，有利于生殖系统的发育。

（4）产蛋箱的管理。放置产蛋箱的时间是在光刺激之前。肉种鸡饲养到 18～19 周龄时，要将已消毒过的产蛋箱抬入鸡舍。

抬入或放产蛋箱时舍内要暗光，除 1 ～ 2 个灯泡正常照明外，其他的灯泡均关闭可减少鸡群应激。

放产蛋箱同时也放置底板和垫料。

在诱导母鸡进入产蛋箱的训练时，饲养员先在产蛋箱内放入母鸡，关上产蛋箱并让别的母鸡看到；也可将塑料材质的白色蛋形物放在窝内引诱母鸡进产蛋箱，定期打开或关闭产蛋箱。

（5）垫料。进行光刺激后，鸡群活动增加，垫料减厚速度快，应在 21 周龄末以前补足，同时要每天翻垫料一次。

6. 产蛋期的管理

（1）产蛋前期（18 ～ 21 周龄）的饲养管理。

转群：各系分群，公母分群，在 18 周龄时完成，在转群前 2 ～ 3 d 和入舍后 3 d 内，饲料中增加多种维生素和抗生素，转群前 6 h 应停料。转群最好在晚间进行，尽量降低照度，以免惊吓鸡群。

公母比率：自交 1 : 10，人工授精 1 : （25 ～ 30）。

饲喂方法：采用产蛋前期配合饲料，自由采食，补充贝壳粉和粗钙粉等补钙饲料。

准备产蛋箱：在开产前的第 3 ～ 4 周，提前安置好产蛋箱和训练母鸡进入产蛋箱产蛋。产蛋箱要放在光线较暗且通风良好、比较僻静的地方。垫料要松软、干净。

产蛋前期和产蛋高峰期自由采食，饲料为 1/3 槽高。

（2）产蛋高峰期（22 ～ 48 周龄）的饲养管理。

①饲喂方法。产蛋高峰期采用自由采食，保证饲料的全价营养。料槽添料量应为 1/3 槽高，添料过满会造成饲料抛撒。

②饲养密度。全地面垫料平养为 4 ～ 5 只 /m²，网上平养为 5 ～ 6 只 /m²，立体笼养为 8 ～ 12 只 /m²。

③增加光照。从 18 周龄开始，每周增加光照 0.5 ～ 1 h，到产蛋高峰时达每天 16 h。

④种蛋收集。自然交配种鸡群周龄达到 25 周龄、母鸡产蛋率达到 30% 时就可以收集种蛋，种蛋合格率可能较低，蛋重小。人工授精的种鸡产蛋率达到 50% 时就可以进行人工授精，输精时不要强行翻肛输精，以免造成对输卵管的伤害。

肉鸡种蛋的蛋重要求范围比蛋鸡大，一般 50 g 以上、68 g 以下都可以孵化。

（3）产蛋后期（49 周龄至淘汰）的饲养管理。

①饲养方法。当鸡群产蛋率下降至 80% 时，应开始逐渐减少饲料量并适当增加饲料中钙和维生素 D 的含量，添加 0.1% ～ 0.15% 的氯化胆碱。每次饲料减少量每 100 只不超过 230 g，以后产蛋量每减少 4% ～ 5% 时，必须调整一次饲料量，从产蛋高峰到结束，每 100 只鸡饲料量大约减少 1.36 kg。

②及时淘汰低产鸡。

三、优质肉鸡生产技术

优质肉鸡是指具有中国地方品种鸡的特色，其口味、口感、滋味上乘，羽色、肤色各异，以地方鸡血缘为主，肉蛋品质优良，具有当地居民所崇尚的口味、外观，适合中国传统加工工艺。优质肉鸡生产是我国肉鸡生产的一大特色。我国香港、广东是最早发展优质肉鸡的地区，主要以黄羽肉鸡生产为主，并形成了完善的生产体系和鸡种类型。四川优质肉鸡生产占较大比例，以地方品种为主，利用林地、果园、草场及荒山荒坡等自然生态资源以放牧的方式进行肉鸡生产，通称"放养鸡"。土鸡放养，可减少养殖期饲喂量，节省大量粮食；有效清除果园害虫和杂草，达到生物除害的功效；增强鸡只机体的抵抗力、激活免疫调节机制，得病少，节约预防性用药的资金投入；大幅度提高禽肉、禽蛋的品质，生产出特别受消费者欢迎的绿色产品。目前，放养鸡产业在四川和我国多数省区广大农村地区已具有相当的规模，放养鸡产品已拥有稳定的消费群体和消费市场。放养鸡生产作为传统畜牧业向现代畜牧业的一种过渡养殖方式。由于其经济效益明显高于快大型白羽肉鸡，值得在有条件的地方推广。

（一）场址建设

放养鸡生产，既要建设鸡舍，又要有适宜鸡放牧的场地。养殖场区应选择在地势高、背风向阳、环境安静、水源充足卫生、排水和供电方便的地方，且有适宜放养的林带、果园、草场、荒山荒坡或其他经济林地，满足卫生防疫要求。场区距离干线公路、村镇居民集中居住点、生活饮用水源地 500 m 以上，与其他畜禽养殖场及屠宰场距离 1 km 以上，周围 3 km 内无污染源。

场区布局应科学、合理、实用，节约土地，鸡场可分成生产区和隔离区，规模较大的鸡场可设管理区，各功能区应界限分明。生产区主要包括育雏舍和放养鸡舍，育雏场应与放养区严格分开，生产区设大门、消毒池和更衣消毒室。放养区四周设围栏，围网使用铁丝网或尼龙网，高度一般为 2.0 m。隔离区设在场区下风向处及地势较低处，主要包括兽医室、隔离鸡舍等。为防止相互污染，与外界接触要有专门的道路相通。管理区应设在场区常年主导风向上风处，主要包括办公设施及与外界接触密切的生产辅助设施，设主大门，并设消毒池和更衣消毒室。场区内设净道和脏道，脏道与后门相连，两者严格分开，不得交叉、混用。

（二）鸡舍类型

适用于优质肉鸡生产的鸡舍主要有开放式鸡舍和环境控制鸡舍两大类。

1. 开放式鸡舍

开放式鸡舍即放养鸡舍，放养鸡舍分为固定式鸡舍和移动式鸡舍两种。

（1）固定式鸡舍：固定式鸡舍要求防暑保温，背风向阳，光照充足，布列均匀，便于卫生防疫，面积按 12 只 /m² 鸡修建，内设栖息架，舍内及周围放置足够的喂料和饮水设备，使用料槽和水槽时，每只鸡的料位为 10 cm，水位为 5 cm；也可按照每 30 只鸡配置 1 个直径 30 cm 的料桶，每 50 只鸡配置 1 个直径为 20 cm 的饮水器。

（2）移动式鸡舍：移动式鸡舍要求能挡风，不漏雨、不积水即可，材料、形式和规格因地制宜，不拘一格，但需避风、向阳、防水、地势较高，面积按每平方米养 12 只鸡搭建，每个鸡舍的大小以容纳成年鸡 100～150 只为宜，多点设棚，内设栖息架，鸡舍周围放置足够的喂料和饮水设备，其配置情况与固定式鸡舍相同。

2. 环境控制鸡舍

环境控制鸡舍应有专用笼具、专用消毒设备，并配备取暖、通风、光照及防鼠等设施。育雏舍设备根据具体的育雏方式进行配置。

（三）标准及选种

优质肉鸡按其质量分为优质肉鸡和半优鸡；按其生长速度分为快速型、中速型和优质型三种类型；根据羽色分为三黄鸡类、麻鸡类、乌鸡类。

按照《中华人民共和国畜牧法》规定，用于商品肉鸡养殖的鸡种，必须是经国家畜禽遗传资源委员会审定的肉鸡新品种（配套系），或经该委员会鉴定的地方遗传资源（地方品种），或国家批准引进的国外优良品种（配套系）。此外，业已完成培育但还未经审定的新品种（配套系），可在省级畜牧管理部门指定的区域进行试生产。

放养鸡生产所用的品种，要针对消费市场的需要。由于放养方式养殖的肉鸡在市场上多被冠以"土鸡"称号，国外引进鸡种一般不适用于放养鸡生产。可选用以我国地方鸡种为育种素材，由国内育种机构培育且经国家畜禽遗传资源委员会审定的优质肉鸡配套系。这类育成的优质肉鸡配套系，既保持了地方鸡种的肉质风味和外貌特征，又大幅度提高了生长速度和饲料报酬，而且体重整齐一致。

商品代雏鸡应来自具有《种畜禽生产经营许可证》和《动物防疫合格证》的健康无污染的父母代种鸡场，经过产地检疫，持有有效检疫合格证明，符合畜禽产地检疫规范的标准要求。

（四）饲喂方式

优质肉鸡的饲喂采用育雏和育肥两个阶段。

（1）育雏阶段：采用舍内育雏，雏鸡阶段饲喂方式和肉仔鸡相同。

（2）育肥阶段：采用自然放养加合理补料的方式。国内的优质鸡生产，多采用地面散养或放养，即采用圈养，每只鸡所占的空间面积比一般工厂化、集约化饲养的良种鸡所占面积大。雏鸡在舍内育雏 4 周后，可选择晴天开始室外放养。放养时间由最初的 2～4 h，逐渐延长到 6～8 h；放养距离由最初的鸡舍周围逐渐扩大放养范围。夏天 4 周龄、春秋 5 周龄、冬天 6 周龄即可转入舍外放养饲养。通过放养加补饲的饲养方式，鸡只既可以采食自然界的虫、草、脱落的籽实或粮食，节省一些饲料；又可增强运动，增强体质，鸡肉结实。

（五）管理要点

1. 消毒

进雏鸡之前消毒很关键，一般常用的是甲醛、高锰酸钾密闭熏蒸，消毒舍最少需封闭 24 h 以上，如不急于进雏，则可以在进雏前 3～4 d 打开门窗通气，在进雏前 1～2 d 再用消毒液对鸡舍喷洒一次，常用消毒剂有过氧乙酸、漂白粉或聚维酮碘，可轮换使用消毒剂。

2. 运输

运输途中一定要注意温度的保持，尽量避免长途运输，有的雏鸡由于运输途中气温低加上运输路途遥远，造成卵黄吸收不好，大肠杆菌或沙门氏菌滋生，对雏鸡以后的生长发育很不利。

3. 饮水

遵循先饮水、后开食的原则，进雏第一天首先保持雏鸡充足的饮水，可在饮水中添加优质电解多维和蔗糖，有利于其体力的恢复和生长，前 7 d 最好在饮水中添加超浓缩鱼肝油，利于雏鸡卵黄的吸收。水温与室温保持一致，必须有足够的饮水空间，饮水器按照每只鸡 3 cm 水位配置，饮水要清洁卫生、新鲜，饮水器要经常清洗消毒，防止粪便污染。在饲养期内的各个阶段，使饮水器尽量均匀分布在鸡活动的范围内。饮水器与鸡背同高为宜，饮水器的高度要随雏鸡日龄增长及时调整。

4. 进食

给雏鸡开食，开食的饲料要求新鲜、颗粒大小适中，易于啄食，营养丰富，容易消化。当鸡群有 1/3 鸡只有啄食行为时，即可开食。开食最好在白天，可将饲料撒在干净的报纸、塑料布或者开食盘上，用手敲打，让饲料粒跳动，引逗开食。每次饲喂时间为 30 min 左右，为减少饲料浪费，要勤撒、少撒。以后每隔 2 h 喂一次。自 3～5 日龄起，应逐渐加设料桶，少喂勤添，6～8 日后全改用料桶。整个生长过程均采取敞开饲喂、自由采食。注意随时清理料盘中的粪便和垫料，以免影响鸡的采食及健康。

育雏期（0 日龄～4 周龄）建议饲喂全价配合饲料，雏鸡日粮营养水平见表 3-25。

表3-25 育雏期雏鸡日粮营养水平

营养指标	含量
代谢能/（MJ·kg^{-1}）	12.12
粗蛋白质/%	21.00
赖氨酸/%	1.05
含硫氨基酸/%	0.46
钙/%	1.00
非植酸磷/%	0.45

5. 温度

1周龄时育雏室温度以 32 ～ 35 ℃为宜，随着鸡龄的增长，温度应逐渐降低，通常每周降 2 ～ 3 ℃，到 5 周龄时降到 21 ～ 23 ℃，到 6 周龄时降至 18 ～ 21 ℃或与室外温度一致；以后一直保持恒温不变，温度应平稳过渡。夜间气温低，应使舍内温度保持与日间一致。雏鸡各阶段的适宜温度见表 3-26。

表3-26　雏鸡各阶段的适宜温度

阶段	1～3日龄	2周龄	3周龄	4周龄	5周龄	6周龄
适宜温度/℃	35～33	30～28	28～26	26～24	24～21	21～18

6. 湿度

1周龄育雏室应保持 65% ～ 75% 的湿度。8 ～ 10 日龄为 60% ～ 65%；15 ～ 28 日龄为 55% ～ 60%；28 日龄后稳定在 55% 左右。养殖后期要加强通风、适当增温，及时清理粪便、灵活更换垫料。

7. 光照

开始采用人工补充光照。密闭式鸡舍 1 ～ 3 日龄 24 h 光照，以后每天为 23 ～ 20 h，光照强度在育雏初期时强一些，以后逐渐降低。避免在突然停电情况下，雏鸡惊群。光照强度不可过大，否则会引起啄癖。开放式鸡舍白天应采取限制部分自然光照，这可通过遮盖部分窗户来达到此目的。随着鸡的日龄增大，光照强度则由强变弱。1 ～ 2 周龄时，每平方米应有 2.4 ～ 3.2 W 的光照度（灯距离地面 2 m）；从 3 周龄开始，改用每平方米 0.8 ～ 1.3 W；4 周龄后，弱光可使鸡群安静，有利于它们的生长。

8. 密度

密度依据周龄和饲养方式而定。笼养：1 日龄～ 3 周龄密度为 30 ～ 50 只 /m²，4 ～ 6 周龄密度为 15 ～ 25 只 /m²。平养：1 日龄～ 3 周龄密度为 20 ～ 35 只 /m²，4 ～ 6 周龄为 10 ～ 20 只 /m²。

9. 断喙

对于生长速度比较慢的肉鸡，由于生长期比较长，为了防止啄癖发生和减少饲料的浪费，需要进行断喙处理。

断喙部位一般上喙 1/2、下喙 1/3，使下喙比上喙长或者上下一样长。

断喙时，左手握住雏鸡的脚使其固定，右手的拇指和食指按住鸡头，即拇指往下按住鸡头，食指把雏鸡的舌头往后抵住，使其在断喙时不损伤雏鸡舌头。断喙时，使鸡头部略朝下，否则上下喙不齐。

断喙前 1 d 在饮水中加入复合维生素以减少应激。断完喙后先补充含有维生素 K_3 的饮水 3 ～ 4 h 后再喂料，同时应多加饲料，防止采食时喙碰到料盘底部致疼痛不适而引起采食下降。

（六）放养管理

1. 准备工作

放养鸡群的运动场应与鸡舍相衔接，在场地内搭建遮阳棚等设施，白天放出鸡群，傍晚鸡群归舍。在放养前充分检查场地内外是否存有漏洞及其他动物生存，若有及时补漏驱赶或杀灭有害动物，同时应减少老鼠药的使用避免造成公共危害。

对拟放养的鸡群进行筛选，淘汰病弱、残肢的个体。同时，还要准备饲槽、饲料和饮水器。

雏鸡在育雏期即进行调教训练，育雏期在投料时以口哨声或敲击声进行适应性训练。放养开始时强化调教训练，在放养初期，饲养员边吹哨或敲盆边抛撒饲料，让鸡跟随采食；傍晚，再采用相同的方法进行归巢训练，使鸡产生条件反射形成习惯性行为，通过适应性锻炼，让鸡群适应环境，而放养时间应根据鸡对放养环境的适应情况逐渐延长。

2. 放养时间

雏鸡脱温后，一般要4周龄之后，白天气温不低于15 ℃时开始放养，气温低的季节，40 ～ 50日龄开始放养。

3. 放养密度

坚持"宜稀不宜密"的原则。根据林地、果园、草场、农田等不同饲养环境条件，其放养的适宜规模和密度也有所不同。各种类型的放养场地均应采用全进全出制，一般一年饲养2批次，根据土壤畜禽粪尿（氮元素）承载能力及生态平衡，在不施加化肥的情况下，不同放养场地养殖密度应适宜。不同放养场地的承载能力、年饲养批次、饲养密度见表3-27。

表3-27　不同放养场地的承载能力、年饲养批次、饲养密度

放养场地类型	承载能力/（只·（亩[①]·年）⁻¹）	年饲养批次/批	饲养密度/（只·亩⁻¹）
阔叶林	134	2	≤67
针叶林	60	2	≤30
竹林	130	2	≤65
果园	88	2	≤44
草地	50	2	≤25
山坡、灌木丛	80	2	≤40
注：① 1亩约合667平方米。			

4. 公母分群

公鸡争斗性较强，饲料效率高，竞食能力强，体重增加快；而母鸡沉积脂肪能力强，饲料效率差，体重增加慢。公母分群饲养，各自在适当的日龄上市，有利于提高成活率与

群体整齐度。

5. 供水

放养鸡的活动空间大，必须在鸡活动范围内保证充足、卫生的水源供给，尤其是夏季更应如此，避免鸡群饮用自然水源，同时在冬天饮水要进行防冻处理。采用饮水器按照每50只鸡配置1个（直径20 cm）；若使用水槽，每只鸡水位为3～5 cm。

6. 喂料

鸡野外自由觅食的自然营养物质，远远不能满足鸡生长的需要。应根据鸡的日龄、生长发育、林地草地类型、天气情况决定人工喂料次数、时间、营养及喂料量。放养早期多采用营养全面的饲料，以保障鸡群的健康生长。

喂料应定时定量，不可随意改动，这样可增强鸡的条件反射，夏秋季可以少喂，春冬季可多喂一些，每天早晨、傍晚各喂料1次；喂料量随着鸡龄增加，具体为：5～8周龄，每天每只喂料50～70 g；9～14周龄，每天每只喂料70～100 g；15周龄至上市每天每只喂料100～150 g。

放养鸡各阶段营养需要量见表3-28。

表3-28　放养鸡各阶段参考营养需要量

营养指标	5～8周龄	8周龄以上
代谢能/（MJ·kg^{-1}）	12.54	12.96
粗蛋白质/%	19.00	16.00
赖氨酸/%	0.98	0.85
蛋氨酸/%	0.40	0.32
钙/%	0.90	0.80
有效磷/%	0.40	0.35

为了使鸡生长的遗传潜力得到最大限度发挥，应使用优质安全的全价配合饲料。但在一些地区，由于市场接受上市体重较大的鸡，需要延长鸡的生长期，这种情况下若全程使用全价配合饲料，则不一定是最经济的，因此可以在配合饲料基础上搭配使用能量饲料。5～8周龄：建议使用中鸡全价配合饲料；9～14周龄：建议使用大鸡全价配合饲料加20%左右的能量饲料，如玉米；15周龄至上市，建议使用大鸡全价配合饲料加40%左右的能量饲料，能量饲料添加的比例随周龄增加。

饲料存放在干燥的专用存储房内，存放时间不超过15 d，严禁饲喂发霉、变质和被污染的饲料。

7. 严防中毒

果园内放养时，果园喷过杀虫药和施用过化肥后，需间隔7 d以上才可放养，雨天可停5 d左右。刚放养时最好用尼龙网或竹篱笆圈定放养范围，以防鸡到处乱窜，采食到喷过杀虫药的果叶和被污染的青草等，鸡场应常备解磷定、阿托品等解毒药物，以防不测。

8. 适时上市

根据养殖品种饲料报酬制订上市时间不宜过度饲养，中速优质鸡一般在 70 ～ 90 日龄，慢速优质鸡一般在 90 ～ 120 日龄上市，公鸡可提前出栏。但主要根据市场行情及售价，适当缩短或者延长上市时间以获得最大的收益或最少损失。

📺 知识链接与课堂讨论

知识链接：

肉鸡联盟企业承诺减用抗生素：包括肯德基的母公司百胜在内的中国畜牧业协会白羽肉鸡联盟 36 家成员单位，日前在农业农村部、商务部、国家市场监督管理总局、国家食药监总局负责人的见证下承诺，通过行业约束让消费者吃上安全鸡、放心鸡。

《白羽肉鸡联盟食品安全目标承诺》中包括食品安全、动物福利、环境保护、从业人员劳动保护四个方面。联盟企业承诺健全完整的质量管理体系和产品可追溯体系，保证生产环节副产品及病死鸡不流入市场；绝不违规添加和使用违禁抗生素及添加剂，通过科学管理降低和减少使用抗生素用量，保证产品达到或优于国家标准。

据统计，中国是仅次于美国的世界第二大肉鸡生产国，年产包括鸡肉、鸭肉在内的禽肉 1 500 万吨左右，约占我国肉类生产总量的 20%。而首农股份、大成食品等中国白羽肉鸡联盟企业鸡肉产量则占到了全国总产量的 50%。

中国白羽肉鸡联盟负责人李景辉表示，白羽肉鸡产业"易受伤"，且正处于有史以来持续时间最长的低谷期，整个产业亏损巨大。"造成这样的局面，既有行业自身产能过剩的原因，也有负面影响导致消费低迷的问题。"对外经贸大学中国开放经济研究院院长夏友富表示，养鸡巨头们的承诺对保证食品安全具有重要意义，对产业的良性发展具有重大作用。（新闻来源：中国畜牧业信息网）

课堂讨论： 根据材料讨论：世界卫生组织已将"抗生素耐药性"称为对公众健康的最显著全球性威胁之一，请谈谈你对抗生素的认识。

🧰 工作手册

快大型肉仔鸡饲养管理手册

工作任务	工作流程	工作内容	注意事项
任务一：鸡舍的准备	1. 清扫	上批出栏后，对鸡粪、垫料、顶棚、设备进行清洗，无灰尘、粪便、垫料、饲料、羽毛，并将处理物进行无害化处理	为防止病原体扩散，应适当喷洒消毒药
	2. 水洗	用高压水枪进行全面冲洗，硬毛刷子刷洗，鸡舍彻底清扫后，进行水洗	若鸡舍排水不畅，可清扫时直接使用消毒药消毒

工作任务	工作流程	工作内容	注意事项
任务一：鸡舍的准备	3.干燥	在水洗后搁置1～2 d，加强通风使其干燥	若水洗后马上喷洒消毒药，其浓度被水洗后的残留水稀释，达不到应有消毒效果
	4.焚烧	用火焰喷射器对不怕高温的物品进行火焰消毒	
	5.消毒	对鸡舍内及所有用具采用熏蒸消毒法，42 mL甲醛，高锰酸钾21 g	此法效果较好，也可用其他方法
	6.空舍	消毒后，最好空舍2～3周，再接雏	
	7.预热	所有准备工作全部就绪后，在确定接雏日期的前3 d开始进行预热	
任务二：设备和用具的准备	1.饮水器	育雏可准备真空饮水器，每50～80只鸡1个，乳头式饮水器每10～15只鸡1台	
	2.饲喂器	开食期间使用的料桶、料盘或反光硬塑纸，要清洗消毒后放入鸡舍内一并进行熏蒸消毒后方可使用。每40只肉鸡可备10 kg的料桶1台	
	3.取暖设备	保温伞、暖风炉、红外线灯等	实际生产中垫料平养中常用电热保温伞、红外线灯取暖，网上平养时常采用暖风炉取暖
	4.其他	准备好护栏、手电、台秤、消毒用具等	
任务三：饲料和药品的准备	1.饲料	代谢能水平不低于12.1～12.5 MJ/kg；蛋白质水平以前期不低于21%，后期不低于19%为宜，注意满足各种必需氨基酸的需要量，特别是赖氨酸、蛋氨酸，以及各种维生素、矿物质的需要	高能量高蛋白，养分充足、比例平衡
	2.药品	准备好疫苗、常用的消毒药、常用抗菌药等	
任务四：饲养	1.饮水	肉雏出壳后要在6～12 h接到育雏室，稍事休息饮水。在饮水中加5%～8%的红糖、白糖或葡萄糖，以补充能量；在饮水中加入一定浓度的电解多维，以增强机体抗病力。育雏开始时用小型饮水器，4～5日龄将其移至自动饮水器附近，7～10日龄待鸡习惯自动饮水器时，去掉小型饮水器	遵循"先给水、后开食"原则

工作任务	工作流程	工作内容	注意事项
任务四：饲养	2.开食	雏鸡饮水2～3 h后，开始喂料，雏鸡的第一次喂料称为开食。开食料应用全价碎粒料，均匀撒在饲料浅盘或深色塑料布上让鸡自由采食。1～15日龄喂8次/d，隔3～4 h喂一次，每天不能少于6次；16～56龄喂3～4次/d	开食方法遵循"少喂勤添"的原则
任务五：管理	1.温度	育雏第1周内。肉仔鸡1日龄时，舍内室温要求为27～29 ℃，育雏伞下温度为33～35 ℃，以后每周下降2～3 ℃直至18～20 ℃脱温	温度要逐渐变化
	2.湿度	育雏第1周内保持70%的稍高湿度，以后要求保持在50%～65%，以利于球虫病的预防	
	3.光照	光照时间：1～2 d，24 h/d；3 d后至出栏，23 h/d。光照强度：1～2周，2～3 W/m^2，3周至出栏，0.75 W/m^2	可参考连续光照法、短光照法、间歇光照法
	4.通风	排除舍内的氨气、硫化氢、二氧化碳等有害气体，空气中的尘埃和病原微生物，以及多余的水分和热量，导入新鲜空气。肉仔鸡舍的氨气含量以不超过20 ppm（以人感觉不到明显臭气）为宜	
	5.饲养密度	饲养密度不宜过大。地面垫料平养肉用仔鸡的饲养密度：1～7日龄，40只/m^2；8～14日龄，30只/m^2；15～28日龄，25只/m^2；29～42日龄，16～17只/m^2；43～56日龄，10～12只/m^2	每周应将鸡群疏散一次
	6.卫生防疫	采用"全进全出"的饲养制度，预防球虫病，免疫接种	
任务六：出栏	1.停料	出场前4～6 h使鸡吃光饲料，吊起或移出饲槽及一切用具，饮水器在抓鸡前撤除	
	2.减少应激	尽量在弱光下进行，如夜晚抓鸡；舍内安装蓝色或红色灯泡，减少骚动	
	3.抓鸡方法要得当	用围栏圈鸡捕捉，抓鸡、入笼、装车、卸车、放鸡应尽量轻放，防止甩扔动作，每笼不能装得过多，否则会造成不应该的伤亡。抓鸡最好抓双腿，最好能请抓鸡队协助	抓鸡方法不当，会增加死亡率
	4.缩短候宰时间	缩短抓鸡、装运和在屠宰厂候宰的时间。肉鸡屠前停食8 h，以排空肠道，防止粪便污染屠宰场。但停食时间越长，鸡的掉膘率越大	停食20 h比停食8 h掉膘率高3%～4%，处理得当掉膘率为1%～3%

工作任务	工作流程	工作内容	注意事项
任务一：场址建设	1.鸡场选址	地势高、背风向阳、环境安静、水源充足卫生、排水和供电方便的地方，场区距离干线公路、村镇居民集中居住点、生活饮用水源地 500 m 以上，与其他畜禽养殖场及屠宰场距离1 km以上，周围3 km内无污染源	不能离居民区太近
	2.场区布局	生产区：育雏舍和放养鸡舍。 隔离区：兽医室、隔离鸡舍等。 管理区：办公设施及与外界接触密切的生产辅助设施，设主大门，并设消毒池和更衣消毒室	场区内设净道和脏道，脏道与后门相连，两者严格分开，不得交叉、混用
	3.鸡舍建设	育雏舍：应有专用笼具、专用消毒设备，并配备取暖、通风、光照及防鼠等设施。 放养鸡舍：有固定式鸡舍和移动式鸡舍两种	
任务二：育雏准备工作	1.育雏舍	检查育雏舍，房屋不能渗漏雨水，墙壁不能有裂缝，水泥地面要平整，无鼠洞且干燥，门窗严密，房屋保温性能好，并能通风换气。平养育雏舍内可间隔成多个小间，便于分群饲养管理和调整鸡群	
	2.育雏设备	准备好保温设备、饲槽、饮水器、水桶、料桶、温湿度计、扫帚、清粪工具、消毒用具	
	3.清洗及消毒	雏鸡入舍前，鸡舍应空置2周以上，在进雏前一周，对育雏鸡舍墙壁、地面、饲养设备，以及鸡舍周围彻底冲洗，鸡舍充分干燥后，采用两种以上的消毒剂交替进行3次以上的喷洒消毒。关闭所有门窗、通风孔，对育雏鸡舍升温，温度达到25 ℃以上时，每立方米用高锰酸钾14 g，福尔马林28 mL，对鸡舍和用具进行熏蒸消毒，先放高锰酸钾在舍内瓷器中，后加入福尔马林，使其产生烟雾状甲醛气体，熏蒸2～4 h后打开门窗通风换气	
	4.温度	进雏前2 d进行预先升温，舍内温度应升至33～35 ℃	
	5.饲料	准备足够的喂料盘或喂料用塑料布、饮水器。根据育雏数量，备好雏鸡专用全价饲料和必需药品等	
任务三：雏鸡饲养管理	1.饮水	雏鸡应先饮水后开食，雏鸡进入育雏舍后应尽快给予饮水，初饮水中可加适量的复合维生素，水温与室温保持一致。饮水器按照每只鸡3 cm水位配置	饮水要卫生、新鲜，饮水器要经常清洗消毒

工作任务	工作流程	工作内容	注意事项
任务三：雏鸡饲养管理	2.喂料	雏鸡开食时间在入舍饮水后2~3 h进行。开食的饲料要求新鲜，颗粒大小适中，易于啄食，营养丰富，容易消化，建议采用正规厂家提供的全价雏鸡料。将雏鸡料放在铝制或木制的小料盘内，让雏鸡自由采食。为了使雏鸡容易见到饲料，可适当增加室内的照明。第1周每天饲喂6次以上，第2周每天饲喂4~6次，3周后，喂料要有计划，要让鸡将食槽的料吃完了后再喂料	
	3.饲料搭配	育雏期建议饲喂全价配合饲料，雏鸡日粮营养水平：代谢能12.12 MJ/kg，粗蛋白21.00%，赖氨酸1.05%，含硫氨基酸0.46%，钙1.00%，非植酸磷0.45%	
	4.温度	1~3日龄育雏舍温度33~35 ℃，以后逐周降低，到6周龄温度为18~21 ℃或与室外温度一致；夜间气温低，应使舍内温度保持与日间一致	
	5.湿度	0~7日龄，相对湿度为65%~70%；8~10日龄为60%~65%；15~28日龄为55%~60%；28日龄后稳定在55%左右	
	6.密度	笼养：1日龄~3周龄密度为30~50只/m^2，4~6周龄为15~25只/m^2。平养：1日龄~3周龄密度为20~35只/m^2，4~6周龄为10~20只/m^2	
	7.断喙	一般7~10日龄进行。断喙前1 d在饮水中加入复合维生素以减少应激	
	8.光照时间和强度	密闭式鸡舍1~3日龄24 h光照，以后每天为23~20 h，随着鸡的日龄增大，光照强度则由强变弱。1~2周龄时，每平方米应有2.4~3.2 W的光照度（灯距离地面2m）；从3周龄开始改用每平方米0.8~1.3 W；4周龄后，弱光可使鸡群安静，有利于生长	
	9.通风换气	保持空气新鲜，舍内不应有刺鼻、刺眼的感觉。寒冷季节理想的通风方式为横向通风，通风方法有自然和机械通风两种，密闭式鸡舍多采用后者	
任务四：放养管理	1.放养时间	一般要4周龄之后，白天气温不低于15 ℃时开始放养，气温低的季节，40~50日龄开始放养	
	2.供水	采用饮水器，按照每50只鸡配置1个（直径20 cm）；若使用水槽，每只鸡水位为3~5 cm	

工作任务	工作流程	工作内容	注意事项
任务四：放养管理	3.喂料	夏秋季可以少喂，春冬季可多喂一些，每天早晨、傍晚各喂料1次；喂料量随着鸡龄增加，具体为：5～8周龄，每天每只喂料50～70 g；9～14周龄，每天每只喂料70～100 g；15周龄至上市每天每只喂料100～150 g	喂料应定时定量，不可随意改动
	4.严防中毒	用尼龙网或竹篱笆圈定放养范围，喷过杀虫药和施用过化肥后，需间隔7 d以上才可放养，雨天可停5 d左右	鸡场应常备解磷定、阿托品等解毒药物，以防不测
	5.适时上市	控制出栏时间，一般中速优质鸡70～90 d，慢速优质鸡90～120 d	

知识准备三

一、鸡常见病毒性疾病的防治

（一）新城疫

鸡新城疫（ND），又称亚洲鸡瘟或伪鸡瘟，是鸡新城疫病毒引起的鸡的一种急性、高度接触性传染病，主要侵害鸡和火鸡，同时也可感染人类。常呈急性败血症状经过，主要特征是呼吸困难、绿色下痢、神经紊乱、黏膜和浆膜出血，感染率和致死率高，对养鸡业危害严重，而慢性或者非典型以轻微呼吸困难、采食下降、下痢和产蛋下降为特征。

1. 病原特点

鸡新城疫病毒（NDV）属于副黏病毒科，副黏病毒属，禽副黏病毒 I 型，核酸为单链 RNA。成熟的病毒粒子呈球形，直径为 120～300 nm。病毒表面具有血凝素（HA）和神经氨酸酶（NA）两种纤突。新城疫病毒血凝素能凝集人、鸡、豚鼠和小白鼠的红细胞。不同毒株的毒力差异很大，根据对鸡的致病性，可将病毒株分为三型：速发型（强毒力型）、中发型（中等毒力型）和缓发型（低毒力型）。

新城疫病毒对热的抵抗力较其他病毒强，一般在 60 ℃经过 30 min，55 ℃经过 45 min 即死亡。对低温有很强的抵抗力，在 −10 ℃可存活 1 年以上。常用消毒药均对 NDV 有杀灭作用，如 2% 氢氧化钠溶液、5% 漂白粉等在 20 min 可将新城疫病毒杀死。青霉素、链霉素等抗生素对新城疫病毒没有任何作用。

2. 流行病学

新城疫病毒可以感染多种禽类，主要发生于鸡和火鸡。珍珠鸡、雉鸡及野鸡也有易感性。鸽、鹌鹑、鹦鹉、麻雀、乌鸦、喜鹊、孔雀、天鹅及人也可感染，另外还已知有200多种鸟可感染新城疫病毒。而水禽对本病有抵抗力。不同年龄、品种和性别的鸡均能感染，但幼雏的发病率和死亡率明显高于大龄鸡。

人感染新城疫病毒后，偶尔发生眼结膜炎、发热、头痛等不适症状。

主要传染源是病鸡以及带毒鸡，带毒的鸽、麻雀的传播对本病都具有重要的流行病学意义。受感染的鸡在出现症状前24 h就能通过口鼻分泌物、粪便、蛋等排出病毒，而痊愈鸡带毒排毒的情况则不一致，多数在症状消失后5～7 d就停止排毒。

被病毒污染的饲料、饮水和尘土经消化道、呼吸道传染给易感鸡是主要的传播方式。眼结膜、皮肤伤口、交配、带毒鸡蛋等也可传播本病。

本病一年四季均可发生，而以冬春寒冷季节较易流行。

非典型新城疫多发生于免疫鸡群，临床症状较轻和不典型，给诊断带来困难。

3. 临床症状

本病的潜伏期为2～15 d，平均5～6 d。

（1）典型新城疫：鸡群突然发病，常未表现特征症状而迅速死亡。发病率和死亡率可达90%以上。高热，体温达43～44 ℃，随后出现甩头，张口呼吸，气管内水泡音，结膜炎，精神萎顿，嗜睡，嗉囊内积有液体和气体，口腔内有黏液，倒提病鸡可见从口中流出酸臭液体。病鸡拉稀，粪便呈黄绿色。体温升高，食欲废绝，鸡冠和肉髯发紫。后期可见震颤、转圈、眼和翅膀麻痹，头颈扭转，仰头呈观星状及跛行等神经症状。面部肿胀也是本型的一个特征。产蛋鸡迅速减蛋，软壳蛋数量增多，很快绝产。

（2）非典型新城疫：多发生于有一定抗体水平的免疫鸡群。病情比较缓和，发病率和死亡率都不高。临床表现以呼吸道症状为主，病鸡张口呼吸，有"呼噜"声，咳嗽，口流黏液，排黄绿色稀粪，继而出现歪头、扭脖或呈仰面观星状等神经症状。成鸡产蛋量突然下降5%～12%，严重者可达50%以上，并出现畸形蛋、软壳蛋和糙皮蛋。

4. 病理变化

（1）典型新城疫：嗉囊壁水肿，嗉囊内充满酸臭液体以及气体。气管、喉头、心包、肠和肠系膜充血或出血。腺胃黏膜水肿，其乳头或其乳头间有明显的出血点，或者溃疡和坏死，为特征性病变。直肠和泄殖腔黏膜出血。产蛋母鸡的卵泡和输卵管显著充血、出血，卵泡破裂性腹膜炎等。消化道淋巴滤泡的肿大、出血和溃疡是新城疫的一个突出特征。盲肠扁桃体，枣核样隆起黏膜表面出血（而不是充血）和坏死。

（2）非典型新城疫：可见气管轻度充血，有少量黏液。鼻腔有卡他性渗出物。气囊混浊。少见腺胃乳头出血等典型病变。一般不出现腺胃乳头出血，但可见腺胃胃壁水肿，挤压时，从乳头孔流出多量乳糜样胃液。另外，在回肠壁可见黏膜面有枣核样突起，直肠和泄殖腔黏膜水肿和出血。

5. 诊断

（1）临床诊断：根据发病流行特点、典型的症状和病理剖解变化可作出初步诊断。

如鸡群突然采食量下降，出现呼吸道症状和拉绿色稀粪，成年鸡产蛋量明显下降，应首先考虑到新城疫的可能性。嗉囊积液，倒提病死鸡口腔流出酸臭液体，腺胃乳头出血、淋巴滤泡出血、肠道黏膜枣核状出血、盲肠扁桃体出血等特征病变，可初步诊断为新城疫。

（2）实验室诊断：可采集病死鸡的脑、气管、支气管、肺、肝、脾、泄殖腔等进行病毒分离和鉴定、病毒中和试验、ELISA试验、免疫荧光、琼脂双扩散试验等。利用新城疫病毒具有凝集某些动物红细胞的特征进行血凝与血凝抑制试验仍是重要的、快速准确的检测手段。

（3）鉴别诊断：

①与禽霍乱的区别。禽霍乱可侵害各种家禽，如鸡、鸭、鹅均易感，常呈急性败血性经过，病程短，死亡率高，慢性关节肿大，无神经症状。剖解可见肝肿大，表面针尖大小、灰白色坏死灶。肝脏触片瑞氏染色可见两极浓染的巴氏杆菌。新城疫不引起鸭发病，常常出现神经症状，剖解肝脏不见灰白色坏死灶，腺胃乳头出血，肝触片无细菌。

②与传染性支气管炎的区别。传染性支气管炎发病急，传播快，呼吸道症状明显，产蛋下降与畸形蛋增多，呼吸道出血明显，而无消化道的出血，也无神经症状表现，死亡率比新城疫低。

③与禽流感（真性鸡瘟）的区别。禽流感与新城疫较难区别。禽流感，嗉囊内无大量的积液，一般无神经症状，脚趾鳞片出血，头部、颈部皮下水肿，切开皮下可见胶冻样物质，剖解心肌有条纹状坏死，胰腺出血、坏死，黏膜、浆膜和脂肪出血比新城疫更广泛。

6. 防治要点

（1）预防措施。加强饲养管理和卫生防疫，注意饲料营养，减少应激，提高鸡群的整体健康水平；特别要强调全进全出和封闭式饲养制，提倡育雏、育成、成年鸡分场饲养方式，严格防疫消毒制度，杜绝强毒污染和入侵。

合理做好免疫接种。新城疫疫苗有活疫苗和灭活苗两大类。活疫苗有Ⅰ系疫苗（肌注或刺种，免疫，适用于2月龄以上的鸡）、Ⅱ系弱毒疫苗（点眼或者滴鼻免疫）、Ⅲ系弱毒疫苗（点眼或者滴鼻免疫）、Ⅳ系弱毒疫苗（饮水免疫）、克隆30（点眼或者滴鼻免疫）；灭活疫苗如氢氧化铝灭活苗或者油乳剂灭活苗。建立科学的适用于本场实际的免疫程序，严格执行。坚持定期的免疫监测，随时调整免疫计划，使鸡群始终保持有效的抗体水平。

（2）发病时的措施。鸡场一旦发病，应立即隔离和淘汰早期病鸡，全群紧急接种2～4倍剂量的LaSota（Ⅳ系）活毒疫苗，必要时也可考虑注射Ⅰ系活毒疫苗。对发病鸡群投服多维和适当抗生素，可增加抵抗力，控制细菌感染，或者使用高免疫血清或卵黄抗体治疗，有一定效果。使用5%～10%漂白粉或者2%烧碱对鸡舍、运动场、用具、粪便、垃圾等，进行紧急消毒。应做好对病鸡和死鸡的无害处理。被污染的羽毛、垫草、粪便应深埋或烧毁。

7. 公共卫生

新城疫病毒也会感染人，多是在剖检病鸡时不注意个人防护而被感染，主要表现严重的眼结膜炎，偶有发热，但一般不会引起死亡。所以，兽医人员在剖检病鸡时要做好个人防护和消毒工作。

（二）禽流感

禽流行性感冒（AI），简称为禽流感，是由 A 型流感病毒引起的禽类（家禽和野禽）的一种急性、高度接触性的传染病，其临床特征依据流感病毒的致病性强弱而定，主要表现为急性临床症状、亚临床症状和带毒的无临床症状。一般表现为高热、呼吸困难、流鼻、产蛋下降和下痢等。高致病性的禽流感可造成大批的禽类急性死亡，危害十分严重，其传播速度快，某些血清型可由禽类传播而感染人。

1. 病原

禽流感的病原为禽流感病毒，属于正粘病毒科流感病毒属的 A 型感病毒，A 型流感病毒感染多种动物，包括人、禽、猪、马等。A 型流感病毒粒子，呈多形型，直径 20 ～ 120 nm，也有呈丝状者，核衣壳外为囊膜，囊膜上有两种纤突，分别称为血凝素（HA）和神经氨酸酶（NA）。流感病毒具有凝集多种动物红细胞的作用。

A 型流感病毒的 HA 和 NA 容易变异，HA 抗原有 16 个亚型，即 H1 ～ H16，N 抗原有 10 个亚型，即为 N1 ～ N10。由不同的 HA 和不同的 NA 之间可形成多种亚型的禽流感病毒，如 H1N1、H1N2、H1N3、H5N2、H7N2 等。

流感病毒对干燥和低温的抵抗力强，在 -70 ℃稳定，冻干可保存数年。60 ℃ 20 min 可使病毒灭活。一般消毒剂对病毒均有作用，对碘蒸气和碘溶液特别敏感。

2. 流行病学

多种家禽、野禽对禽流感病毒易感，人也可以感染。家禽中火鸡、鸡和鸭在自然条件下均能感染。病禽是主要的传染源，而康复禽和隐性感染禽在一定时间内也可以带毒、排毒。野生水禽是自然界 A 型流感病毒的主要带毒者，观赏鸟类也有携带病毒和传播病毒的作用。一般只能水平传播，传播途径主要是呼吸道，通过咳嗽、打喷嚏等，经飞沫感染其他动物。除空气飞沫外，还可能与接触了被病毒污染的物体有关。

本病常突然发病、传播迅速，易造成大流行性。一年四季均可发生，但以晚秋和冬春寒冷季节多见。

3. 临床症状

禽流感的临床症状可从无症状的隐性感染到 100% 的死亡率。

（1）高致病力禽流感：多为急性经过，病鸡头部肿胀，冠和肉髯发黑，眼分泌物增多，眼结膜潮红、水肿，体温升高；下痢，粪便黄绿色并带多量的黏液或血液；呼吸困难、呼吸啰音，张口呼吸，歪头；产蛋率急剧下降或几乎完全停止，蛋壳变薄、褪色，无壳蛋、畸形蛋增多，受精率和受精蛋的孵化率明显下降，恢复产蛋量时间不等；鸡脚鳞片下呈紫红色或紫黑色。在发病后的 5 ～ 7 d 内死亡率几乎达到 100%；有的病鸡还会出现神经症状，包括转圈、前冲、后退、颈部扭歪或后仰望天等。

（2）温和型禽流感：从无症状直至出现轻微呼吸道症状，产蛋量明显下降，产蛋品质下降，如蛋壳变薄、褪色，无壳蛋、畸形蛋增多，病死率低，一般为不超过15%。控制继发感染，可降低死亡率。

4. 病理变化

（1）高致病力禽流感：病鸡头部、颈、颜面、脚部肿胀，皮下胶样浸润；肉冠和肉髯坏死、出血和发绀；胰腺、脾脏和心肌常见坏死灶；心外膜、腺胃乳头、腺胃与肌胃交界处、腺胃与食道交界处、肌胃角质膜下、十二指肠黏膜出血；喉气管黏膜充血、出血，以上病变均为敏感鸡感染高致病力禽流感病毒后比较常见的病变；肺充血或出血，有局灶性到弥漫性肺炎并伴有水肿；输卵管黏膜、卵巢充血、出血，卵泡变形，卵黄变稀且易破裂，引起卵黄性腹膜炎。肾肿大，尿酸盐沉积。气囊增厚并有纤维素性或干酪样渗出物，腹膜和输卵管表面有黄色渗出物，并常见纤维素性心包。

（2）温和型禽流感：喉气管充血、出血，在气管叉处有黄色干酪样物阻塞，气囊膜混浊，典型的纤维素性腹膜炎；输卵管黏膜充血、水肿，卵泡充血、出血、变形；肠黏膜充血或轻度出血；胰腺有斑状灰黄色坏死点。

5. 诊断

（1）临床综合诊断：体温升高，流鼻，冬季多发，易大流行，发病率高，死亡率不等，如高致病力毒株大批死亡，头肿大，咳嗽，呼吸困难，脚鳞片出血，心肌坏死，胰腺黄白色坏死点，腺胃乳头出血等，即可初步诊断为禽流感。

（2）实验室诊断：病毒分离鉴定，血凝与血凝抑制试验，ELISA，PCR方法。

（3）鉴别诊断：本病容易与新城疫、传染性支气管炎相混淆。

①与新城疫的区别。新城疫在家禽中主要感染鸡，而禽流感感染多种家禽；新城疫感染后，不肿头，脚趾鳞片不出血，传播速度没有禽流感快等，而禽流感感染后，嗉囊不积液。

②与传染性支气管炎的区别。传染性支气管炎，自然条件仅感染鸡，一般无消化道的病变、神经症状等，死亡率一般较低。

6. 防治

（1）预防措施：加强饲养管理，定期消毒，禁止各种家禽混养；全进全出的养殖，各种年龄的家禽分开饲养。定期对家禽接种疫苗，如禽流感H5和H9油乳剂灭活苗。由于流感病毒具有易于变异的特点，根据需要可能有新的疫苗投入使用。

（2）发病时的措施：一旦确诊为高致病力禽流感，应采取封锁、扑杀，在周围受威胁的地区进行紧急接种。对病死或扑杀的禽类做无害化处理。对于温和型禽流感，应控制继发感染，对症治疗，降低死亡率。

（三）马立克氏病

马立克氏病（MD）是由马立克氏病毒引起鸡的一种淋巴组织增生性肿瘤传染病，本病以病鸡的外周神经、性腺、各脏器、虹膜、肌肉和皮肤等多个组织器官的淋巴细胞浸润，形成淋巴性肿瘤为特征，是鸡群中一种最常见的免疫抑制性疾病。

1. 病原

马立克氏病毒（MDV）是一种细胞结合性病毒，属于疱疹病毒科甲亚科中的成员，MDV 基因组为线状双股 DNA，可在鸭胚成纤维细胞（DEF）和鸡肾细胞（CK）上繁殖，并产生蚀斑。MDV 在鸡体内有两种存在形式，一种是无囊膜的裸体病毒，主要存在于内脏组织肿瘤细胞内，是严格的细胞结合性病毒；另一种是有囊膜的完全病毒，主要存在于羽毛囊上皮细胞内，是非细胞结合性病毒。MDV 可分为 3 个血清型，血清 I 型病毒为致肿瘤性病毒株，血清 II 型病毒为非致肿瘤性病毒株，血清 III 型病毒为火鸡疱疹病毒（HVT）。

病毒对化学和物理因素作用的抵抗力均不强，如在 56 ℃ 30 min 或在 60 ℃ 10 min 即死亡。5% 福尔马林或熏蒸的甲醛蒸汽、2% 氢氧化钠、3% 来苏尔、0.2% 过氧乙酸等常用消毒剂可在 10 min 内杀灭病毒。

2. 流行病学

鸡对本病最易感，火鸡、鹌鹑、野鸡、珍珠鸡也能自然感染。任何年龄的鸡均可感染此病，日龄越小易感性越高。鸡场一旦感染病毒，难以清除。传染源是病鸡和带有病毒的鸡，感染鸡的羽毛囊上皮细胞中增殖的病毒具有很强的传染性。这些完全病毒随羽毛、皮屑脱落而散布到周围环境中，是自然条件下最重要的传染源。

传播途径主要是直接或间接接触经呼吸道传播。在羽囊上皮细胞中复制的病毒，随羽毛、皮屑排出，使鸡舍内的灰尘成年累月保持传染性。很多外表健康的鸡可长期持续带毒排毒。不发生垂直传播。一般发病率为 5% ～ 60%，死亡率为 5% ～ 80%。

3. 临床症状

根据病变发生的部位和临床症状，本病可以分为四种类型，即神经型（古典型）、内脏型（急性型）、皮肤型和眼型。有时会发生混合感染。

（1）神经型：主要侵害外周神经。当坐骨神经丛或坐骨神经受害，病鸡表现运动失调和步态异常，典型特征性是病鸡的一只脚伸向前方，另一只脚伸向后方，似"劈叉"姿势。臂神经丛或翅神经发生病变时的特征是翅膀下垂，俗称"穿大褂"。当支配颈部肌肉的神经受到损害，病鸡即发生头下垂和可能出现头颈歪斜。当鸡的颈部迷走神经受到侵害时，可引起嗉囊发生麻痹或扩张，俗称"大嗉子"，同时还伴有无声的张口呼吸症状。

（2）内脏型：多呈急性爆发，大批鸡精神萎顿，食欲不振，羽毛散乱，行走缓慢，常缩颈呆立于墙角为特征。几天后部分病鸡出现共济失调、脸色苍白及下痢。部分病鸡死亡而无特征临诊症状。很多病鸡表现出脱水、消瘦和昏迷的症状。常见于 50 ～ 70 日龄的肉鸡。

（3）皮肤型：较少见。在颈部、翅膀、大腿外侧体表毛囊腔形成灰黄色结节及小的肿瘤物，有的发生融合，皮肤变厚。多在宰后的褪毛鸡身上才发现。

（4）眼型：很少见到。一侧或两侧眼睛失明，瞳孔边缘不整齐，虹膜色素消退，呈同心的环状或斑点状，以至弥漫性的清蓝色或淡灰色的浑浊，俗称"珍珠眼"或"白眼病"。

4. 病理变化

（1）神经型：最常见病变是周围神经，常发生单侧性神经肿大，比正常增粗 2～3 倍，甚至更多，表面光亮，失去原有的银白色条纹外观，而呈灰白或黄白色，有的呈水肿样，有的可见到明显结节状，神经变成粗细不匀。

（2）内脏型：肿瘤可出现在各个器官，如肝、肾、心、肺、卵巢、睾丸、腺胃等器官，可见到大小不等的单个或多个灰白色肿瘤，常突出于脏器表面，也有的肿瘤组织浸润在实质中，切面平整，呈油脂状。

（3）皮肤型：皮肤的病变多发生在毛囊部，呈孤立或融合的白色隆起结节，严重时似疥癣样，表面为淡褐色结痂，不形成肿瘤，与淋巴细胞白血病有区别。

（4）眼型：主要见于虹膜内有大量淋巴细胞浸润。

5. 诊断

（1）临床诊断：神经型马立克氏病，可根据病鸡显现的特征性的劈叉、麻痹症状和病理变化即可确定诊断。内脏型马立克氏病与淋巴细胞白血病进行鉴别，因两者病理变化相似，仅根据内脏的病变还不能区别是马立克氏病和淋巴细胞白血病。

（2）实验室诊断：可采用病毒分离、鉴定，荧光抗体法，羽囊琼脂扩散沉淀试验等方法。

（3）鉴别诊断：与淋巴细胞白血病区别，当外周围神经确认有病变者，或者皮肤、肌肉确认有病变者，或者眼球的虹膜褪色，瞳孔不整齐，或者在 120 日龄以内发病且仅在内脏器官上有病变，虽未见有周围神经病变，均可以诊断为马立克氏病。而 150 日龄开始发病，且不见有上述神经或皮肤、肌肉病变，仅有内脏病变者，虽不能区别为马立克氏病或是淋巴细胞白血病，但当法氏囊肿大，肝、肾、脾等器官有肿瘤病变时，则为淋巴细胞白血病。

6. 防治

目前尚无特效的治疗药物，应采用综合防制措施。

（1）预防措施：选用合适的疫苗，对易感雏鸡进行免疫接种，是预防马立克氏病的主要措施。雏鸡在出壳 24 h 内，需皮下接种马立克氏病疫苗。幼鸡对马立克氏病最易感，必须与其他日龄的鸡分开饲养，进行严密的隔离。注意环境卫生，定期消毒鸡舍和运动场等。

（2）发病时的措施：对病鸡必须检出、淘汰，特别是种鸡场，发现病鸡，立即隔离或淘汰，以消除传染来源。严重感染的种鸡群或商品鸡群，除淘汰更新外，养鸡的环境及饲养全过程，均应严格消毒。

（四）鸡传染性法氏囊病

鸡传染性法氏囊病（IBD）是由传染性法氏囊病毒引起幼龄鸡的一种急性、高度接触性、免疫抑制性传染病。因其首次发生于美国特拉华州冈博罗附近的一些鸡场，所以也称为冈博罗病。该病发病急，病程短，其特征是法氏囊肿大、出血，肾脏肿大，尿酸盐沉积，胸肌出血。感染鸡极度虚弱和导致免疫抑制，可诱发多种疫病或使多种疫苗免疫失败。

1. 病原

传染性法氏囊病病毒（IBDV），属于双股双节 RNA 病毒科，禽双股双节 RNA 病毒属。病毒是单层衣壳，无囊膜。病毒无红细胞凝集特性，有两个血清型，Ⅰ型法氏囊病毒对鸡有致病力，Ⅱ型法氏囊病毒对鸡没有致病力。

病毒在外界环境极为稳定，能够在鸡舍内长期存在。病毒特别耐热，56 ℃ 3 h 病毒效价不受影响，60 ℃ 90 min 病毒不被灭活，70 ℃ 30 min 可灭活病毒。

2. 流行病学

对 IBD 易感的动物只有鸡，不同品种的鸡都能感染，主要发生于 2～15 周龄，而3～6 周龄最易感染，3 周龄以下雏鸡感染后不表现临诊症状，但引起免疫抑制。成年鸡一般呈隐性经过。

病鸡是主要传染源。病毒可持续存在于鸡舍中，污染环境中的病毒可存活 122 d。病毒通过直接接触和间接接触经消化道或呼吸道、眼结膜等感染。小粉甲虫蚴是本病传播媒介。

IBD 发病急，传播迅速，病程短，尖峰式死亡，鸡群常在感染后第 3 天开始死亡，5～7 d 达到高峰，以后很快停息，表现为高峰死亡和迅速康复的曲线。死亡率差异很大，严重发病群死亡率可达 60% 以上。

IBD 一年四季均可发生，但以冬春季节较为严重。

3. 临床症状

（1）典型法氏囊病。潜伏期一般为 2～3 d，易感鸡群感染后突然发病，病程一般在一周左右，典型发病鸡群的死亡曲线呈尖峰式。病初可见个别鸡突然发病，精神不振，1～2 d 内可波及全群，精神沉郁，食欲下降，羽毛蓬松，闭目打盹，腹泻，排出白色稀粪或蛋清样稀粪，内含有细石灰渣样物，即为白色尿酸盐，肛门周围羽毛污染严重；畏寒、挤堆，严重者垂头、伏地，严重脱水，极度虚弱，对外界刺激反应迟钝或消失，后期体温下降。病鸡啄自己的肛门。

（2）非典型法氏囊病。由 IBDV 亚型毒株或变异株感染的鸡，表现为亚临诊症状，炎症反应弱，法氏囊萎缩，死亡率较低，但由于产生免疫抑制严重，而危害性更大。

4. 病理变化

病死鸡严重脱水。初期法氏囊水肿，外观可见出血或有淡黄色的胶冻样渗出液，后期法氏囊开始萎缩，黏膜表面有点状出血或弥漫出血，严重者法氏囊内有干酪样渗出物。胸肌和腿肌常见刷状或线状出血。肾脏肿大，并有尿酸盐沉积，呈花斑肾。变异毒株只能引起法氏囊迅速萎缩，而超强毒株能够引起法氏囊严重出血、淤血，呈"紫葡萄样"外观。肌胃和腺胃交界处常见出血点或出血斑。

5. 诊断

（1）临床诊断：3～6周龄最易感染，典型传染性法氏囊病，出现尖峰死亡曲线，排出白色稀粪，内含大量尿酸盐，脱水，啄肛，衰竭而死亡，法氏囊水肿、出血、紫葡萄外观，花斑肾，胸肌和腿肌出血，可初步诊断为传染性法氏囊病。

（2）实验室诊断：确诊需实验室诊断，如病毒分离、鉴定，琼脂扩散试验等，易感鸡感染试验等。

（3）鉴别诊断：

①与硒和维生素E缺乏症的区别。这两种病都出现肌肉出血，但缺硒和缺维生素E时无法氏囊病变，饲料中补充硒和维生素E后，病症逐渐减轻或消失。

②与鸡新城疫的区别。这两种病都有可能出现腺胃乳头及其他器官出血，但鸡新城疫病程长，有呼吸道和神经症状，无法氏囊特征性病理变化。

③与鸡传染性贫血的区别。鸡传染性贫血多发生于1～3周龄的雏鸡，病鸡骨髓黄染，翅膀或腹部皮下出血（又称蓝翅病），胸腺、法氏囊萎缩。

④与住白细胞原虫病的区别。患住白细胞原虫病的鸡表现为鸡冠苍白、精神沉郁、内脏器官和肾脏出血，以及胸肌、心肌等部位有小白色结节或血肿，结肠上有小的囊肿。

6. 防治

（1）预防措施：平时做好免疫，加强饲养管理和日常消毒。制订免疫程序时，应该充分考虑母源抗体的干扰问题，种鸡开产前和产蛋期注射过灭活疫苗的，其后代母源抗体一般比较高，雏鸡应在14～21日龄首免；种鸡没有注射灭活疫苗的，其后代母源抗体一般比较低或没有，雏鸡应在1～5日龄首免。

（2）发病处理措施：鸡群发病后，立即清除病、死鸡，紧急消毒，受威胁鸡群紧急接种。病鸡可采用高免卵黄抗体注射或高免血清治疗，同时配合抗生素控制继发感染。适当降低饲料中的蛋白质含量，供应充足的饮水，饮水中加5%的糖或0.1%的盐或口服补盐液，以减轻肾脏的负担。

（五）鸡传染性支气管炎

鸡传染性支气管炎（IB）是由鸡传染性支气管炎病毒引起鸡的一种急性、高度接触传染性的呼吸道和泌尿生殖道疾病。呼吸型特征是咳嗽、喷嚏、气管啰音和呼吸道黏膜呈浆液性卡他性炎症。肾型特征是侵害肾脏，引起肾脏肿大、尿酸盐沉积，死亡率增加。雏鸡感染后常由于呼吸道或肾脏病变而引起死亡，成年鸡产蛋减少和质量变劣，感染鸡生长受阻，饲料报酬降低，死淘率增加，给养鸡业造成巨大的经济损失。

1. 病原

鸡传染性支气管炎病毒（IBV）属于冠状病毒科冠状病毒属，为单股正确链RNA病毒，多数呈圆形，直径 80 ～ 120 nm，有囊膜，其表面有长约 20 nm 纤突。据报道有 27 个血清型，主要表现为呼吸道症状和肾炎症状。各个血清型之间没有或仅有部分交叉保护力。

该病毒耐低温而不耐高温。多数病毒株在 56 ℃ 15 min 灭活，在 −20 ℃ 环境中能保存 7 年之久。病毒不能抵抗一般的消毒剂，（如 1% 来苏尔、0.01% 高锰酸钾），一般浸泡 3 min 内死亡。

2. 流行病学

鸡传染支气管炎仅发生于鸡，各种年龄、品种的鸡都可发病，但雏鸡最为严重。有母源抗体的雏鸡有一定抵抗力。患病鸡和康复带毒鸡，病鸡康复后 49 d 仍可排毒。病鸡从呼吸道排出病毒，经空气飞沫传染给易感鸡；也可通过带病毒的工具、饲料、蛋、饮水等媒介经消化道感染。

本病一年四季流行，但以冬、春寒冷季节最为严重。传播迅速，潜伏期短，感染率高，几乎在同一时间内易感鸡均发病。过热，严寒，拥挤，通风不良，疫苗接种不当，天气突变，或者发生慢呼或大肠杆菌病等不良因素均可促进本病的发生。

3. 临床症状

（1）呼吸道型：病鸡全身衰弱，精神不振，食欲减少。咳嗽，喷嚏，张口呼吸，气管有啰音，呼吸时发出"咕噜、咕噜"的特殊叫声，夜间听得更加清楚。鼻窦肿胀，流黏性鼻汁，甩头，流泪。产蛋鸡呼吸道症状较温和，但出现产蛋量下降，产软壳蛋、畸形蛋、破蛋等现象，蛋白稀薄呈水样，蛋黄和蛋白易分离。

（2）肾型：常发生于雏鸡，初期可有短期呼吸道症状，但随即消失，羽毛蓬乱，食欲减退，渴欲增加，拉白色稀粪，严重脱水等，发病率高。该病病程一般为 1 ～ 2 周，雏鸡的死亡率可达 25%，成年鸡死亡较少，如果并发其他病时死亡会增加。

4. 病理变化

（1）呼吸道型：气管、支气管、鼻腔和窦内有浆液性、卡他性和干酪样渗出物。鼻腔、喉头和气管黏膜肿胀、充血或者出血。气囊混浊或含有干酪样渗出物。有的雏鸡输卵管发育异常。产蛋母鸡卵泡充血、出血、变形，卵黄性腹膜炎，有时可见输卵管退化。

（2）肾型：肾脏肿大，苍白，肾小管和输尿管常充满尿酸盐结晶而形成"花斑肾"。产蛋鸡的卵泡充血，出血，变形。在严重病例中，白色尿酸盐沉积可见于其他组织器官表面。

5. 诊断

（1）临床诊断：本病发病急、传播快、感染率高，雏鸡表现为咳嗽、打喷嚏、啰音、甩头、呼吸困难等，肾型传支常出现下痢，粪便中含尿酸盐，死亡率增加，产蛋鸡产蛋率下降、产畸形蛋、软壳蛋、破壳蛋增多。气管、支气管黏膜出血。鼻腔和鼻窦内有黏液。如出现并发症和混合感染常给诊断带来困难。

（2）实验室诊断：病毒分离鉴定、中和试验、琼脂扩散试验和酶联免疫试验等。

（3）鉴别诊断：

①与传染性鼻炎的区别。传染性鼻炎面部肿胀、眼分泌物增多，小鸡较少发生，鼻分泌物抹片可见两极杆菌，使用抗菌药治疗有效。

②与传染性喉气管炎的区别。传染性喉气管炎小鸡较少发生，呼吸极度困难，咳血，气管黏膜上形成干酪样假膜等。

③与鸡慢性呼吸道病的区别。鸡慢性呼吸道病传播速度慢，病程长，主要危害雏鸡，抗菌药有疗效。

④与禽曲霉菌病的区别。禽曲霉菌病，1～2日龄雏鸡发病，再大一些少发或者散发，多发生于温暖潮湿季节，肺、气囊有粟粒大小灰白色或黄色结节。

6. 防治

（1）预防措施：严格执行卫生防疫措施，并做好预防接种。5～7日龄雏鸡H120疫苗滴鼻或加倍剂量饮水免疫；25～30日龄二免，用H52，2～3月龄时，须用H52疫苗加强免疫。种鸡于120～140日龄用油苗作三免。

（2）发病后处理措施：无特效药物，使用中药降低呼吸道症状，多西环素等控制继发感染，肾型传染性支气管炎减少蛋白质饲喂量，多饮水等，可降低危害，减少死亡率。

（六）鸡传染性喉气管炎

鸡传染性喉气管炎（ILT）是由传染性喉气管炎病毒（ILTV）引起鸡的一种急性呼吸道传染病，其特征为呼吸困难，咳嗽，咳出含有血液的渗出物，喉部和气管黏膜肿胀、出血并形成糜烂、坏死和大面积出血。本病1924年首次报道于美国，现已遍布世界养禽国家和地区。该病传播速度快，死亡率较高，引起产蛋下降，导致严重的经济损失，危害养鸡业的发展。

1. 病原

传染性喉气管炎病毒属于疱疹病毒科的喉气管炎病毒，为双股DNA。病毒颗粒呈球形，为二十面立体对称，成熟的病毒粒子直径为195～250 nm，有囊膜，囊膜表面有纤突；未成熟的病毒颗粒直径约为100 nm。其只有一个血清型，但不同毒株的致病性和抗原性差异很大，给本病的控制带来困难。用病料接种9—12月龄鸡胚绒毛尿囊膜，经4～5 d后可引起鸡胚死亡，可在绒毛尿囊膜上形成痘斑。

本病毒对热抵抗力弱，55 ℃只能存活10～15 min，37 ℃存活22～24 h。对一般消毒剂都敏感，如选择3%来苏尔或者1%苛性碱可将其杀死。

2. 流行病学

在自然条件下，各种年龄及品种的鸡均可感染ILT，主要发生于育成鸡和成年产蛋鸡，但以成年鸡症状最为典型，褐羽褐壳蛋鸡种发病较为严重。病鸡、康复后的带毒鸡是主要传染来源，康复鸡可带毒两年之久。ILTV病毒存在于气管和上呼吸道分泌液中，通过咳出血液和黏液向外排毒，污染垫草、饲料、饮水等经呼吸道、消化道进行传播。

本病一年四季均可发生，尤以秋、冬、春季多发。本病在鸡群中发生且传播速度较快，短期内可波及全群。发病率可达90%～100%，死亡率一般在10%～20%。

3. 临床症状

（1）急性型（喉气管型）：病鸡表现为呼吸困难，呼吸困难的程度比鸡的任何呼吸道传染病都严重。伸颈张口吸气，低头缩颈呼气，闭眼呈痛苦状。多数鸡表现精神不好，食欲下降或不吃，群体中不断发出咳嗽声。病鸡有的甩头、啰音，有的伴随着剧烈咳嗽，咯出带血的黏液或血凝块，可污染喙角、颜色及头部羽毛。在鸡舍墙壁、垫草、鸡笼、鸡背羽毛或邻近鸡身上沾有血痕。若分泌物不能咳出堵住时，病鸡可窒息死亡。检查口腔时，可见喉部黏膜上有淡黄色凝固物附着，不易擦去。产蛋鸡的产蛋量迅速减少（可达35%）或停止，康复后1～2个月才能恢复。

（2）温和型（眼结膜型）：毒力较弱的毒株引起发病时，流行比较缓和，发病率低，症状较轻，只是生长缓慢，产蛋减少，有时有结膜炎、眶下窦炎、鼻炎及气管炎，严重病例见眶下窦肿胀，病鸡多死于窒息，呈间隙性发生死亡。病程较长，长的可达1个月，死亡率一般较低（2%）。

4. 病理剖检

ILT主要典型病变在气管和喉部组织，喉头、气管黏膜肿胀、充血、出血甚至坏死。发病初期喉头、气管可见带血的黏性分泌物或条状血凝块。中后期死亡鸡的喉头、气管黏膜附有黄白色黏液或黄色干酪样物，并在该处形成栓塞使鸡多窒息而死。严重时，炎症也可波及支气管、肺和气囊等部位，甚至上行至鼻腔和眶下窦。肺一般正常或有肺充血及小区域的炎症变化。内脏器官无特征性病变。后期死亡鸡，常见继发感染的相应病理变化。组织学变化可见黏膜下水肿，有细胞浸润。在病的早期可见核内包涵体。

5. 诊断

（1）临床诊断：本病主要发生于育成鸡和产蛋鸡，表现为呼吸困难，比任何鸡的呼吸道病更为严重，咳嗽，咯血，喘气，甩头等，在病初喉头、气管黏膜肿大、充血、出血，在中后期喉头、气管黏膜附有黏液或者黄色干酪物，根据这些可作出初步诊断。

（2）实验室诊断：常用核内包涵体检查、鸡胚接种作病毒分离及荧光抗体法确诊本病。

（3）鉴别诊断：

①与传染性支气管炎的区别。传染性支气管炎，幼龄鸡更易感更严重，呼吸困难没有传染性喉气管炎严重，一般无咯血，肾型传染性支气管炎还表现花斑肾、脱水、下痢、高死亡率等。

②与新城疫等病区别。新城疫，可出现精神症状，消化道、气管的病变严重。

6. 防治

（1）预防措施：执行严格的防疫制度，严防病鸡的引入，避免将康复鸡或接种疫苗的鸡与易感鸡混群饲养。从未发生过本病的鸡场可不接种疫苗，主要依靠加强饲养管理，提高鸡群健康水平和抗病能力。已发生过的鸡场可将本病的疫苗接种纳入免疫程序。用鸡传染性喉气管炎弱毒苗给鸡群免疫，首免在 50 日龄左右，二免在首免后 6 周进行。

（2）发病后处理措施：ITL 无特效药物治疗。可用中药抑制剂在病初给药可明显减缓呼吸道的炎症，达到缩短病程、减少死亡，同时根据鸡群健康状况给予抗生素防止细菌性疾病的继发感染。

（七）鸡痘

鸡痘是由禽痘病毒感染引起鸡的一种急性、接触性传染病。该病的主要特征是在鸡无毛或者是少毛的皮肤上出现疱疹，或在口腔、咽喉部黏膜形成纤维素性坏死性假膜，又称禽白喉。通常不感染人和其他动物。一般死亡率不高，主要危害是增重缓慢，消瘦，产蛋鸡产蛋减少。

1. 病原

鸡痘病原为痘病毒科禽痘病毒属。该病毒为双链 DNA 病毒，有囊膜，病毒粒子呈砖形。病毒粒子大小为 330 nm× 280 nm ×200 nm。各种禽痘病毒之间在抗原性上极为相似，且都具有血细胞凝集性。病毒对干燥有明显的抵抗力，在干燥的痂块中能存活数月或者几年，但病毒很容易被氯化剂或对 SH- 基有作用的物质破坏，有的对乙醚敏感。

2. 流行病学

鸡痘主要发生于鸡和火鸡、鸽子、观赏鸟和野生禽类。家禽中以鸡的易感性最高，不分年龄、性别和品种都可感染，其次是火鸡和野鸡，其他（如鸭、鹅等）家禽虽也能感染，但并不严重。鸡以雏鸡和中鸡最常发病，其中最易引起雏鸡大批死亡。哺乳动物不感染禽痘病毒。病禽和带毒禽是主要传染源，主要通过皮肤或黏膜的伤口感染，一般不能经健康皮肤和消化道感染。经带毒的蚊虫叮咬后可传播鸡痘在夏季易流行。

本病一年四季均可发生，秋、冬两季最易流行，8—11 月多发生皮肤型鸡痘，冬季则以黏膜型鸡痘为主。

3. 临床与病变

患禽增重缓慢、消瘦、生长不良，体温升高，采食减少，大群均匀度差，有腺胃炎的表现。产蛋鸡产蛋减少或停止。

（1）皮肤型：主要发生在体表无毛或者毛羽稀少的部位，特别是冠、肉髯、眼睑、喙角和趾部等处形成一种特殊的痘疹。一般常在感染后 5 ～ 6 d 出现灰白色的小丘疹，逐渐增大如豌豆，表面凹凸不平，呈干而硬的结节，8 ～ 10 d 出现明显的斑疹，3 周左右痂皮脱落。破溃的皮肤易感染葡萄球菌，使病情加重。眼睑发痘后易感染葡萄球菌或者是大肠杆菌而引起严重的眼炎。发病率不一，死亡率低，若饲养管理不善或与其他疾病并发，死亡率可达 50%。

（2）黏膜型：在喉头和气管黏膜处出现黄白色痘状结节或干酪样假膜，假膜不易剥离。随着病情的发展，假膜逐渐扩大和增厚阻塞在口腔和咽喉部，使鸡呼吸和吞咽困难，张口呼吸发出"嘎嘎"的声音。有此类症状的鸡群死亡率较高。

（3）混合型：皮肤和口腔黏膜同时发生痘疹病变，病情严重，死亡率高。

4. 诊断

根据流行病学、临床症状和病理变化，特别是在少毛或无毛皮肤处或口腔黏膜等出现特征性痘斑，形成痘痂等不难诊断。病毒鉴定可收集病料接种易感雏鸡的冠部或接种 9～12 日龄鸡胚观察是否出现痘斑。也可通过琼脂扩散试验、血凝试验等进行确诊。

5. 防治

加强免疫接种。用鸡痘鹌鹑化弱毒疫苗或鸡痘鸡胚化弱毒疫苗等进行刺种法免疫。用一定量的生理盐水稀释疫苗后，用带凹槽的特制针蘸取疫苗，在鸡翅内侧"三角区"翼膜刺种。对已经感染的鸡采用对症治疗，添加抗生素如阿莫西林等，防止继发感染，尤其要防止葡萄球菌的感染。在破溃的部位可用 1% 的碘甘油（碘化钾 10 g，碘 2 g，甘油 20 mL，摇匀，加蒸馏水至 100 mL）或紫药水局部治疗。对眼型鸡痘早期可用庆大霉素眼药水点眼治疗。黏膜型鸡痘可用结晶紫 1/1 000 饮水。

（八）减蛋综合征

减蛋综合征（EDS-76）是由禽腺病毒Ⅲ群中的产蛋下降综合征病毒（EDS-76V）引起的鸡的一种以产蛋下降为特征的病毒性传染病。鸡的临床症状不明显，主要表现为鸡群产蛋急剧下降、产蛋品质下降，如蛋壳异常、蛋体畸形、蛋质低劣、褐色蛋蛋壳颜色变淡等。

1. 病原

EDS-76 病毒属于腺病毒属（Aviadenovirus）禽腺病毒Ⅲ群的病毒，无囊膜的双股 DNA 病毒。病毒粒子大小为 76～80 nm，呈二十面体对称。各地分离到的毒株，同属于一个血清型。EDS-76 病毒含红细胞凝集素，能凝集鸡、鸭、火鸡、鹅、鸽的红细胞。

EDS-76 病毒对乙醚、氯仿不敏感，对 pH 适应范围广，0.3% 福尔马林 48 h 可使病毒完全灭活。

2. 流行病学

EDS-76 主要感染鸡，不同品系的鸡对本病的易感性有差异，26～35 周龄的所有品系的鸡都可感染，尤其是产褐壳蛋的肉用种鸡和种母鸡最易感，产白壳蛋的母鸡患病率较低。本病毒可水平传播，也可垂直传播，被感染鸡可通过种蛋和种公鸡的精液传递。病毒可通过这些途径向外排毒，污染饲料、饮水、用具、种蛋等经水平传播使其他鸡感染。

病鸡和带毒鸡是主要传染源。幼龄鸡感染后，在性成熟前对鸡不表现致病性，血清中也查不出抗体，在产蛋初期由于应激反应，致使病毒活化而使产蛋鸡发病，血清才转为阳性。

3. 临床症状

感染鸡群无明显临诊症状，产蛋鸡突然出现群体性产蛋下降，比正常下降 20%～

30%，甚至达 50%。最初蛋壳的颜色变浅，接着产沙皮蛋、薄壳蛋、软壳蛋和畸形蛋，蛋壳表面粗糙如白灰、灰黄粉样，蛋白水样，蛋黄色淡，或蛋白中混有血液、异物等。异常蛋可占产蛋的 15% 或以上，蛋的破损率增高。对受精率和孵化率没有影响，病程一般持续 4～10 周，然后恢复到正常或接近正常水平。

4. 病理变化

EDS-76 缺乏特征性病变，病鸡的卵巢停止发育或萎缩，卵泡充血、变形或发育不全，输卵管和子宫黏膜出血、卡他性炎症和水肿。组织学检查可见输卵管腺体水肿，单核细胞浸润，黏膜上皮细胞变性坏死，病变细胞中可见到核内包涵体。

5. 诊断

当鸡群表面健康，但达不到预定的产蛋水平，或在产蛋高峰前后出现显著的产蛋下降，同时发生蛋壳变化，缺乏特征性病变，应怀疑为 EDS-76。但是要确诊必须进行实验室诊断，如血清学及病原分离和鉴定等。

6. 防治

本病尚无有效的治疗方法。

（1）管理措施：无减蛋综合征的清洁鸡场，不要到疫区引种。场内不同日龄鸡群，分开饲养。病鸡群应立即隔离，按时进行淘汰，做好清扫和消毒，粪便进行合理处理。加强鸡群的饲养管理，喂给平衡的配合日粮，特别是保证必需氨基酸、维生素和微量元素的平衡。

（2）免疫预防：免疫接种是本病主要的防制措施。油佐剂灭活苗对鸡免疫接种起到良好的保护作用，一般鸡在 110～130 日龄产蛋前进行免疫接种。

（九）禽脑脊髓炎

禽脑脊髓炎（AE）是由禽脑脊髓炎病毒（AEV）引起的一种以侵害幼龄鸡神经系统为主的病毒性传染病，临床上以共济失调和头颈部的震颤为特征，故又称流行性震颤。种鸡群感染后，通过卵垂直传播，出壳后发病，进一步水平传播，危害严重。蛋鸡感染后，产蛋率下降。

1. 病原

禽脑脊髓炎病毒属小 RNA 病毒科中的肠道病毒，无囊膜。从病雏的大脑中可分离到此病毒。不同毒株间无血清学差异，但野毒株和鸡胚适应毒株之间有明显生物学区别。本病毒对氯仿、酸、胰酶、胃蛋白酶、DNA 酶有较强的抵抗力，20% 的生石灰、5% 的漂白粉、5% 的石炭酸、2%～5% 的福尔马林 10 min 之内可将其灭活。

2. 流行病学

各种年龄的鸡均可感染 AE，1～6 周龄的雏鸡多发生。野鸡和鹌鹑也可自然感染。雏鸭、幼鸽和珍珠鸡可人工感染。一年四季均可发生，但在 1～6 月育雏高峰期多发。主要是经卵垂直传播，在出壳前鸡胚阶段感染，出壳后发病。另外，育雏阶段通过粪便排毒，污染垫料、饲料、饮水等，经消化道和呼吸道进行水平传播。病毒传播迅速，有时几乎可能全群感染。病鸡和带毒鸡是主要传染源。感染幼雏排毒可持续2周以上，而3周龄以上雏鸡排毒仅持续5 d左右，病毒对环境抵抗力很强，传染性可保持很长时间。

3. 临床症状

自然发病通常在1～2周龄，2～3周龄后感染很少出现临诊症状，但出雏时即发病也可看到。病鸡精神不振，两眼呆钝，出现运动失调，前后摇摆，头颈震颤。病鸡不肯行走，强行驱赶，用足胫行走，容易倾斜或向后坐下，有的呈转圈运动，有的呈尖叫、前冲、碰到障碍物才停下。有些病雏水晶体混浊，瞳孔反射消失，其中部分发生失明。有的病雏最后瘫痪或最后衰竭而死。大鸡和成鸡不表现临床症状，成年鸡感染可发生暂时性产蛋率下降，有的可达到20%，但不出现神经症状。

4. 病理变化

一般病理变化很难用肉眼观察出来，唯有采集脑和脊髓作病理组织学检查，可见到神经细胞变性，血管周围有细胞浸润，以及实质器官有淋巴样细胞增生结节。唯一的眼观变化是病雏肌胃有带白色的区域，由浸润的淋巴细胞团块所致，这种变化不很明显，容易忽略。内脏组织学变化是淋巴细胞增生积聚，腺胃肌壁的密集淋巴细胞灶也是具有诊断意义的变化，肌胃也有类似变化。

5. 诊断

根据流行病学、临床症状和病理组织学变化进行综合诊断。确诊需分离到病毒或检测血清特异抗体效价升高。鉴别诊断主要与新城疫，营养性脑软化症，维生素 B_1、维生素 B_2 缺乏症，马立克病等相鉴别。

6. 防治

目前对AE尚无有效的治疗方法。改善饲养环境，加强圈舍消毒，及时隔离病鸡是一项好的措施。种鸡群在生长期接种疫苗，保证其在性成熟后不被感染，以防止病毒通过蛋源传播，或者蛋鸡开产前接种疫苗可防止蛋鸡群感染AEV所引起的暂时性产蛋率下降母源抗体还可保护雏鸡在关键的2～3周龄之内不受AEV接触感染。

（十）病毒性关节炎

病毒性关节炎（Viral Arthritis）是一种由呼肠孤病毒（Reovirus）引起的鸡的重要传染病。病毒主要侵害关节滑膜、腱鞘和心肌，引起足部关节肿胀，腱鞘发炎，继而使腓肠腱断裂。病鸡关节肿胀、发炎，行动不便，跛行或不愿走动，采食困难，生长停滞。

1. 病原

呼肠孤病毒无囊膜，呈正二十面体对称，有双层衣壳结构。病毒基因组为分节的双股RNA，由大小不同3个类别的10个节段组成。不同的毒株在抗原性和致病性方面有差异，据此可将呼肠孤病毒分类。

本病毒对环境的抵抗力强。耐热，对 pH3、过氧化氢、2% 来苏尔、乙醚、氯仿和酸具有抵抗力。但 70% 乙醇、0.5% 有机碘可使其灭活。

2. 流行病学

病毒性关节炎主要见于鸡和火鸡，各种品种、年龄、性别的鸡均易感，以 4 ～ 6 周龄的肉鸡多见，随着年龄的增长，对本病的敏感性降低。病鸡和带毒鸡是主要传染源。呼肠孤病毒可在感染幼龄鸡的盲肠扁桃体和踝关节内长时间持续存在。粪便污染是接触感染的主要途径，经呼吸道和消化道感染易感雏鸡。呼肠孤病毒可以垂直传播，但这种通过蛋进行传播的传播率低，约 1.7%。

病毒性关节炎一年四季均可发生，没有明显的季节性变化。本病感染率可达 100%，病死率低，通常低于 6%。

3. 临床症状

病毒性关节炎大多数野外病例均呈隐性感染或慢性感染。在急性感染的情况下，鸡表现跛行，部分鸡生长受阻。慢性感染期跛行更加明显，少数病鸡跗关节不能运动。病鸡食欲和活力减退，不愿走动，喜坐在关节上，驱赶时或勉强移动，但步态不稳，继而出现跛行或单脚跳跃。病鸡因得不到足够的水分和饲料而日渐消瘦，贫血，发育迟滞，少数逐渐衰竭而死。可见单侧或双侧踝部、跗关节肿胀。在日龄较大的肉鸡中可见腓肠腱断裂导致顽固性跛行。种鸡群或蛋鸡群受感染后，产蛋量可下降 10% ～ 15%。

4. 病理变化

患鸡跗关节上下周围肿胀，切开皮肤可见到关节上部腓肠腱水肿，滑膜内经常有充血或点状出血，关节腔内含有淡黄色或血样渗出物，少数病例的渗出物为脓性，与传染性滑膜炎病变相似，这可能与某些细菌的继发感染有关。其他关节腔呈淡红色，关节液增加。根据病程的长短，有时可见周围组织与骨膜脱离。大雏或成鸡易发生腓肠腱断裂。换羽时发生关节炎，可在患鸡皮肤外见到皮下组织呈紫红色。有的在切面可见到肌和腱交接部发生的不全断裂和周围组织粘连，关节腔有脓样、干酪样渗出物。患鸡有时还可出现心外膜炎，以及在肝、脾和心肌上出现细小的坏死灶。

5. 诊断

（1）临床诊断：病鸡跛行，跗关节肿胀，心肌纤维之间有异噬细胞浸润，患病毒性关节炎的鸡群中，常见有部分鸡呈现发育不良综合征现象，病鸡苍白，骨钙化不全，羽毛生长异常，生长迟缓或生长停止，可做出初步诊断。

（2）实验室诊断：病原的分离鉴定是最确切的诊断方法。除此，实验室诊断还包括酶联免疫吸附试验（ELISA）、荧光抗体法（FA）、琼脂扩散试验（AGP）与中和试验等。

6. 防治

（1）预防措施：加强饲养管理，采用"全进全出"的饲养方式，降低饲养密度，对鸡舍彻底清洗和消毒，杜绝病原传入。建立无本病种鸡群，避免垂直传播。预防接种是目前防止鸡病毒性关节炎的最有效方法。种鸡开产前注射灭活疫苗，雏鸡接种弱毒疫苗，可有效预防本病。

（2）治疗措施：病毒性关节炎无有效疗法，一旦鸡群发病，应用碱性消毒液或 0.5% 的有机碘消毒，同时用广谱抗生素控制细菌继发感染，可减少死亡。由于患病鸡长时间不断向外排毒，是重要的感染源，因此，对患病鸡要坚决淘汰。

二、鸡常见细菌性疾病的防治

（一）鸡大肠杆菌病

鸡大肠杆菌病是由埃希氏大肠杆菌的某些致病性菌株引起的多种疾病的总称，其特征表现为早期胚胎和幼雏死亡、急性败血症、肠炎、脐带炎、肝周炎、心包炎、腹膜炎、全眼球炎、卵黄性腹膜炎、输卵管炎、滑膜炎、关节炎、肉芽肿等病型。由于大肠杆菌血清型复杂，给免疫防治带来一定的困难，目前药物防治仍是控制鸡大肠杆菌病的主要手段。

1. 病原

大肠杆菌是革兰氏阴性、中等大小短杆菌，大小通常为 2～3 μm，具有周身鞭毛，能运动。其营养要求不高，在普通琼脂平板上经 37 ℃培养 24 h 后，形成表面光滑、边缘整齐、灰白色、透明或半透明的微隆起菌落。在麦康凯琼脂平板上，多数大肠杆菌形成粉红色菌落；在伊红美兰琼脂培养基中，菌落为紫黑色略带金属光泽。大肠杆菌共有菌体、鞭毛、表面三种抗原，分别表示为 O、H、K。各种抗原种类繁多，构成多种不同的血清型。

大肠杆菌是健康畜禽肠道中的常见菌，可分为致病性和非致病性两大类。大肠杆菌病是一种条件性疾病，在卫生条件差、饲养管理不良的情况下，很容易造成此病的发生。

2. 流行病学

各种年龄的鸡都可感染大肠杆菌病，发病率和死亡率受多种因素影响有所不同。但是幼雏和中雏发生较多。病鸡和带菌的鸡是传染源。主要经蛋、呼吸道和口传染。不良的饲养管理、应激或并发其他病原感染都可成为大肠杆菌病的诱因。

3. 临床症状和病理变化

（1）急性败血症：人们通常所指的大肠杆菌病即指本型。雏鸡和 6～10 周龄的肉鸡多发，病鸡精神不振，采食减少，衰弱，或者症状不明显突然死亡，发病率和死亡率都较高。病鸡腹部膨满，排出黄白色的稀便。肠浆膜、心内外膜有明显小出血点，心包大量积液。脾脏肿大数倍。有的伴有纤维素性肝周炎、纤维素性心包炎、纤维素性气囊炎。

（2）气囊炎型：气囊炎主要发生于 3～12 周龄幼雏，特别是 3～8 周龄的肉仔鸡。气囊炎也经常伴有心包炎、肝周炎和腹膜炎。病鸡表现为精神沉郁、呼吸困难、有啰音、消瘦等。气囊增厚、浑浊，有纤维素性物质覆盖，呈灰白色。继发心包炎、肝周炎时，心包增厚，表面附有纤维素性假膜；肝肿大，被膜增厚，表面有大量纤维性物质附着，有时可见被膜下散在大小不等的出血点和坏死斑。脾充血肿胀。有的病死鸡有明显的腹膜炎，腹水增多。

（3）卵黄性腹膜炎及输卵管炎：主要见于成年产蛋鸡。腹膜炎可由气囊炎发展而来，也可由慢性输卵管炎引起。发生输卵管炎时，输卵管变薄，管内充满恶臭干酪样物，阻塞输卵管使排出的卵落到腹腔而引起腹膜炎。病、死母鸡，腹部膨胀、下坠，腹腔积有大量卵黄，呈广泛腹膜炎，肠道或脏器间相互粘连。

（4）滑膜炎和关节炎：大肠杆菌引起滑膜炎和关节炎，病鸡跛行或呈伏卧姿势，一个或多个腱鞘、关节发生肿大。发生大肠杆菌肉芽肿时，沿肠道和肝脏发生结节性肉芽肿，病变似结核。

（5）头部肿胀：由于表皮损伤侵入，感染扩散到关节和骨部，引起这些部位的炎症。有一些病毒感染后，继发大肠杆菌急性感染，造成头部肿胀，即肿头综合征，双眼和整个头部肿胀，皮下有黄色液体及纤维素渗出。可从局部分离出大肠杆菌。

（6）全眼球炎：患大肠杆菌性全眼球炎的病鸡，眼睛呈灰白色，角膜混浊，眼前房积脓，常因此而失明。

（7）死胚、初生雏卵黄囊感染和脐带炎：种蛋被粪便污染，未很好消毒，或母禽患有大肠杆菌性输卵管炎、卵巢炎等，通过蛋内垂直感染，胚胎在孵化后期死亡，死胚增多。孵出的雏鸡体弱，卵黄吸收不良，脐部肿胀发炎，排出白色、黄绿色或泥土样的稀便。腹部膨满，下垂，出生后 2～3 d 死亡，即使鸡不死，也会发育迟滞。死胚和死亡雏鸡的主要病变是卵黄不吸收，呈黄绿色黏稠状物，有的甚至变为干酪样或黄棕色水样。病程稍长者，可见心包炎和腹膜炎。

除以上病型外，还表现为脑炎、肉芽肿、出血性肠炎等病型。

4. 诊断

（1）临床诊断：如果临床症状和病理变化，可见败血症、心包炎、气囊炎、肝周炎、生殖道炎、关节炎等病型，可初步做出诊断。

（2）实验室诊断：采用选择培养基如普通营养琼脂、伊红美蓝、麦康凯平板，分离、培养细菌，进一步鉴定，即可确诊。

5. 防治

（1）预防措施：搞好环境卫生消毒工作，严格控制饲料、饮水的卫生和消毒，做好各种疫病的免疫。严格控制饲养密度，做好舍内通风换气，定期进行带鸡消毒工作，避免种蛋沾染粪便，对种蛋和孵化过程严格消毒。定期对鸡群投喂乳酸菌等生物制剂对预防大肠杆菌有很好的作用。或者在易感日龄，在饮水或者饲料中，添加化学药物，如土霉素、环丙沙星、恩诺沙星等。用本场分离的致病性大肠杆菌制成油乳剂灭活苗免疫本场对预防大肠杆菌病有一定作用。

（2）治疗措施：由于大肠杆菌容易对药物产生抗药性，最好进行药物敏感试验。选用敏感药物进行治疗。常用药物有头孢噻呋钠、氟苯尼考、安普霉素等。治疗时还应对症治，如补充电解多维等。

（二）鸡沙门氏杆菌病

鸡沙门氏杆菌病是由沙门氏杆菌属中的一个种或者多种沙门菌引起的鸡急性或者慢性传染病。在临床上，鸡白痢是由鸡白痢沙门氏杆菌引起的，禽伤寒是鸡伤寒沙门氏杆菌引起的，禽副伤寒是由其他的有鞭毛的沙门氏杆菌引起。人类沙门氏杆菌感染和食物中毒也常常来源于副伤寒的禽类、蛋品等。禽类感染沙门氏杆菌病后，主要表现为急性败血症和肠炎等，幼龄动物发病率和死亡率高。

1. 病原

沙门氏杆菌的菌体两端钝圆、中等大小、大多数有鞭毛，无荚膜，革兰氏染色阴性。在普通培养基上生长良好，可以利用 SS 平板、麦康凯、伊红美蓝等鉴别培养基培养、鉴定。即在肠道杆菌鉴别培养基或选择培养基上多数菌株因不发酵乳糖而呈无色菌落。沙门氏杆菌，共有 O、H、Vi 等 3 种抗原，本菌血清型众多，已发现的有 2 000 多种。

本菌对热和常规消毒剂的抵抗力不强，60 ℃ 10 min、0.2% 福尔马林、3% 苯酚15 ～ 20 min 均可将其杀死。

2. 流行病学

各种品种的鸡对鸡白痢均有易感性，以 2 ～ 3 周龄以内雏鸡的发病率与病死率为最高，呈流行性。成年鸡感染常呈慢性或隐性经过。其他家禽或者野禽对鸡白痢不易感。鸡、火鸡、珠鸡、孔雀、雉鸡对禽伤寒易感，主要发生于成年鸡和 3 周龄以上的青年鸡，3 周龄以下的鸡偶尔可发病。禽副伤寒，可以感染家禽、家畜、野生动物和人等。

禽沙门氏杆菌病，可以通过卵垂直传播，同时，也可以水平传播。病禽及带菌禽是本病的主要传染源。

3. 临床症状

（1）鸡白痢。鸡白痢的特征为幼雏感染后常呈急性败血症，发病率和死亡率都高，成年鸡感染后，多呈慢性或隐性带菌，可随粪便排出，因卵巢带菌，严重影响孵化率和雏鸡成活率。

①雏鸡：出壳后感染的雏鸡，多在孵出后几天才出现明显症状。7 ～ 10 d 后雏鸡群内病雏逐渐增多，在第 2、第 3 周达高峰。发病雏鸡呈最急性者，无症状迅速死亡。稍缓者表现精神萎顿，绒毛松乱，两翼下垂，缩头颈，闭眼昏睡，不愿走动，拥挤在一起。病初食欲减少，而后停食，多数出现软嗉症状。同时腹泻，排稀薄如浆糊状粪便，肛门周围绒毛被粪便污染，有的因粪便干结封住肛门周围，影响排粪。有的病雏出现眼盲，或肢关节呈跛行症状。3 周龄以上发病的极少死亡。耐过鸡生长发育不良，成为慢性患者或带菌者。

②中鸡（育成鸡）：该病多发生于 40 ～ 80 d 的鸡，地面平养的鸡群发生此病较网上和育雏笼育雏育成发生的要多。本病发生突然，全群鸡只食欲、精神尚可，总见鸡群中不断出现精神、食欲差和下痢的鸡只，常突然死亡。死亡不见高峰而是每天都有鸡只死亡，

数量不一。该病病程较长，可拖延 20 ～ 30 d，死亡率可达 10% ～ 20%。

③成年鸡：当鸡群感染比较大时，可明显影响产蛋量，产蛋高峰不高，维持时间也短，死淘率增高。有的鸡表现鸡冠萎缩，有的鸡开产时鸡冠发育尚好，以后则表现出鸡冠逐渐变小，发绀。极少数病鸡表现精神萎顿，头翅下垂，腹泻，排白色稀粪，产卵停止。有的感染鸡因卵黄囊炎引起腹膜炎，腹膜增生而呈"垂腹"现象，有时成年鸡可呈急性发病。

（2）禽伤寒。临床症状　虽然禽伤寒较常见于生长中的鸡和成年鸡与火鸡，但也可通过蛋传播在雏鸡与雏火鸡中暴发。

①雏鸡：与雏火鸡中见到的症状与鸡白痢相似，这些并不是禽伤寒的特征性症状。

②青年鸡与成年鸡：鸡群中暴发急性禽伤寒时，最初表现为饲料消耗量突然下降、鸡的精神萎靡、羽毛松乱、头部苍白、鸡冠萎缩。感染后的 2 ～ 3 d 内，体温上升 1 ～ 3 ℃，并一直持续到死前的数小时。感染后 4 d 内出现死亡，但通常是死于 5 ～ 10 d。

雏鸡和成年鸡自然发病的病死率都有差异，可从 10% ～ 50% 或者更高。

（3）禽副伤寒。禽副伤寒的病原体包括很多血清型的沙门杆菌，其中以鼠伤寒沙门杆菌最为常见，次为德尔俾沙门杆菌、海德堡沙门杆菌、纽波特沙门杆菌、鸭沙门杆菌等。诱发禽副伤寒的沙门杆菌能广泛地感染各种动物和人类，因此在公共卫生上有重要性。

①幼龄禽：各种幼禽副伤寒的症状大致相似，主要表现为嗜眠呆立，垂头闭眼，两翼下垂，羽毛松乱，显著厌食，饮水增加，水泄样下痢，肛门粘有粪便，怕冷而靠近热源处或相互拥挤。呼吸症状不常见到。

②成年禽：在自然情况下，一般为慢性带菌者，常不出现症状。病菌存在于内脏器官和肠道中。急性病例罕见，有时可出现水泄样下痢、精神沉郁、倦怠、两翅下垂、羽毛松乱等症状。

4. 病理变化

（1）鸡白痢。

①雏鸡：因鸡白痢而死亡的雏鸡，如日龄短，发病后很快死亡，则病变不明显。卵黄囊变化不大。病期延长者卵黄吸收不良，其内容物干酪样；心肌、肺、肝、盲肠、大肠及肌胃肌肉中有坏死灶或结节。有些病例有心外膜炎，肝或有点状出血及坏死点，胆囊肿大，脾有时肿大，肾充血或贫血，输尿管充满尿酸盐而扩张，盲肠中有干酪样物堵塞肠腔，有时还混有血液，肠壁增厚，常有腹膜炎。死于几日龄的病雏，可见出血性肺炎，稍大的病雏，肺可见有灰黄色结节和灰色肝变。

②育成阶段的鸡：突出的变化是肝肿大，可达正常的 2 ～ 3 倍，暗红色至深紫色，有的略带土黄色，表面可见散在或弥漫性的小红点或黄白色的粟粒大小或大小不一的坏死灶，质地极脆，易破裂，因此常见有内出血变化，腹腔内积有大量血水，肝表面有较大的凝血块。

③成年鸡：慢性带菌的母鸡，最常见的病变为卵子变形、变色、质地改变，以及卵子呈囊状，有腹膜炎，伴以急性或慢性心包炎。成年公鸡的病变，常局限于睾丸及输精管。睾丸极度萎缩，同时出现小脓肿。输精管管腔增大，充满稠密的均质渗出物。

（2）禽伤寒。死于禽伤寒的雏鸡病变与鸡白痢时所见相似。成年鸡，最急性者眼观病变轻微或不明显，急性者常见肝、脾、肾充血肿大，亚急性和慢性病例，特征病变是肝肿大呈青铜色。此外，肝和心肌有灰白色粟粒大坏死灶、心包炎，卵子及腹腔病变与鸡白痢相同。公鸡睾丸可存在病灶，并能分离到鸡伤寒沙门氏菌。

（3）禽副伤寒。

①雏禽：死于禽副伤寒的雏鸡，最急性者无可见病变。病期稍长的，肝、脾充血，有条纹状或针尖状出血和坏死灶，肺及肾出血，心包炎，常有出血性肠炎。

②成年禽：急性感染的病变，见肝、脾、肾充血肿胀，出血性或坏死性肠炎。心包炎及腹膜炎。在产蛋鸡中，可见到输卵管的坏死和增生，卵巢的坏死及化脓，这种病变常扩展为全面腹膜炎。

5. 诊断

（1）临床诊断：鸡白痢，雏鸡排出灰白色浆糊状粪便为特征，肝脏等多种器官表面有坏死灶，肾肿大，成年鸡隐性感染，产蛋下降，卵子变形、变色等；禽伤寒，主要感染3周龄以上和成年的鸡，排出黄绿色粪便，突然发病，体温升高，精神沉郁等，剖解肝呈青铜色等；禽副伤寒，幼龄家禽易感，排出水样粪便，死亡率高，内脏器官中也有坏死灶。可作出初步诊断。

（2）实验室诊断：禽沙门氏杆菌分离、鉴定，利用选择培养基，分离、鉴定细菌，从而确诊。

6. 防治

（1）预防措施：加强管理，搞好圈舍卫生，坚持自繁自养，种鸡严格检疫，淘汰阳性种鸡，种蛋严格消毒，注意饲养密度，保证圈舍空气流通等。通常在雏鸡开食之日起，在饲料或饮水中添加抗菌药物，一般情况下可取得较为满意的结果。其他阶段的禽，在易感日龄使用药物预防。

（2）治疗措施：发病后，在饲料、饮水中添加药物，如氨苄西林、阿莫西林、安普霉素、土霉素、庆大霉素、环丙沙星、氟苯尼考等，最好做药敏试验，选择最佳药物，能够起到明显的治疗效果。

（三）禽霍乱

禽霍乱又称禽巴氏杆菌病、禽出血性败血症，是由多杀性巴氏杆菌引起的禽类的一种接触性传染病，主要侵害鸡、鸭、鹅、火鸡等。急性病例主要表现为突然发病、发热、下痢、败血症症状及高死亡率，剖检特征是全身黏膜、浆膜小点出血，出血性肠炎及肝脏的坏死点；慢性病例的特点是鸡冠、肉髯水肿，关节炎，病程较长，死亡率低。

1. 病原

多杀性巴氏杆菌，两端钝圆，中央微凸的短杆菌，革兰氏阴性。病料组织或体液涂片用瑞氏或亚甲基蓝染色镜检，呈卵圆形，两端着色深，中央部分着色较浅，很像并列的两个球菌，所以又称为两极杆菌。用培养物所制作的涂片，两极着色则不那么明显。本菌为需氧兼性厌氧菌，普通培养基上均可生长，但不繁茂，如添加少许血液或血清则生长良好。根据荚膜抗原将其分为 A、B、D、E 和 F 5 个血清群，菌体抗原分为 1～12 个血清群，所以菌株的血清型即为 5：A、6：B、2：D。本菌对物理和化学因素的抵抗力比较低。直射阳光和干燥条件下很快死亡，常规消毒药均可在短时间内将其杀死。

2. 流行病学

各种家禽如鸡、鸭、鹅、火鸡等都有易感性，但鹅易感性较差，各种野禽也易感。产蛋鸡较幼龄鸡更为易感。16 周龄以下的鸡一般具有较强的抵抗力。但临床也曾发现 10 d 发病的鸡群。病禽和带菌禽类，慢性感染禽被认为是传染的主要来源。细菌经蛋传播很少发生，主要经呼吸道、消化道、黏膜或皮肤外伤传播。病鸡的尸体、粪便、分泌物和被污染的用具、土壤、饲料、饮水等是主要的传播媒介。

禽霍乱一年四季均可发生和流行，但在高温、潮湿、多雨的夏、秋两季，以及气候多变的春季最容易发生。

3. 临床症状

自然感染的潜伏期一般 2～9 d，人工感染通常在 24～48 h 发病，在临床上分为最急性、急性和慢性三型。

（1）最急性型：常见于流行初期，以产蛋高的鸡最常见。病鸡无前驱症状，晚间一切正常，吃得很饱，次日发病死在鸡舍内。

（2）急性型：此型最为常见，病鸡主要表现为精神沉郁，羽毛松乱，缩颈闭眼，头缩在翅下，不愿走动，离群呆立。病鸡常有腹泻，排出黄色、灰白色或绿色的稀粪。体温升高到 43～44 ℃，减食或不食，渴欲增加。呼吸困难，口、鼻分泌物增加。鸡冠和肉髯变为青紫色，有的病鸡肉髯肿胀，有热痛感。产蛋鸡停止产蛋。最后发生衰竭，昏迷而死亡，病程短的约半天，长的 1～3 d。

（3）慢性型：由急性不死转变而来，多见于流行后期。以慢性肺炎、慢性呼吸道炎和慢性胃肠炎较多见。病鸡鼻孔有黏性分泌物流出，鼻窦肿大，喉头积有分泌物而影响呼吸，经常腹泻。病鸡消瘦、精神萎顿、冠苍白。有些病鸡一侧或两侧肉髯显著肿大，随后可能有脓性干酪样物质，或干结、坏死、脱落。有的病鸡有关节炎，常局限于脚或翼关节和腱鞘处，表现为关节肿大、疼痛、脚趾麻痹，因而发生跛行。病程可拖至一个月以上，但生长发育和产蛋长期不能恢复。

4. 病理变化

（1）最急性型：死亡的病鸡无特殊病变，有时只能看见心外膜有少许出血点。

（2）急性型：病例病变出现明显特征，病鸡的腹膜、皮下组织及腹部脂肪常见小点出血。心包变厚，心包内积有多量不透明淡黄色液体，有的含纤维素絮状液体，心外膜、心冠脂肪出血尤为明显。肺有充血或出血点。肝脏的病变具有特征性，肝稍肿、质变脆，呈棕色或黄棕色。肝表面散布有许多灰白色、针头大的坏死点。脾脏一般不见明显变化，或稍微肿大，质地较柔软。肌胃出血显著，肠道尤其是十二指肠呈卡他性和出血性肠炎，肠内容物含有血液。

（3）慢性型：因侵害的器官不同而有差异。当呼吸道症状为主时，见到鼻腔和鼻窦内有多量黏性分泌物，某些病例见肺硬变。局限于关节炎和腱鞘炎的病例，主要见关节肿大变形，有炎性渗出物和干酪样坏死。公鸡的肉髯肿大，内有干酪样的渗出物，母鸡的卵巢明显出血，有时卵泡变形，似半煮熟样。

5. 诊断

（1）临床诊断：根据易感动物特征，成年产蛋禽更易感，多发生于夏秋季节，多呈急性败血症，体温升高，呼吸困难，严重下痢，口鼻流出黏液，死亡率高，慢性关节肿大，肉髯肿大等，心包积液，心外膜出血，肝脏肿大，质脆易碎，表面有针尖大小白色坏死灶，可初步作出诊断。

（2）实验室诊断：取病禽血涂片，肝脾触片经亚甲基蓝、瑞氏或吉姆萨染色，如见到大量两极浓染的短小杆菌，有助于诊断。进一步的诊断须经细菌的分离培养及生化反应。

6. 防治

（1）管理措施：加强鸡群的饲养管理，避免或杜绝引起发病的诱因，就可大大减少，如果临床症状和病理变化，可见败血症。平时严格执行鸡场兽医卫生防疫措施，以栋舍为单位采取全进全出的饲养制度，预防禽霍乱是可能的。

（2）免疫接种：禽霍乱菌苗的免疫效果不够理想。在禽霍乱常发或流行严重的地区，可以考虑接种菌苗进行预防。目前，我国使用的菌苗有弱毒菌苗和灭活菌苗两种，弱毒菌苗有禽霍乱731弱毒菌苗、禽霍乱G190E40弱毒菌苗等。

（3）药物治疗：鸡群发病应立即采取治疗措施，有条件的地方应通过药敏试验选择有效药物全群给药。青霉素、链霉素、土霉素、磺胺类药物、红霉素、庆大霉素、环丙沙星、恩诺沙星均有较好的疗效。在治疗过程中，剂量要足，疗程合理，当鸡只死亡明显减少后，再继续投药2～3 d以巩固疗效防止复发。

（四）传染性鼻炎

传染性鼻炎（IC）是由鸡副嗜血杆菌引起的鸡的一种急性呼吸道传染病，其特征是传播快、发病率高，病鸡表现头部肿胀、鼻腔和窦发炎、喷嚏流泪，结膜发炎，较少死亡，但生产性能受到严重影响。

1. 病原

鸡副嗜血杆菌呈多形性。在初分离时为一种革兰氏阴性的小球杆菌，两极染色。24 h

的培养物，菌体为杆状或球杆状，大小为（0.4～0.8）μm×（1.0～3.0）μm，并有成丝的倾向。48～60 h后发生退化，出现碎片和不规则的形态，此时将其移到新鲜培养基上可恢复典型的杆状或球杆状状态。本菌为兼性厌氧，在含5%～10% CO_2 的大气条件下生长较好。对营养的需求较高，需要V因子。位于表皮葡萄球菌生长线附近的鸡副嗜血杆菌呈卫星状生长。

2. 流行病学

IC可发生于各种年龄的鸡，其中老龄鸡的感染较为严重。病鸡及隐性带菌鸡是传染源，主要以飞沫及尘埃经呼吸传染，但也可通过污染的饲料和饮水经消化道传染。本病多发于冬秋两季。鸡群拥挤，不同年龄的鸡混群饲养，通风不良，鸡舍内闷热，氨气浓度大，或鸡舍寒冷潮湿，缺乏维生素A，受寄生虫侵袭等都能促使鸡群严重发病。鸡群接种禽痘疫苗引起的全身反应也常常是传染性鼻炎的诱因。

3. 临床症状

鼻腔和鼻窦发生炎症者常仅表现鼻腔流稀薄清液。一般常见症状为鼻孔先流出清液以后转为浆液黏性分泌物，有时打喷嚏。脸肿胀或显示水肿，眼结膜炎、眼睑肿胀。食欲及饮水减少，或有下痢，体重减轻。病鸡精神沉郁、颜面部浮肿、缩头、呆立。仔鸡生长不良，成年母鸡产卵减少；公鸡肉髯常见肿大。如炎症蔓延至下呼吸道，则呼吸困难，病鸡常摇头欲将呼吸道内的黏液排出，并有啰音。咽喉也可积有分泌物的凝块，常窒息而死。

4. 病理变化

病理剖检变化也比较复杂多样，主要病变为鼻腔和窦黏膜呈急性卡他性炎，黏膜充血肿胀，表面覆有大量黏液，窦内有渗出物凝块，后成为干酪样坏死物。常见卡他性结膜炎，结膜充血肿胀。脸部及肉髯皮下水肿。严重时可见气管黏膜炎症，偶有肺炎及气囊炎。

5. 诊断

（1）临床诊断：冬季易发，面部肿大，单纯感染，流鼻、咳嗽等，死亡率低。本病和慢性呼吸道病、慢性鸡霍乱、禽痘以及维生素缺乏症等的症状相类似，故仅从临床诊断上来诊断本病具有一定困难

（2）实验室诊断：细菌分离、鉴定。选择特殊培养基，培养出传染性鼻炎病菌。

6. 防治

（1）管理措施：鸡场在平时应加强饲养管理，改善鸡舍通风条件，做好鸡舍内外的卫生消毒工作，以及病毒性呼吸道疾病的防治工作，提高鸡只抵抗力对防治本病有重要意义。每栋鸡舍应做到全进全出，禁止不同日龄的鸡混养。清舍之后要彻底进行消毒，空舍一定时间后方可让新鸡群进入。

（2）疫苗接种：目前常用鸡传染性鼻炎油佐剂灭活苗，经实验和现场应用对本病流行严重地区的鸡群有较好的保护作用。根据本地区情况可自行选用。

（3）治疗措施：副鸡嗜血杆菌对磺胺类药物非常敏感，是治疗本病的首选药物。一般用复方新诺明或磺胺增效剂与其他磺胺类药物合用，或用 2～3 种磺胺类药物组成的联磺制剂均能取得较明显效果。也可选用链霉素或青霉素、链霉素合并应用。红霉素、土霉素及环丙沙星也是常用治疗药物。

（五）鸡葡萄球菌病

鸡葡萄球菌病主要是由金黄色葡萄球菌引起鸡和其他鸟类的各种疾病总称。在临床主要引起禽类的腱鞘炎、化脓性关节炎、黏液囊炎、败血症、脐炎、眼炎，偶见细菌性心内膜炎和脑脊髓炎等多种病型。

1. 病原

葡萄球菌属于微球菌科，葡萄球菌属，革兰氏阳性球菌，老龄培养物（培养时间超过 24 h）可呈革兰氏染色阴性，固体培养物涂片，呈典型的葡萄串状，在液体培养基或病料中菌体成对或呈短链状排列。葡萄球菌为兼性厌氧菌，营养要求不高，在普通培养基上即可生长，培养 24 h 形成直径 1～3 mm 的圆形、光滑型菌落；在血液平板培养基上生长旺盛，形成的菌落较大，产溶血素的菌株，在菌落周围出现 β 溶血环，凝固酶阳性，能发酵葡萄糖和甘露醇，并能液化明胶。在麦康凯培养基上不生长。葡萄球菌广泛分布于自然界中，葡萄球菌属约有 20 个种，其中金黄色葡萄球菌是对家禽有致病力的重要的一个种。

2. 流行病学

鸡、鸭、鹅和火鸡等各种龄期的禽类对葡萄球菌均易感，但以雏禽更为敏感，而鸡以 30～70 日龄多发，成年鸡发生较少，也有孵化后期鸡胚感染金黄色葡萄球菌而致死的报道。地面平养、网上平养较笼养鸡发生得多。肉种鸡及白羽产白壳蛋的轻型鸡种易发、高发。因葡萄球菌是体表的常在菌，当皮肤和黏膜完整性受到破坏，如断喙、注射疫苗、网刺、刮伤和扭伤、断趾、啄伤等都可成为本病发生的因素。刚出壳的雏鸡由于脐环开张，为病原菌提供了入侵门户，从而引发脐炎或其他类型的感染。

鸡葡萄球菌病一年四季均可发生，以雨季、潮湿和气候多变季节多发。

3. 临床症状

（1）败血型：该型病鸡临床表现不明显，多见于发病初期。可见病鸡精神不好，缩颈低头，不愿运动。病后 1～2 d 死亡。

（2）皮炎型：该病死亡率较高，病程多在 2～5 d。病鸡精神沉郁，羽毛松乱，少食或不食，部分病鸡腹泻，胸腹部、翅、大腿内侧等处羽毛脱落，皮肤外观呈紫色或紫红色，有的破溃，皮下湿润充血。

（3）关节炎型：雏禽、成禽均可发生，肉仔鸡更为常见。多发生于跗关节，常为一侧关节肿大，有热痛感。因运动、采食困难，导致衰竭或继发其他疾病而死亡。

（4）鸡胚感染型：一般在孵化后期 17～20 日龄死亡，已出壳的雏鸡多数出现腹部膨大、脐部肿胀、脚软乏力等症状，个别病雏胫跗关节肿大，在出壳后 24～48 h 死亡。

上述常见病型可以单独发生，也可以几种病型同时发生。临床上还可见其他类型的疾病，如浮肿性皮炎、胸囊肿、脚垫肿、脊椎炎和化脓性骨髓炎等也时有发生。

4. 病理变化

（1）败血型：表现为肝、脾肿大，出血；心包积液，呈淡黄色，心内、外膜，冠状脂肪有出血点或出血斑；肠道黏膜充血、出血；肺充血；肾瘀血肿胀。

（2）皮炎型：表现为病死鸡局部皮肤增厚、水肿，切开皮肤见有数量不等的胶冻样黄色或粉红色液体，胸肌及大腿肌肉有出血斑点或带状出血，或皮下干燥，肌肉呈紫红色。

（3）关节炎型：可见关节肿胀处皮下水肿，关节液增多，关节腔内有淡黄色干酪样渗出物。

（4）鸡胚感染型：死胚表面黏附灰褐色的黏液，胚液呈灰褐色，胚头顶部及枕部皮下显著水肿和点状出血，水肿液呈冻胶样，为浅灰色；死胚腹部膨大，脐部肿胀，黑褐色，部分脐环闭合不全；软脑膜、心外膜可见点状出血，肺瘀血及点状出血，肝脏土黄色，卵黄囊容积大，血管呈树枝状充血和点状出血，卵黄暗褐色败血型病死鸡局部皮肤增厚、水肿。

5. 诊断

（1）临床诊断：通过临床、病理变化和流行病学观察可初步诊断。

（2）实验室诊断：采取病死鸡皮下渗出液、关节腔渗出液或雏鸡卵黄囊，以及内脏器官如肝、脾、肾可作为金黄色葡萄球菌分离培养的病料。接种培养基，同时涂片、染色镜检。如果从典型的病灶中分离到革兰氏阳性单在或排列成短链状球菌，可作为快速的初步鉴定。

6. 防治

（1）预防措施：加强饲养管理，搞好鸡场兽医卫生防疫措施入手，尽可能做到消除发病诱因，认真检修笼具，切实做好鸡痘的预防接种是预防本病发生的重要手段。在常发地区频繁使用抗菌药物，疗效日渐降低，应考虑用疫苗接种来控制本病。国内研制的鸡葡萄球菌病多价氢氧化铝灭活苗，经多年实践应用证明，可有效预防本病。

（2）治疗措施：金黄色葡萄球菌对药物极易产生抗药性，在治疗前应做药物敏感试验，选择有效药物全群给药。实践证明，头孢、庆大霉素、卡那霉素、恩诺沙星、青霉素等均有不同的治疗效果。

（六）鸡弧菌性肝炎

鸡弧菌性肝炎又称鸡弯曲杆菌病，是由空肠弯曲杆菌引起的细菌性传染病。该病以肝脏肿大、充血、坏死为特征。

1. 病原

空肠弯曲杆菌是纤细、螺旋状弯曲的杆菌，有鞭毛，革兰氏阴性，有多个血清型，大小为（0.5～5.0）μm×（0.2～0.5）μm，具有多形性，呈弧状或逗点状、螺旋状，当两个菌体连成短链时，可呈 S 形或海鸥展翅形。空肠弯曲杆菌对干燥极其敏感，干燥、日光迅速将其杀死；对各种常用的消毒剂敏感。

2. 流行病学

鸡弧菌性肝炎自然感染主要发生于鸡和火鸡，可发生于各日龄的鸡群，但以开产前后的鸡最易感。病鸡和带菌鸡是主要传染源，其粪便污染饲料、饮水、用具及周围环境，经消化道感染健康鸡，多为散发或地方性流行。饲养管理不良、应激（转群、注射疫苗、气候突变等）、球虫病及滥用抗生素药物致肠道菌群失调等，都可促使本病的发生。

鸡弧菌性肝炎世界各地普遍存在，发病率高、死亡率低。本病常与鸡马立克氏病、新城疫、支原体病以及大肠杆菌病、沙门氏菌病等混合感染，大大增加了鸡群的死亡率。

3. 临床症状

患鸡弧菌性肝炎的病鸡精神沉郁，呆立不动，食欲减退，喜饮水；腹泻、排出黄褐色糊状继而水样粪便。羽毛松乱，鸡冠苍白，呈鳞片状皱缩，逐渐消瘦，产蛋量下降 25%～35%。青年鸡开产期推迟，产蛋初期软皮蛋、沙皮蛋增多，不易达到预期产蛋高峰。成年鸡畸形蛋增多，整个鸡群长期腹泻。肉鸡全群发育缓慢，增重受阻。个别急性病例感染后 2～3 d 死亡。

4. 病理变化

最典型的病变在肝脏，急性病例可见肝实质变性、肿大、质地脆弱，肝表面有散在的黄色星状坏死灶和菜花状坏死区，被膜下有出血点或形成血肿；慢性病例肝变硬并萎缩，且伴有腹水或心包液。卡他性肠炎，空肠黏膜出血。肾肿大，苍白。有的产蛋鸡卵巢变形，有的卵泡破裂，卵黄掉入腹腔，引起卵黄性腹膜炎。急性死亡的蛋鸡，往往肝脏破裂，腹腔积满血水，子宫内常有完整的鸡蛋。

5. 诊断

（1）临床诊断：根据流行病学特征、临床症状，以及肝脏典型的病理变化可以作出初步诊断。

（2）实验室诊断：取病死鸡心血、胆汁涂片和肝、脾触片，革兰氏染色，镜检可见不同形态、能运动、无芽孢、革兰氏阴性的弯曲细长杆菌；无菌采集胆汁接种于 10% 鸡血琼脂上，在浓度为 10% 的二氧化碳环境中培养 24 h，可见针尖大小、圆形、湿润、灰色透明、边缘整齐无溶血的菌落，染色镜检见海鸥翼形或 S 状、球形或长螺旋状菌体，有单极鞭毛即可确诊。

6. 防治

加强饲养管理和卫生消毒，保持鸡舍的通风和清洁卫生；供给鸡只营养丰富的饲料，精心饲养；保持鸡舍内合适的温湿度、饲养密度和光照。在饲料或饮水中添加恩诺沙星、多西环素、金霉素等有较好的治疗作用，病情严重的可肌注庆大霉素。

三、鸡常见寄生虫病的防治

（一）常见原虫病的防治

1. 鸡球虫病

鸡球虫病是养鸡业很常见的一种疾病，其分布广泛，对养鸡业的经济效益有十分严重的影响。该病是由寄生在鸡肠道的各种艾美耳球虫引起的，全世界报道的有9种，我国至少报道了7种鸡的艾美耳球虫。

（1）病原体。鸡球虫病是一种由艾美耳球虫所引起的，对养鸡业有严重危害的寄生虫类疾病，能够导致鸡只患病的艾美耳球虫有7种，包括柔嫩艾美耳球虫、堆型艾美耳球虫、毒害艾美耳球虫、巨型艾美耳球虫、和缓艾美耳球虫、布氏艾美耳球虫和早熟艾美耳球虫。

球虫的生活史属直接发育型，不需要中间宿主，须经过孢子增殖，但生活史复杂，分为体内及体外两个生活阶段，在体内又有无性生殖和有性生殖两个发育阶段。

①无性生殖。随病鸡粪便排到体外的球虫卵囊，在适宜的温度条件下，经1～3 d发育成感染卵囊，鸡吞食了感染卵囊后，在消化酶作用下，卵囊膜被溶解，其中的子孢子游离出来进入肠上皮细胞，分裂繁殖成第一代裂殖体，每个裂殖体内可形成900个裂殖子，裂殖体破裂释放出裂殖子，裂殖子再侵入其他肠上皮细胞内，发育成第二代裂殖体。

②有性生殖。第二代裂殖子侵入肠上皮细胞后，大多数发育成雌配子和雄配子，后者钻入前者体内融合成合子，形成卵囊，经肠道排出到体外。

艾美耳球虫完成一次生殖周期一般为4～10 d，柔嫩艾美耳球虫最少需6 d，感染后第4 d排出血便，第5 d达到出血高峰。

（2）流行病学。鸡是上述各种艾美耳球虫的唯一天然宿主，各品种、各日龄的鸡都对其有易感性。带虫鸡和患病鸡是传染源。易感鸡主要通过消化道而感染发病。

艾美耳球虫寄生在鸡的肠道内，但各种球虫所寄生的部位不同，布氏艾美耳球虫寄生于小肠下段和直肠，堆型艾美耳球虫寄生于十二指肠，柔嫩艾美耳球虫寄生于盲肠，巨型艾美耳球虫和毒害艾美耳球虫寄生于小肠。鸡球虫病主要暴发于高温高湿的季节，南方地区通常集中在3—11月，其中3—5月发病最为严重。北方地区通常集中在4—9月，其中7—8月发病最为严重。对于养殖场来说，全年所有季节都存在发病的可能性。

（3）临床症状。

①急性型。急性型鸡球虫病主要集中于1—2月龄的雏鸡，早期病鸡通常在鸡舍角落独自呆立，食欲不振，排水样稀便。在病程不断进展的情况下，病鸡食欲废绝，鸡冠为苍白色，双翅下垂，排便为黑褐色，当中存在大量血液。进入疾病后期，病鸡会表现为痉挛现象，且开始陷入昏迷症状，最终因为机体衰竭而死亡。患病个体发病时间较快，在数天至一周内会出现大量死亡，尤其对于幼龄鸡而言，死亡率高达80%。

②慢性型。慢性型鸡球虫病主要集中于2—4月龄的成年鸡，症状与急性型鸡球虫病

较为类似，同样存在体形消瘦、腹泻、产蛋量大幅减少，病程的持续时间也在这个过程中不断增加，情况严重的病鸡会达到数月之久。一些症状严重的病鸡还会存在明显的饮水增加，但并没有完全吸收水分就被排出，导致严重的脱水。

（4）病理变化。解剖病死鸡以后，能看见病变部位集中在肠道。盲肠存在非常严重的肿胀现象，为正常状态的 3～5 倍，外观表现为暗红色、紫红色或深红色，质地相对较为坚硬。肠道部位存在较为严重的充血问题；同时，肠道表面分布着弥散性出血点。小肠整体为萎缩状态，表现为明显膨气、变短变粗的状态；同时，小肠黏膜呈现为粉红色状态，肠黏膜表面有着非常多米粒大小的坏死病灶、出血点。小肠前段位置、中段位置的黏膜与肠管外也存在坏死病灶，表现为环状、点状情况。肠壁整体严重扩张，失去弹性，黏膜上皮组织存在脱落现象，黏膜层存在变薄的情况。切开肠管的情况下，能发现肠壁明显增厚，肠腔中充满大量血凝块、血液，同时也存在黄白色干酪样坏死病灶。此外，肠道中也存在部分凝栓子，主要是血液与坏死物质的混合物。

（5）诊断。

①粪便检查。鸡球虫病的粪便检查主要是选择饱和盐水漂浮法。收集病鸡新鲜血便 5～10 g，将其放置于 200 mL 烧杯当中，添加充足的饱和食盐水，进行充分的搅拌处理以后，进行 0.5 h 的过滤静置，选择直径 1 cm 的金属圈，针对上层表面液膜进行蘸取，将其滴落在载玻片上面，然后将玻片盖上，通过显微镜进行观察是否存在球虫卵。

②鉴别诊断。通常情况下，鸡球虫病结合发病症状和临床特点就能做出初步的诊断，如果需要确诊，可以采取实验室检查方法进行诊断。在实验室检查时，首先，需要从粪便中或盲肠黏膜中无菌采集样本，然后进行涂片处理，在显微镜下观察出球虫卵的存在，就能确诊。其次，需要鉴别诊断球虫病与鸡组织滴虫病之间的区别。两种疾病在临床症状上有明显的相似之处，并且会存在同时感染的情况。通过检查粪便能够找到组织滴虫或者球虫卵囊。此外，组织滴虫病会导致肝脏肿大，并且有黄色的坏死灶，而球虫病没有此类症状。

（6）防治。

①预防原则。育雏前，鸡舍地面，育雏器、饮水器、饲槽要彻底清洗，用火焰消毒，保持舍内地面、垫草干燥，粪便应及时清除发酵处理。

②预防性投药和治疗。在易发日龄饲料添加抗球虫药，因球虫对药物易产生抗药性，故常用抗球虫药物应交替应用，或联合使用几种高效球虫药，如球虫灵、菌球净、氯苯胍、莫能霉素、盐霉素、复方新诺明、氯丙啉等。

③免疫防治。现有球虫疫苗可应用，在种鸡身上，使子代获得母源抗体的保护。

2. 鸡白冠病

鸡白冠病是鸡住白细胞原虫寄生于鸡的红细胞和单核细胞而引起的鸡贫血性疾病，临床上以贫血、肌肉和各内脏器官出血、产蛋下降、拉绿色稀粪为特征，是鸡的主要血液原虫病。该病发病迅速，且有较强的传染性，对雏鸡的致死率非常高，病鸡的产蛋率会明显下降，严重影响养鸡效益。

（1）病原。鸡白冠病病原是卡氏住白细胞原虫和沙氏住白细胞原虫，在红细胞和白细胞内繁殖，通过吸血昆虫库蠓传播。

生活史有三个发育阶段，孢子生殖在库蠓体内进行，最后生成有侵袭性的子孢子，出现在库蠓的唾液内，通过叮咬和吸血侵入鸡体，并开始裂殖生殖，子孢子侵入鸡的肝、肾、脾、肺心和肌肉等脏器的血管内皮细胞内，先形成第一代裂殖体，在感染后 5～7 d 第一代裂殖体成熟，又产生大量裂殖子，再次进入全身血管内皮细胞，形成第二代裂殖体。第二代裂殖体释放出裂殖子侵入血液的红细胞和白细胞，从而进入配子生殖阶段，感染后 15～19 d 在血液中形成雌配子体和雄配子体。在配子体出现 5～7 d 后在血液中消失，当库蠓吸了带有大小配子体的鸡血液，孢子生殖阶段又在库蠓内进行。本病在蠓与鸡之间周而复始的传递，一个循环期为 70 d 左右，病鸡体内可长期带虫。

（2）流行病学。任何品种的鸡都可感染发病，但本地土种鸡较少发病。各个日龄的鸡都可易感，尤其是鸡冠和肉垂发达的产蛋鸡最易发病，雏鸡和青年鸡次之，但感染后有较高的病死率。传染源是病鸡和带虫鸡。库蠓是该病的传播媒介，常见的有尖喙库蠓、环斑库蠓、荒川库蠓、恶敌库蠓，其中前三种库蠓在我国广泛存在。该病的流行有明显季节性，库蠓活动的夏季，北方地区是 8—9 月，南方地区是 4—6 月。

（3）临床症状。鸡群通常突然出现发病，体温明显升高，可达 41 ℃左右，精神萎靡，采食量下降，呼吸加快，双翅下垂，无法稳定站立，共济失调，呈现轻度瘫痪，接着有贫血症状，机体日渐消瘦，鸡冠变得苍白，且鸡冠表面存在针尖大小的红色出血点，用手对鸡冠轻轻按压未发现结节，有时鸡冠和肉髯都有出血现象，并逐渐形成黑色结痂，出现萎缩。另外，病鸡还伴有明显的腹泻症状，往往排出黄绿色水样稀粪。病鸡症状比较严重时，临死前可见鲜血从口中流出，且饲槽和水槽上往往会附着其咳出的新鲜血液。产蛋鸡发病后，还会导致产蛋量明显降低，容易产出软壳蛋、破壳蛋、畸形蛋。

（4）病理变化。血液稀薄色淡，凝固不良，肝脾肿大，质脆易碎，皮下出血，胸腿肌肉，皮下脂肪有散在出血斑点、灰白色或灰黄色小点的病灶；胸骨内侧，肝、胰、胃的浆膜及黏膜，心外膜、肺、肾、脑膜等各处均有出血点和黄白色小点。组织学检查，出血点和白点处可检出巨型裂殖体。

（5）诊断。

①临床诊断。根据鸡群发病经过、临床症状、剖检变化，加之鸡场内外环境中是否有蚊虫，初步诊断是否发生鸡住白细胞原虫病，如需确诊还要进行实验室诊断。

②实验室诊断。无菌条件下，在病鸡的鸡冠或翅下静脉采集血液，制成涂片后使用姬姆萨进行染色，可见血细胞中有配子体，且在血浆中存在游离的紫红色裂殖体，呈圆点状。取以上病死鸡发生典型病变的脏器组织进行触片，接着使用瑞氏染色剂进行染色，然后置于油镜下观察，能够发现配子体。取病死鸡肌肉中的白色小结节，压片处理后滴加生理盐水 1 滴，接着放上盖玻片，使用低倍显微镜观察，可见圆形裂殖体。

（6）治疗。针对鸡卡氏住白细胞原虫病的治疗，宜早不宜晚，最好在鸡卡氏住白细胞原虫病流行季节早期，就提前采用药物进行干预，这样能达到最佳的治疗效果。常用磺胺药包括磺胺间甲氧嘧啶、磺胺-2-甲氧嘧啶、磺胺丙氯拉嗪钠等药物进行鸡卡氏住白细胞原虫病的治疗。

为减轻磺胺苯药物对鸡的副作用，可以用药期间辅以小苏打治疗。小苏打具有碱化尿液的作用，能防止磺胺类药物在鸡的输尿管中形成结晶尿，从而减轻药物对鸡肾脏带来的损寄害。

（7）防治。

①预防措施。加强鸡舍的卫生管理，避免鸡舍内滋生大量的库蠓。在具体实践方面，首先，应注意清理鸡舍内外的杂草及各种杂物，避免库蠓的滋生。其次，定期对鸡舍进行消毒，可以采用 15% 过氧乙酸溶液，按 1 ∶ 500 配比稀释，做好鸡舍内喷洒消毒工作，有利于驱赶鸡舍内的库蠓，避免细菌病毒滋生。最后，在库蠓高发期，还应做好杀虫处理。在鸡舍内部，可采用 5% 氰戊菊酯溶液，按 1 ∶ 1 000 进行稀释，做好鸡舍内喷洒杀虫工作。到了晚上，可在鸡舍内点燃驱蚊棒香，有效驱赶库蠓。鸡舍外，可每隔 10 d 左右，采用 0.05% 敌百虫溶液喷洒 1 遍，尤其是鸡舍周围的水沟、草丛内，做好药物喷洒，可达到良好的杀虫效果。

②发病后处理措施。病死鸡必须进行焚烧、深埋等无害化处理。对舍外活动场地及鸡舍进行全面清扫和彻底消毒，并用 2% 的氢氧化钠对水槽、料槽及相关用具进行彻底清洗。

3. 组织滴虫病

组织滴虫病又称盲肠肝炎、黑头病，是鸡和火鸡的一种原虫病，以盲肠和肝脏病为特征。

（1）病原。组织滴虫病的病原为火鸡组织滴虫，为多形性虫体，大小不一，近圆形或变形虫形，伪足钝圆。盲肠腔中虫体的直径为 5 ～ 16 μm，常见一根鞭毛；虫体内有一小盾和一个短的轴柱。在肠和肝组织中的虫体无鞭毛，初侵入者 8 ～ 17 μm，生长后可达 12 ～ 21 μm，陈旧病变中的虫体仅为 4 ～ 11 μm，存在于吞噬细胞中。其致病力受宿主的品种、年龄、营养状况、肠道菌群的组成等因素的影响。

（2）流行病学。鸡、火鸡对该病的易感性最高，特别是 15 ～ 60 日龄的鸡更易发病，随着日龄的增大则逐渐减少发病。一般来说，鸡饲养在腐殖土地上容易出现发病，而采取网养、笼养时往往呈现散发，且基本不会发生死亡。

组织滴虫病主要通过消化道感染，病鸡排出的粪便中含有大量的原虫，会污染饲料、饮水和土壤，鸡吃后即可感染。组织滴虫的连续存在是与异刺线虫和普遍存在于鸡场土壤中的蚯蚓密切相关的。寄生于盲肠内的组织滴虫可进入异刺线虫体内，在其卵巢中繁殖，并进入卵内。当异刺线虫卵排到外界后，组织滴虫因有异刺线虫虫卵的卵壳保护，在外界能生存较长时间，成为重要的传染源。用 1% 甲醛防腐的异刺线虫卵在 1 ～ 5 ℃环境中保存 6 个月后仍具感染性。在野生群体中，雉和北美鹑类可充当保虫宿主，节肢动物中的蝇、炸蟑、土鳖和蟋蟀都可作为机械性媒介。

鸡组织滴虫病在全年的任何时间都可能发生并流行，但多集中在每年的夏、秋季节发病，疾病的流行呈现出典型的季节性，主要是因为此阶段外界环境具有较高的湿温度条件，利于组织滴虫病的传播和流行。火鸡最易感，不同品种的鸡对本病的敏感性也存在差异，一般本地土鸡发病率较低，AA 肉鸡感染后发病率较高。4～6 周龄的鸡和 3～12 周龄的火鸡对本病最为敏感。

（3）临床症状。当病鸡盲肠内寄生有组织滴虫时，会导致盲肠无法正常发挥功能，影响对水分的回收，往往会出现腹泻。同时，盲肠功能异常还会造成机体营养不良，体形消瘦，羽毛蓬松杂乱、失去光泽。

当病鸡肝脏内寄生有组织滴虫时，会导致肝脏肿胀，影响对周身血量的调节，血流不畅通，往往会使头部形成瘀血，使头部变成紫黑色。同时，由于肝脏严重受损，会使机体表现出精神萎靡，饮欲、食欲废绝，畏寒怕冷，羽毛松乱，体重减轻，最终由于严重衰竭而死。

（4）病理变化。大多数病鸡的一侧或两侧盲肠壁变厚，黏膜发生肿胀、出血或者存在溃疡，且肠腔内含有大量黏膜渗出的浆液性或者出血性渗出物，造成盲肠明显膨大。在渗出物干酪化后则会形成较为干燥坚硬的盲肠肠芯，甚至导致整个肠管被阻塞，接着盲肠壁就会出现溃疡，有时还会出现穿孔，从而诱发腹膜炎（图 3-1）。

肝脏呈紫褐色，发生肿大，表面存在略微凹陷的圆形或形状不规则的溃疡病灶，呈淡黄绿色或淡黄色，边缘较为整齐或者呈锯齿状，相比中央稍微隆起，且剖面数量和大小不同，即肝脏表面会出现特征性的菊花病灶，个别呈圆形的凹陷碟状（图 3-2）；切开可见坏死灶有扩散至肝实质的趋势。另外，肾脏、脾脏轻度肿胀。

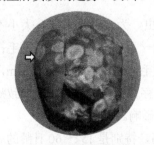 

图3-1　盲肠炎性肿胀，肠管内有干酪性轮层状凝栓　　图3-2　肝脏菊花样病灶

（5）诊断。

①初步诊断。首先根据该病的流行特点（如通常是地面饲养的雏鸡易发，成年鸡呈现散发）、病鸡主要症状（如精神沉郁、怕冷、体温低，排出硫黄样的稀粪，散发恶臭味，且头部变成紫黑色）以及典型病变（如盲肠如香肠样肿大，里面含有大量干酪样凝固的纤维素性渗出物、坏死组织和粪便，且盲肠有炎症、出血现象，并出现溃疡；肝脏表面存在不同大小的凹陷坏死灶，呈钱币样）等进行初步诊断。

②实验室诊断。取病鸡盲肠黏膜刮取物使用温度为 40 ℃的生理盐水进行稀释，并制成悬滴标本，放在 400 倍显微镜下进行检查，可发现来回运动的小球形原虫，如同钟摆

样，且虫体一端生长一根短鞭毛，根据虫体形态特征可判断为组织滴虫。

（6）治疗。

①西药治疗。主要是给发病鸡群使用驱杀组织滴虫的药物，可在饲料中添加甲硝唑250 mg/kg 混饲，连续使用 3 d，停止用药 3 d，再连续使用 3 d。如果病鸡症状严重，停止采食，可每只灌服 1 mL 1.25% 甲硝唑溶液，每天 3 次，连续使用 3 d。

②中药治疗。

a. 方法 1：取 10 g 大黄、10 g 板蓝根、5 g 大白药、5 g 木香、5 g 白芍、5 g 焦山楂、3 g 甘草，按 1% 的比例添加在饲料中混饲。如果配合使用甲硝唑和口服补液盐，具有更好的治疗效果，且通常连续用药 3 d 就能够有效控制病情。

b. 方法 2：取 10 g 大黄、5 g 木香、5 g 槟榔、10 g 板蓝根、5 g 白芍、3 g 甘草、5 g 焦山楂，按 1% 的比例添加在饲料中混饲。

（7）防治。定期在饲料中添加驱虫药物，用左旋咪唑、阿苯达唑等，驱除鸡盲肠内的异刺线虫，使组织滴虫没有传播媒介。规模化养鸡最好不用土质地面的运动场，以防鸡吃带虫蚯蚓感染。

4. 鸡毛滴虫病

毛滴虫是一类寄生于人和脊椎动物消化道或泌尿生殖道的单细胞原虫，其在鸽形目、隼形目、鸡形目禽类中广泛存在，有时具严重致病性，在野禽种群数量调控中起重要作用。寄生于禽类的毛滴虫虫种主要有禽毛滴虫和禽四毛滴虫。其中，禽毛滴虫最早在鸽消化道发现并被命名为鸡单鞭滴虫，1938 年被正式命名为禽毛滴虫。禽毛滴虫是目前唯一明确对禽类具致病性的毛滴虫虫种，主要寄生于鸽和隼形目禽类口腔、咽喉等上消化道黏膜表层内，可形成坏死性溃疡。

（1）病原。毛滴虫是典型的单细胞生物，通常以滋养体形式存在，无包囊阶段。毛滴虫滋养体呈卵圆形或梨形，虫体长 7 ～ 11 μm，具四根长短不等的游离前鞭毛和一个回折的、仅延伸至虫体全长 2/3、末端未游离的后鞭毛。虫体表面有可缓慢摇动且与后鞭毛相连的波动膜，轴柱由一排从顶端基底区域延伸到细胞后端的微管组成，常延伸至虫体的后缘以外。胞核呈卵圆形，大小为 2.5 ～ 3 μm。滋养体内含食物泡、氢化酶体和位于内质网腔隙旁的糖原颗粒。在外界不良条件下，两种毛滴虫的滋养体均会发生去极化而由卵圆形或梨形变为圆形，形成所谓的"伪包囊"，且该过程是可逆的。

（2）流行病学。禽毛滴虫引起的禽毛滴虫病呈全球性流行，主要感染鸽形目和鹰形目禽类，其中鸽毛滴虫病最为常见，也称为"鸽癀"，在兽医临床中具重要意义。岩鸽是禽毛滴虫最主要的传播者，其次属于鸠鸽科的灰斑鸠和斑尾林鸽等也是其重要宿主。尽管鸡形目禽类如家鸡和火鸡也是禽毛滴虫的自然宿主，但关于其感染禽毛滴虫的报道较少。禽毛滴虫主要通过接触传播，幼鸽常因首次吞食患病成年鸽的鸽乳而感染。青年鸽可通过婚配而相互感染。禽毛滴虫也可通过被污染的饲料、饮水、垫草等传播，如鸡和火鸡主要通过饮用被鸽污染的水而感染。猛禽可能通过捕食带虫猎物而感染。

（3）临床症状。禽类感染毛滴虫后，其临床症状主要表现为食欲不振、呕吐、羽毛松乱、腹泻、吞咽困难、呼吸困难、体重减轻、饮欲增加、站立不稳，口腔积聚绿色液体或白色纤维素性物质，这些液体也可从感染禽类喙中流出，感染3周后可引起死亡。毛滴虫感染可在禽类口咽中形成特征性的黄色干酪样的病理变化。因此，病禽死后尸检在该病诊断中起重要作用。

（4）病理变化。禽毛滴虫感染可导致禽类上消化道黏膜出现轻微炎症到干酪样物质阻塞食管等程度不一的病变；其致病严重程度主要取决于禽类的易感性和感染虫株的毒力。自然感染的肉鸡盲肠内容物通过泄殖腔感染3～6周龄的鸡。用带菌的禽四毛滴虫感染实验动物，显示感染后的鸡和火鸡盲肠内含黄色泡沫状液体，盲肠黏膜表面有小的表面隆起的丘疹，同时火鸡十二指肠出现坏死性肠炎病变。

（5）诊断。用显微镜直接观察带有活虫体的湿载玻片（可用禽类口腔和泄殖腔棉拭子涂抹玻片获得），是毛滴虫病通常的诊断方法。还可用其他实验检测方法，如染色检测方法、抗体检测方法、分子检测方法等。

（6）防治。鸡发生毛滴虫病案例较少，但有的养殖场鸡感染毛滴虫病是由于畜主用鸽下脚料饲喂而引发。防控该病措施：鸡群禁止饲喂鸽下脚料，改换成鸡饲料饲喂，并单独饲养；鸽群为该病原的携带者，应定期对鸽子用药预防。做好环境消毒工作，粪便及时清理，鸡舍与鸽舍定期使用过氧乙酸、来苏尔、石灰水等消毒药进行消毒，保持圈舍通风、干燥。平时加强鸡群巡查工作，病死鸡及时挑出，采用深埋或焚烧的方法无害化处理。

发病时首先隔离病鸡，全群鸡用阿莫西林拌料饲喂，连用5 d。并在水中加入鱼肝油饮水，病鸡用镊子夹取口腔内黄色黏膜后，涂布1%～2%龙胆紫溶液。鸡舍用过氧乙酸、来苏尔等定期消毒。经采取上述方法，鸡群中病鸡一般到第3 d精神可明显好转，基本不会再发生死亡病例。

5. 鸡隐孢子虫病

隐孢子虫病是家禽、鸟类最常见的寄生虫病之一。隐孢子虫的宿主多达30余种，目前，隐孢子虫种已达20余种，寄生于禽类的隐孢子虫有3个虫种，即火鸡隐孢子虫（*Cryptosporidium meleagridis*）、贝氏隐孢子虫（*C. baileyi*）和鸡隐孢子虫（*C. galli*）。我国发现的禽隐孢子虫，包括贝氏隐孢子虫和火鸡隐孢子虫两种。鸡隐孢子虫病主要引起呼吸系统、消化系统疾病，导致产蛋率下降或鸡只死亡，当与其他传染病、免疫抑制性病毒共同感染时，会造成更为严重的经济损失。

（1）病原。

①贝氏隐孢子虫：为感染鸡只的优势虫种，并可寄生于鸡、火鸡、鸭、鸽子、鹌鹑和其他家禽的法氏囊、泄殖腔、呼吸道和消化道中。贝氏隐孢子虫的卵囊呈圆球形，大小为（6.7～5.3）μm×（5.1～4.4）μm，卵囊内具有4个子孢子和一个残体，卵囊在家禽体内就形成孢子化，随粪便排出即具有感染性。

②火鸡隐孢子虫：卵囊呈球形，大小为（5.2～4.0）μm×（4.16～3.84）μm，卵囊内具有 4 个长香蕉形的子孢子和一个大的颗粒状的残体，可感染火鸡、鸡、鹌鹑等家禽的小肠。

（2）流行病学。家禽隐孢子虫病全世界都普遍存在，隐孢子虫通过消化道、呼吸道进行传播，多种家禽如鸡、火鸡、鹌鹑、鸽子、鸭、鹅等均易感，易感动物常常是因为啄食了被污染的饲料、饮水、垫草中的卵囊而感染。本病的传播与饲养管理和畜舍的卫生状况有很大的关系。本病的发生无典型季节性，冬季发病率较其他季节低。禽隐孢子虫病不感染哺乳动物，鼠类可成为本病的传播媒介。

（3）临床症状。家禽隐孢子虫病，以鸡、火鸡和鹌鹑的发病最为严重。主要是由贝氏隐孢子虫引起的。潜伏期为 3～5 d。排卵囊时间为 4～24 d。其主要症状为呼吸困难，咳嗽，打喷嚏，有啰音。病禽饮食欲锐减或废绝，体重减轻和发生死亡。

（4）病理变化。病理组织学变化主要表现在上皮细胞微绒毛肿胀、萎缩性变性和炎性渗出。在隐性感染时，虫体多局限于泄殖腔和法氏囊。由于火鸡隐孢子虫寄生于肠道，其主要症状为腹泻，故不引起呼吸道症状。曾报道一例鸡肾隐孢子虫病，在病鸡的肾集合管、输尿管的上皮细胞上有大量隐孢子虫寄生，引起了上皮细胞的增生和炎性细胞的浸润。

（5）诊断。鸡隐孢子虫病根据临床症状和流行资料调查可进行初步调查，确诊需要找出活的虫体或卵囊。常用的诊断方法如下：

①饱和蔗糖溶液漂浮法。取 5 g 粪便放于一烧杯中，加入 10～20 mL 蒸馏水混匀后，用铜筛过滤弃掉粪渣，滤液离心后弃掉上清，加入 15 mL 漂浮液 3 000 r/min 离心 10 min 取其表面液膜涂片镜检（400×）观察是否有卵囊存在。

②抗酸染色法。取粪便进行涂片后置于 37 ℃恒温箱中干燥后滴加甲醛固定，滴加石炭酸复红染色液染色 3～5 min 后水洗，滴加 3% 盐酸酒精脱色液脱色至呈淡粉色水洗，滴加 2% 孔雀绿原液 5～10 min 水洗干燥后，置光学显微镜下观察是否有玫红色的隐孢子虫卵囊。

（6）防治。目前还没有疫苗可以用于预防隐孢子虫病，预防本病的最好方法就是加强饲养管理，及时清除圈舍内粪便和污物，经常更换饮水和垫草，严格卫生消毒制度，用甲醛或氨水熏蒸消毒圈舍，消灭鼠类等传播媒介，平时饲养要给予营养均衡的饲料和饮用电解多维，增强动物机体的抗病能力。

家禽患病后要及时进行确诊，确诊后患病动物和疑似患病动物要隔离饲养，进行治疗，圈舍要进行彻底的消毒和处理。对于本病来说，还没有专门的特效药物。据有关研究表明，氨基糖苷类抗生素对家禽贝氏隐孢子虫治疗效果较好，应用药物后可减少鸡只卵囊排出量的 68%～82%，被认为是一类较好的抗禽隐孢子虫的药物，具体的应用效果还待进一步研究。

（二）常见蠕虫病的防治

1. 鸡赖利绦虫病

鸡赖利绦虫病是由四角赖利绦虫、棘钩赖利绦虫、有轮赖利绦虫寄生于鸡小肠而引起的寄生虫病的总称。鸡赖利绦虫病绦虫的虫卵被中间宿主家蝇、金龟子、步行虫等吞食后，虫卵被消化，六钩蚴逸出并钻入中间宿主的体腔内，经 2～3 周发育形成似囊尾蚴，鸡吃到带有似囊尾蚴的中间宿主而感染。中间宿主种类多、分布面广，因而导致本病具有广泛的分布性，给养鸡户带来了巨大的经济损失。

（1）病原。

①四角赖利绦虫。长 25 cm，宽 1～4 mm。头节小，顶突也小，有 1～3 列钩（90～130 个小钩），多为一列。吸盘呈卵圆形，上有 8～10 列小钩。颈节较细长。

②棘沟赖利绦虫。大小和形状颇似四角赖利绦虫，但其吸盘为圆形，顶突上有 2 列小钩。虫卵直径 25～40 μm。

③有轮赖利绦虫。虫体长 3～4 cm，长者达 10 cm。头节的顶突宽大而肥厚，形似轮状突出于前端，有两列小钩 400～500 个，位于顶突的近基部处吸盘呈圆形，无钩，颈节极短。

（2）流行病学。随着养鸡业的集约化、规模化，笼养生产方式的发展，鸡舍内温度高，甚至常年都具备家蝇繁殖滋生的条件，家蝇在鸡舍空间内密度很大。当家蝇于粪便中觅食时吞食到由鸡绦虫节片逸出的虫卵，便在其腹腔内发育为似囊尾蚴。而带有似囊尾蚴的家蝇于饲槽周围活动或死亡于饲槽内，鸡只食入即容易遭受感染。鸡四角赖利绦虫、有轮赖利绦虫都是以家蝇作为中间宿主的。如果鸡舍密集，鸡粪堆于鸡舍旁，饲养及清粪人员及用具不能严格分开，那么，人为的病原传播、粪堆的散布、家蝇的传播作用，都增加了蛋鸡群中感染赖利绦虫的机会，并使之在养鸡中繁衍连续不断，难以杜绝。

（3）临床症状。雏鸡、育成鸡在遭受绦虫感染侵袭后生长受到阻碍，鸡群发育不整齐，部分鸡只瘦弱。初产群、成龄群中绦虫病鸡、带虫鸡只则可能导致开产延迟，产蛋率降低。病鸡鸡冠、肉髯色泽苍淡，精神状态较差，不愿活动，消化不良，粪便发稀较黏稠，常呈棕黄色或杂有淡红色。巡查鸡舍粪便时可见到呈白色米粒大的绦虫节片。

（4）病理变化。尸体外观检查：鸡体瘦弱，肛门周围沾有稀便。在小肠内查到吸附于肠壁处的绦虫虫体，虫体可能相互缠结，造成小肠阻塞。

（5）诊断。根据病鸡的症状、病理变化、虫体鉴定和粪便检查，并到现场进行勘查中间宿主，最后确诊鸡群感染赖利绦虫。

①成虫鉴定。将分离到的绦虫虫体通过实体显微镜和光学显微镜观察，鉴定虫体长度、宽度，头节较小，顶突也小，有 1～3 列钩，有四个吸盘呈卵圆形，颈节较细长。

②粪便检查。肉眼检查粪便中可见多量会蠕动的、乳白色、蘑菇头状、米粒大小的孕卵节片。粪便采用漂浮法虫卵检查，镜检可见虫卵近圆形、含六钩蚴、壳厚。

（6）防治。对养鸡场中各龄死亡蛋鸡进行病理剖检，凡认定为四角赖利绦虫、有轮赖利绦虫感染高峰期，或在育成鸡开产前的 95 ～ 115 日龄都要进行药物驱虫。首选吡喹酮原粉，按鸡 15 ～ 20 mg/kg 体重一次群体重用药量，分两顿混料喂饲，间隔 2 周再按同量投给一次。或用虫克星（芬苯达唑粉，为新型丙硫苯咪唑接触性驱虫药），按 150 ～ 200 mg/kg 体重计算，群用药量混饲投给，间隔一周再投一次。还可按本品 600 g 混拌饲料 1 000 kg，连喂 6 ～ 7 d 驱虫效果更佳。或选用阿苯达唑，按鸡 15 ～ 25 mg/kg 体重，计算群用量混饲，一周后再按同量投药一次。

及时清除鸡舍内粪便，运到指定地点堆积发酵处理，采用鸡粪发酵、鸡粪烘干或化学方法等消除蝇蛆等中间宿主和寄生虫虫卵，防止病原扩散而污染环境。

2. 戴文绦虫病

戴文绦虫病是由戴文绦虫寄生于鸡、鸽、鹌鹑的十二指肠内引起的绦虫病。临床上多见于放养的草鸡，尤其是雏鸡危害严重。

（1）病原。戴文绦虫的虫卵没有明显胚膜，但胚钩显著，其长 10 ～ 11 μm。成熟的虫体很小，长 4 mm，节片不多于 9 个。吸盘有 3 ～ 6 圈小钩，顶突上有钩，生殖孔规则地交互开口于每个节片的前缘，雄茎特大。戴文绦虫的中间宿主是某些种蛞蝓和陆螺，沿着易感蛞蝓的消化道，最多有 1 500 个以上的似囊尾蚴，感染期超过 11 个月。

（2）流行病学。戴文绦虫病一年四季均可发生，其中夏秋季节常见，且夏季的发病率比秋季高。常见于放养鸡及庭院饲养鸡。严重的寄生发生于平养的蛋鸡、种鸡及围栏鸡，诱发因素可能是使用混合垫草（可使中间宿主发育），或寄生虫对治疗药物的抗性，或二者兼有。一般绦虫都需要一个中间宿主（如昆虫、甲壳动物、蚯蚓或蜗牛），戴文绦虫发育过程分别需要蚂蚁、甲虫和陆地螺作为中间宿主，而这些中间宿主在鸡舍内普遍存在，鸡通过啄食中间宿主而遭受感染。

（3）临床症状。戴文绦虫主要是争夺机体营养，使肠壁发生损伤，且产生的代谢产物会使其发生中毒。戴文绦虫对于雏鸡的致病力较强，感染的雏鸡生长率可下降12%。病鸡的临床表现为采食量下降，消瘦，羽毛污秽，运动迟钝，呼吸困难，肠道乳膜增厚、出血、含有臭味的黏液，四肢无力、麻痹。病鸡消化不良，下痢，粪便稀薄或混有血样黏液；渴欲增加，精神沉郁，生长缓慢。严重者出现贫血，黏膜和冠髯苍白，最后衰弱死亡，产蛋鸡产蛋减少甚至停止。

（4）病理变化。病理变化为肌肉苍白或黄疸，肝脏土黄色；小肠内黏液增多、恶臭，黏膜增厚，有出血点，部分鸡肠道内有绦虫节片，个别部位绦虫堆聚成团，堵住肠管，直肠有血便；肝脾肿大，质地较脆；胰腺有出血点，肺脏气肿，类似于新城疫症状；肝脏肿大、质地脆；外观肠道肿胀，肠道黏膜脱落，饲料消化吸收不良，常和白色条状虫体混在一起。

（5）防治。在该病的流行地区，要根据不同类型绦虫的发育史，制订有计划的预防性驱虫，要求在发育为成虫前进行驱虫。常用阿苯达唑、氯硝柳胺和硫酸二氯酚等药物对鸡群进行定期驱虫和治疗。病鸡可使用阿苯达唑，10 ～ 25 mg/kg；或使用氯硝柳胺，

50～50 mg/kg，一次内服。

3. 鸡蛔虫病

鸡蛔虫病是由鸡蛔虫寄生于鸡小肠内引起的一种常见寄生虫病。鸡蛔虫是鸡体内最大的线虫，呈淡黄白色，虫卵呈深灰色，椭圆形，卵壳厚；主要危害 3～10 月龄的鸡，3～4 月龄鸡最易感染而且病情最重，1 年以上鸡感染不呈现病症而成为带虫者。

（1）病原。鸡蛔虫主要在鸡（特别是雏鸡）的小肠内寄生。雌虫虫体长度为 60～116 mm，虫体中部或者稍前处生有阴户。雄虫虫体长度为 59～76 mm。虫卵大小为（70～86）μm×（47～51）μm，呈椭圆形，具有厚且光滑的卵壳，里面为单个细胞（图3-3、图3-4）。

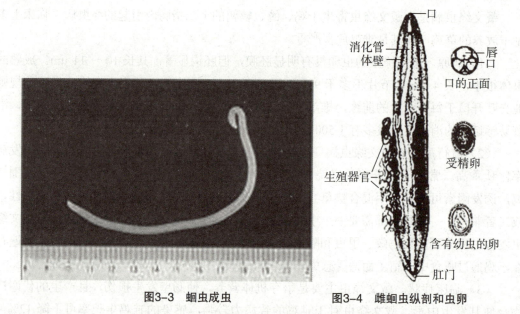

图3-3　蛔虫成虫　　　　图3-4　雌蛔虫纵剖和虫卵

（2）流行病学。蛔虫虫卵可以随病鸡粪便排泄到自然环境中，虫卵具有顽强的抵抗力，在环境温度、湿度适宜时，经过一周多的时间发育成具有感染性的虫卵，这样虫卵不仅能够在土壤中长期有活力地生存，而且还可以对饲料、饮水或用具造成污染，健康鸡群摄入受到污染的饲料或饮水后，虫卵在鸡只胃内消化液的刺激下脱去卵壳成为幼虫，然后钻进肠道黏膜，再经过血液循环后返回肠道成为成虫，整个过程需要 1～2 个月的时间。所以，鸡群感染蛔虫病后，不仅在肠道内能够看到蛔虫虫体，在肌胃和腺胃内也可以寄生虫体，尤其是雏鸡的易感性较强，且危害性更大。

（3）临床症状。患鸡食欲减退，少食或不食，饮水大幅增加，生长发育受阻，精神萎顿，机体消瘦、胸骨突出明显；黏膜和鸡冠苍白，羽毛蓬乱、无光泽，有的翅膀收不拢或下垂，行动迟缓；常闭目、缩颈、呆立而不愿意活动；腹泻，排白色黏液性稀粪，常因慢性消耗性衰竭而死。

（4）病理变化。患有鸡蛔虫病的鸡，其十二指肠甚至整个肠道均存在炎症，并且炎症的程度大不相同，鸡的肠黏膜还伴随着轻微的出血现象，且肠壁挂有结节颗粒和化脓状脓包。

（5）诊断。

①虫卵检查。首先采集肠内容物或发病鸡的粪便，采取饱和盐水漂浮法收集虫卵，最后通过显微镜进行检查。

②幼虫检查。可用无菌剪刀剪开肠管内容物以及刮取部分肠黏膜放入干净的水中，用水洗沉淀法洗干净，随后用肉眼或放大镜观察有无沉淀中的幼虫，也可将黏膜刮取物放在载玻片上，盖上盖玻片进行镜检。

（6）治疗。病鸡按每千克体重：①口服左旋咪唑片剂 38～48 mg，连用 2～3 d；②左旋咪唑粉末 25 mg，饮水或拌料，连用 2 d；③丙硫苯咪唑 10～20 mg，拌料，连用 2 d；④250 mg 枸橼酸哌嗪口服，连用 2 d；⑤丁苯咪唑 0.05% 拌料，连用 2 d；⑥噻嘧啶 15 mg 口服，连用 2 d。

（7）防治。

①加强饲养管理。雏鸡、青年鸡以及产蛋鸡群要采取分开饲养管理，鸡场各区必须隔开。鸡群可采取笼养时则禁止地养，且每天清除笼养鸡排出的粪便，并运送至指定地点进行堆肥发酵处理，通过发酵热杀死虫卵。如果鸡群采取地养，则不允许不同批次的鸡群使用同一个运动场，且工作人员巡场时要注意对鸡排出的粪便进行观察，如果发现有乳白色的蛔虫则要立即采取全群投药预防，统一清扫地面后撒布适量的生石灰粉。

注意环境卫生管理，调控鸡群饲养密度，确保料槽高度适宜，防止污染粪便，尽可能使用乳头式饮水器饮水，避免水线污染粪便。每批鸡出栏后，要对鸡舍进行全面清扫、消毒，经常清洗饲喂器具，并置于太阳下暴晒。

②定期驱虫。对于舍饲幼龄鸡，适宜在进入运动场前进行第一次驱虫，进入运动场后每间隔 30 d 左右进行 1 次驱虫，直到生长为成年鸡。对于成年鸡来说，要求在更换饲养场地前必须进行 1 次驱虫。尤其是在每年 4～5 月和 9～10 月比较容易发生蛔虫病的阶段，鸡群样最好在该时间的前 1 个月进行有效驱虫。

4. 异刺线虫病

异刺线虫又称盲肠虫、属异刺科异刺属线虫。自然界分布广，能引起鸡、鹅及火鸡、雏鸡、鹌鹑和孔雀等盲肠线虫病，寄生于盲肠内。前述该线虫的虫卵能携带火鸡组织滴虫，当鸡吞食含有组织滴虫的虫卵时，可同时发生组织滴虫病。

（1）病原。异刺线虫病的病原是鸡巨星刺线虫，为白色细线状，雌虫比雄虫长。虫卵为灰褐色的长椭圆形，卵壳有两层，壳厚且光滑，内含有单个胚细胞。虫卵随粪便排出体外，在适宜的环境条件下经过 7～12 d 的发育成为含有幼虫的具有感染性的虫卵。虫卵的抵抗力强，在适宜的环境下可存活 9 个月，但是在阳光充足、干燥的环境下虫卵可快速死亡。虫卵被鸡蚕食后在小肠内孵化出幼虫，最后为盲肠虫。另外，鸡食入吞食了具有感染性的虫卵或幼虫的蚯蚓也会感染异刺线虫。

（2）流行病学。异刺线虫病的主要传播途径是消化道，尤其是采取地面散养的肉鸡更容易患病，这是由于在散养状态下，鸡可食入虫卵或者含有虫卵的中间宿主，如蚯蚓等，从而导致鸡群发病率较高。成年鸡因具有较强的抵抗力，因此在感染此病后不易发生死亡，但是会成为传染源，带虫鸡排泄出带有虫卵的粪便会污染饲料、饮水、用具、设施等，从而使健康鸡食入具有感染性的虫卵。该病对幼龄鸡的危害极大，会导致其生长发育受阻，甚至会引发死亡。

（3）临床症状。雏鸡在感染该病后常表现为生长发育不良，精神萎靡，食欲不振，采食量下降，严重时甚至会发生食欲废绝，从而导致摄入的营养不足，生长发育缓慢，逐渐消瘦，症状较为严重时还会因机体过于衰弱而发生死亡。幼鸡在感染此病后会出现下痢和贫血的症状，鸡冠的颜色变为苍白色，体质明显的瘦弱，生长发育不良。成年鸡患此病后肉鸡会出现增重缓慢，或者停止增重的现象，而产蛋鸡则会发生产蛋量急剧下降，或者停止产蛋。

（4）病理变化。对多只病死鸡进行剖检可见病理变化基本相同，主要的病变位置在盲肠，可见一侧或者双侧的盲肠有充气样的肿大，导致肠壁变薄，且呈透明状，肿大严重时甚至可以透过肠管壁清晰地看到寄生在该处的虫体不断地蠕动。有的病例的盲肠壁会出现炎症，肠壁增厚，间或有溃疡。有部分公鸡在患病后会在直肠处发现虫体，但是在其他位置，如嗉囊、腺胃、肌胃处都没有发现虫体。另外，病死鸡可见嗉囊萎缩，囊壁较薄，其中空虚无任何食物，肌胃内仅有几颗砂粒，其他脏器没有发生明显病变。

（5）诊断。采用直接涂片和饱和盐水漂浮法，镜检虫卵，或病鸡尸体剖检发现虫体和盲肠病变即可确诊。

（6）治疗。可用左旋咪唑＋甲硝唑药物对鸡群进行驱虫治疗。左旋咪唑按照 20～25 mg/kg 饲料、甲硝唑按照 250 mg/kg 饲料，混合均匀，每天饲喂 1 次，连续喂 5～7 d，同时，还要在水中适当添加 B 族维生素和维生素 E，提高鸡体的抵抗力。或使用硫化二苯胺，雏鸡每千克体重 0.3～0.5 g，成年鸡每千克体重 0.5～1.0 g，与饲料混饲，每天 2 次，连用 3 d。

在临床治疗中，不仅要考虑线虫对宿主的损伤，还应考虑在此发病过程中可能发生的细菌性继发感染、组织滴虫病应进行同步防治。可选用地美硝唑配 0.05% 的水溶液暂时替代饮水，7 d 一个疗程，停用 3 d 后，再用地美硝唑巩固治疗约一个疗程，这样能够避免继发感染。

（7）防治。要严格做好鸡场卫生，粪便及时清除，并堆积发酵杀死虫卵。定期做好鸡群驱虫工作，雏鸡 2 月龄时第一次驱虫，第二次在冬季进行；成年鸡第一次在 10—11 月份，第二次在春季产蛋季节前一个月进行，饲料中应含足够维生素 A 增强鸡抵抗力。饮水中添加 0.025% 的枸橼酸哌嗪，可防止感染。

5. 前殖吸虫病

前殖吸虫病又名"蛋蛭病"，是由前殖科前殖属的前殖吸虫寄生于鸡、鸭、鹅等输卵管、法氏囊、卵巢、泄殖腔和直肠内引起的一种吸虫病，前殖吸虫寄生常引起输卵管炎，导致病禽卵形成能力和产卵功能下降，使家禽产蛋率下降、产畸形蛋，严重时可引发腹膜炎导致病禽死亡。前殖吸虫病在世界家禽群体中广泛分布，在我国华南和华东地区较为常见。

（1）病原。

①卵圆前殖吸虫。卵圆前殖吸虫可寄生于鸡、鸭、鹅、鸽和麻雀等多种禽类的腔上囊和输卵管，偶见于蛋内。卵圆前殖吸虫体前端狭，后端钝圆，呈梨形，体表有小刺。虫体长 3～6 mm，宽 1～2 mm，口吸盘小，呈椭圆形，位于虫体前端，腹吸盘较大，位于虫体前 1/3 处。卵圆前殖吸虫睾丸不分页，呈椭圆形，位于虫体中后部，卵巢分叶，位于腹吸盘背面，生殖孔开口于口吸盘左前方，子宫盘曲于睾丸和腹吸盘前后，卵黄腺位于虫体的前中部两侧。虫卵较小，长 22～24 μm，宽 13μm，棕褐色，有卵盖，另一端有小刺，内含卵细胞。

②透明前殖吸虫。透明前殖吸虫可寄生于鸡、鸭、鹅等多种禽类的腔上囊和输卵管。虫体呈长梨形，体表有小刺，分布于虫体前部分，长 5.85～8.67 mm，宽 2.96～3.89 mm。透明前殖吸虫的口吸盘和腹吸盘形状为圆形，大小相近。盲肠的末端可至虫体后部，睾丸为卵圆形，卵巢分叶位于腹吸盘和睾丸之间，卵黄腺分布自腹吸盘后缘至睾丸，子宫盘曲在虫体的后部，并越出肠管外侧。虫卵长 25～29 μm，宽 11～15 μm。

③楔形前殖吸虫。楔形前殖吸虫可寄生于鸡、鸭、鹅等禽类的腔上囊和直肠。虫体呈梨形，长 2.89～7.14 mm，宽 1.7～3.71 mm，体表有小棘。口吸盘比腹吸盘小，咽呈球形，盲肠末端伸至虫体后 1/5 处，睾丸呈卵圆形，储精囊越过肠叉，卵巢分 3 叶以上，卵黄腺自肠管分叉处伸达睾丸之后（每侧有 7～8 簇），子宫越出盲肠之外。楔形前殖吸虫卵长 22～28 μm，宽 13 μm。

④鲁氏前殖吸虫。鲁氏前殖吸虫可寄生于鸡、鸭的腔上囊。虫体呈椭圆形，长 1.35～5.75 mm，宽 1.2～3.0 mm。口吸盘比腹吸盘小，食道长 0.26 mm，睾丸位于虫体中部两侧，储精囊伸过肠叉，卵巢分为 5 叶，位于腹吸盘后，卵黄腺前缘起于腹吸盘后缘，越过睾丸伸达肠管末端，子宫分布于两盲肠之间。鲁氏前殖吸虫虫卵长 24～30 μm，宽 12～15 μm。

⑤家鸭前殖吸虫。家鸭前殖吸虫可寄生于鸡、鸭腔上囊。虫体呈梨形，长 3.8 mm，宽 2.3 mm。口吸盘与腹吸盘的比例为 1：1.5，盲肠伸达虫体后 1/4 处，储精囊呈窦状，伸达肠叉与腹吸盘之间，卵巢分 5 叶位于腹吸盘下方，卵黄腺每侧有 6～7 簇，子宫环不越过肠管。家鸭前殖吸虫虫卵平均长 23 μm，宽 13 μm。

（2）流行病学。家禽前殖吸虫病在世界范围内广泛分布，目前我国已有 20 多个省、市和自治区发现该病，并且在南方地区该病较为流行。前殖吸虫病的流行时间与蜻蜓活动时间基本一致，每年在 4—5 月份蜻蜓稚虫聚集在水塘岸边等地区，爬至水草上变为成虫，放养的家禽或将水草喂食家禽时极易捕食到感染的蜻蜓稚虫或成虫从而感染前殖吸虫。当感染的家禽将含有的虫卵排出体外后可污染水体，而使第一中间宿主和第二中间宿主感染。

（3）临床症状。前殖科的吸虫主要引起蛋鸡发病，鸭感染后的症状较为轻微。蛋鸡感染前殖吸虫后的临床症状与前殖吸虫寄生的部位和数量有关，产蛋鸡的输卵管内寄生的虫体临床症状更为明显。在前殖吸虫感染早期，病鸡食欲和产蛋均正常，在感染1个月左右后病鸡产蛋率明显下降，逐渐出现畸形蛋或无壳蛋等，该现象可持续1个月左右，随后病鸡食欲下降、消瘦、羽毛杂乱并脱毛，产蛋停止，部分鸡可通过泄殖腔排出卵壳碎片或石灰水样液体，腹部膨大，肛门潮红，周围羽毛脱落，严重时可导致病鸡因腹膜炎死亡。

（4）病理变化。剖检病鸡可见病理变化主要位于生殖系统，表现为输卵管炎，输卵管黏膜充血、增厚，黏膜上可见虫体。病死鸡可见腹膜炎，腹腔内有大量黄色混浊液体，脏器被干酪样物粘连，肠管间可见卵黄，浆膜充血、出血。部分鸡还可出现干性腹膜炎。

（5）诊断。在蜻蜓活动的季节出现家禽产蛋率下降，并且家禽可接触蜻蜓成虫和稚虫时应怀疑为前殖吸虫病。可对病禽进行剖检，若在其输卵管、泄殖腔等部位发现前殖吸虫的虫体即可确诊，也可用水洗沉淀法检查病鸡的粪便，若发现前殖吸虫虫卵也可确诊该病。此外，还应与禽流感、传染性支气管炎、产蛋下降综合征等可导致家禽产蛋下降或产畸形蛋的疾病进行区分。

（6）防治。前殖吸虫病的防控重点在于预防，主要采取药物驱虫和切断前殖吸虫的生活史。对前殖吸虫可使用吡喹酮进行治疗，用药剂量为 10 ~ 20 mg/kg 体重，一次口服可取得良好的治疗效果。对于出现腹膜炎的病鸡应采取淘汰处理。

6. 棘口吸虫病

棘口吸虫是一类寄生于禽体内的常见消化道吸虫。生活发育过程经历卵、毛蚴、胞蚴、母雷蚴、子雷蚴和囊蚴等阶段，淡水螺、蛙和淡水鱼等均是其重要的中间宿主，主要致病机理为棘口吸虫的吸附结构刺激禽类肠道黏膜，导致禽类患肠炎，营养被剥夺，同时由于其分泌毒素，容易造成禽类消化机能发生障碍，使禽类生长发育受阻等。

（1）病原。

①卷棘口吸虫。卷棘口吸虫的虫体类似长叶，体表生有 37 枚小棘，有 5 枚为腹角棘。腹吸盘体积比口吸盘略大。睾丸形似椭圆，生于卵巢之后，卵巢有扁圆与圆形两种形态，均生于虫体中部，其前方为子宫，呈弯曲生长，虫卵遍布其中。卵黄腺位于虫体腹吸盘之后的两侧位置，向虫体后端延伸。虫卵为金黄色，呈椭圆形，一侧生有卵盖，其中存在卵胞。

②吸虫。曲颈棘缘类吸虫体长较小，前端略微弯曲，头颈发育良好，生有 45 枚头棘，腹部两侧各有 5 枚腹角棘。睾丸为长圆形，有分叶，两个睾丸相连且呈前后排列次序。球形卵巢生长于虫体正中。睾丸后侧生有卵巢腺，其与虫体中部相连接。子宫较短，其中有数量不多的虫卵。

③似锥低颈吸虫。似锥低颈吸虫体形肥壮，前端呈钝圆状态，腹吸盘比其他部位更宽，后端逐渐变窄小，虫形呈圆锥状，为半圆形头颈。

（2）流行病学。棘口科吸虫会在鸡的直肠、小肠等处寄生，雏鸡是此病的易感群体。

成虫棘口吸虫产卵后虫卵通过粪便排至水中，夏季温度为 31 ～ 32 ℃时，产生毛蚴，进入第一中间宿主锥实螺体内后发育成尾蚴，而后在第二宿主扁卷螺或蝌蚪体内逐步发育成囊蚴。鸡禽吞食蝌蚪会感染棘口吸虫病，囊蚴会被消化液溶解，幼虫从囊中孵出后会吸附在鸡的直肠或小肠黏膜之上，而后逐步发育成成虫。

（3）临床症状。体内寄生了棘口吸虫的病鸡，吸虫虫体会对鸡体产生机械刺激，且吸虫所释放的毒素也会损伤肠黏膜，从而导致鸡的肠黏膜出血。病鸡会表现出不喜进食、腹泻、体重异常下降等症状。同时，病鸡伴有贫血症状，生长发育速度缓慢，病情较为严重的病鸡存在一定的死亡率。

（4）诊断。根据流行病学、临诊症状和粪便检查初步诊断，剖检发现虫体可确诊。粪便检查须采用沉淀法。

（5）防治。勿以浮萍或水草等作饲料，也不要以生鱼、贝类等喂鸡；选择远离河流和沼泽的地方饲养家禽；同时，对鸡群有计划地定期驱虫，驱出的虫体和排出的粪便应堆集发酵处理，以杜绝感染来源。

常用治疗药物：硫氯酚，每千克体重 150 ～ 200 mg，混料喂服；氯硝柳胺，每千克体重 50 ～ 60 mg，混料喂服；阿苯达唑，每千克体重 20 ～ 40 mg，1 次口服。

7. 比翼线虫病

鸡比翼线虫病也叫作张口线虫病、交合虫病等，主要是由于气管、支气管及细支气管内寄生气管比翼线虫而导致的一种线虫病，是一种死亡率高、危害大的寄生虫病。该病全年任何季节都能够发生，其中以大于 30 日龄的雏鸡多发，死亡率可超过 95%。病鸡临床上主要表现出呼吸困难，张口呼吸，经常摇头等，严重时会由于窒息而死，也容易继发感染一些细菌性呼吸道疾病。

（1）病原。鸡比翼线虫病是由于感染气管比翼线虫引起的一种寄生虫病。虫体头端较大，呈半球形状，吸血后变成红色，外观如同 "Y" 形。生有杯状口囊，且外缘存在一个较厚的角质环，其底部存在三角形的小齿，通常为 6 ～ 10 个。

雌雄虫始终呈交配状，雌虫长度为 20 mm，宽度为 350 mm，尾端呈圆锥形，体前端有一个明显突出的尖阴门；雄虫小于雌虫，长度为 2 ～ 6 mm，宽度为 200 mm，有斜截状交合伞，等长的短细交合刺。

虫卵呈椭圆形，长度在 43 ～ 46 μm，宽度在 78 ～ 100 μm，两端覆盖很厚的卵盖，里面存在 16 个胚细胞。

（2）流行病学。雌虫在气管内产卵，卵随气管黏液到口腔，或被咳出，或被咽入消化道，随粪便排到外界。在适宜条件下，虫卵约经 3 d 发育为感染性虫卵，再被蚯蚓、蛞蝓、蜗牛、蝇类及其他节肢动物等吞食，在其肌肉内形成包囊而具有感染鸡的能力。鸡因吞食了这些动物被感染，幼虫钻入肠壁，经血流移行到肺泡、细支气管、支气管和气管，于感染后 18 ～ 20 d 发育为成虫并产卵。

（3）临床症状。病鸡表现出精神萎靡，卧地不起，食欲不振，伸颈喘气，张口呼吸，伴有"咔咔"声，经常左右甩头，有时可见黏性分泌物从嘴角被甩出；且偶尔在分泌物中可发现虫体；机体瘦弱，呼吸困难，最终气管或者支气管被虫体和黏液堵塞，窒息而死。病程可持续 1～3 周。

（4）诊断。

①粪便检查。取适量病鸡排出的新鲜粪便，分别采取饱和盐水漂浮法和水洗低速离心沉淀处理，接着放在 100 倍显微镜下观察，可发现两端较厚的椭圆形虫卵，大小为 88 μm×45 μm，卵内存在胚细胞。

②组织压片镜检。取病死鸡肺内虫体进行常规压片，放在 100 倍显微镜下观察，发现虫体呈红色，头圆口宽，口囊基底部存在三角形小齿，雄虫的交合伞会附着在雌虫的阴部，如同"Y"形。

（5）防治。病死鸡必须采取无害化处理，尤其头部、呼吸器官及消化器官要进行烧毁。清除整个鸡场的污物、粪便，并运送至指定地点进行堆积发酵处理，以将其中的虫卵杀灭。另外，圈舍内、外地面要使用 2% 氢氧化钠进行全面消毒，还要配合使用 0.2% 过氧乙酸进行带鸡消毒，每天 1 次。放养场地及鸡舍内的粪便要及时清除，并采取堆积发酵的处理方式，保持干燥、环境卫生良好。及时更换垫料，清除灌木丛，增大透光性和通风性。

病鸡按每羽使用 1.5 mL 碘溶液，用一次性注射器（去掉针头）将药液慢慢注入气管内，以将气管内寄生的虫体杀死。同时，全群鸡使用药物进行预防性驱虫，按体重使用 25 mg/kg 丙硫苯咪唑，添加在饲料中混饲，连续使用 5 d，同时在饮水中添加 2% 的电解多维。

病鸡也可按体重内服 350 mg/kg 噻苯达唑，同时在饲料中添加 0.1% 比例的 5% 氟苯尼考混饲，避免出现继发感染。对于未发病的鸡，可定期在饲料中添加 0.05%～0.1% 的噻苯达唑进行驱虫。

8. 鸡毛细线虫病

鸡毛细线虫病是由毛首科毛细线虫属的多种线虫寄生于禽类消化道引起的。我国普遍发生，严重时可致鸡死亡。

（1）病原。有轮毛细线虫：前端有一球状角皮膨大。雄虫长 15～25 mm，雌虫长 25～60 mm。寄生于鸡的嗉囊和食道，中间宿主为蚯蚓。

鸽毛细线虫：雄虫长 8.6～10 mm，雌虫长 10～12 mm。寄生于鸡的小肠。属直接型发育。

膨尾毛细线虫：雄虫长 9～14 mm、尾部两侧各有 1 个大而明显的伞膜；雌虫长 14～26 mm。寄生于鸡的小肠。中间宿主为蚯蚓。

（2）流行病学。毛细线虫虫卵随粪便排泄到环境中，在中间宿主体内发育成具有感染性的虫卵，被健康鸡只吞食后，中间宿主被消化，幼虫逸出发生感染。从侵入到发育为成虫大约需要 4 周时间。

（3）临床症状。发病鸡只精神不振、头部低垂、采食量下降，逐渐消瘦，发生腹泻和贫血症状，病情严重时会发生死亡现象。

（4）病理变化。虫体寄生位黏膜发炎，增厚，黏膜表面覆盖有絮状渗出物或黏液脓性分泌物，黏膜溶解、脱落甚至坏死。病变程度的轻重因虫体寄生数量的多少而不同。

（5）诊断。实验室检查粪便发现虫卵，或剖检寄生部位查到虫体均可确诊。

（6）防治。首先需要消灭鸡场环境中存活的昆虫，杀灭中间宿主，切断疾病传播途径，才能有效防控毛细线虫病。然后可以在饲料中添加阿苯达唑，按照 5 ~ 10 mg/kg 体重的剂量添加在饲料中，连续使用 2 d，停药 2 周后，再重复投药 1 次，可以起到很好的防治效果；也可使用左旋咪唑：每千克体重 20 ~ 30 mg，一次内服；甲苯达唑：每千克体重 20 ~ 30 mg，一次内服。

9. 鸡胃线虫病

鸡胃线虫病是由华首科华首属和四棱科四棱属的线虫寄生于鸡的食道、腺胃、肌胃和小肠内引起的。

（1）病原。

①斧钩华首线虫：虫体前部有 4 条饰带，由前向后延伸，几乎达到虫体后部，但不折回亦不相互吻合。雄虫长 9 ~ 14 mm，雌虫长 16 ~ 19 mm。虫卵大小为（40 ~ 45）μm×（24 ~ 27）μm。寄生于鸡的肌胃角质膜下。中间宿主为蚂蚱、象鼻虫等。

②旋形华首线虫：虫体常卷曲呈螺旋状，前部的 4 条饰带，由前向后，在食道中部折回，也不吻合。雄虫长 7 ~ 8.3 mm，雌虫长 9 ~ 10.2 mm。虫卵大小为（33 ~ 40）μm×（18 ~ 25）μm。寄生于鸡的腺胃和食道，偶尔可寄生于小肠。中间宿主为鼠妇（潮虫）。

③美洲四棱线虫：虫体无饰带。雄虫纤细，长 5 ~ 5.5 mm。雌虫血红色，长 3.5 ~ 4 mm，宽 3 mm，在纵线部位形成 4 条纵沟。虫卵大小为（42 ~ 50）μm×24 μm。其寄生于鸡腺胃内。中间宿主为蚂蚱和"德国"小蜚蠊（蟑螂）。

（2）流行病学。胃线虫的虫卵可以通过消化道的粪便排泄到自然环境中，在外界被中间宿主摄入体内后，经过 3 ~ 6 周发育成具有感染性的幼虫，健康鸡群吞食这些中间宿主后，中间宿主被消化时就会释放出胃线虫幼虫，幼虫进入感染部位而寄生造成危害。胃线虫从感染到发育为成虫大约需要 5 周。

（3）临床症状。家禽鸡只感染胃线虫后，如果感染数量较少时，鸡群不会表现明显症状，随着感染线虫数量的增加，病鸡表现精神萎靡、翅膀下垂、羽毛松乱、消化不良、粪便中携带未消化的饲料，随着病情严重，鸡只逐渐消瘦、发生腹泻和贫血症状。雏鸡感染本病后生长发育非常缓慢，有的因胃壁穿孔或溃疡而死亡。

（4）病理变化。病理剖检发现胃壁发炎、增厚，有溃疡灶。

（5）诊断。实验室诊断显微镜检查粪便查到虫卵，并在腺胃腔内或肌胃角质层下查到虫体可确诊。

（6）防治。需要定期清理鸡舍粪便，并堆积发酵。使用 0.005% 的杀灭菊酯水悬液进行喷洒消毒，以杀灭环境中存活的中间宿主。雏鸡可以在 4 周龄时进行预防性驱虫，能够有效防控本病发生。

可选用以下药物进行防治：阿苯达唑 10 ～ 20 mg/kg 体重，一次内服；左旋咪唑 20 ～ 30 mg/kg 体重，一次内服；噻苯达唑 500 mg/kg 体重，配成 20% 混悬液饮服；枸橼酸哌嗪 250 mg/kg 体重，一次内服。

（三）体外常见寄生虫病

1. 鸡螨病

鸡螨病在北方地区养鸡过程中非常常见，但是很多养殖户对此病并不重视。本病是由刺皮螨科的刺皮螨属、疥螨科的膝螨属、恙螨科的新棒螨属的多种螨虫寄生于鸡及其他鸟类体表、羽管或表皮内所引起的常见皮肤病。本病的主要特征为日渐消瘦、贫血、发痒、脱毛、生长缓慢、产蛋下降。

（1）病原。

①鸡刺皮螨又称鸡螨、红螨，虫体长椭圆形，前端有长的口器，后部稍宽，体表布满短绒毛。腹面有四对足（幼虫三对足），均较长，长在体躯的前半部。虫体呈淡灰色或黄色，吸血后体膨大呈红色。体长 0.6 ～ 0.75 mm，吸饱血后体长可达 1.5 mm。

鸡刺皮螨白天隐匿在鸡巢内、墙壁缝隙或灰尘等隐蔽处，主要在夜间侵袭鸡吸血。雌虫吸饱血后离开鸡体到隐蔽处产卵，虫卵经 2 ～ 3 d 孵化出 3 对足的幼虫，幼虫不吸血，经 5 ～ 8 d 蜕化为若虫，若虫再经半天至 4 d 蜕化为成虫。成虫耐饥能力较强，4 ～ 5 个月不吸血仍能生存，成螨适应于高湿环境，干燥环境中容易死亡，故本病一般出现于夏秋雨季。

鸡刺皮螨严重流行于温带地区有栖架的老鸡舍中。我国普遍发生，最常见宿主是鸡，也可寄生于火鸡、鸽、金丝鸟等宿主。人也可受到侵袭。

②林禽刺螨也称北方羽螨，是一种永久性寄生虫，在各种禽舍极为常见。宿主包括多种家禽、野禽、鼠和人。林禽刺螨无论在白天还是夜间都容易在鸡身上发现。林禽刺螨常寄生于鸡肛门周围羽毛上。

③突变膝螨又称鳞足螨，呈圆球形，足短，足端各有一个吸盘。突变膝螨寄生在鸡腿无毛处及脚趾和胫部皮肤鳞片下面，虫体在此挖洞，产卵，孵出幼虫，蜕皮发育为成虫。该螨的整个生活史都在鸡的皮肤内完成，通过互相接触或接触到污染的环境而传播，一旦发生可蔓延全群。

④鸡膝螨又称脱羽螨、鸡脱羽膝螨，虫体与突变膝螨相似，但体型略小，直径约为 0.3 mm。身体背面条纹有间断，并形成隆起的刻痕。寄生于鸡、鸽及雉鸡等的羽毛根部，以背部和翅膀上最多，多在春夏季节流行，主要通过接触迅速传播。

（2）临床症状。

①鸡刺皮螨：本病轻度感染时无明显症状，侵袭严重时，引起家禽不安，日渐消瘦，贫血，雏鸡生长缓慢，产蛋鸡产蛋减少，并可使雏鸡成批死亡。鸡刺皮螨可传播禽霍乱和螺旋体病。

②林禽刺螨：鸡严重感染林禽刺螨时，感觉奇痒，常啄咬患处，影响采食和休息，日渐消瘦，贫血，羽毛变黑，肛门周围皮肤结痂龟裂。检查者抓住鸡时，林禽刺螨会迅速爬到检查者的手和手臂上。用手分开肛门周围羽毛，即可发现林禽刺螨和螨卵。

③突变膝螨：突变膝螨寄生在鸡腿无毛处及脚趾和胫部皮肤鳞片下面，偶尔也见于鸡冠及肉垂上。由于虫体挖掘隧道进入皮肤鳞片下面，可导致皮肤发炎。病鸡感觉奇痒，摩擦患处，造成脱皮出血，鳞片隆起，继而皮肤增生与粗糙，甚至干裂，渗出液体，渗出物干燥后形成灰白色痂皮，外观像涂了一层石灰，故称"石灰脚"。严重者行走困难，跛行，影响采食，生长缓慢，产蛋减少。

④鸡膝螨：常常寄生在羽毛的毛根位置，感染鸡的皮肤发红发痒，会引起鸡自行啄羽，羽毛附着力下降，病程加重时羽毛基本完全脱落，所以又称为脱羽病。鸡膝螨多寄生于鸡翅膀和尾部大羽。患鸡消瘦，产蛋量减少。

（3）诊断。在发现以上各种异常表现时，若在鸡体上或窝巢等处发现虫体即可确诊，但虫体较小且爬动很快，若不注意则不易发现。

（4）防治。搞好环境卫生，定期消毒。新进鸡群在确定无螨寄生时再合群。定期对饲喂用具、鸡栖息处、运动场等用有机磷、聚酯类、脒类杀虫剂进行消毒，消毒常用方法有喷洒、熏蒸、烟雾、粉刷等。

发现病鸡及时隔离治疗：

①用 2.5% 溴氰菊酯以 4 000 倍稀释后带鸡喷雾。或以 20% 双甲脒乳油配成 0.05% 水溶液带鸡喷雾或药浴。

②鸡突变膝螨大群治疗时，可将 20% 杀灭菊酯乳油用水稀释 1 000～2 500 倍，2.5% 敌杀死乳油用水稀释 250～500 倍，或 0.1% 敌百虫溶液患部涂擦或浸浴患腿 4～5 min，间隔数天再用药一次。个体治疗可将病禽浸入温热的肥皂水中，使痂皮泡软，去掉痂皮后涂上 20% 硫黄软膏或 2% 石炭酸软膏。也可将病鸡腿浸在机油、柴油或煤油中，间隔数天再用一次。

③用阿维菌素、伊维菌素等拌料内服，用量为 0.15～0.2 g/kg 饲料。

无论治疗何种螨病，在治疗一次后，应间隔 5～7 d 重复用药，如此用药才可治愈。在治疗的同时注意环境消毒。环境消毒可用 2.5% 溴氰菊酯以 1∶2 000 倍稀释后喷洒或用 0.5% 敌敌畏喷洒。

2. 鸡虱

鸡虱是寄生在鸡体表的寄生虫，是家禽常见的体外寄生虫。夏季天气比较炎热，环境温度偏高，且雨水较多、湿度大，如果鸡舍的卫生状态比较差，就会引发鸡虱，虽然不会导致鸡死亡，但会影响鸡的生长发育和生产性能发挥，并影响饲养场的经济收益。

（1）病原。鸡虱是节肢动物门、有颚亚门、昆虫纲、有翅亚纲、食毛目、短角鸟虱科的一种。而鸡虱又可以细分为雏鸡头羽虱、鸡圆羽虱、鸡羽虱、鸡翅虱等。鸡虱体小，大小不一，长度从 1～6 mm 不等，一般芝麻粒大小，雄虫体长 1.7～1.9 mm，雌虫体长

1.8～2.1 mm。头部有赤褐色斑纹。鸡虱只能寄生在鸡的体表,而且是永久性的寄生虫,能够在鸡体表存活长达数个月,但如果鸡虱离开宿主之后,5～7 d就会死亡。

(2)流行病学。鸡虱在全年都会引起发病,但夏秋季节气温较高鸡虱发生较多,因为高温、高湿比较适合鸡虱的繁殖。此外,冬季气温比较低,鸡的羽毛比较浓密,很适宜鸡虱的生长,因此每年的冬季也是鸡虱发病率比较高的时期。当环境温度在25 ℃时,通常间隔6 d鸡虱就可以完成一代的繁殖,具有比较快的繁殖速度。相比较新建的饲养场,多年的饲养场发生鸡虱的概率更高。鸡虱主要以直接接触传播,通过生产用具的间接接触同样可以传播该病。鸡群的饲养密度过大是该病传播的主要途径。感染鸡虱的主要原因是饲养管理不当,饲养环境比较恶劣,是鸡虱发病率高的重要因素。

(3)临床症状。鸡虱在秋冬季节的发病率较高,主要是因为秋冬季节鸡的羽毛较为厚密,适宜鸡虱的生长和繁殖。患病鸡表现为皮肤发痒,啄羽或皮肤,羽毛掉落、皮肤发生炎症,精神萎靡,食欲减退,生长性能下降,逐渐消瘦。感染头虱的患病鸡头部及颈部皮肤暴露,患病严重的鸡生长发育速度减缓,甚至死亡。

(4)诊断。通过观察病鸡的患病表现作初步诊断。如果用手将病鸡体表的羽毛拨开,可见大量的鸡虱在羽毛和皮肤间跳动。

(5)防治。预防鸡虱的主要措施就是加强饲养管理,提高机体的抗病能力。日常供应给鸡群营养全面合理的饲料。确保鸡只饲养环境良好,每天应及时将鸡的粪便和污物彻底处理,定期进行全面的消毒。鸡舍的通风换气系统要运转良好,以有效控制饲养舍中有害气体量。根据生产情况适当调整鸡群的饲养密度,要始终保持舍内的饲养环境干燥,并且勤更换垫料。

常用治疗方法如下:

①樟脑丸疗法。夜晚可以将樟脑丸研成的粉末撒在鸡舍中,应用3 d后再对病鸡体表进行检查,如果发现仍然有大量的鸡虱存在,则可以加大樟脑丸的用量,或者继续使用樟脑粉涂擦鸡的体表,让药物进入羽毛丛中,通常疗效较好。

②药液喷雾法。将精制敌百虫药片研细后与灭毒威共同混合成水溶液而进行喷雾,疗效比较好。用药量是1 000只成年鸡使用0.3 g的敌百虫药片250片、灭毒威粉75 g并混入15 kg的温水中,待其完全溶解之后对饲养舍开展全方位的喷雾处理,7 d后可以再进行1次喷雾处理,这样便能够彻底地将鸡虱杀灭。

③卫生球治疗。根据鸡舍和鸡的大小,而将卫生球用布包起来,固定在饲养舍的不同角落,能够有效地消除舍内存在的鸡虱。而消除鸡体表寄生的鸡虱,可以将包好的2颗卫生球分别绑在其翅膀下,通常使用2～3 d即可将鸡虱驱除。

④洗衣粉灭虱。洗衣粉的水溶液能将鸡虱体表的蜡质脱掉,并且堵塞其气孔,鸡虱会因窒息而死亡。临床常用洗衣粉水溶液清洗鸡体,有良好的杀虫效果,同时还能够将鸡体表的污垢清除干净。

四、其他鸡病防治

（一）鸡毒支原体感染

鸡毒支原体感染又称鸡慢性呼吸道病，是由鸡毒支原体引起的一种以呼吸道症状为主的慢性呼吸道传染病，其特征为咳嗽、流鼻液、呼吸道啰音和张口呼吸。本病发展缓慢，病程长，成年鸡多为隐性感染，可在鸡群长期存在和蔓延。感染本病可使幼鸡生长不良，成年鸡产蛋下降，肉鸡屠体品质下降、废弃上升，发病群用药增加，造成严重的经济损失。

1. 病原

鸡毒支原体（MG）呈细小球杆状，大小为 250～500 nm，能通过细菌滤器，有些为圆形，有些呈丝状，用吉姆萨氏染色着色良好。鸡毒支原体为好氧和兼性厌氧，在固体培养基上，生长缓慢，培养 3～5 d 可形成微小的光滑而透明的露珠状菌落，用放大镜观察，呈乳头状，在马鲜血琼脂培养基上能引起完全溶血，能凝集鸡和火鸡红细胞。

鸡毒支原体对外界抵抗力不强，对热敏感。一般消毒药能将其杀死，对链霉素、红霉素、泰乐菌素和利高霉素敏感，对新霉素、磺胺类药物有抵抗力。

2. 流行病学

鸡和火鸡对本病具有易感性，其中 4～8 周龄鸡和火鸡最敏感，纯种鸡比杂种鸡更易感，少数鹌鹑、珠鸡、孔雀和鸽也能感染本病，成年鸡多为隐性感染，散发，幼鸡群则往往大批流行。病鸡和隐性感染鸡是本病的传染源。病原体可通过飞沫经呼吸道传播，也可以通过饮水、饲料、用具传播，也能通过配种传播；并且可通过种蛋垂直传播。

有多种病原微生物继发和并发感染时，能使本病更加严重。带有 MG 的雏鸡，在用气雾和滴鼻法进行新城疫弱毒疫苗免疫时，能诱发本病。本病一年四季均可发生，以寒冷季节流行严重，成年鸡则多表现散发。

3. 临床症状

（1）幼龄鸡：幼龄鸡发病，症状比较典型，表现为浆液或浆液黏液性鼻液，鼻孔堵塞、频频摇头、喷嚏、咳嗽，还见有窦炎、结膜炎和气囊炎。当炎症蔓延下部呼吸道时，则喘气和咳嗽更为显著，有呼吸道啰音。病鸡食欲不振，生长停滞。后期可因鼻腔和眶下窦中蓄积渗出物而引起眼睑肿胀，症状消失后，发育受到不同程度的抑制，如无并发症，病死率低。

（2）成年鸡：产蛋鸡感染后，只表现产蛋量下降和孵化率低，孵出的雏鸡活力降低。成年鸡很少死亡，如继发大肠杆菌，还出现厌食和腹泻，死淘率增高。

（3）火鸡：火鸡感染火鸡支原体时，常呈窦炎、鼻侧的窦部出现肿胀，有的病例不出现窦炎，但呼吸道症状显著，病程可延长数周至数月。雏火鸡有气囊炎。滑液膜支原体引起鸡和火鸡发生急性或慢性的关节滑液膜炎、腱滑液膜炎或滑液囊炎。

4. 病理变化

单纯感染 MG 的病例，眼观变化见鼻道、气管、支气管和气囊内含有混浊的黏稠渗出物。气囊炎以致气囊壁变厚和混浊，严重者有干酪样渗出物。自然感染的病例多为混合感染，可见呼吸道黏膜水肿、充血、肥厚。窦腔内充满黏液和干酪样渗出物。波及肺和气囊，气囊内有干酪样渗出物附着，有时可见于腹腔气囊，如有大肠杆菌混合感染时，可见纤维素性肝被膜炎和心包炎。火鸡常见到明显的窦炎。

5. 诊断

（1）临诊综合诊断：幼龄鸡感染后流鼻涕、咳嗽、窦炎、结膜炎及气囊炎，呼吸道啰音，病程长，增重缓慢，消瘦，产蛋鸡产蛋下降等。

（2）实验室诊断：病原分离与鉴定、血清平板凝集试验（SPA）、血凝抑制试验和ELISA。

6. 防治

（1）净化措施：建立无支原体病的种鸡群，引种时必须从无本病鸡场购买。鸡群中，检疫、淘汰阳性鸡，留下阴性群隔离饲养作为种用，并对后代继续观察，确认是健康鸡群后，还应严格执行消毒、隔离措施，并定期做血清学检查，以保安全。

（2）免疫措施：控制 MG 感染的疫苗有灭活疫苗和活疫苗两大类。灭活疫苗为油乳剂，可用于幼龄鸡和母鸡。活疫苗主要是 F 株和温度敏感突变株 S6 株，据报道其免疫保护效果确实比未免疫的对照鸡病变轻，生产性能好。

（3）治疗措施：一些抗生素对本病有一定的疗效。目前认为多西环素、泰乐菌素、壮观霉素、链霉素和红霉素对本病有相当疗效。使用抗生素治疗时，停药后往往复发，因此应考虑几种药轮换使用。

（二）禽曲霉菌病

禽曲霉菌病主要是由烟曲霉菌和黄曲霉菌等曲霉菌引起的多种禽类的一种真菌性疾病，幼禽多发且呈急性群发性，发病率和死亡率都很高，成禽则为散发，其主要特征是在呼吸器官组织中发生炎症并形成肉芽肿结节。本病是世界性分布，常在孵化室呈爆发性流行，给养禽业造成巨大损失。

1. 病原

（1）分类：主要病原体为半知菌纲曲霉菌属中的烟曲霉，其次为黄曲霉。另外，黑曲霉、构巢曲霉、土曲霉等也有不同程度的致病性。

（2）培养特征：曲霉菌为需氧菌，在沙堡氏、马铃薯等培养基上生长良好，形成特征性菌落。烟曲霉在固体培养基中生长时，初期形成白色绒毛状菌落，24～30 h 后开始形成孢子，菌落呈面粉状、淡灰色、深绿色、黑蓝色，而菌落周边仍呈白色。

（3）抵抗力：曲霉菌在自然界适应能力很强，一般冷热干湿的条件下均不能破坏其孢子的生活能力，一般的消毒药须经 1～3 h 才能灭活。

2. 流行病学

（1）易感动物：各种禽类中均可发生，常见于鸡、火鸡及水禽，野鸟、动物园中的鸟及笼养鸟也偶有发生。胚胎及 6 周龄以下的雏鸡与雏火鸡比成年鸡易感，4～12 日龄最为易感，幼雏常呈急性暴发，发病率很高，死亡率一般为 10%～50%，成年禽仅为散发，多为慢性。

（2）传播途径：本病可通过多种途径感染，曲霉菌可穿透蛋壳进入蛋内，引起胚胎死亡或雏鸡感染。此外，通过呼吸道吸入、肌内注射、静脉注射、点眼、接种、气雾、阉割伤口等感染本病。

（3）来源：曲霉菌经常存在于垫料和饲料中，在适宜条件下大量生长繁殖，形成曲霉菌孢子，若严重污染环境与种蛋，可造成曲霉菌病的发生。

3. 临床症状

幼禽发病多呈急性经过，病鸡表现呼吸困难，张口呼吸，喘气，有浆液性鼻漏。食欲减退，饮欲增加，精神委顿，嗜睡。羽毛松乱，缩颈垂翅。后期病禽迅速消瘦，发生下痢。若病原侵害眼睛，可能出现一侧或两侧眼睛发生灰白混浊，也可能引起一侧眼肿胀，结膜囊有干酪样物。若食道黏膜受损时，则吞咽困难。少数禽由于病原侵害脑组织，引起共济失调、角弓反张、麻痹等神经症状。发病后一般 2～7 d 死亡，慢性者可达 2 周以上，死亡率一般为 5%～50%。若曲霉菌污染种蛋及孵化后，常造成孵化率下降，胚胎大批死亡。成年禽多呈慢性经过，引起产蛋下降，病程可拖延数周，死亡率不定。

4. 病理变化

病理变化主要在肺和气囊上，肺脏可见散在的粟粒，大至绿豆大小的黄白色或灰白色的结节，质地较硬，有时气囊壁上可见大小不等的干酪样结节或斑块。随着病程的发展，气囊壁明显增厚，干酪样斑块增多、增大，有的融合在一起。后期病例可见在干酪样斑块上及气囊壁上形成灰绿色霉菌斑。严重病例的腹腔、浆膜、肝或其他部位表面有结节或圆形灰绿色斑块。

5. 诊断

饲料、垫草的严重污染发霉，幼禽多发且呈急性经过，呼吸困难，在肺、气囊等部位可见灰白色结节或霉菌斑块等，作出初步诊断，确诊必须进行微生物学检查和病原分离鉴定。

6. 防治

（1）预防措施：应防止饲料和垫料发霉，使用清洁、干燥的垫料和无霉菌污染的饲料，避免禽类接触发霉堆放物，改善禽舍通风和控制湿度，降低空气中霉菌孢子的含量。为了防止种蛋被污染，应及时收蛋，保持蛋库与蛋箱卫生。

（2）发病处理措施：应尽早移走污染霉菌的饲料与垫料，清扫禽舍，喷洒 1∶2 000

的硫酸铜溶液，换上不发霉的垫料。严重病例扑杀淘汰，轻症者可用1：2 000或1：3 000的硫酸铜溶液饮水连用3～4 d，可以减少新病例的出现，从而有效控制本病的继续蔓延。

（3）中药方剂治疗：①金银花、连翘、莱菔子（炒）各30 g，丹皮、黄芩各15 g，柴胡18 g，桑白皮、枇杷叶、甘草各12 g，水煎取汁1 000 ml，为500只鸡的一日量，每日分4次拌料喂服，每天1剂，连用4剂，治疗鸡曲霉菌病效果显著；②桔梗250 g，蒲公英、鱼腥草、苏叶各500 g，水煎取汁，为1 000只鸡的用量，用药液拌料喂服，每天2次，连用1周。另在饮水中加0.1%高锰酸钾。对曲霉菌病鸡用药3 d后，病鸡群停止死亡，用药1周后痊愈。

（4）西药治疗：可以选择制霉菌素、两性霉素及其他抗霉菌制剂进行治疗。据报道用制霉菌素防治本病有一定效果，剂量为每100只雏鸡一次用50万单位，每日2次，连用2～4 d。

（三）禽痛风

痛风又称为尿石症、尿酸盐沉着症，是由于蛋白质代谢障碍，大量的尿酸盐沉积在关节、软骨组织周围、内脏和其他间质组织而引起的一种营养代谢病。鸡、火鸡、水禽、鸽子等，均可以发病，尤其是高蛋白质饲喂的肉仔鸡更易发病。

1. 发病原因

（1）饲料因素：饲喂高蛋白饲料，特别是饲喂了含过量核蛋白和嘌呤碱的蛋白质饲料，产生过量的尿酸，超出了肾脏的排泄限度而引起发病。饲料中有含高钙离子，或者维生素A缺乏，或者饲料霉变后，产生了霉菌毒素，均可引起肾脏的损伤，而影响尿酸的排泄，造成尿酸在血中过多，而发生本病。当前，养殖户为了让肉鸡长得更快，常常饲喂高蛋白饲料，而频频发生本病。

（2）传染性疾病因素：鸡肾型传支气炎、鸡白痢、传染性法氏囊、球虫病、盲肠性肝炎等疾病，均可以引起肾脏功能障碍，导致尿酸排泄困难而引起本病的发生。

（3）药物因素：长期、大剂量使用对肾脏功能有损伤的药物，如磺胺类药物、链霉素、庆大霉素等，也是导致本病发生的重要因素。

（4）饲养管理因素：饲养密度过大，阴冷潮湿，缺少光照、运动，饮水不足，通风不良，空气中有毒、有害气体过多，如氨气、一氧化碳、二氧化碳等，均可诱使本病发生。

2. 临床症状

根据尿酸盐沉积的部位不同，可以将痛风病分为内脏型痛风和关节型痛风。而在临床上，以内脏型痛风多见，少数为关节型痛风，偶尔见两型混合发生。

（1）内脏型痛风：发病初期无明显症状，随着病情发展，表现为精神沉郁，食欲下降，消瘦贫血，生长停止，羽毛松乱；粪便稀薄、水样，内含大量白色的尿酸盐，污染泄殖腔周围的羽毛；有时表现为啄羽、啄肛症状；最后衰竭而死亡。母禽产蛋下降或者完全停止。

（2）关节型痛风：主要症状在脚趾和腿部关节肿胀，病禽表现为运动缓慢、跛行，站立困难，借助两翅膀行走，肢体不能平衡。

3. 病理剖解变化

两种类型的痛风，剖解后其病变有所不同。

（1）内脏型痛风：皮下肌肉发绀、脱水，各个脏器发生粘连，产蛋鸡尤为明显；心、肝、脾脏、肠系膜、腹膜、输卵管等表面覆盖一层白色尿酸盐沉积；肾脏肿大，颜色变淡，表面因尿酸盐沉积而形成白色斑点，这样红白相间的肾表面，被称为花斑肾；输尿管极度扩张，管腔内充满石灰样沉积物。

（2）关节型痛风：剖解可见关节表面和关节周围有白色尿酸盐沉着，有的关节面糜烂或坏死。

4. 诊断

（1）临床诊断：病鸡精神不振，食欲下降，生长缓慢或者停止，拉稀、粪便水样，内含有大量尿酸盐，产蛋鸡产蛋下降。关节型痛风，关节肿大，行走缓慢，站立困难。根据上述特点可作出初步诊断。

（2）病理诊断：剖解后，根据内脏器官覆盖有大量的白色尿酸盐；肾脏肿大，表面因尿酸盐沉积而有白色斑点，关节表面和周围关节腔有白色尿酸盐而确证。

（3）病因调查：发病后，找出引起痛风病的各种因素，就更进一步地确证了该病。

5. 防治

（1）预防措施。

①饲料方面：合理搭配饲料中的蛋白质，特别是动物性蛋白质不能过高；保证饲料中充足的维生素A；饲料中，不能添加过高浓度的钙；坚决不用霉变饲料。平时在饲养过程中，多喂青绿饲料。

②疾病方面：坚决做好鸡肾型传支、鸡白痢、传染性法氏囊病、球虫病、盲肠性肝炎等疾病的防疫工作，杜绝这些疾病的发生而引起对肾脏的损伤。

③用药方面：对肾脏有很强毒性的药物，如磺胺类药物、链霉素、庆大霉素等，一定要谨慎使用。对于这些药物，坚决不能长期、反复、大剂量使用。

④管理方面：降低饲养密度，增加饮水，加强通风，减少有毒有害气体，增加阳光和运动，增强体质。

（2）治疗措施。

发生本病后，应立即消除病因，减少动物性蛋白质饲料，多喂青绿饲料可控制本病继续发生。同时，采取下列方案进行治疗，可以收到明显效果。

①氢氯噻嗪（双氢克尿噻），每次 0.01～0.02 g/只，每日 1～2次，并适当供给 0.1%的氯化钾水溶液饮水，以防低血钾症的发生。

②煎制中草药，车前草、金钱草，每千克体重各 0.5 g，煎水候温供鸡只饮服，每日 2次，加入 1.5% 红糖，连用 3 d，有明显效果。

③在饮水中，加入 0.1% ～ 0.2% 的碳酸氢钠，每天饮用几小时对加速尿酸盐排泄有较好的作用。

④由于维生素 A 缺乏所致痛风，可用鱼肝油混入饲料内，每天每只补给 1 ～ 2 mL。

（四）肉鸡腹水综合征

肉鸡腹水综合征又名"心衰竭综合征"或"高海拔"病，是肉鸡生产中一种常见的非传染性疾病，主要发生于肉鸡 20 ～ 28 日龄快速生长的阶段；以腹部膨大，剖检腹腔内有大量淡黄色液体，心脏衰竭，心包积液以及肝脏、肾脏的病变为特征，在高海拔地区和冬季容易发生。

1. 病因

（1）遗传因素：主要与鸡的品种和龄期有关。肉鸡的品种往往只注重快速生长性能方面的选育，而没有相应地改善其心肺功能，致使其快速生长而不能很好地适应机体本身的代谢要求。快速生长、机体代谢旺盛（需氧量增加）、心肺衰竭是引发该病的最主要因素。

（2）缺氧因素：高海拔地区饲养和人为造成低气压缺氧引起的组织胺增加，导致右心扩张衰竭，从而引起本病。

（3）环境因素：因保暖的需要，一方面，紧闭门窗；另一方面，鸡舍内煤炉排气管密封不良，造成通风不畅，舍内一氧化碳、二氧化碳和尘埃的浓度明显升高，而氧浓度下降，形成一种缺氧的环境。另外，因气候寒冷，机体基础代谢旺盛，需氧量增加，在此环境下，更加重了缺氧的程度，最终诱发腹水综合征。

（4）营养因素：日粮中蛋白质及能量水平较高，生长速度过快，机体代谢过程缺氧严重。来自发病鸡场的材料报道，饲喂颗粒料的鸡场腹水综合征发病率明显高于饲喂粉料的鸡场。

（5）其他因素：某些营养物质缺乏或过剩，如硒和维生素 E 缺乏、食盐中毒、呋喃唑酮中毒、牧宁霉素或霉菌毒素中毒，以及呼吸道疾病和大肠杆菌病等都能引起腹水综合征。

2. 临床症状

病鸡精神沉郁，羽毛蓬乱，饮水和采食量减少，生长迟缓，冠和肉髯发绀。病情严重者可见皮肤发红，呼吸速度加快，运动耐受力下降。该病的特征性症状是病鸡腹围明显增大，腹部膨胀下垂，腹部皮肤变得发亮或发紫，行动迟缓呈鸟步样，有的站立不稳以腹着地如企鹅状。该病发展往往很快，病鸡常在腹水出现后 1 ～ 3 d 内死亡。

3. 病理变化

腹腔内有 100 ～ 500 mL 甚至更多的淡褐色或淡红黄色半透明腹水，内有半透明胶冻样凝块；肝瘀血肿大，呈暗紫色，表面覆盖一层灰白色或黄色的纤维素膜，质地较硬；心包膜混浊增厚，心包液显著增多，心脏体积增大，右心室明显肥大扩张，心肌松弛；肾肿大瘀血；肠道黏膜严重瘀血，肠壁增厚；胸肌、腰肌不同程度瘀血；皮下水肿；脾肿大，色灰暗；肺呈粉红色或紫红色，气囊混浊；盲肠扁桃体出血；法氏囊黏膜泛红；喉头气管内有黏液。

4. 诊断

快速生长的肉鸡在冬季容易发病，生长缓慢，精神不差，采食下降，冠和肉髯发绀，突然死亡，腹部膨大下垂，行动迟缓，剖解可见腹水增多，心脏扩张等，可做出诊断。

5. 防治

（1）预防措施。

①加强饲养管理，注意舍内清洁卫生和通风换气，彻底清除舍内堆积的鸡粪，及时排出舍内废气，以降低有害气体浓度。在冬季要解决好保温与通风的矛盾，严防煤气泄漏，控制好鸡群密度和鸡舍的湿度，减少有害气体的产生，以减少腹水的发生。

②适当控制肉鸡的生长速度，因为肉用仔鸡早期生长速度快，对腹水症的敏感性高，应适度限喂，控制其生长速度。

③做好其他疫病预防，做好鸡新城疫、传染性支气管炎、传染性喉气管炎、支原体感染和大肠杆菌病等的预防接种，严格控制呼吸道疾病的发生。

（2）治疗措施。肉鸡腹水综合征的发生多以淘汰告终。

①治疗可采用二羟苯异丙氨基乙醇，通过扩张器官和降低肺循环阻力，给 1 ～ 10 日龄幼雏饮水投药；用氢氯噻嗪拌料喂饲、呋塞米等增加肾小球的滤过率，增加并排走大量水分。

②对由葡萄球菌和大肠杆菌引发的腹水症可采用诺氟沙星、硫酸新霉素和卡那霉素等抗菌药物治疗，对少发病和死亡都有一定帮助。

（五）脂肪肝出血综合征

脂肪肝出血综合征是家禽的一种脂代谢障碍性疾病，其特征是肝脏脂肪过度沉积导致肝细胞与血管壁变脆而发生的肝脏出血。多发生于蛋鸡，尤其是笼养蛋鸡的产蛋高峰期。育肥的肉用仔鸡、鸭也可发生。本病可引起产蛋量大幅度下降，死亡率增高，所造成的经济损失很大。

1. 病因

饲喂过量的高能低蛋白日粮是本病发生的主要饲料因素。胆碱、含硫氨基酸、维生素 B_1、维生素 E 缺乏，饲料发霉变质，饲料中添加菜籽饼，运动不足，高温和应激等，都有助于本病的发生。药物性肝炎，长期用药，特别是毒性大的药品所致。以肝为主要器官的传染病（弧菌性肝炎，包涵体肝炎，住白细胞原虫病等）。

2. 临床症状

病鸡外观体况良好，鸡群中发现本病的第一个指征为个别鸡突然死亡，有时产蛋量突然下降 10% ～ 30%，体重超重的母鸡产蛋量下降 25% ～ 30%。病鸡精神萎靡、嗜睡、站立不稳，甚至发生瘫痪，有些母鸡的冠和肉髯颜色变淡或者发绀，而且高度神经过敏。严重者当肝破裂时，鸡冠突然变白，头颈向前伸，以胸触地，或弯向背侧，侧倒于地，痉挛而死。死亡率一般在 5%～20%，从出现症状到死亡为 1～2 d。病鸭表现食欲不佳，腹泻，粪内有完整的籽粒，行动迟缓，随后卧地不起，拍翅以助其爬行，最后昏迷或痉挛而死。有的无明显症状而突然死亡。死鸭往往较肥胖。

3. 病理变化

皮下、腹腔膜、肠管、肌胃、心脏、肾脏周围有大量的脂肪沉积，腹水增多，混有露珠样油滴。产蛋鸡输卵管末端多半都有一枚完整而未产出的蛋，且蛋壳已变硬。肝脏的变化最为显著而特殊，肿大至正常的 2～4 倍，呈淡褐灰色，质脆易碎，甚至呈软糊状，刀切后刀面有脂肪滴附着，肝表面和体腔中有大凝血块。肝脏中可能有陈旧的（褐色或绿色）和新发生的（深红色）血肿以及坏死区。由黄曲霉等真菌毒素引起脂肪肝的可见心脏、脾出血，骨髓贫血色黄。病鸭心包积液较多，色淡，肝脏病变同鸡，但不发生大出血，肾脏轻度肿胀，甲状腺肿大呈紫红色，胸肌有白色条纹。

4. 诊断

根据高能低蛋白日粮、鸡群过肥、高血脂及肝显著肿大、腹部脂肪沉积作出诊断。

5. 防治

（1）预防措施。合理搭配饲料蛋白和能量比，防止饲料变质，饲料中添加菜籽饼比例在 5% 以下，防止过肥和突然应激等；定期检测蛋鸡血液胆固醇等血脂含量，对突然因贫血死亡的肥胖蛋鸡随时剖检，以便及时发现，及时采取防治措施。

（2）治疗方案。

①降低饲料能量，增加蛋白质 1%～2%，特别要增加含硫氨基酸和氯化胆碱（每吨饲料加 1～2 kg）；增加粗纤维含量，以降低血脂、肝脂和肝重，一般用小麦麸皮、干酒糟和苜蓿粉，尤其在夏季更应注意这一措施。

②在每吨日粮中添加维生素 E 10 000IU，维生素 B_{12} 12 mg，肌醇 900 g，连用 15 d。

📖 知识链接与课堂讨论

知识链接：

2022 年 6 月 23 日，农业农村部发布新版《一、二、三类动物疫病病种名录》及《三类动物疫病防治规范》并根据《中华人民共和国动物防疫法》中的有关规定，我部对原《一、二、三类动物疫病病种名录》进行了修订并自发布之日起施行。2008 年发布的中华人民共和国农业农村部公告第 1125 号、2011 年发布的中华人民共和国农业农村部公告第 1663 号、2013 年发布的中华人民共和国农业农村部公告第 1950 号同时废止。

1. 一类动物疫病（11 种）

口蹄疫、猪水疱病、非洲猪瘟、尼帕病毒性脑炎、非洲马瘟、牛海绵状脑病、牛瘟、牛传染性胸膜肺炎、痒病、小反刍兽疫、高致病性禽流感。

2. 二类动物疫病（37种）

多种动物共患病（7种）：狂犬病、布鲁氏菌病、炭疽、蓝舌病、日本脑炎、棘球蚴病、日本血吸虫病。

牛病（3种）：牛结节性皮肤病、牛传染性鼻气管炎（传染性脓疱外阴阴道炎）、牛结核病。

绵羊和山羊病（2种）：绵羊痘和山羊痘、山羊传染性胸膜肺炎。

马病（2种）：马传染性贫血、马鼻疽。

猪病（3种）：猪瘟、猪繁殖与呼吸综合征、猪流行性腹泻。

禽病（3种）：新城疫、鸭瘟、小鹅瘟。

兔病（1种）：兔出血症。

蜜蜂病（2种）：美洲蜜蜂幼虫腐臭病、欧洲蜜蜂幼虫腐臭病。

鱼类病（11种）：鲤春病毒血症、草鱼出血病、传染性脾肾坏死病、锦鲤疱疹病毒病、刺激隐核虫病、淡水鱼细菌性败血症、病毒性神经坏死病、传染性造血器官坏死病、流行性溃疡综合征、鲫造血器官坏死病、鲤浮肿病。

甲壳类病（3种）：白斑综合征、十足目虹彩病毒病、虾肝肠胞虫病。

3. 三类动物疫病（126种）

多种动物共患病（25种）：伪狂犬病、轮状病毒感染、产气荚膜梭菌病、大肠杆菌病、巴氏杆菌病、沙门氏菌病、李氏杆菌病、链球菌病、溶血性曼氏杆菌病、副结核病、类鼻疽、支原体病、衣原体病、附红细胞体病、Q热、钩端螺旋体病、东毕吸虫病、华支睾吸虫病、囊尾蚴病、片形吸虫病、旋毛虫病、血矛线虫病、弓形虫病、伊氏锥虫病、隐孢子虫病。

牛病（10种）：牛病毒性腹泻、牛恶性卡他热、地方流行性牛白血病、牛流行热、牛冠状病毒感染、牛赤羽病、牛生殖道弯曲杆菌病、毛滴虫病、牛梨形虫病、牛无浆体病。

绵羊和山羊病（7种）：山羊关节炎/脑炎、梅迪－维斯纳病、绵羊肺腺瘤病、羊传染性脓疱皮炎、干酪性淋巴结炎、羊梨形虫病、羊无浆体病。

马病（8种）：马流行性淋巴管炎、马流感、马腺疫、马鼻肺炎、马病毒性动脉炎、马传染性子宫炎、马媾疫、马梨形虫病。

猪病（13种）：猪细小病毒感染、猪丹毒、猪传染性胸膜肺炎、猪波氏菌病、猪圆环病毒病、格拉瑟病、猪传染性胃肠炎、猪流感、猪丁型冠状病毒感染、猪塞内卡病毒感染、仔猪红痢、猪痢疾、猪增生性肠病。

禽病（21种）：禽传染性喉气管炎、禽传染性支气管炎、禽白血病、传染性法氏囊病、马立克病、禽痘、鸭病毒性肝炎、鸭浆膜炎、鸡球虫病、低致病性禽流感、禽网状内皮组织增殖病、鸡病毒性关节炎、禽传染性脑脊髓炎、鸡传染性鼻炎、禽坦布苏病毒感染、禽腺病毒感染、鸡传染性贫血、禽偏肺病毒感染、鸡红螨病、鸡坏死性肠炎、鸭呼肠孤病毒感染。

兔病（2种）：兔波氏菌病、兔球虫病。

蚕、蜂病（8种）：蚕多角体病、蚕白僵病、蚕微粒子病、蜂螨病、瓦螨病、亮热厉螨病、蜜蜂孢子虫病、白垩病。

犬猫等动物病（10种）：水貂阿留申病、水貂病毒性肠炎、犬瘟热、犬细小病毒病、犬传染性肝炎、猫泛白细胞减少症、猫嵌杯病毒感染、猫传染性腹膜炎、犬巴贝斯虫病、利什曼原虫病。

鱼类病（11种）：真鲷虹彩病毒病、传染性胰脏坏死病、牙鲆弹状病毒病、鱼爱德华氏菌病、链球菌病、细菌性肾病、杀鲑气单胞菌病、小瓜虫病、粘孢子虫病、三代虫病、指环虫病。

甲壳类病（5种）：黄头病、桃拉综合征、传染性皮下和造血组织坏死病、急性肝胰腺坏死病、河蟹螺原体病。

贝类病（3种）：鲍疱疹病毒病、奥尔森派琴虫病、牡蛎疱疹病毒病。

两栖与爬行类病（3种）：两栖类蛙虹彩病毒病、鳖腮腺炎病、蛙脑膜炎败血症。

课堂讨论：家禽发生一类疫病该如何处置？作为兽医如何阻断家禽疫病的传播和减少经济损失？新版《一、二、三类动物疫病病种名录》与以前的版本有哪些区别，为什么？

📋 工作手册

鸡病防治工作手册

工作任务	工作流程	工作内容	注意事项
任务一：现场调查与处置	1.临床及病史检查	（1）鸡群的基本情况调查。调查防疫情况、发病日龄、有无呼吸道症状、密度和通风情况、死亡率、病程的长短、发病史和治疗史等内容。 （2）群体检查。精神状态、粪便和饲料等情况的检查。 （3）个体检查。鸡头、眼睛、胸腺、胃、肝脏等的检查	
	2.血样的采集与送检	（1）血液采集。可以采用翅静脉和心脏采血方法。 （2）血液送检。没有条件做检测的鸡场，可将血液样品置于冰浴中，送至相关的实验室进行血清分离和检测。通常情况下，采取1 mL血液所析出的血清可满足大多数血清学检测所需	

工作任务	工作流程	工作内容	注意事项
任务二：实验室诊断	1.病理解剖	（1）剖检器材。骨剪（用以剪断粗大的骨头）、普通剪刀和医用剪刀、手术刀（用于进行组织的检查）和镊子等。 （2）检查。体表检查、内部检查。 （3）病变观察。通过寻找典型病变特征进行初步诊断	
	2.病原分离与鉴定	（1）细菌的分离与鉴定。采样，分离培养，染色镜检，生化鉴定。 （2）病毒的分离与鉴定。①病毒分离标本的采集。②采集标本时间，一般在鸡死亡6 h内。③标本的保存和运送。④样本的处理。⑤样本的接种。⑥病毒的鉴定	
任务三：鸡病毒性疾病的防治	1.鸡病毒性疾病的预防	（1）根据本场具体情况制订免疫程序。 （2）制订好本场防疫制度。 （3）按时进行疫苗免疫。 （4）做好平时的消毒工作	
	2.鸡病毒性疾病的治疗	（1）根据疾病情况，隔离封锁。 （2）特殊疗法。用对应的高免血清或高免卵黄抗体进行治疗。 （3）用抗病毒的中成药进行治疗。 （4）对症治疗。 （5）为了控制继发感染的相关治疗	有的病毒病没有对应的高免血清或高免卵黄抗体
任务四：鸡细菌性疾病的防治	1.鸡细菌性疾病的预防	（1）做好养殖场外环境及带鸡消毒。 （2）适时投喂电解多维提高鸡群抗应激能力。 （3）适时进行药物预防	
	2.鸡细菌性疾病的治疗	（1）根据临床及实验室诊断确诊疾病。 （2）有条件情况做药敏实验后投药。 （3）针对病原使用抗生素。 （4）进行对症治疗	
任务五：鸡寄生虫病防治	鸡寄生虫病防治	放养时定期投喂抗寄生虫药。 发病时可通过临床症状及病理变化或粪便中虫卵的检查来确诊，然后根据寄生虫情况投喂对应驱虫药	

实训一 蛋鸡场常用机械设备

一、目的要求

熟悉蛋鸡场各种养禽设备，掌握各种设备的用途和使用方法，增强对蛋鸡生产的感性认识。

二、材料与用具

蛋鸡养殖场常用设备，如环境控制设备、育雏设备、笼具设备等。

三、操作方法

本次参观实训，主要由实训指导教师或生产单位技术人员，结合蛋鸡养殖场常用设备，为学生介绍各种机械设备的规格型号、性能、用途与使用，必要时可让学生观看进行操作演示。

1. 环境控制设备

热风炉供暖系统、湿垫风机降温系统、通风设备（大直径、低转速的轴流风机）、光照设备等。

2. 育雏设备

层叠式电热育雏笼（9YCH 电热育雏器是国内普遍使用的笼养育雏设备）、电热育雏伞、煤炉烟道温室育雏室等。层叠式电热育雏笼、电热育雏伞在工厂化养鸡场常用，煤炉烟道温室育雏室在普通规模化养鸡场常用。

3. 笼具设备

全阶梯式鸡笼、半阶梯式鸡笼、层叠式鸡笼、种鸡笼、育成鸡笼、育雏育成一段式鸡笼、产蛋鸡笼等。参观时应注意各种鸡笼的使用对象、用途。

4. 饮水设备

各种水槽、真空饮水器、吊塔式饮水器、乳头式饮水器。注意各种饮水设备的主要部件与使用优缺点。

5. 喂料设备与集蛋设备

常用的料槽、料桶；机械化养鸡场采用的自动供料系统（包括贮料塔、输料机、喂料机和饲槽四部分）。

集蛋设备主要有国产的 9JD-4500 集蛋装置，常与三层全阶梯式产蛋鸡笼配套使用，还有平养鸡舍常用的人工集蛋车。

6. 清粪设备

机械清粪设备主要有：刮板式清粪机、带式清粪机、抽屉式清粪机等。常用的刮板式清粪机主要由牵引机（电动机、减速器、绳轮）、钢丝绳、转角滑轮、刮粪板、电控装置等组成，多用于阶梯式笼养和网上平养。带式清粪机主要用于层叠式笼养。抽屉式清粪机用于小型层叠式笼养鸡笼。

技能考核： 要求学生熟悉各种养禽设备，掌握各种设备的用途、使用与注意问题。

实训报告： 通过参观，让学生思考养禽场应怎样因地制宜地选择养禽设备，特别是结合当地条件选用相关养禽设备。

实训二　鸡外貌部位识别与选择

一、目的要求

熟悉家禽外貌部位和羽毛名称（特别是翼羽）、准确鉴别年龄。

二、材料与用具

成年公母鸡若干只，病鸡一只；鸡骨骼标本；鸡外貌部位名称图；鸡冠型、翼羽图谱或幻灯片等。

三、操作方法

1. 抓鸡和保定鸡

一般用右手中间三指夹住鸡的双腿，左手负责顺利将鸡从鸡笼中取出。注意不能抓鸡尾羽、单翼或抓鸡颈。然后将鸡移至左手。左手大拇指和食指夹住右腿，无名指和小指夹住左腿，并将鸡的胸腹部置于左手掌中，使鸡的头部向着鉴定者。

2. 家禽外貌部位的认识

（1）头部。鸡头部的形态及发育程度能反映品种、性别、健康和生产性能高低等情况。

①冠。冠为皮肤衍生物，位于头顶，是富有血管的上皮构造。不同品种有不同冠形；即使同一种冠形的不同品种也有差异。鸡冠的种类很多，是品种的重要特征，可分为单冠、豆冠、玫瑰冠、草莓冠、羽毛冠等。

大多数品种的鸡冠为单冠。冠的发育受雄性激素控制，公鸡的冠较母鸡发达。冠的颜色大多为红色（羽毛冠指肉质部分），色泽鲜红、细致、丰满、滋润是健康的症状。病鸡的冠常皱缩，不红，甚至呈紫色（乌骨鸡除外）。母鸡的冠与产蛋与否、高产或低产有密切关系。停产鸡或低产鸡手触鸡冠有冰凉感，外表皱缩；产蛋母鸡的冠越红、越丰满的，产蛋能力越高。

②肉髯。肉髯又称肉垂，是鸡颌下下垂的皮肤衍生物，左右组成一对，大小对称，其色泽和健康的关系与冠同。

③喙。喙是由表皮衍生的角质化产物，是啄食与自卫器官，其颜色因品种而异，一般与脚颜色一致。健壮鸡的喙应短粗，稍微弯曲。

④脸。一般鸡脸为红色，健康鸡脸色红润无皱纹，老弱病鸡脸色苍白而有皱纹。蛋用鸡脸清秀，肉用鸡脸丰满。

⑤眼。眼位于脸中央，健康鸡眼大有神而反应灵敏，向外凸出，眼睑单薄，虹彩的颜色因品种而异。

⑥耳孔、耳叶。耳叶位于耳孔下侧，呈椭圆形或圆形，有皱纹，颜色因品种而异，常见的有红、白两种。

⑦鼻孔。鼻孔位于喙的基部，左右对称。

（2）颈部。因品种不同颈部长短不同，鸡颈由13～14个颈椎组成。蛋用型鸡颈较细长，肉用型鸡颈较粗短。公鸡颈羽细长，末端尖而有光泽；母鸡颈羽短，末端钝圆而缺乏光泽。

（3）体躯。体躯由胸、腹、背腰三部分构成，与性别、生产性能、健康状况有密切关系。

①胸部。胸部是心脏与肺所在的位置，应宽、深、发达，既表示体质强健，也表示胸肌发达。

②腹部。腹部是容纳消化器官和生殖器官，应有较大的腹部容积。特别是产蛋母鸡，腹部容积要大。腹部容积常采用胸耻间距（以手指和手掌来测量胸骨末端到耻骨末端之间距离）、耻骨间距（两耻骨末端之间的距离）来表示。这两个距离越大，表示正在产蛋期或产蛋能力越好。

③背腰部。蛋用品种背腰较长，肉用品种背腰较短。生长在腰部的羽毛称为鞍羽。公鸡鞍羽尖而长。

（4）四肢。鸟类适应飞翔，前肢发育成翼，又称翅膀。翼的状态可反映禽的健康状况。正常的鸡翅膀应紧扣身体，下垂是体弱多病的表现。鸟类后肢骨骼较长，其股骨包入体内。腿部包括股、胫、飞节、跖、趾和爪等部分。胫部鳞片为皮肤衍生物，年幼时鳞片柔软，成年后角质化，年龄越大，鳞片越硬，甚至向外侧突起。因此，可以从胫部鳞片软硬程度和鳞片是否突起来判断鸡的年龄大小。胫部因品种不同而有不同的色泽。鸡一般有4个脚趾，少数为5个（如丝毛乌骨鸡）。公鸡在腿内侧有距，距随年龄的增长而增大，故可根据距的长短来鉴别公鸡的年龄。

（5）羽毛。羽毛是禽类表皮特有的衍生物。羽毛供维持体温之用，对飞翔也很重要。羽毛在不同部位有明显界限，鸡的各部位的羽毛特征如下：

①颈羽。颈羽着生于颈部，母鸡颈羽短，末端钝圆，缺乏光泽，公鸡颈羽后侧及两侧长而尖，像梳齿一样，特称为梳羽。

②翼羽。翼羽为两翼外侧的长硬羽毛，是用于飞翔和快速行走时用于平衡躯体的羽

毛。翼羽中央有一较短的羽毛称为轴羽，由轴羽向外侧数，有 10 根羽毛，称为主翼羽，向内侧数，一般有 11 根羽毛，称为副翼羽。每一根主翼羽上覆盖着一根短羽，称为覆主翼羽，每一根副翼羽上，也覆盖一根短羽，称为覆副翼羽。初生雏如只有覆主翼羽而无主翼羽，或覆主翼羽较主翼羽长，或两者等长，或主翼羽较覆主翼羽微长在 2 mm 以内，这种初生雏由绒羽更换为幼羽时生长速度慢，称为慢羽。如果初生雏的主翼羽毛长过覆主翼羽 2 mm 以上，其绒羽更换为幼羽生长速度很快，称为快羽。慢羽和快羽是一对伴性性状，可以用作自别雌雄使用。成年鸡的羽毛每年要更换一次，母鸡更换羽毛时要停产，根据主翼羽脱落早迟和更换速度，可以估计换羽开始时间，因而可以鉴定产蛋能力。

③鞍羽。家禽腰部也称为鞍部，母鸡的鞍羽短而圆钝，公鸡鞍羽长呈尖形，像蓑衣一样披在鞍部，特叫蓑羽。公母鸡主尾羽都一样，从中央一对起分两侧对称数去，共有 7 对。公鸡的覆尾羽发达，覆盖在主尾羽上，状如镰刀形，特称镰羽。覆盖在第一对主尾羽的覆尾羽叫大镰羽，其余的称为小镰羽。

梳羽、蓑羽、镰羽是公鸡的第二性征羽毛。

3. 家禽年龄识别

能根据胫部鳞片质地、形状、距的长短识别鸡的年龄。

4. 健康鸡与病鸡识别

能根据鸡的精神行为、外观质地、采食饮水、粪便状况等识别健康鸡、病鸡。

5. 高产鸡和低产鸡的选择

高产鸡与低产鸡外貌和触摸品质的差异见表 3-29。

表3-29　高产鸡与低产鸡外貌和触摸品质的差异

项目	高产鸡	低产鸡
头部	清秀、头顶宽，呈方形	粗大或狭窄
喙	短而宽，微弯曲	长而窄直，呈乌鸦嘴状
冠和肉垂	发育良好，细致，鲜红色。触摸细致、温暖	发育不良，粗糙，色暗。触摸粗糙、发凉
胸部	宽、深、向前凸出，胸骨长直	窄浅，胸骨短或弯曲
体躯	背部宽、直。腹部触摸柔软、皮肤细致、有弹性、无腹脂硬块	背部短、窄或呈弓形。腹部触摸皮肤粗糙，弹性差，过肥的鸡有腹脂硬块
耻骨	触摸耻骨时，薄而有弹性	触摸耻骨时，硬而厚、弹性差
脚和趾	距坚实，呈棱形，鳞片紧贴，两脚间距宽，趾平直	两脚间距小，趾过细或弯曲

高产鸡与低产鸡腹部容积的差异见表 3-30。

表3-30 高产鸡与低产鸡腹部容积的差异

项目	高产鸡	低产鸡
胸骨末端与耻骨间距	4指以上	3指以下
耻骨间距	3指以上	2指以下

技能考核：重点考核鸡年龄识别、健康状况识别、高低产鸡外观区别。

实训报告：学生撰写相关报告。

实训三 雏鸡的分级、剪冠、断趾与断喙

一、目的要求

掌握健雏与弱雏的区别；掌握种鸡的剪冠、断趾技术；掌握雏鸡断喙技术。

二、材料与用具

初生雏鸡若干箱，眼科剪刀，断趾器等。

三、操作方法

1. 初生雏禽的分级

主要根据雏禽的活力，蛋黄吸收情况，脐带的愈合程度，胫和喙的色泽等进行鉴别分级。

健雏的特征：活泼、两脚站立稳定；蛋黄吸收良好，腹部不大，脐孔愈合良好，无残痕；喙和跖的色泽鲜浓，体重大小合适。

弱雏的特征：无活力、站立不稳；腹大，脐孔有残痕不清洁，喙和跖色泽较淡。

健雏与弱雏的分级见表3-31。

表3-31 健雏与弱雏的分级

级别	精神	体重	腹部	脐部	绒毛	两肢	畸形	脱水	活力
健雏	活泼健壮，眼大有神	符合品种要求	大小适中，平整柔软	收缩良好	长短适中	健壮，站立稳当	无	无	挣扎有力
弱雏	呆立嗜睡，眼小细长	过小或适中	过大或较小，肛门污秽	大而潮湿	过长或过短、脆，粘污	站立不稳，喜卧	无	有	软绵无力

级别	精神	体重	腹部	脐部	绒毛	两肢	畸形	脱水	活力
残次雏	不睁眼或单眼、瞎眼	过小干瘪	过大，软或硬，青色	吸收不好，有残血	火烧毛，卷毛，无毛	弯趾，跛腿，站不起	有	严重	无

2. 剪冠

肉用种鸡为防止父本与母本鸡混群，通常对父本科尼什型品系公鸡均剪冠。蛋鸡笼养时为便于采食也剪冠。

剪冠方法：在雏鸡出壳 24 h 内用眼科剪刀贴冠基部全部剪掉，剪冠时既要注意勿剪破冠基，也要注意勿留多余。

3. 断趾

为防止种公鸡自然交配时踩伤母鸡背部，于初生时或 2 ~ 3 日龄，用断趾器烙去内侧第一趾（即后侧趾）或同时烙去第一、二趾。剪烙时注意要靠近趾部，以防再生。

4. 雏鸡的断喙

断喙方法：断喙时，断喙者一手握住雏鸡脚部，另一只手拇指放在雏鸡头部背侧上方，食指放在咽喉部下方，其余三指放在雏鸡胸部下方。将雏鸡喙插入断喙器圆孔的孔眼中，将上喙断去 1/2，下喙断去 1/3（喙尖至鼻孔距离），并在高温刀片（600 ~ 800 ℃）停留 2 ~ 3 s，以利止血。

断喙注意事项：免疫接种前后 2 d 不应断喙；鸡群健康状况不良时不断喙；断喙前后 1 ~ 2 d，应在饲料中添加维生素 K 4 mg/kg、维生素 C 150 mg/kg，以利止血和抗应激；断喙后料槽中饲料应撒得厚些，便于啄食。

技能考核：根据学生实训情况，重点考核雏鸡的断喙技术和分级技术。

实训作业：学生在孵化场对刚出壳的雏鸡进行健雏与弱雏的识别与判断；每个小组给 5 ~ 10 只雏鸡进行剪冠、断趾与断喙等技术处置。

实训四　育成鸡群体均匀度测定

一、目的要求

掌握后备鸡称重和均匀度计算方法；并能根据所测鸡群均匀度判断后备鸡群发育的整齐度，并提出改进饲养管理的技术措施。

二、材料与用具

家禽养殖场，养殖数量不少于 5 000 只；体重记录表格，某品种家禽各周龄标准体重资料；台秤，围栏，鸡筐等。

三、操作方法

1. 称重时间与次数

白壳蛋鸡从 6 周龄开始至产蛋高峰前，每 1～2 周称测体重一次；褐壳蛋鸡从 4 周龄后每 1～2 周称测体重一次。每次称重时间应安排一致，一般在早晨喂料前称重。

2. 确定测定鸡数与正确抽样

鸡群数量较大时按 1% 的比例抽样；群体数量较小时按 5% 的比例抽样，但抽样总数不少于 50 只。抽样应有代表性。平养时，一般先将鸡舍内各区域的鸡统统驱赶，使各区域的鸡和大小不同的鸡分布均匀，然后在鸡舍任一地方用铁丝网围大约需要的鸡数，然后逐个称重登记。笼养时，应从不同层次的鸡笼中抽样称重，每层鸡笼取样数应相同。

3. 体重均匀度的计算

通常按标准体重 ±10% 范围内的鸡只数量占抽样鸡只数量的百分率作为被测鸡群的群体均匀度。

例：某鸡群 10 周龄标准体重为 760 g，超过或低于平均体重 ±10% 的范围是：760+（760×10%）＝ 836（g），760 －（760×10%）＝ 684（g）。

在 5 000 只鸡群中抽样 5% 的 250 只鸡中，标准体重 ±10%（836～684 g）范围内的鸡为 178 只，占称重总数的百分比为：178÷250 ＝ 71.2%。

则该鸡群的群体均匀度为 71.2%。

4. 鸡群均匀度的判断

根据计算结果，判断鸡群发育的整齐程度。鸡群发育整齐度判断标准见表 3-32。

表3-32　鸡群发育整齐度判断标准

鸡群中标准体重±10%范围内的鸡只所占的百分比	鸡群发育整齐度
85%以上	特佳
80%～85%	佳
75%～80%	良好
70%～75%	合格
70%以下	不合格

按上述标准，上例中鸡群发育程度合格。

技能考核： 重点考核学生对被测鸡群的随机抽样是否正确；鸡群均匀度的计算与鸡群

发育整齐度的判断是否正确。

实训报告: 根据鸡群均匀度测定结果,对鸡群发育整齐度作出判断,并提出改进饲养管理的技术措施。

实训五　鸡的人工授精

一、目的要求

能独立进行种公鸡的采精和种母鸡的输精操作。

二、材料与用具

种公鸡、种母鸡、保温杯、小试管、胶塞、采精杯、刻度试管、水温计、试管架、玻璃吸管、注射器、药棉、纱布、毛巾、胶用手套、生理盐水、显微镜等。

三、操作方法

1. 采精前的准备

(1)器具的准备。所用器具用肥皂水浸泡刷洗、自来水冲洗、1%～2%生理盐水浸泡、清水冲洗后烘干备用。

(2)种公鸡采精适应性训练。一般在正式采精前一周应对公鸡肛门周围的羽毛进行修剪,并对公鸡进行适应性按摩。

2. 采精与精液品质的评定

(1)采精。多采用按摩法采精,具体操作因场地设备而异。生产实际中多采用双人立式背腹部按摩采精法,笼养种鸡的采精操作如下。

保定:一人将手伸入种公鸡笼中,用一只手抓住公鸡的双脚,用另一只手轻压在公鸡的颈背部。

固定采精杯:采精者用右手食指与中指或无名指夹住采精杯,采精杯口朝向手背。

按摩:夹持好采精杯后,采精者用其左手从公鸡的背鞍部向尾羽方向抚摩数次,刺激公鸡尾羽翘起。与此同时,持采精杯的右手大拇指和其余四指分开从公鸡的腹部向肛门方向紧贴鸡体做同步按摩。当公鸡尾部向上翘起,肛门也向外翻时,左手迅速转向尾下方,用拇指和食指跨捏在耻骨间肛门两侧挤压,此时右手也同步向公鸡腹部柔软部位快速地按压,使公鸡的肛门更明显地向外翻出。

集精:当公鸡的肛门明显外翻,并有排精动作和乳白色精液排出时,右手离开鸡体,将夹持的采精杯口朝上贴住向外翻的肛门,接收外流的精液。公鸡排精时,左手一定要捏紧肛门两侧,不得放松,否则精液排出不完全,影响采精量。

人工采精实际上是人为地刺激公鸡的性兴奋,以达到采精的目的,因而在手法上一定要力度适中,按摩频度由慢到快。要给公鸡带来近乎自然的快感。在采精时间上要相对固定，以给公鸡建立良好的条件反射，采精的次数因鸡龄不同而异，一般青年公鸡开始采精的第一月，可隔日采精一次，随鸡龄增大，也可一周内连续采精 5 d，休息两天。

（2）精液品质评定。根据精液的颜色、射精量、精子密度、精子活力、精液的 pH 值等进行评定。

3. 精液的保存与稀释

鸡精液的稀释是用专门配制的稀释液稀释。对实际生产来讲，用新鲜的精液输精更为方便实用。值得注意的是，即使采用新鲜精液输精，鸡精液采出公鸡体外后，若环境温度太低也会影响其受精率。所以，当环境温度低于 20 ℃时，最好采用保温集精杯集精。保温杯中灌注 32 ℃的温水，实际操作时若无专用的保温集精杯，也可用其他方法对集精杯保温，如用玻璃试管集精，然后置于盛有温水的器皿中即可。

4. 输精

（1）输精时间。为保证种蛋的高受精率，一般每间隔 4 ～ 5 d 输精 1 次，肉鸡因其排卵间隔时间较蛋鸡长，和生殖器官周围组织脂肪较多而肥厚，输精的间隔时间应短一些，一般 3 d 输精 1 次。每次输精应在大部分鸡产完蛋后进行，一般在 15:00—18:00 进行。为平衡使用人力，一个鸡群常采用分期分批输精，即按一定的周期每天给一部分母鸡输精。

（2）输精量。输精量多少主要取决于精液中精子的浓度和活力，一般要求输入 0.8 亿～ 1 亿个精子，约相当于 0.025 mL 精液中含有的精子数量。

（3）输精部位与深度。在生产实际中多采用母鸡阴道子宫部的浅部输精，翻开母鸡肛门看到阴道口与排粪口时为度，然后将输精管插入阴道口 1.5 ～ 2 cm 即可输精。

（4）输精的具体操作及注意事项。生产实际中常采用两人配合。一人左手从笼中抓着母鸡双腿，拖至笼门口，右手拇指与其余手指跨在泄殖腔柔软部分上，用巧力压向腹部，同时握两腿的左手，一面向后微拉，一面用手指和食指在胸骨处向上稍加压力，泄殖腔立即翻出阴道口，将吸有精液的输精管插入，随即用握着输精管手的拇指与食指轻压输精管上的胶塞，将精液压入。注意母鸡的阴道口在泄殖腔左上方。目前，绝大多数的生产场都采用新鲜采集不经稀释的精液输精。具体操作时宜将多只公鸡的精液混合后并在不超过半小时时间内使用，以提高种蛋的受精率。

技能考核： 重点考核对公鸡的采精动作及母鸡人工授精流程。

实训报告： 根据实训过程，完成采精和输精实训报告，并写出实训体会。

实训六　蛋鸡产蛋曲线绘制与分析

一、目的要求

掌握产蛋曲线绘制方法，并根据产蛋曲线判断鸡群产蛋水平是否正常，提出改进饲养管理的技术措施。

二、材料与用具

某品种蛋鸡商品代（或父母代）生产性能标准，养禽场该品种蛋鸡商品代（或父母代）每周龄实际产蛋率统计资料；坐标纸，绘图铅笔等。

三、操作方法

1. 蛋鸡标准产蛋曲线的绘制

根据某品种蛋鸡商品代（或父母代）生产性能标准（表3-33），在坐标纸上以横坐标为产蛋周龄，纵坐标为产蛋率，将各周龄的产蛋率连接成线，即为该品种蛋鸡的标准产蛋曲线。

表3-33　罗曼褐壳商品蛋鸡商品代生产性能标准（产蛋率）　　　　单位：%

周龄	产蛋率	周龄	产蛋率	周龄	产蛋率	周龄	产蛋率
21	10.0	34	91.7	47	83.5	60	74.4
22	40.0	35	91.2	48	82.8	61	73.7
23	72.0	36	90.8	49	82.1	62	73.0
24	85.0	37	90.3	50	81.4	63	72.3
25	89.0	38	89.7	51	80.7	64	71.6
26	91.5	39	89.1	52	80.0	65	70.9
27	92.1	40	88.7	53	79.3	66	70.2
28	92.4	41	87.7	54	78.6	67	69.5
29	92.5	42	87.0	55	77.9	68	68.8
30	92.5	43	86.2	56	77.2	69	68.1
31	92.4	44	85.6	57	76.5	70	67.4
32	92.3	45	84.9	58	75.8	71	66.6
33	92.1	46	84.2	59	75.1	72	66.0

2. 养殖场蛋鸡实际产蛋曲线的绘制

在同一坐标纸上，根据某养殖场该品种蛋鸡商品代（或父母代）每周龄实际产蛋率统计资料（表3-34），按照上述方法绘制的曲线，即为该品种蛋鸡的实际产蛋曲线。

表3-34　某鸡场1 500只罗曼褐壳商品蛋鸡各周龄入舍母鸡产蛋率　　　　单位：%

周龄	产蛋率	周龄	产蛋率	周龄	产蛋率	周龄	产蛋率
21	10.0	34	88.7	47	83.2	60	71.9
22	37.2	35	89.2	48	82.4	61	71.2
23	72.0	36	90.4	49	82.0	62	70.7
24	85.0	37	90.2	50	81.8	63	70.4
25	89.0	38	89.7	51	80.7	64	69.0
26	91.5	39	88.8	52	78.4	65	68.4
27	92.0	40	88.5	53	76.3	66	68.2
28	92.5	41	87.3	54	75.2	67	68.0
29	92.5	42	86.9	55	74.3	68	67.7
30	87.6	43	86.2	56	73.0	69	67.0
31	86.7	44	85.5	57	71.8	70	66.0
32	85.2	45	84.7	58	71.6	71	65.6
33	84.0	46	84.1	59	71.3	72	65.2

3. 产蛋曲线的分析与应用

将同一坐标纸上的蛋鸡实际产蛋曲线与标准产蛋曲线进行对照，如果两者形状相似、上下接近或在标准产蛋曲线之上，说明该鸡群产蛋性能正常，鸡群的饲养管理良好。如果产蛋曲线低于标准产蛋曲线，或者在某一时间出现低谷，说明鸡群在饲养管理上存在问题或鸡群发生疾病，应结合养殖场生产实际查找引起产蛋率下降的各种原因，及时调整饲养管理。

技能考核：重点考核学生绘制产蛋曲线的方法是否正确，是否能够根据绘制出的产蛋曲线找出蛋鸡生产中存在的问题，以及提出的改进措施是否合理和有针对性。

实训报告：结合绘制的产蛋曲线和养殖场生产实际状况提出改进蛋鸡饲养的技术措施，完成实训报告。

实训七　鸡新城疫的诊断及免疫监测技术

一、目的要求

全面掌握鸡新城疫的临诊诊断要点。掌握鸡新城疫病毒分离、鉴定方法，并能熟练操作。掌握鸡新城疫免疫监测技术，并能熟练操作。根据鸡群新城疫抗体水平高低，评估疫苗免疫效果，以及制订适合的免疫计划。

二、操作方法

1. 临床综合诊断

鸡新城疫又称亚洲鸡瘟或伪鸡瘟，民间俗称为"鸡瘟"，是由副黏病毒引起鸡的一种急性、高度接触性传染病，主要侵害鸡和火鸡。不同年龄、品种的鸡均可发病，一年四季均可发病。典型新城疫常呈急性败血症状经过，表现为鸡群突然采食量下降，体温升高，呼吸困难，排出黄绿稀便，成年鸡产蛋量明显下降，神经紊乱，嗉囊积液，倒提病死鸡，口腔流出酸臭液体，感染率和致死率高，对养鸡业危害严重，而慢性或者非典型以轻微呼吸困难、采食下降、下痢和产蛋下降为特征。

典型新城疫病理变化，嗉囊壁水肿，嗉囊内充满酸臭液体及气体，腺胃黏膜水肿，其乳头或其乳头间有明显的出血点，或者溃疡和坏死，为特征性病变。心包、气管、喉头出血。盲肠扁桃体枣核样隆起，黏膜表面、出血（而不是充血）和坏死。直肠和泄殖腔黏膜刷状出血。卵巢坏死、出血，卵泡破裂性腹膜炎等。消化道淋巴滤泡的肿大出血和溃疡是新城疫的一个突出特征。

非典型新城疫剖检可见气管轻度充血，有少量黏液。鼻腔有卡他性渗出物。气囊混浊。少见腺胃乳头出血等典型病变。

2. 实验室诊断

病毒分离鉴定是确证本病的可靠手段。首先进行鸡新城疫病毒分离、培养，然后对病毒进行鉴定（如病毒血凝检测、血凝抑制试验鉴定等），再介绍新城疫病毒分离培养方法。

（1）器材和试剂。9～10日龄鸡胚，打孔器，注射器，针头，照蛋灯，蛋座，石蜡，碘酊，酒精棉球，灭菌组织匀浆器、剪刀、镊子和平皿，灭菌的生理盐水，一次性手套，疑似新城疫病料。

（2）病料采集与处理。①病料采集：使用灭菌的剪刀和镊子，无菌操作，采集发病鸡的脾、肺、脑等组织，放入灭菌的平皿中。

②组织匀浆：将组织剪碎后，放入组织匀浆器匀浆，然后按照1∶5或者1∶10比例加入灭菌生理盐水，制备成组织乳悬液，并按照每毫升加入青霉素和链霉素各10 000单位，−20℃以下冷冻，然后反复冻融3次，离心取上清，作为鸡胚接种液。

（3）鸡胚接种、培养。选9～10日龄胚，画气室胚位，蛋壳消毒，钢锥锥一小孔，吸取上述处理液0.1～0.2 mL，沿小孔刺入0.5～1.0 cm，接种尿囊腔中，熔蜡封孔，37℃续孵，每天检卵1次，观察5 d。24 h开始收集死亡鸡胚中的尿囊液和羊水。

（4）病毒鉴定。用收集的透明而无菌的鸡胚尿囊液，做血凝试验；同时，用已知新城疫标准阳性血清进行血凝试验鉴定病毒。

3. 鸡新城疫免疫监测

（1）器材。96孔V形微量血凝板，微型振荡器，塑料采血管，移液器。

（2）试剂。pH7.0磷酸缓冲液（PBS）（称取氯化钠8 g、氯化钾0.2 g、磷酸氢二钠1.56 g、磷酸氢二钾0.2 g，完全溶于1 000 mL蒸馏水中，充分混合），抗凝剂（3.8%柠檬酸钠溶液），新城疫抗原，标准阳性血清，被检血清，1%鸡红细胞悬液。

（3）操作步骤。

①1%鸡红细胞悬液的制备。

a.采鸡血：用注射器吸取抗凝剂约0.5 mL，从鸡翅膀或者心脏采取血液约5 mL，边采边轻微晃动，以便混合均匀，不至于血凝，注入离心管中，加入磷酸缓冲液（PBS），混匀后，两支试管配平。

b.洗涤鸡红细胞：将离心管中的血液以2 000～2 500 r/min离心5 min，弃上清液，沉淀物加入磷酸缓冲液（PBS），轻轻混合，再经2 000～2 500 r/min离心5 min，用吸管移去上清液及沉淀红细胞上层的白细胞薄膜，再重复以上过程1～2次后，弃去上清液。

c.1%鸡细胞悬液配制：根据离心管中红细胞体积，添加磷酸缓冲液（PBS）配制1%鸡红细胞悬液。

②抗原血凝效价测定。

a.加稀释液（PBS）：取96孔V形微量反应板，用微量移液器在第1～12孔每个各加0.025 mL PBS。

b.抗原倍比稀释：吸取0.025 mL病毒悬液加入第1孔，吹打3～5次，充分混匀；从第1孔中吸取0.025 mL混合后的病毒液加入第2孔，混合后吸取0.025 mL加入第3孔，依次进行系列倍比稀释到第11孔，最后从第11孔中吸取0.025 mL弃之，第12孔设为PBS对照孔。

c.加稀释液（PBS）：从第1～第12孔各孔加入0.025 mL稀释液。

d.加红细胞悬液：从第1～第12孔每孔加入0.025 mL体积分数为1%的鸡红细胞悬液。

e.凝集反应：振荡混匀反应混合液，室温为20～25 ℃下静置40 min后观察结果，若环境温度过高，放4 ℃静置60 min，稀释液对照孔的红细胞呈明显的纽扣状沉到孔底时，判断结果。

f.抗原血凝价判定：感作完毕，观察血凝板，判读结果，能使红细胞完全凝集（100%凝集，++++）的抗原最高稀释度为该抗原的血凝价，此效价为1个血凝单位。注意对照孔应呈完全不凝集（-），否则此次检验无效。

③被检测血清和4血凝单位抗原（4HAU）制备。

a.被检血清样品准备：被检血清，包括阳性、阴性血清，56 ℃水浴30～45 min，以破坏补体及血凝抑制因子。

b.4HAU制备：如果抗原的血凝效价为1∶1 024，4个血凝单位为1 024/4＝256（即1∶256），取磷酸缓冲液（PBS）255 mL，再加入原病毒液1 mL，混合均匀，为1∶256病毒稀释液，称为4单位凝集抗原。

4HAU检测：将配制的4HAU进行系列稀释，使最终稀释度分别为1∶2、1∶3、1∶4、1∶5、1∶6和1∶7，然后按照前面抗原血凝效价测定进行血凝试验。如果配制的抗原液为4HAU，则1∶4稀释度将给出凝集终点；如果4HAU高于4个单位，可能以1∶5或1∶6稀释度为终点；如果4HAU较低，可能以1∶2或1∶3稀释度为终点。应根据检验结果将抗原稀释度做适当调整，使工作液确为4HAU。

④血凝抑制试验。

a.加稀释液（PBS）：取96孔V形微量反应板，用移液器在第1～11孔各加入0.025 mL PBS，第12孔加入0.05 mL PBS。

b.待检血清倍比稀释：吸取0.025 mL待检血清加入第1孔中，吹打3～5次充分混匀。

c.从第1孔中吸取0.025 mL混合后的待检血清加到第2孔，混合后吸取0.025 mL加到第3孔，依次进行系列倍比稀释到第10孔，最后从第10孔中吸取0.025 mL弃之。

d.加4血凝单位抗原：从第1～11孔各加入0.025 mL含4个血凝单位抗原，轻扣反应板，使反应物混合均匀，室温为20～25 ℃下反应不少于30 min，4 ℃不少于60 min。

e.加红细胞悬液：从第1～12孔每孔加入0.025 mL体积分数为1%的鸡红细胞悬液。

f.感作反应：振荡混匀反应混合液，室温为20～25 ℃下静置40 min后观察结果，若环境温度过高，放4 ℃静置60 min，PBS对照孔的红细胞呈明显的纽扣状沉到孔底时，判断结果。

g.抗原血凝价判定：感作完毕，观察血凝板，判读结果，在对照出现正确结果的情况下，以完全抑制红细胞凝集的最大稀释度为该血清的血凝抑制滴度。

（4）结果分析。若有10%以上的鸡出现11（$\log_2$）以上的高血凝抑制滴度，说明鸡群已受新城疫强毒感染。若监测鸡群的免疫水平，则血凝抑制滴度在4（$\log_2$）的鸡群保护率为50%左右；在4（$\log_2$）以上的保护率达90%～100%；在4（$\log_2$）以下的非免疫鸡群保护率约为9%，免疫过的鸡群约为43%。鸡群的血凝抑制滴度以抽检样品的血凝抑制滴度的几何平均值表示，如平均水平在4（$\log_2$）以上，表示该鸡群为免疫鸡群。

技能考核： 重点考核抗原血凝效价准确判读、4HAU配制与检测。

实训报告： 根据实验结果判定鸡群免疫水平，并提出免疫建议，完成实训报告单的填写。

实训八　鸡传染性法氏囊病诊断技术

一、目的要求

掌握鸡传染性法氏囊病的流行特点、临床诊断方法。掌握鸡传染性法氏囊病的琼脂扩散试验的原理、操作方法和结果判定。

二、实训内容与方法

1.临床综合诊断

鸡传染性法氏囊病（IBD）是由一种双股RNA病毒种法氏囊病病毒引起鸡的一种急性、接触性传染病。仅发生于鸡，3～6周龄雏鸡和幼龄鸡最易感，成年鸡感染后一般呈隐性经过。发病急，传播迅速，病程短，尖峰式死亡，常在感染后第3 d开始死亡，5～7 d

达到高峰，以后很快停息，表现为高峰死亡和迅速康复的曲线。临诊以早期症状表现为有的鸡啄肛门和羽毛现象，随着病鸡出现下痢、畏寒，病鸡脱水虚弱而死亡，死亡率一般在5%～25%。剖解病变，可见胸肌、腿肌肌肉出血，腺胃和肌胃交界处有带状出血。法氏囊水肿比正常大2～3倍，变异毒株只引起法氏囊迅速萎缩，超强毒株引起法氏囊严重出血、瘀血，呈"紫葡萄样"外观，后期法氏囊萎缩。

2. 琼脂凝胶沉淀试验

IBD 的实验室诊断，取决于病毒的特异性抗体的检测，或组织中病毒的血清学检查，通常不把病原分离和鉴定作为常规诊断的目的。本法是检测血清中特异性抗体或法氏囊组织中病毒抗原的最常用诊断方法。

（1）器材。恒温箱、电炉、三角瓶、平皿或者玻片、玻璃棒、打孔器。

（2）试剂。精制琼脂粉、氯化钠、叠氮钠、蒸馏水、IBD 的标准阳性血清和阴性血清。

（3）操作步骤。

①病料采集：采集发病早期的血液样品，3 周后再采血样，并分离血清。为了检出法氏囊中的抗原，无菌采取 10 只鸡左右的法氏囊，用组织搅拌器制成匀浆，以 3 000 r/ min 的速度离心 10 min，取上清液备用，作为待检法氏囊病毒抗原。

②琼脂板制备：称取 1 g 优质琼脂、氯化钠 8 g，加入蒸馏水 100 mL，电炉煮沸熔化，如果需要防腐，再加 1% 叠氮钠溶液或 1% 柳硫汞溶液 1 mL。并趁热吸 15 mL 倒入 90 mm 平皿内，厚度为 2～3 mm。

③打孔：事先制好打孔的图案（中央 1 个孔和外周 6 个孔），放在琼脂板下面，用打孔器打孔，并剔去孔内琼脂。孔径为 6 mm，孔距为 3 mm。将打好孔的玻片或者平皿在火焰上，轻微加热，使得底部琼脂熔化少许以封底。

④加样：检测法氏囊中的病毒抗原，中央孔加已知标准阳性血清，若检测 IBDV 的抗体时，中央孔加已知的 IBDV 的抗原。现以检测抗原为例进行加样。中央孔加 IBD 的阳性血清，1、4 孔加入已知抗原，2、3、5、6 孔加入被检抗原，添加至孔满为止，将平皿倒置放在湿盒内，置 37 ℃温箱内经 24～48 h 观察结果。

⑤结果判定：当标准阳性血清和已知抗原孔之间出现明显沉淀线时，若在标准阳性血清与被检的抗原孔之间，有明显沉淀线者判为阳性；相反，如果不出现沉淀线者判为阴性。

技能考核： 重点琼脂板制备，阳性结果判定。

实训报告： 判定检测样品是否感染鸡传染性法氏囊病，并完成实训报告单。

实训九　鸡传染性支气管炎的诊断及防治技术

一、目的要求

掌握鸡传染性支气管炎的临床综合诊断要点。掌握鸡传染性支气管病毒的分离、培养和鉴定方法。掌握鸡传染性支气管炎的防治方法。

二、实训内容与方法

1. 临床综合诊断要点

鸡传染性支气管炎（IB）是由鸡传染性支气管炎病毒引起鸡的一种急性、高度接触传染性的呼吸道和泌尿生殖道疾病。鸡是鸡传染性支气管炎病毒唯一自然宿主，各种年龄的鸡均易感，本病在鸡群中传播迅速，潜伏期短，病鸡精神沉郁，咳嗽，打喷嚏，摇头，流泪，流鼻涕，呼吸困难，气管啰音。如果侵害肾脏，引起肾脏肿大、尿酸盐沉积，死亡率增加。产蛋鸡感染后，呼吸道症状轻微，死亡率低，产蛋量下降，产畸形蛋和劣质蛋增多，蛋雏鸡感染后，造成输卵管变短或者狭窄，导致终生不产蛋或开产延迟等。该病具有高度传染性，雏鸡感染后常由于呼吸道或肾脏病变而引起死亡，或者感染后生长受阻，饲料报酬降低，死淘率增加，给养鸡业造成巨大经济损失。

2. 鸡传染性支气管病毒分离、培养

（1）实训材料。

研钵，灭菌生理盐水，灭菌剪刀、镊子，9～10日龄鸡胚，青霉素、链霉素，恒温箱，照蛋器等。

（2）操作步骤。

①病料采集及处理：无菌采集病鸡的气管、支气管或者肾脏。将采集的病变组织于研钵内剪碎，均匀研磨，用灭菌生理盐水稀释，制成1：10乳剂，每毫升乳剂加入青霉素、链霉素各1 000单位双抗处理，置2 000 r/min离心沉淀10 min后，置于4 ℃经过30～45 min，取上清液接种鸡胚。

②接种、培养：取上清液接种于9～10日龄的鸡胚9只，其中6只鸡胚每只尿囊腔接种0.2 mL，另外3只鸡胚仅接入灭菌生理盐水做对照。接种后的鸡胚，培养在37～38 ℃的恒温箱中，每天照蛋2次，19日龄即可观察鸡胚发育侏儒化，呈丸状，随着传代次数增多而增多。取高度鸡胚适应毒，接种10～11日龄鸡胚尿囊膜，鸡胚在24～48 h死亡，其尿囊膜含病毒滴度高，收集鸡胚尿囊膜或尿囊液做病毒鉴定试验。

3. 传染性支气管炎病毒琼脂扩散试验鉴定

（1）材料。鸡传染性支气管炎阳性血清，待检测病料或者病料接种后死亡的鸡胚尿囊液或尿囊膜研磨液。

（2）操作步骤。制备琼脂凝胶平板，打孔，封底后，在中央孔滴加已知的传染性支气管炎血清。周围孔滴加待检测的传染性支气管炎抗原，置湿盒内，放入37 ℃恒温箱，使其自由扩散24～48 h，观察病记录结果，若在抗原与抗体孔之间出现肉眼可见的、清晰致密的白色沉淀线者为阳性反应。

4. 鸡传染性支气管炎的防治技术

（1）管理措施。严格执行卫生防疫措施。鸡舍要注意通风换气，防止过挤，注意保

温，加强饲养管理，补充维生素和矿物质，增强鸡体抗病力。

（2）免疫预防措施。常用 M41 型的弱毒苗如 H120、H52 及其灭活油剂苗。一般认为 M41 型对其他型病毒株有交叉免疫作用。H120 毒力较弱，对雏鸡安全；H52 毒力较强，适用于 20 日龄以上鸡；油苗各种日龄均可使用。一般免疫程序为 5～7 日龄用 H120 首免；25～30 日龄用 H52 二免；种鸡于 120～140 日龄用油苗作三免。弱毒苗可采用点眼（鼻）、饮水和气雾免疫，油苗可作皮下注射。使用弱毒苗应与 NDV 弱毒苗同时或间隔 10 d 再进行 NDV 弱毒苗免疫，以免发生干扰作用。

（3）发病后处理措施。无特效药物，使用强力霉素等控制继发感染，肾型传支减少蛋白质饲喂量，多饮水等。也可以使用一些中草药如麻石杏甘散等，辅助治疗，减轻症状。

技能考核： 重点考核鸡胚接种技术及鸡传染性支气管炎的防治技术。

实训报告： 完成一份鸡传染性支气管炎的诊断检测报告，并给出处理意见。

实训十　鸡白痢的检疫诊断技术

一、目的要求

掌握鸡白痢血清学常见检疫方法的原理及意义。掌握鸡白痢平板凝集试验的操作、结果分析及注意事项

二、操作方法

1. 快速全血平板凝集反应

（1）主要材料。

①器材：玻璃板、注射针头、带柄不锈金属丝环（环直径约 4.5 mm）、滴管。

②试剂：鸡白痢全血凝集反应抗原，由农业农村部中国兽药监察所购得，或其他来源的合格产品。抗原为福尔马林灭活的细菌悬液，每毫升含菌 100 亿。

（2）操作方法。先将抗原瓶充分摇匀，用滴管吸取抗原，垂直滴一滴（约 0.05 mL）于玻片上，然后使用注射针头刺破鸡的翅静脉或冠尖，以金属环蘸取血液一满环（约 0.02 mL）混入抗原内，随即搅拌均匀，并使散开至直径约 2 cm 为度。

（3）结果判断。

①抗原与血清混合后在 2 min 内发生明显颗粒状或块状凝集者为阳性。

②2 min 以内不出现凝集，或出现均匀一致的极微小颗粒，或在边缘处由于临干前出现絮状者判为阴性反应。

③在上述情况之外而不易判断为阳性或阴性者，判为可疑反应。

（4）注意事项。

①抗原应在温度为 2～15 ℃冷暗处保存，从杀菌之日算起，有效期为 6 个月。

②本抗原适用于产卵母鸡及 1 年以上公鸡，幼龄鸡敏感度较差。

③本试验应在 20 ℃以上室温中进行。

2. 血清凝集反应

（1）血清试管凝集反应。

①主要材料。

a. 鸡血清样品：以 20 或 22 号针头刺破鸡翅静脉，使之出血，用一清洁、干燥的灭菌试管靠近流血处，采集 2 mL 血液，斜放凝固以析出血清，分离出血清，置 4 ℃待检。

b. 抗原：试管凝集反应抗原，必须具有各种代表性的鸡白痢沙门氏菌菌株的抗原成分，对阳性血清有高度凝聚力，对阴性血清无凝聚力。固体培养中洗下的抗原需保存于 0.25% ～ 0.50% 石炭酸生理盐水中，使用时将抗原稀释成每毫升含菌 10 亿，并把 pH 值调至 8.2 ～ 8.5，稀释的抗原限当天使用。

②操作方法。在试管架上依次摆 3 支试管，吸取稀释抗原 2 mL 置第 1 管，各吸取 1 mL 分置于第 2 管和第 3 管中。先吸取被检血清 0.08 mL 注入第 1 管，待充分混合后再吸取 1 mL 移入第 2 管，充分混合后吸取 1 mL 移入第 3 管，混合后，吸出混合液 1 mL 舍弃，最后将试管摇振数次，使抗原与血清充分混合，在 37 ℃恒温箱中孵育 20 h 后观察结果。

③结果判断。试管 1、2、3 的血清稀释倍数依次分别为 1∶25、1∶50、1∶100，凝集阳性者，抗原显著凝集于管底，上清液透明；阴性者，试管呈均匀混浊；可疑者介于前两者之间。在鸡 1∶50 以上凝集者为阳性。在火鸡 1∶25 以上凝集者为阳性。

（2）血清平板凝集反应。

①主要材料。血清采集同试管凝集法；抗原与试管凝集反应者相同，但浓度比试管法的大 50 倍，悬浮于含 0.5% 石炭酸的 12% 氯化钠溶液中。

②操作方法。用一块玻板以蜡笔按约 3 cm² 画成若干方格，在每个方格加被检血清和抗原各 1 滴，用牙签充分混合。

③结果判定。观察 30 ～ 60 s，凝集者为阳性，不凝集者为阴性。试验应在 10 ℃以上室温进行。

技能考核：重点考核快速全血平板凝集反应操作流程。

实训报告：完成一份鸡白痢的诊断检测报告，并给出处理意见。

实训十一　鸡大肠杆菌病的诊断技术

一、目的要求

掌握鸡大肠杆菌病的临床综合诊断要点。熟悉禽大肠杆菌病实验室分离鉴定方法。了解大肠杆菌病的防治要点。

二、操作方法

1. 临床综合诊断要点

鸡大肠杆菌病是由埃希氏大肠杆菌的某些致病性菌株引起的多种疾病总称，各种年龄的鸡（包括肉用仔鸡）都可感染大肠杆菌病，发病率和死亡率因受各种因素影响有所不同。但是幼雏和中雏发生较多。在雏鸡和青年鸡多呈急性败血症，而成年鸡多呈亚急性气囊炎和多发性浆膜炎。鸡大肠杆菌侵害不同部位，其临床症状不同。临床上主要的表现型有早期胚胎和幼雏死亡、急性败血症、出血性肠炎、脐炎、全眼球炎、卵黄性腹膜炎、输卵管炎、滑膜炎、关节炎、气囊炎、肉芽肿等病型。由于大肠杆菌血清型复杂，给免疫防治带来一定的困难，药物防治仍是控制禽大肠杆菌病的主要手段。另外，庆大霉素、安普霉素、氧氟沙星、头孢等药物均有效。

2. 鸡大肠杆菌分离、鉴定

（1）材料。载玻片，禽大肠杆菌病疑似病例，普通琼脂平板，伊红美兰平板，麦康凯平板，显微镜，灭菌剪刀和镊子，大肠杆菌鉴定各种生化培养基。

（2）操作步骤。

①采集病料及涂片染色镜检。从新鲜尸体或死胚中无菌采集病料。根据症状和病变不同，可采集心血、肝、脾、输卵管、脑、心包液、气囊、关节腔、腹膜内的干酪样物和死胚等。将新鲜病料做成涂片，用美兰染色后镜检，可见短小杆菌；用革兰氏染色镜检，见有革兰氏阴性、两端钝圆的短小杆菌。

②细菌分离培养及鉴定。将病料分别接种于普通肉汤、普通琼脂平板、伊红美兰琼脂平板和麦康凯琼脂平板，在 37 ℃下培养 18～24 h，营养琼脂培养，可见边缘整齐、中央隆起、光滑、透明、无色的菌落；麦康凯琼脂平板，可见边缘整齐或波状、中央稍隆起、表面光滑湿润、粉红色或深红色的圆形菌落；伊红美兰琼脂平板，大肠杆菌菌落呈紫黑色，周围带有绿色金属光泽。

通过上述培养后挑取典型的菌落，制作涂片，用革兰氏染色镜检，见有革兰氏阴性、两端钝圆的短小杆菌。取典型的菌落做纯培养和生化试验。

③生化反应试验。将分离纯化的疑似大肠杆菌无菌操作接种各种生化培养基，其结果见表 3-35。

表3-35　生化反应试验结果

试验项目	葡萄糖	乳糖	甘露醇	靛基质	甲基红	V—P试验	枸橼酸盐	硫化氢	尿素酶	硝酸盐还原
反应	+	+	+	+	+	−	−	−	−	−

注：①致病性大肠杆菌某些菌株有分解糖、不产气，乳糖迟缓发酵等异常反应；②"⊕"表示产酸产气，"+"表示阳性，"−"表示阴性

④动物接种实验。用灭菌生理盐水将分离到的细菌纯培养物适当稀释，接种于1日龄鸡皮下或肌内，剂量为0.2～0.5 mL。若实验动物于接种后24～72 h死亡，则采取心血及实质脏器做涂片镜检和接种培养基进行分离培养。根据病原形态、染色、培养、生化特性加以鉴定。

技能考核：重点考核鸡大肠杆菌的鉴定。

实训报告：完成一份鸡大肠杆菌病的诊断检测报告，并给出防治意见。

项目思考

1. 怎样提高雏鸡育雏的成活率？

2. 蛋鸡产蛋曲线怎样绘制？其应用价值如何？

3. 鸡易感染的病毒性传染病有哪些？

4. 鸡新城疫的主要症状和病理变化有哪些？在生产中应如何预防？

5. 禽流感的主要症状和病理变化有哪些？发生高致死性禽流感时如何采取扑灭措施？

6. 分析引起鸡产蛋率下降的传染病有哪些？在生产中应如何做好预防措施？

7. 鸡传染性支气管炎、鸡传染性喉气管炎的临床症状、病变情况有何异同？

8. 鸡大肠杆菌病的临床症状和病理变化有哪些？

9. 禽霍乱的危害有哪些？

10. 对家禽使用抗生素时要注意哪些问题？

11. 鸡球虫病的主要症状和病理变化有哪些？使用抗球虫药时要注意哪些问题？

岗证测评

1. 某10周龄鸡群发病，病鸡视力减退，表现为虹膜呈同心环状褪色，瞳孔环状不规则，后期逐渐缩小。部分鸡出现皮肤肿瘤，法氏囊常见萎缩。该病最可能是（　　）。

    A. 禽白血病　　　　　　　　B. 鸡传染性贫血

    C. 传染性法氏囊病　　　　　D. 网状内皮组织增殖病

    E. 马立克氏病

2. 某23周龄的种鸡群陆续发病，发病率约5%，死亡率约1%。鸡群消瘦、虚弱、产蛋率下降。剖检见肝、脾、肾、卵巢和法氏囊均有肿瘤结节。该病最可能是（　　）。

    A. 禽白血病　　　　　　　　B. 禽结核病

    C. 鸡传染性贫血　　　　　　D. 传染性法氏囊病

    E. 鸡大肠杆菌病

3. 某5月龄蛋鸡群陆续出现消瘦、喜卧现象，有的病鸡出现"大劈叉"姿势。剖检见翅神经丛、坐骨神经单侧肿大。该病可初步诊断为（　　）。

    A. 鸡白痢　　　　　　　　　B. 传染性法氏囊病

    C. 马立克氏病　　　　　　　D. 鸡病毒性关节炎

E. B 族维生素缺乏症

4. 某 15 日龄鸡群发病，呼吸困难，下痢，粪便呈黄绿色，提起时流出腥臭的液体，部分病鸡出现神经症状，剖检见腺胃乳头出血，腺胃与食道交汇处呈带状出血。

（1）该病最可能是（　　）。

A. 禽霍乱　　　　　　　　　　B. 新城疫

C. 传染性支气管炎　　　　　　D. 传染性喉气管炎

E. 大肠杆菌病

（2）确诊该病最可靠的方法是（　　）。

A. 细菌分离鉴定　　　　　　　B. 病毒分离鉴定

C.ELISA 抗体检测　　　　　　D. 病理组织学检查

E. 血凝实验

（3）对受威胁鸡群应采取的最有效的措施是（　　）。

A. 加强饲养管理　　　　　　　B. 鸡舍消毒

C. 抗病毒药物预防　　　　　　D. 疫苗紧急接种

E. 注射卵黄抗体

5. 某 4 周龄鸡群发病，2 d 内波及全群，死亡率迅速上升，病鸡羽毛松乱，扎堆，排出白色鸡粪，严重脱水。病死鸡胸肌和腿肌有条纹状或斑点状出血，肾脏有尿酸盐沉积。

（1）该病最可能是（　　）。

A. 禽流感　　　　　　　　　　B. 新城疫

C. 传染性法氏囊病　　　　　　D. 鸡传染性支气管炎

E. 鸡传染性喉气管炎

（2）快速检测病原的实验室常用方法是（　　）。

A. 免疫组化法　　　　　　　　B. 琼脂扩散试验

C. 病毒分离鉴定　　　　　　　D. 病毒中和试验

E. 易感鸡接种试验

（3）预防该病最有效的措施是（　　）。

A. 净化种鸡群　　　　　　　　B. 注射卵黄抗体

C. 疫苗免疫接种　　　　　　　D. 提高饲料维生素含量

E. 调整饲料蛋白质含量

项目四　养鸭与鸭病防治

知识目标

1.理解鸭场养殖场的选址与合理规划相关知识；

2.掌握蛋鸭育雏期、育成期、产蛋期的饲养管理相关知识；

3.掌握肉鸭生产特点和生产应用；

4.掌握鸭病诊断操作程序和防治技术；

5.掌握鸭常见细菌病的临床症状、诊断要点和防治技术；

6.掌握鸭常见病毒病的临床症状、诊断要点和防治技术；

7.掌握鸭常见寄生虫病的临床症状、诊断要点和防治技术。

技能目标

1.能进行蛋鸭不同阶段的饲养管理；

2.能进行肉鸭的饲养管理；

3.能对送检病例进行正确的临床诊断和实验室诊断；

4.能对鸭常见细菌病进行正确诊断和防治；

5.能对鸭常见病毒病进行正确诊断和防治；

6.能对鸭常见寄生虫病进行正确诊断和防治。

素质目标

1.培养吃苦耐劳，踏实肯干的精神；

2.在鸭病防治过程中培养生物安全意识。

养鸭与鸭病防治

案例导入

案例内容：2022 年 3 月，张某饲养的 600 羽 19 日龄肉鸭中有 32 羽发病，发病鸭主要表现为流鼻涕、软脚、不进食、头颈歪斜、排绿色稀粪。当地动物防疫员指导使用阿莫西林拌料和电解多维饮水治疗 2 d 后无明显疗效，发病肉鸭陆续增多，且死亡 10 羽。该养殖户随即电话求诊，动物防疫员立即赶往鸭场，发现该养鸭场肉鸭饲养密度过大、鸭舍通风不良、卫生条件差、地面潮湿和氨味太重。剖检病死鸭，可见全身浆膜表面有纤维素性渗出物，其中以心脏、肝脏、气囊和脑膜表面纤维素性渗出物明显。

检查诊断：根据发病情况、临床症状和现场剖检病变初步诊断为鸭传染性浆膜炎。无菌采集病死鸭的肝脏、脾脏送县动物疫控中心实验室做涂片镜检、细菌分离培养与镜检、分离鉴定和药物试验。根据以上实验室检查结果可确诊该病为 2 型鸭疫里默氏杆菌引起的传染性浆膜炎。

处理治疗：对患鸭进行隔离，对病死鸭及病重鸭进行无害化处理。清理、更换新垫料，及时开窗通风换气，对鸭舍、饲养用具、道路等以二氯异氰尿酸钠消毒剂按1∶400稀释后喷施消毒，隔天1次，共消毒3次。对隔离的患鸭，以5%氟苯尼考粉剂按0.2%比例拌料，连喂5 d后未见新的患鸭；对部分症状较重的患鸭，同时还以硫酸庆大霉素按5 mg/kg体重肌注，每天2次（早晚各1次），连用4 d后症状消失，基本治愈。由于治疗及时，治疗效果良好。

分析： 一是增强意识，减少诱因。肉鸭养殖过程中的各种应激（饲养密度过大、鸭舍温度变化、湿度过高等）均会诱发和加剧该病的发生与流行。因此，要认识到该病是鸭的常发病，在养殖肉鸭过程中应及时喂食黄芪多糖和维生素等，尽可能减少各种应激因素。二是加强管理，严格消毒。加强日常饲养管理，树立"养生于防"的理念，结合肉鸭日龄适时分群，控制密度避免过度拥挤；育雏时，控制好温湿度；保证鸭舍良好的通风、透气；保证饮水清洁卫生，禁止饮死水和被污染的水；喂食全价料，保证营养均衡，适口性好。搞好鸭舍、用具、水槽、料槽、道路等卫生，并对其消毒（一般每周至少消毒2次），可有效减少该病的发生。三是做好预防。结合当地鸭病流行情况和自场鸭群的发病史及发生疫病病原的血清型号，选用同血清型的鸭传染性浆膜炎灭活疫苗或鸭传染性浆膜炎－大肠杆菌病二联灭活苗，于5～7日龄免疫，做好该病的预防。经了解，该养殖户饲养的这批雏鸭未接种鸭传染性浆膜炎疫苗。四是敏感药物治疗方可收效。由于细菌极易产生耐药性，若用药不当易造成更大经济损失。因此，养鸭者一旦发现类似疫病，应及时送检，检查单位尽可能开展抗菌药物敏感试验，并及时对发病鸭群进行治疗，方可收到良好效果。五是检查确诊至关重要。临床上，对于病死鸭心脏、肝脏、气囊和脑膜表面出现纤维素性渗出物明显的肉眼病变，除鸭传染性浆膜炎外，鸭大肠杆菌病也有相似之处，因此应进一步进行实验室检查确诊，明确疫病，对于后续做好免疫预防至关重要。

📷 知识准备一

鸭养殖技术

一、鸭的品种与选择

（一）鸭的外貌

（1）头部。鸭头部无冠、肉髯和耳叶。鸭喙长扁，末端钝圆。除上喙尖部有一坚硬角质呈豆状凸起的喙豆外，其余喙部均覆以厚而柔软的角质。喙缘两侧有许多小横皱褶。舌发达，边缘上长有尖刺，利于捕食。脸上密生纤毛，眼睛反应灵敏。

（2）颈部。鸭颈较长，活动自如。公鸭的颈部粗短。母鸭、蛋鸭的颈较细长。

（3）体躯部。公鸭体型较大，体躯肌肉发达，胸深、背阔、肩宽，体躯呈长方形，前驱稍向上提起。母鸭体躯较为细长，体型稍小，羽毛紧密，胸挺突，前驱提起，后躯发达，臀部似方形，鸭腿与胫较短，其位置稍偏向躯体后端，趾间有蹼。

（4）羽毛。鸭全身羽毛覆盖较为紧贴，鸭的翼较短小，紧贴于体躯上。主翼羽尖窄而坚硬，覆翼羽大。腹部和臀部密生质地柔软的绒羽。公鸭的覆尾羽中有 2 ～ 4 片向上卷曲的雄性羽，这是公鸭的羽毛特征。鸭的尾脂腺很发达，分泌油脂涂抹羽毛，使羽毛入水而不湿。

（二）肉鸭品种

1. 北京鸭

北京鸭是世界著名的肉用鸭品种，具有体型大、生长发育快、肥育性能好、肉味鲜美及适应性强等特点，现在几乎遍布全世界。北京鸭性情温驯，喜合群，适宜于集约饲养。目前，许多大型肉鸭都具有北京鸭的遗传基因，北京鸭对世界肉鸭育种贡献很大。

北京鸭性成熟早，150 ～ 180 日龄开产。自开产日起算，365 d 产蛋量为 150 ～ 200 枚，无就巢性。雏鸭 50 日龄可达 1.75 ～ 2 kg，填肥饲养条件下 56 日龄可达 2.5 ～ 2.75 kg，65 日龄可达 3 ～ 3.25 kg。

2. 樱桃谷鸭

樱桃谷鸭是英国樱桃谷农场以北京鸭和埃里斯伯里鸭为亲本杂交选育而成的配套系鸭种。我国先后从该场引进 L2.SM 配套系种鸭。樱桃谷鸭的外形与北京鸭大致相同，体躯稍宽一些。樱桃谷 SM 商品代肉鸭 49 日龄活重 3.3 kg，全净膛屠宰率 72.55%，料肉比为 2.6 ∶ 1。

3. 天府肉鸭

天府肉鸭由四川农业大学和四川省畜科所用樱桃谷鸭的父母代和商品代育成，其体型、外貌与樱桃谷鸭基本相似。天府肉鸭生长发育快，42 日龄商品肉鸭的体重可达 2.924 kg，49 日龄的可达 3.299 kg，料肉比为 3∶1，胸腿肌率为 22%。天府肉鸭与本地鸭杂交效果明显。

4. 狄高鸭

狄高鸭是澳大利亚狄高公司用北京鸭和北京鸭与爱期勃雷鸭的杂交母鸭杂交而育成的。其外形与北京鸭相似。每只父母代母鸭年提供商品代鸭苗 160 只左右。商品代肉鸭 49 日龄活重 3 kg，全净膛屠宰率（连头脚）为 79.7%，料肉比为（2.9 ～ 3）∶1。

5. 奥白星 63

奥白星 63 由法国莫里克雄峰家禽育种公司育成，其体型优美，硕大丰满，挺健，其对环境条件的适应能力较强。种公鸭尾部有 2 ～ 4 根向背部卷曲的性指羽，母鸭腹部丰满，腿粗短。奥白星 63 父母代产蛋量高，种蛋受精率高，42 周可产蛋 220 ～ 240 枚，受精率 93%。商品代肉鸭生长速度快，耗料低，一般肉鸭 47 日龄重 3.07 kg，料肉比（2.5 ～ 2.6）∶1，49 日龄体重 3.45 kg，料肉比为 2.7∶1。

（三）蛋用型鸭

1. 绍兴鸭

绍兴鸭原产于浙江省绍兴地区，具有体型小、耗料少、产蛋多、适于圈养的特点，是我国优良的小型蛋用麻鸭品种。一般 130 日龄开产，年平均产蛋量 250 ~ 300 枚，平均蛋重 70 g。蛋壳光滑厚实。圈养条件下料蛋比 2.75∶1。

2. 金定鸭

金定鸭原产于福建省厦门地区，属蛋用型麻鸭品种。早熟高产，100 ~ 120 日龄开产，年平均产蛋量 260 ~ 300 枚，平均蛋重 70 g。金定鸭勤于觅食，适应性强，适于海滩、水田放牧饲养。

3. 连城白鸭

连城白鸭主产于福建省连城县，是我国优良的地方鸭种，具有独特的"白羽、乌嘴、黑脚"的外貌特征。连城白鸭生产性能、遗传性能稳定，是我国稀有的种质资源。

连城白鸭初生重 40 ~ 44 g，成年公鸭体重 1.440 kg，成年母鸭体重 1.320 kg。连城白鸭第一产蛋年产蛋量为 220 ~ 230 枚，第二产蛋年为 250 ~ 280 枚，第三产蛋年为 230 个左右。平均蛋重为 68 g，蛋壳颜色以白色居多，少数青色。公母配种比例 1∶（20 ~ 25），种蛋受精率为 90% 以上。连城白鸭的羽色和外貌特征独特，是一个适应山区丘陵放牧饲养的小型蛋用鸭种。

4. 卡基 - 康贝尔鸭

卡基 - 康尔鸭由英国育成。体型中等，体躯深长而结实，头部清秀，喙中等长，眼大而明亮，颈略细长，背宽广，胸部饱满，腹部发育良好而不下垂，两翼紧贴体躯。卡基 - 康贝尔鸭的羽毛，公鸭的头、颈、尾和翼肩都呈青铜色，有光泽，其余羽毛深褐色，喙绿蓝色，胫和蹼深橘红色。母鸭的羽毛褐色，有深浅之别，头和颈部色较深，翼黄褐色，喙绿色或浅黑色，胫和蹼深褐色。卡基 - 康贝尔鸭公鸭体重 2.3 ~ 2.5 kg，母鸭体重 2.0 ~ 2.3 kg。母鸭年产蛋量在 260 枚以上，蛋壳白色，蛋重约 70 g。

（四）兼用型鸭

1. 高邮鸭

高邮鸭是体型较大的蛋肉兼用型麻鸭品种，主产于江苏省高邮、宝应、兴化等地，该品种觅食能力强，善潜水，适于放牧。高邮鸭开产日龄为 110 ~ 140 d，年产蛋 140 ~ 160 枚，高产群可达 180 枚，平均蛋重 76 g。成年公鸭体重为 2.3 ~ 2.4 kg，母鸭体重为 2.6 ~ 2.7 kg。放牧条件下 70 日龄体重达 1.5 kg 左右，较好的饲养条件下 70 日龄体重可达 1.8 ~ 2.0 kg。

2. 建昌鸭

建昌鸭是麻鸭类型中肉用性能较好的品种，主产于四川省凉山彝族自治州境内的安宁河谷地带的西昌、德昌、冕宁、米易和会理等县市。该鸭体躯宽深，头大颈粗，公鸭头和颈上部羽毛墨绿色而有光泽，颈下部有白色环状羽带。胸、背红褐色，腹部银灰色，尾羽黑色。喙黄绿色，胫、蹼橘红色；母鸭羽色以浅麻色和深麻色为主。母鸭开产日龄为 150 ～ 180 d，年产蛋 150 枚左右。蛋重为 72 ～ 73 g，蛋壳有青、白两种，青壳占 60% ～ 70%。成年公鸭体重为 2.2 ～ 2.6 kg，母鸭体重为 2.0 ～ 2.1 kg。

二、鸭场选址与规划

（一）鸭场选址

鸭场选址要根据鸭养殖场的特点，结合当地自然条件和社会条件等因素进行综合决定。鸭场选址必须符合当地土地利用总体规划要求，建于当地明确规定的禁建区、禁养区以外，严禁建在城市饮用水源上游方向。

1. 地势高燥，排水良好

鸭场的地势要稍高一些，至少高出当地历史洪水的水平线，地势要向阳避风，能最大限度保证场区内小气候的相对稳定性，地面要平坦但稍微带点幅度，方便排水，防止场地积水和泥泞。水路结合的场地，路上运动场与水上运动场结合处应略向水面倾斜，最好有 5° ～ 10° 的坡度，自然倾斜入水池。除此之外，鸭场应当开阔整洁，预留发展空间、阳光照射充足、为减少成本投入应当利用自然地形条件作为场界的天然屏障。鸭场内的土壤应当满足透气性强，较弱的吸湿性和导热性，其中以砂质土类最适合，雨后易干燥。

2. 水源充足，水质良好

鸭日常活动与水有密切联系，洗浴、交配、管理都离不开水。可供鸭场选择的水源类型包括地面水、地下水、自然降水和自来水。其中，地面水包括江、河、湖、塘和水库，但是这类水容易受环境污染，因此最好选择水源大，流动性强的地面水作为水源。地下水大多由降水和地面水经过地层过滤，这类水受污染机会小，但地下水存在被地底有毒矿物污染的可能性，且量不足以维持较大型的养殖场地的运转，因此要地下水和地面水相互结合，地下水作为生活用水，地面水作为生产用水，地下水作为生产用水的补充。

自来水和降雨作为补充，一是降雨无规律性，且不易保存，水质难以保证。自来水水量和水质虽可保证，但成本过高，会大幅增加养殖成本，缩减养殖效益。

3. 周围环境清洁

鸭场周围 5 km 内，不能有禽畜屠宰场，也不能有排放污水、有毒气体的工厂，距离居民点也要在 5 km 以上。鸭场 500 m 半径范围内没有其他动物养殖场。鸭场尽可能在远离工厂和城镇的上游建场，远离居民生活区 2 000 m 以上，周围环境通风良好，空气质量应符合《畜禽场环境质量及卫生控制规范》（NY/T 1167—2006）。

4. 交通方便

鸭场的产品、饲料以及各种物资和人员都需要及时转运。建场时要选在交通方便的地方，最好有公路、水路或铁路连接，以降低运输费用。但于车站、码头或交通要道（公路或铁路）的近旁建场保持足够的距离（2 km以上），以免噪声、灰尘、废气对鸭场的污染。鸭场周围环境要安静，保证鸭正常的生产性能。

此外，鸭场选址还要考虑一些特殊情况，如沿海地区要考虑台风的影响，经常遭受台风袭击的地方不宜建场；电源不稳定或尚未通电的地方不宜建场，必要时种养禽场还要自备发电机组。

5. 广泛的种植业基础

综合考虑鸭场的排污、粪便废物的处理，防止对周围环境造成污染。应当实施种养结合，一定要选择种植业面积较广的地方发展鸭业，一方面，可以充分利用种植业的产品来作为养鸭的饲料原料；另一方面，可以使养鸭产生的大量排泄物作为种植业的补充，实现绿色可持续发展。

（二）鸭场规划

1. 鸭场分区规划

分区规划应当遵守以下原则：一是在满足场内运行以及以后发展预留地外应当尽量减少用地；二是要提前考虑规划好鸭粪的处理和利用，结合当地地势、山川河流环境因地制宜来减少投资成本。

鸭场分区规划应根据鸭场管理要求、鸭场生产功能、卫生防疫功能进行，通常分为生活管理区（包括与经营管理有关的建筑物，以及职工生活福利建筑物及附属设施）、生产区（鸭舍、饲料储存、加工、调制、建筑物等）、兽医防疫区（兽医室、隔离室等）三个主要功能区，各区之间要建立最佳的生产联系和卫生防疫条件。规划时应根据地势和主导风向合理分区，生活管理区安排在鸭场上风向和地势较高处，生产区安排在鸭场中间位置，兽医防疫区位于下风向和地势最低处。各功能区内的建筑物也应根据地形、地势、风向等合理布局，各建筑物间留足采光、通风、消防、卫生防疫间距。场内运送饲料等的清洁道与运送粪尿等的排污道应分设，不能交叉或共用。

2. 鸭舍朝向

鸭舍朝向最好是南北朝向，根据地形地势可南偏东或偏西不超过10°，以获得良好的通风条件和避免夏季阳光直射。鸭舍位置要放在水面的北侧，把鸭陆上运动场和水上运动场设置在鸭舍的南面，使鸭舍大门正对水面向南开放。这种朝向的鸭舍，冬季采光面积大、吸热保温好；夏季不受阳光直射、通风良好，有利于鸭的产蛋和生长发育。

3. 鸭场的卫生隔离

鸭场要有明确的场界，其周围应建较高的实体围墙或坚固的防疫沟，以防场外人员及动物进入场区。此外，应当还有隔离围墙、隔离门、绿化隔离和水沟隔离。场区内的隔离；管理人员与生产一线人员的隔离；不同生产小区之间的隔离；饲养管理人员之间的隔离；不同鸭舍物品之间的隔离；场区内各鸭舍之间的隔离；严格控制其他生物的滋生。

4.鸭场废弃物的处理和利用

鸭场的主要废弃物是禽粪和污水。禽粪可经过高温堆肥等无害化处理后肥田，也可经必要的消毒后喂鱼；污水可经过物理方法、化学方法或生物方法等手段处理后直接排放或循环使用。

（三）鸭舍建筑设计与常用设备

1.鸭舍建筑设计

鸭舍设计分临时性简易鸭舍、长期性固定鸭舍和密闭式商品鸭舍。由于小型鸭场采用简易鸭舍，大、中型鸭场多采用固定鸭舍，密闭式商品鸭舍一般用于肉鸭催肥，生产者可根据自己的条件和当地的资源情况进行选择。完整的平养鸭场通常由鸭舍、陆上运动场、水围（水上运动场）三个部分组成。

（1）鸭舍。鸭舍最基本的要求是遮阳防晒、阻风挡雨、防寒保温和防止兽害。外部具体建设结构应当结合地方具体条件而行，但是内部结构必须合理，以满足方便管理，节省人力和减小劳动强度的要求。鸭舍高度：其中北方寒冷，为求保暖，檐口离地 2 m 左右；长江流域房檐离地 2.2 ～ 2.4 m；南方温暖区房檐离地 2.5 ～ 2.8 m，高度近似于方形。鸭舍跨度：由于鸭舍跨度直接影响着内部小气候，太窄舍内虽易通风换气，但不易保温，受外界气候变化的影响大；太宽，造价高，舍内虽易保温，但不易通风换气。太宽、太窄都易造成饲养效果欠佳。以商品蛋鸭和肉用仔鸭为例，商品蛋鸭鸭舍每间的深度为 8 ～ 10 m，宽度为 7 ～ 8 m，肉用仔鸭鸭舍跨度以 7.0 m、种鸭鸭舍跨度以 5.0 ～ 5.5 m 为宜，走道宽 1.0 m 以上，通常是建成单列式，而且分成小间为佳，便于鸭群在舍内做转圈活动。鸭舍地面应当尽量铺设水泥地面，同时向运动场的方向以面积 1 ～ 1.5% 向外倾斜，以利排出场内积水。不能把鸭舍分隔成狭窄的长方，否则鸭子进舍转圈时，极容易踩踏致伤。通常养 1 000 ～ 2 000 只规模的小型鸭场，可建 2 ～ 4 间鸭舍，每间饲养 500 只左右，然后再在鸭舍边上建 3 个小间，作为仓库、饲料室和管理人员宿舍。

使用鸭舍的原则：单位面积内，冬季可提高饲养密度，适当多养些，夏季要少养些；大面积的鸭舍饲养密度适当大些，小面积的鸭舍饲养密度适当小些；运动场大的鸭舍饲养密度可以大一些，运动场小的鸭舍饲养密度应当小一些。

（2）陆上运动场。陆上运动场一端紧连鸭舍，一端直通水面，可为鸭提供采食、梳理羽毛和休息的场所，其面积应超过鸭舍面积 1 倍以上。陆上运动场接近水面处略向水面倾斜，以利排水。陆上运动场地面以水泥地面、砖铺设地面或夯实的泥地为宜。陆上运动场连接水面之处，做成一个略微倾斜的小坡，此处是鸭入水和上岸必经之地，使用率极高，易受到水浪的冲击而坍塌凹陷，要求平整坚固，必须用砖、石砌好，并且深入水中（最好在水位最低的枯水期内修建坡面），以方便鸭入水和上岸。

在陆上运动场上种植落叶的乔木或落叶的果树（如葡萄等），既美化环境又可以在盛夏季节遮阳降温，使鸭舍和运动场的小环境温度下降 3 ～ 5 ℃，有利于夏季防暑。

（3）水上运动场。水上运动场又称水围，是鸭洗澡、嬉耍、交配的运动场所。水围面积不少于陆上运动场，考虑到枯水季节水面要缩小，在条件许可时尽量把水围扩大一些，有利于鸭运动。

在鸭舍、陆上运动场、水围这三部分的连接处，均需用围栏围成一体，使每一单间都自成一个独立体系，以防鸭互相走乱混杂。围栏在陆地上的高度为 60～80 cm，水上围栏的上沿高度应超过最高水位 50 cm，下沿最好深入水面 50 cm 以下，防止鸭逃逸。

鸭场建筑设计的其他要求可参考鸡场建筑设计有关要求。

2. 鸭场常用设备

（1）鸭舍环境控制设备。

①通风设备。通风设备主要为风机、通风管道等，主要用于将舍内污浊的空气排出、将舍外清新的空气送入舍内或用于舍内空气流动。鸭舍的通风按舍内空气的流动方向一般分为横向通风、纵向通风二种。其中，纵向通风效果好（图4-1），风机全部安装在禽舍一端的山墙或山墙附近的两侧墙壁上，进风口在另一侧山墙或靠山墙的两侧墙壁上，禽舍其他部位无门窗或门窗关闭，空气沿禽舍的纵轴方向流动，进气口风速一般要求夏季2.5～5 m/s，冬季 1.5 m/s。

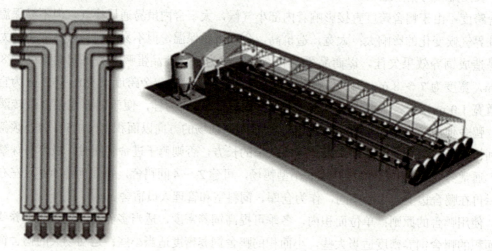

图4-1 鸭舍纵向通风示意

②降温系统。降温系统主要用于夏季高温季节降低禽舍内温度，主要降温设备有湿帘降温系统、喷雾降温系统等。

a.湿帘降温系统主要由湿帘与风机配套构成。湿帘通常有普通型介质、加强型介质两种。普通型介质由波纹状的纤维纸黏结而成，具有耐腐蚀、强度高、使用寿命长的特点。加强型介质是通过特殊的工艺在普通型介质的表面加上黑色硬质涂层，使介质便于刷洗消毒、遮光、抗鼠、使用寿命更长。湿帘降温系统是利用热交换的原理，给空气加湿和降温。通过供水系统将水送到湿帘顶部，从而将湿帘表面湿润，当空气通过潮湿的湿帘时，水与空气充分接触，使空气的温度降低，达到降温的目的，降温效果显著。夏季可降温

5～8 ℃，且气温越高，降温幅度越大，特别适合规模化养殖生产。

b.喷雾降温系统由连接在管道上的各种型号的雾化喷头、压力泵组成，是一套非常高效的蒸发系统。它通过高压喷头将细小的雾滴喷入舍内，随着湿度的增加，热能转化为蒸发能，数分钟内温度即降至所需值。由于所喷水分都被舍内空气吸收，地面始终保持干燥。这种系统可同时用作消毒用，有夏季降温、喷雾除尘、连续加湿、环境消毒、清新空气等特点。

③光照控制设备。光照程序控制器采用微电脑芯片设计，具有自动测光控制功能，能自动启闭禽舍照明灯，实现精确控制舍内光照时间的目的。

④清洗、消毒设备。清洗设备主要是高压冲洗机械，带有雾化喷头的可兼当消毒设备用。消毒设备有人工手动的背负式喷雾器、机械动力式喷雾器两种。

（2）鸭舍其他设备。鸭舍其他设备包括育雏设备、喂料与饮水设备、笼具网架设备、孵化设备、集蛋设备等，这些设备与蛋鸡、肉鸡的相关设备相似，在此不再赘述。

三、鸭的饲养管理

鸭的饲养管理应主要结合鸭的生理特点选好饲养品种来选择适宜的饲养方式，通过配制合理日粮、提供良好的饲养环境、做好卫生防疫等饲养管理措施获得良好的饲养成绩和经济效益。

（一）鸭的生活习性

鸭的生活习性与其野生祖先和驯化过程中的生态环境密切相关，在家鸭饲养管理过程中应充分利用鸭的生活习性，进行科学合理的饲养。

1. 喜水性

鸭是水禽，喜欢在水中寻食、嬉戏和求偶交配。因此，宽阔的水域、良好的水源是养鸭的重要环境条件之一。鸭有水中交配的习性，特别是在早晨和傍晚，水中交配次数占60%以上。鸭喜欢清洁，羽毛总是油亮干净，经常用喙从尾脂腺处蘸取脂油梳理羽毛，保持羽毛的防水和清洁。鸭舍设计需设置一些人工小水池，特别是对种鸭特别重要。

2. 合群性

鸭的祖先天性喜群居和成群飞行。这种本性在驯化家养之后仍未改变，鸭至今仍表现出很强的合群性。经过训练的鸭在放牧条件下可以成群远行数里而不紊乱。放牧中呼之即来，挥之即去。鸭群个体间不喜殴斗。这种合群性使鸭适于大群放牧饲养和圈养，管理也比较容易。

3. 耐寒性

鸭全身覆盖羽毛，起着隔热保温作用，成年鸭的羽毛比鸡的羽毛更紧密贴身，且鸭的绒羽浓密，保温性能更好，较鸡具有更强的抗寒能力。鸭的皮下脂肪比鸡厚，耐寒性好。在0 ℃左右冬季低温下，仍能在水中活动，在10 ℃左右的气温条件下，即可保持较高的产蛋率。相对而言，鸭耐热性相对较差。

4. 杂食性

鸭的食性比鸡更广，更耐粗饲。鸭对饲料要求不高，各种粗饲料、精饲料、青绿饲料都可作为鸭的饲料。据四川农业大学分析，稻田放牧鸭采食的植物性食物近 20 种，动物性食物近 40 种。中小型鸭可充分利用这一特点进行放牧。

5. 生活规律性强

鸭具有良好的条件反射能力，生活节奏极有规律性，每天的放牧、觅食、戏水、休息、交配和产蛋均有较强的固定时间，且群体的生活节奏一旦形成则不易改变。因此，鸭的饲养管理日程应保持相对稳定，不能随便变动。

6. 夜间产蛋性

鸡是白天产蛋，而母鸭是夜间产蛋，这一特性为种鸭的白天放牧提供了方便。鸭产蛋一般集中在凌晨，若多数产蛋窝被占用，有些鸭宁可推迟产蛋时间，这样就影响了鸭的正常产蛋。因此，鸭舍内产蛋窝要充足，垫草要勤换。

（二）蛋鸭的饲养管理

1. 蛋鸭养殖的条件

（1）蛋鸭品种。蛋鸭生产中选用的品种主要有金定鸭、绍兴鸭、荆江麻鸭、三穗鸭、攸县麻鸭、卡基 - 康贝尔鸭等。

（2）蛋用型雏鸭选择。一是购买鸭苗要求雏鸭体质健康、羽毛紧密、头秀气、身长、腹部深广、健壮，脐部收缩良好，无伤残；二是根据鸭换羽毛时间的早晚和换羽时间的长短来选择，高产蛋鸭换羽时间迟，一般开始于秋后，换羽期短，低产鸭反之。其次不同品种鸭的外貌特征应符合品种要求。作为商品蛋鸭生产的养殖场，雏鸭出壳后及时进行公母性别鉴别，淘汰公鸭。

（3）蛋鸭的饲料。蛋鸭具有高产、稳产的特点，不同阶段对饲料要求较高，特别要注意粗蛋白质、矿物质、维生素和能量等的供给。蛋鸭的营养需要见表4-1。

表4-1　蛋用鸭的营养需要

营养成分	0～2 周龄	3～8 周龄	9～18 周龄	产蛋期
代谢能/（MJ·kg^{-1}）	11.506	11.506	11.297	11.088
粗蛋白质/%	20	18	15	18
可利用赖氨酸/%	1.1	0.85	0.7	1.0
精氨酸/%	1.20	1.00	0.70	0.80
蛋氨酸/%	0.4	0.30	0.25	0.33
蛋氨酸+胱氨酸/%	0.7	0.6	0.50	0.65

营养成分	0～2 周龄	3～8 周龄	9～18 周龄	产蛋期
赖氨酸/%	1.20	0.90	0.65	0.90
钙/%	0.9	0.8	0.8	2.5～3.5
磷/%	0.50	0.45	0.45	0.5
钠/%	0.15	0.15	0.15	0.15
维生素A/（IU/kg）	6 000	4 000	4 000	8 000
维生素D_3/（IU/kg）	600	600	500	800
维生素E/（mg/kg）	20	20	20	20
维生素B_1/（mg/kg）	4	4	4	2
维生素B_2/（mg/kg）	5	5	5	8
烟酸/（mg/kg）	60	60	60	60
维生素B_6/（mg/kg）	6.6	6	6	9
维生素K/（mg/kg）	2	2	2	2
生物素/（mg/kg）	0.1	0.1	0.1	0.2
叶酸/（mg/kg）	1.0	1.0	1.0	1.5
泛酸/（mg/kg）	15	15	15	15
氯化胆碱*/（mg/kg）	1 800	1 800	1 100	1 100
锰/（mg/kg）	100	100	100	100
锌/（mg/kg）	60	60	60	80
铁/（mg/kg）	80	80	80	80
铜/（mg/kg）	6	6	6	6
碘/（mg/kg）	0.5	0.5	0.5	0.5
硒/（mg/kg）	0.1	0.1	0.1	0.1
*拌料时不能将胆碱加入维生素和矿物质添加剂中，而应单独加入				

（4）蛋鸭环境控制。温度对鸭的产蛋量至关重要，实践证明，若早春和冬季的防寒保暖工作做得好，产蛋量一般能维持在 85%。产蛋鸭最适宜的环境温度为 13～20 ℃，在该温度范围内，产蛋鸭产蛋率、饲料的利用率最高。光照可促进鸭生殖器官的发育，光线的刺激可促使鸭的卵泡发育和排卵。控制光照使蛋鸭适时开产，提高产蛋率。产蛋期的光照强度以 10～15 lx 为宜，光照时间保持在每天 16～17 h。

商品蛋鸭圈养需要在地势干燥、靠近水源的地方修建鸭舍，采光和通风良好，鸭舍朝向以朝南或东南方向为宜。饲养密度以舍内面积每平方米 5～6 只计算。

（5）蛋鸭疾病预防。蛋鸭生产周期长，养殖技术要求相对较高。鸭场要建立完善的消毒和防疫措施，严格实行鸭场卫生管理与传染病预防，减少疾病发生。蛋用型种鸭的参考免疫程序参见表4-2。

表4-2　蛋用型种鸭的参考免疫程序

序号	接种日龄	免疫项目	疫苗名称	接种方法
1	7	鸭病毒性肝炎	DHV弱毒苗	颈部皮下注射
2	10	鸭传染性浆膜炎	鸭疫里氏杆菌灭活苗	皮下注射
3	30	鸭瘟	鸭瘟弱毒苗	胸部肌内注射
4	60	禽霍乱	禽巴氏杆菌弱毒苗	颈部皮下注射
5	90	鸭病毒性肝炎	DHV弱毒苗	皮下注射
6	100	禽霍乱	油乳剂灭活苗	颈部皮下注射
7	120	鸭病毒性肝炎	DHV弱毒苗	皮下注射
8	240	鸭病毒性肝炎	DHV弱毒苗	皮下注射

2. 雏鸭的饲养管理

（1）雏鸭的生理特点。雏鸭指 0～4 周龄的小鸭。其生理特点：刚出壳的雏鸭绒毛短，体温调节的能力差，需要人工保温；雏鸭的消化机能未健全，对饲料消化能力差，饲养雏鸭时要喂给容易消化的饲料；雏鸭的生长速度快，饲养雏鸭一定要供给营养丰富而全面的饲料；雏鸭娇嫩，对外界环境的各种病原抵抗力差，易感染疾病，育雏时要特别重视防疫卫生工作。

雌、雄鉴别：雏鸭的雌、雄鉴别在养鸭生产上有重大的经济意义，特别是父母代种鸭，商品蛋鸭的生产。蛋用型的鸭，初生时就要拣出公雏另行处理，可节约育雏的房舍、设备、饲料及运输等费用，降低生产成本；肉用型的可以公、母分群饲养，发育整齐，公鸭可按营养要求给料，促进快速肥育，缩短饲养期。

雏鸭的雌、雄鉴别有鸣管鉴别和肛门鉴别两种方法。使用最普遍、准确率最高的是肛门鉴别法。

初生的公雏鸭，在肛门下方有一长 0.2～0.3 mm 的小阴茎，状似芝麻，翻开肛门时肉眼可以看到。

翻肛法：用左手握住雏鸭，将雏鸭颈部夹在中指和无名指之间，两脚夹在无名指和小指之间，轻轻用手握牢，然后用左手拇指压住脐部，稍稍用力排出胎粪后，再用右手拇指和食指拨开肛门，使其外翻，看到半粒米长螺旋状的阴茎露出，则表明是公雏鸭，否则为母雏鸭。

顶肛法：左手握住雏鸭，以右手食指与无名指夹住雏鸭体两侧，中指在其肛门外轻轻往上一顶，如感觉有小突起，即为公雏鸭。顶肛法比翻肛法更难掌握，但熟练以后速度比翻肛法更快。

（2）雏鸭育雏前的准备。育雏是蛋鸭生产中一项烦琐而细致的工作，是决定养鸭成败的关键。因此，育雏前要做好充分准备。

第一步：育雏舍检修，准备好供温、光照（5W/ m²）采食、饮水等育雏的用具；育雏用具与育雏舍要进行彻底的清洗消毒（可按每立方米空间用 15 g 高锰酸钾和 30 mL 福尔马林溶液熏蒸）；

第二步：准备足够的饲料、药品与饮水，地面饲养要准备足够数量的干燥清洁的垫草，如木屑、切短的稻草等；

第三步：进雏鸭前调试好供温设备，做好加热试温工作。一般提前 1 d 将育雏舍的温度升高到 30 ～ 32 ℃；育雏舍相对湿度为 60% 左右，温度计悬挂在离地面 20 cm 处，并观察昼夜温度变化，根据变化做好相应措施。

（3）育雏方式。根据养殖条件和育雏规模，可采取地面平养育雏、网上平养育雏和立体笼养育雏。

①地面平养育雏：育雏舍的地面上（水泥地面）铺上 5 ～ 10 cm 厚的松软垫料，将雏鸭直接饲养在垫料上，采用地下（或地上）加温管道、煤炉、保温伞或红外线灯泡等加热方式提高育雏舍内的温度。若是普通地面，一般先铺设一层生石灰，然后再在地面铺设一层 5 ～ 10 cm 的垫料，如稻草、谷壳、锯木屑等。为了防止雏鸭进入水槽沾湿羽毛，建议使用乳头式饮水器。

②网上平养育雏：育雏舍内离地面 30 ～ 80 cm 高处设置金属网、塑料网或竹木栅条，将雏鸭饲养在网上，粪便由网眼或栅条的缝隙落到地面上。木条地面用的板条宽为 1.2 ～ 2.0 cm，空隙宽为 1.5 ～ 2.0 cm，板条走向要与鸭舍的长轴平行。竹子产区也可用竹竿或竹片做竹条地面，竹材的直径与空隙一般为 1.5 ～ 2.5 cm，具体板条宽和空隙宽度应当结合具体品种雏鸭而定。网上育雏的饲养密度可稍高于地面散养，通常 1 ～ 2 周龄，每平方米可达 20 ～ 24 只，2 ～ 3 周龄时为 10 ～ 14 只。

③立体笼养育雏：雏鸭饲养在 3 ～ 5 层笼内，鸭笼用镀锌或涂塑铁丝制成，网底可铺塑料垫网。这种育雏方式比平面育雏更能有效地利用房舍空间和热量，既有网上育雏的优点，还可以提高劳动生产率，缺点是投资较大。

目前，生产商品肉鸭多采用网上平养育雏或立体笼养育雏，肉用种鸭一般采用地面平养育雏或网上平养育雏。

（4）"开水"和"开食"。刚孵出的雏鸭第一次饮水称"开水"，第一次喂食称"开食"。雏鸭饲养要"早饮水、早开食"，且要先"开水"、后"开食"。雏鸭出壳后原则上应在 12 ～ 24 h 内"开水"。运输路途较远的，待雏鸭到达育雏舍 30 min 左右应供给添加电解多维和 1% 葡萄糖的饮水让其饮用。饮水时要防止雏鸭嬉水，以免弄湿羽毛而感冒。

饮水 1 h 后即可开食。遵守少喂多餐和定时定餐，应尽早将开食料撒在反光性较好的塑料布或浅饲料盘内进行开食，对不会开食的雏鸭个别调教。投料次数要适宜，少喂多餐，育雏1～2周，6次/d，晚上也要喂两次。3 d以后，可改用食槽饲喂，槽的边高4 cm、长60 cm左右，这样可以防止混入鸭粪污染饲料。7日龄起就可以采用定时喂食，每隔2 h喂1次；8～14日龄每隔3 h喂1次，每昼夜喂8次；15～18日龄每隔4 h喂1次，每昼夜喂6次；19～24日龄每昼夜喂5次，白天每隔4小时喂1次，夜间每隔6 h喂1次；25日龄以后，每隔6 h喂1次，每昼夜喂4次。采用定时定量饲喂雏鸭，不仅可保持雏鸭旺盛的食欲，也可及时发现采食不正常的雏鸭。

（5）育雏环境条件控制。

①适宜的温度。育雏期特别是出壳后1周内要提供较高的环境温度，这是育雏能否成功的关键。育雏分为高温、低温和适温三种方法。高温育雏，雏鸭生长迅速，饲料报酬高，但体质较弱，而且房舍保温条件高，成本较大。低温育雏，雏鸭生长较慢，饲料报酬低，但体质强壮，对饲养管理条件要求不高，相对成本较少。适温育雏，是介于高温和低温之间，从目前的饲养效果看，适温育雏最佳，其优点是温度适宜，雏鸭感到舒服，发育良好且均匀，生长速度也较快，体质健壮。因此，推荐适温消毒，在1～3 d时，温度应该控制在27～30 ℃；4～6 d时，温度应该控制在24～27 ℃；7～10 d，温度应该控制在21～24 ℃；11～15 d，温度应该控制在18～21 ℃；在16～20 d时，温度应该控制在16～18 ℃；21日龄过后维持在16 ℃（注意：这里的温度是指离地20 cm高度处的温度）。高温和低温分别在适温上加减2～4 ℃进行，这里只提供数据参考，具体实施时应当考虑实际情况实际品种来决定总结合适的温度范围。

育雏舍温度监测：可根据雏鸭活动和分布范围判断温度是否恰当。温度适宜时，雏鸭饮水、采食活动正常，不打堆，行动灵活，反应敏捷，毛色干净漂亮，休息时分布均匀，生长快；温度偏低时，雏鸭趋向热源，相互挤压打堆；温度偏高时，雏鸭远离热源，张口呼吸，行走不稳，眼睛周围有眼屎，体质弱，饮水增加，食欲降低。

②适宜的湿度。雏鸭出雏后，通过运输或直接转入干燥的育雏室内，室内温度高，水分蒸发快，雏鸭体内的水分将会大量丧失，失水严重将会影响卵黄物质的吸收，脚蹼干瘪，精神不振，影响健康和生长。因此，育雏初期育雏舍内需保持较高的相对湿度，一周内，一般以相对湿度60%～70%为宜。2周后，由于雏鸭体重增大，排泄量也随之增大，应尽量降低育雏舍的相对湿度，以50%～55%为宜。

③良好通风换气。雏鸭新陈代谢旺盛，需要不断吸入新鲜的氧气，排出大量的二氧化碳和水气，同时地面育雏的鸭粪和垫料等分解后会产生大量氨气和硫化氢等有害气体。因此，要保证雏鸭正常健康生长，应加强育雏舍的通风换气工作，确保空气新鲜，应当注意通风带走的室内温度。

④合理的饲养密度。饲养密度应根据育雏季节、雏鸭日龄和环境条件等灵活掌握。雏鸭适宜的饲养密度参加表4-3。

表4-3 雏鸭的饲养密度 单位：只/m²

周龄	地面垫料平养	网上平养
1	20～30	30～50
2	10～15	15～25
3	7～10	10～15

⑤合理的光照。刚出壳的雏鸭宜采用较强的连续光照，以便使其尽快熟悉环境，迅速学会饮水和采食。但是过长光照时间会影响雏鸭的休息和消化吸收。头3天雏鸭连续光照的时间为每天24 h，使鸭群顺利开食，第4天后，每天递增0.5 h黑暗，使鸭群适应黑暗的环境，最后保持在每天23:00—24:00熄灯，每天早上4:00—5:00开灯。光照强度大于10 lx，如用白炽灯泡，则每平方米应有5 W的照度。

⑥分群管理和观察。不同日龄不同批次的小鸭不能同群饲养，必须根据雏鸭的体质和发育情况进行分群管理，可按1周（350～450只）、2周（200～250只）、3周（120～180只）三次分群。合理分群可减少因挤压相撞造成伤亡的损失，避免采食不均和啄食癖的现象，保证雏鸭正常生长发育和提高育雏期的成活率。每次应注意鸭群吃料情况及料量，如果吃料略增则为正常，相反则鸭群为不正常。此时应检查鸭粪便是否正常，正常粪应为灰褐色并带有少量白色的尿酸盐。

3. 育成鸭饲养管理

（1）育成鸭生理特点。育成鸭是指6周龄至开产前的中鸭，又称青年鸭，是育雏期结束至产蛋的一个过渡阶段。在育成鸭培育上应考虑其生理特点采取针对性的饲养管理措施，培育合格育成鸭。育成鸭的生理特点主要如下：

①生长发育迅速。育成鸭活动能力强，食欲旺盛，食性很广，体重增长快，需要给予较丰富的营养物质。以绍兴鸭为例，绍兴鸭28日龄以后体重的绝对增长快速增加，42～44日龄达到最高峰，56日龄起逐渐降低，然后趋于平稳增长，至16周龄时，体重已接近成年鸭。

②羽毛生长迅速。如绍兴鸭育雏期结束时，雏鸭身上还掩盖着绒毛，但浅褐色麻雀羽已开始长出。而到42～44日龄时胸腹部羽毛已长齐，平整光滑，48～52日龄青年鸭已达"三面光"，52～56日龄已长出主翼羽，81～91日龄蛋鸭腹部已换好第二次新羽毛，102日龄蛋鸭全身羽毛已长齐。

③性器官发育快。育成鸭到10周龄后，在第二次换羽期间，卵巢上的卵泡也在快速长大，到12周龄后，性器官的发育尤其迅速。为了保证育成鸭的骨骼和肌肉的充分生长，必须严格控制育成鸭的性成熟，防止过早产蛋，对提高今后的产蛋性能十分必要。

④适应性强。育成鸭随着日龄的增长，体温调节能力增强，对外界气温变化的适应能力也随之加强。同时，由于羽毛的着生，御寒能力也逐步加强。因此，育成鸭可以在常温下饲养，饲养设备也较简单，甚至可以露天饲养。

在育成期，充分利用育成鸭的特点，进行科学的饲养管理，加强锻炼，提高生活力，使生长发育整齐，开产期一致。如果后备种鸭在饲养期饲养管理不当，将会造成种鸭早成熟、早开产、蛋重小、畸形蛋多、种蛋合格率低，而且产蛋持续期短，鸭群产蛋高峰上不去等，严重影响种鸭的生产性能。所以，良好的育成期饲养管理能为产蛋期提高生产性能打好坚实的基础。

（2）育成鸭的饲养方式。根据养殖条件可采取以下三种饲养方式：

①放牧饲养。放牧饲养较适合养殖户的小规模蛋鸭养殖。放牧饲养可以节约饲料，降低育成鸭培育成本，同时可增强鸭的体质。放牧饲养要注意以下几点：出牧逆流而上，收牧顺流而下；防暑防毒，夏季要注意防暑，早出牧晚归牧，中午让鸭在树荫下休息，在放牧时，要防止药害的发生；傍晚收牧后根据鸭的放牧程度适当补料，并在运动场活动到深夜，待凉爽后驱鸭入舍；冬季放牧注意防寒，鸭群要晚放牧早收牧，鸭舍要温暖干燥，勤换垫草。

②半舍饲圈养。半舍饲圈养是将鸭群饲养在鸭舍、陆上运动场和水上运动场，不外出放牧。采食、饮水可设在舍内，也可设在舍外，一般不设饮水系统。这种饲养方式可与养鱼的鱼塘结合一起，形成一个良性的"鸭－鱼"结合的生态循环。

③全舍饲圈养。全舍饲圈养即育成鸭的整个饲养过程全部在鸭舍内进行。一般鸭舍内可采用厚垫料饲养、网状地面饲养和栅状地面饲养，舍内一般需设置较为完备的饮水和排水系统。这种饲养方式的优点是可以较好地控制饲养环境，多用于蛋鸭育成期的大规模集约化养殖。

（3）育成鸭饲养管理。

①保持适宜的饲养密度。圈养鸭的饲养密度随鸭龄、季节和气温的不同而变化，一般可以按以下标准掌握：4～10周龄，每平方米10～15只；10～20周龄，8～10只/m^2。冬季气温较低时，饲养密度可稍高；夏季气温较高时，饲养密度可稍低。

②做好合理分群。育成期鸭群的大小根据养殖方式和养殖条件而定。一般放牧鸭每群以500～1 000只为宜，而舍饲鸭可分成小栏饲养，每个小栏200～300只。同时，分群时要尽可能做到同群鸭日龄相近、大小一致、品种一样、性别相同。

③合理控制光照。育成鸭的光照时间宜短不宜长，一般8周龄起，每天光照以8～10 h为宜，光照强度为5 lx，其他时间应保持通宵弱光照明，一般以30 m^2的鸭舍点1盏15 W灯泡为宜。

④做好限制饲喂。限制饲喂主要用于圈养和半圈养鸭群，而放牧鸭群由于运动量大，一般不需限制饲喂。限制饲喂一般从8周龄开始，到16～18周龄结束。限喂前应称重，此后每两周抽样称重1次，以将体重控制在相应品种要求的范围内为宜，体重超重或过轻均会影响鸭群产蛋量。

⑤保持良好运动。圈养和半圈养鸭群应适当增加运动量，一般每天可定时驱赶鸭只在舍内做转圈运动，每次5～10 min，每天活动2～4次。

4. 商品蛋鸭产蛋期饲养管理

正常饲养管理条件下，商品蛋鸭 150 日龄群体产蛋率可达 50%，200 日龄时达 90% 以上，产蛋高峰期可持续到 450 日龄左右，以后逐渐下降。根据商品蛋鸭生长发育和产蛋规律，将产蛋期分为四个阶段：产蛋初期（150～200 日龄）、产蛋前期（201～300 日龄）、产蛋中期（301～400 日龄）、产蛋后期（401～500 日龄）。

（1）产蛋初期与产蛋前期饲养管理。产蛋初期需要合理投入饲料，控制体重，使鸭具有适合开产的体重，提高蛋鸭的产蛋性能，延长蛋鸭的使用周期，提高饲料利用率，从而提高饲养蛋鸭的经济效益。

蛋鸭 150 日龄开产后，产蛋量逐渐增加直至达到产蛋高峰。因此，蛋鸭日粮中的营养水平特别是粗蛋白质水平要随着产蛋率的提高而逐渐增加，促使鸭群尽快达到产蛋高峰期。当鸭群达到产蛋高峰期后，饲料种类和营养水平要尽量保持稳定，促使产蛋高峰期尽可能长久。采取自由采食方式进行饲喂，每只蛋鸭每天喂料约 150 g。每天喂料 4 次，通常白天喂料 3 次，晚上再喂料 1 次。

做好产蛋初期与产蛋前期光照管理。蛋鸭开产后，逐渐增加光照时间，达到产蛋高峰时，使其光照时间达到 15～16 h/d，以后保持光照时间的恒定。

在产蛋前期，还要注意抽测蛋鸭体重，若蛋鸭体重在标准体重的 ±5% 以内，表明饲养管理正常；若蛋鸭体重超过或低于标准体重 5% 以上，则要查明原因，调整蛋鸭喂料量和日粮营养水平。

（2）产蛋中期饲养管理。产蛋中期蛋鸭已达产蛋高峰期，并持续高强度产蛋，因此对蛋鸭的体况消耗很大，是蛋鸭饲养的关键时期，应对蛋鸭进行精心管理，尽可能延长高峰期产蛋时间。蛋鸭日粮中营养水平应在前期基础上适当提高，粗蛋白质水平保持在 20% 左右，并注意钙量和多种维生素的添加。由于日粮中钙量过高会降低饲料适口性，影响蛋鸭采食量，可在日粮中添加 1%～2% 的贝壳粒，也可单独喂给。

产蛋中期光照时间应保持在 16～17 h/d，并注意观察蛋鸭精神状况是否良好、蛋壳质量有无明显变化、产蛋时间是否集中、洗浴后羽毛是否沾湿等，如果发现异常及时采取措施解决。

（3）产蛋后期饲养管理。蛋鸭经过连续的高强度产蛋后，体能消耗很大，产蛋率将有所下降。产蛋后期饲养管理的重点是根据鸭群的体重和产蛋率的变化调整日粮的营养水平和喂料量，尽量减缓产蛋率下降幅度，使该期产蛋率保持在 75%～80%。如果发现蛋鸭体重增加较大，应适当降低日粮能量水平，或适量降低采食量；如果发现蛋鸭体重降低而产蛋量有所下降时，应适当提高日粮中蛋白质水平，或适当增加喂料量。该期还应加强蛋鸭选择，及时淘汰低产蛋鸭。

（4）其他管理要求。产蛋期蛋鸭富于神经质，受惊后鸭群容易发生拥挤、飞扑等，导致产蛋量的减少或软壳蛋的增加。管理中减少各种应激因素，切忌使鸭群受到惊吓和干扰。

5. 蛋用型种鸭产蛋期饲养管理

蛋用型种鸭饲养管理的要求是在保证种鸭产蛋数量的前提下，提高种蛋受精率。

（1）根据种鸭产蛋率调整日粮营养水平。种鸭产蛋初期日粮蛋白质水平控制在15%～16%即可满足产蛋鸭的营养需要，最高不超过17%；产蛋高峰期日粮粗蛋白质水平增加到19%～20%，如果日粮中必需氨基酸比较平衡，蛋白质水平控制在17%～18%也能保持较高的产蛋水平。

（2）种鸭配种。

①做好种公鸭选择。种公鸭要求：公鸭生长发育良好、体格健壮结实，性器官发育正常，精液品质优良。留种公鸭必须在育雏期、育成期和性成熟初期进行三次严格选择。育成期公鸭和母鸭分群饲养，并在母鸭开产前2～3周按照适宜公母比例放入母鸭群中，让彼此相互熟悉，以提高配种质量。

②保持适宜的种鸭配种公母比例。适宜的配种公母比例可提高种蛋受精率。自然交配时种鸭配种公母比例为：轻型品种1∶（10～20），中型品种1∶（8～12）。

③做好公母鸭混群后的观察。种鸭公母混群后注意观察种鸭配种情况。一天中种鸭交配高峰期发生在清晨和傍晚，已开产的放牧种鸭或圈饲种鸭在每天的早晚要让鸭群在有水环境中进行嬉水、配种，这样可提高种蛋的受精率。

（3）放牧种鸭日常管理。开产前1个月，放牧种鸭收牧后应逐渐增加补饲喂料量，使母鸭能饱嗉过夜，可较快地进入产蛋高峰期。

种鸭放牧时不要急赶，不能走陡坡、陡坎，以防母鸭受伤。产蛋期种鸭开产前形成的放牧、采食、休息等生活规律要保持相对稳定，不能随意变动。放牧种鸭因农作原因不能下田放牧，可采用圈养方式饲养，但应加强补饲，防止鸭群产蛋量的大幅度下降。

（4）种蛋收集。初产母鸭的产蛋时间多集中在1:00—6:00，随着产蛋日龄的延长，产蛋时间有所推迟，产蛋后期的母鸭多在10:00前完成产蛋。

种蛋的收集应根据不同的饲养方式而采取相应的措施。种鸭放牧饲养，可在产完蛋后才赶出去放牧，以便及时收集种蛋，减少种蛋污染和破损。种鸭舍饲饲养，可在舍内设置产蛋箱，刚开产的母鸭可通过人为的训练让其在产蛋箱内产蛋。

（三）肉鸭的饲养管理

1. 肉用雏鸭的饲养管理

肉用雏鸭的饲养管理可参见本项目"蛋鸭的饲养管理"中"雏鸭的饲养管理"相关内容。

2. 肉鸭育成期的饲养管理

肉鸭育成期的饲养管理可参见本项目"蛋鸭的饲养管理"中"育成鸭的饲养管理"相关内容。

3. 肉种鸭产蛋期的饲养管理

肉种鸭产蛋期的饲养管理可参见本项目"蛋鸭的饲养管理"中"商品蛋鸭产蛋期的饲

养管理"相关内容。

4. 快大型肉用仔鸭舍饲育肥

肉用仔鸭的育肥根据选用的品种、饲养方式的不同可分为快大型肉用仔鸭舍饲育肥和肉用仔鸭放牧育肥等。快大型肉用仔鸭是指配套系生产的杂交商品代肉鸭，采用集约化方式饲养，批量生产，是现代优质肉鸭生产的主要方式。

（1）快大型肉用仔鸭的常用品种。快大型肉用仔鸭生产中采用的品种主要有樱桃谷肉鸭、天府肉鸭、澳白星 63 肉鸭、北京鸭等。这些品种均属于大型白羽肉鸭，具有体大、生长快、屠宰率高、饲料报酬高等特点。

（2）快大型商品肉鸭的日粮配制与日粮配方。快大型商品肉鸭体重的增长特别快，饲养上要根据肉鸭不同生长阶段对营养的要求，配制营养全价而平衡的日粮。快大型商品肉鸭的营养需要见表 4-4，快大型商品肉鸭的饲粮参考配方见表 4-5。

表4-4　快大型肉用仔鸭的营养需要

营养成分	0～3周龄	4周龄至屠宰
代谢能/（$MJ \cdot kg^{-1}$）	12.35	12.35
粗蛋白质/%	21～22	16.5～17.5
钙/%	0.8～1.0	0.7～0.9
有效磷/%	0.4～0.6	0.4～0.6
食盐/%	0.35	0.35
赖氨酸/%	1.10	0.83
蛋氨酸/%	0.40	0.30
蛋氨酸+胱氨酸/%	0.70	0.53
色氨酸/%	0.24	0.18
精氨酸/%	0.21	0.91
苏氨酸/%	0.70	0.53
亮氨酸/%	1.40	1.05
异亮氨酸/%	0.70	0.53
注：微量元素、维生素另加		

表4-5　快大型商品肉鸭的饲粮参考配方

饲粮成分/%	饲粮配方					
	1		2		3	
	0～3周龄	4周龄～上市	0～3周龄	4周龄～上市	0～3周龄	4周龄～上市
玉米	54.0	57.7	51	56.7	59.0	63.0
麦麸	15.0	23.2	20.2	28.2	5.7	14.2
豆饼	12.0	4.0	8.4	—	24.0	15.5
鱼粉	13.0	—	—	—	10.0	5.0
菜籽饼	5.0	3.0	5.0	3.0	—	—
蚕蛹	—	10.0	8.3	3.0	—	—
骨粉	0.7	1.8	1.8	1.8	0.5	—
肉粉	—	—	5.0	7.0	—	—
贝壳粉	—	—	—	—	0.5	1.0
磷酸氢钙	—	—	—	—	—	1.0
食盐	0.3	0.3	0.3	0.3	0.3	0.3
合计	100	100	100	100	100	100

注：微量元素、维生素添加剂按照产品使用说明书另加

（3）0～3周龄阶段快大型商品肉鸭的饲养管理。快大型商品肉鸭的饲养分为0～3周龄、4周龄至出栏两个阶段进行。其中0～3周龄为育雏期，4周龄至出栏为育肥期。0～3周龄阶段肉鸭的饲养管理要点如下：

①育雏期雏鸭的生理特点。出壳到3周龄为快大型肉鸭的育雏期，该期雏鸭生长相对很快，需要充足的营养满足生长发育，但雏鸭刚出壳，对外界的适应能力较差，体温调节机能不完善，消化器官容积小，采食量少，消化能力差。应人为创造良好的育雏条件特别是温度条件，让雏鸭尽快适应外界环境，从而提高成活率。

②进雏前的准备。参见本项目"蛋鸭的饲养管理"中"雏鸭的饲养管理"相关内容。

③做好雏鸭的精细饲养。

a.尽早饮水与开食。快大型肉用仔鸭早期生长特别迅速，应尽早饮水开食。一般采用直径为2～3 mm的颗粒料开食。第1天可把饲料撒在有较强反光性的塑料布上，以便雏鸭发现饲料学会吃食，做到随吃随撒。第2天后就可改用料盘或料槽喂料。雏鸭进入育雏舍后，就应供给充足的饮水，前三天可在饮水中加入复合维生素（每1 kg水加入1 g复合

维生素），并且饮水器（槽）可离雏鸭近些，便于雏鸭的饮水，随着雏鸭日龄的增加，饮水器应远离雏鸭。

b. 雏鸭饲料。有粉料和颗粒料两种形式。粉料饲喂前先用水拌湿，可促进雏鸭采食，但粉料饲喂浪费较大，每次投料不宜太多。有条件的地方应使用颗粒料。颗粒料效果比较好，可减少浪费。实践证明，饲喂颗粒料可促进雏鸭生长，提高饲料转化率。

c. 雏鸭自由采食。在食槽或料盘内应保持昼夜均有饲料，做到少喂勤添，雏鸭出壳后1～2周，6次/d，其中一次在晚上进行，随吃随给，保证饲槽内常有料，余料又不过多而造成饲料浪费。2周龄后定时饲喂，3周龄每天喂4次，其中一次在晚上，如果发现上次喂的料下次喂料时还有剩余，应酌量减少一些，反之则应增加一些使雏鸭始终保持旺盛的食欲。

d. 充分饮水。雏鸭一周龄以后可用水槽供给饮水，每100只雏鸭需要1 m长的水槽。水槽每天清洗一次，3～5 d消毒一次。缺水10%以上时，雏鸭的食欲就会减退，体重下降，因此一定要有足够的饮水器保证随时供给雏鸭清洁的饮水。在开食前进行第一次饮水时水温以30 ℃左右为宜，并在水中加入5%的多维葡萄糖。

e. 垫料管理。鸭饮水时喜呷水擦洗羽毛，易弄湿垫料。因此，要准备充足垫料，随时撒上新垫料，保持舍内温暖干燥。并定期处理底层垫料，防止垫料发霉引起雏鸭生病。

④育雏期雏鸭的管理。

a. 温度管理。快大型肉用雏鸭的育雏温度见表4-6。

表4-6　快大型肉用雏鸭的育雏温度

日龄	育雏温度/℃	日龄	育雏温度/℃
1～3	31～28	11～15	22～19
4～6	28～25	16～20	19～17
7～10	25～22	21日龄后	＜17

b. 湿度控制。舍内相对湿度第一周保持在60%为宜，这样有利于雏鸭卵黄的吸收，随后随着雏鸭日龄增大，其排泄物增多，应适当降低相对湿度到50%～55%。

c. 通气换气。育雏室内氨气的浓度一般允许10 mg/L，不超过20 mg/L。当饲养管理人员进入育雏室感觉臭味大、有明显刺眼的感觉，表明氨气浓度超过允许范围，应及时通风换气。通风换气时应当注意通风期间鸭舍内环境温度变化，可适当调高舍内温度。

d. 光照控制。通常育雏1～3 d每天采用24 h光照，也可采取从第3天起23.5 h光照0.5 h黑暗的光照控制方法，并每天黑暗时间递增0.5 h，最后达到每天23:00—24:00关灯，4:00—5:00开灯，使雏鸭尽早熟悉环境、尽快饮水和开食。

e. 饲养密度。1～3周龄快大型肉用雏鸭的饲养密度见表4-7。

表4-7　1～3周龄快大型肉用雏鸭的饲养密度　　　　　　　　　　单位：只/m²

周龄	地面垫料饲养	网上平养	立体笼养
1	20～30	30～50	50～65
2	10～15	15～25	30～40
3	7～10	10～15	20～25

（4）4周龄至出栏阶段快大型商品肉鸭的饲养管理。4周龄至出栏阶段属于快大型商品肉鸭的育肥期，饲养上要增大肉鸭采食量，提高增重速度。同时，由于鸭的采食量增多，饲料中粗蛋白质含量可适当降低，从而达到良好的增重效果。

①饲料和饲养方式过渡。

a.饲料的过渡。3周龄后，应将育雏期饲料更换为育肥期饲料，且应逐渐过渡，以3～5 d为宜，从育雏期饲料过渡为育肥期饲料改变时，每天应不超过20%～30%，以防止由于饲料的突然改变对肉鸭造成应激。

b.饲养方式的过渡。由于快大型商品肉鸭的体重较大，因此4～8周龄肉鸭的饲养方式多采取地面平养或网上平养。育雏期采取地面平养或网上平养的肉鸭可不转群，但应将保温设备撤去，并做好脱温工作。对于育雏期采用笼养育雏的肉鸭，应转为地面平养，并在转群前1周，将平养鸭舍和用具做好清洁卫生和消毒工作。

c.降低饲养密度。随着体重增大，应适当降低饲养密度。快大型肉用鸭4周龄至出栏的饲养密度见表4-8。

表4-8　快大型肉用鸭4周龄至出栏阶段的饲养密度　　　　　　　单位：只/m²

周龄	地面平养	网上平养
4	5～10	10～15
5～6	5～8	8～12
7～8	4～7	7～10

②喂料及饮水。此阶段全天24 h保持喂料与饮水，并经常保持饲料和饮水的清洁卫生。由于肉鸭在该期采食量增大，应注意添加饲料，每天可采取白天投料3次，晚上再投料1次的喂料方式，喂料量一般采取自由采食。肥育鸭对饮水需要量大，尤其是用颗粒料时要注意不断供给清洁的饮水。

③垫料与光照管理。

a.垫料管理。由于采食量增多，其排泄物也增多，应加强舍内和运动场的清洁卫生管理，每日定时打扫，及时清除粪便，保持舍内干燥，防止垫料潮湿。

若不用地面垫料饲养，可以在舍内架设25～35 cm高的鸭床，以木条或竹条做网底，条间距离1.5 cm左右，肥育鸭可在干燥清洁的鸭床上采食、饮水、栖息，鸭床下的粪便定时清除，保持舍内卫生，从而节省垫料费用，提高经济效益。

b. 光照管理。该期采取全天光照的方式进行饲喂，白天可利用自然光照，晚上通宵照明。但光照强度不要过强，光照强度可控制为 5～10 lx。

④防止啄羽。如果鸭群饲养密度过大，通风换气差，地面垫料潮湿，光照强度过大，日粮中营养不平衡，特别是含硫氨基酸缺乏，容易引起肉鸭相互啄羽，因此在饲养上要注意营养的合理搭配，可以定时定量添加复合维生素及各种氨基酸防止啄羽的发生。

⑤上市日龄与上市体重。商品肉鸭一般 6 周龄体重可达到 2.5 kg 以上，7 周龄可达 3 kg 以上，肉鸭饲料转化率以 6 周龄最高，因此，42～45 日龄为肉鸭理想的上市日龄。如果用于分割肉生产，则以 8 周龄上市最为理想。

5. 肉用仔鸭放牧育肥

肉用仔鸭放牧育肥是中国传统的肉鸭养殖方式，这种养殖方式实行鱼鸭结合、稻鸭结合，是典型的生态农业项目，在中国南方广大地区仍普遍采用。

（1）放牧肉鸭品种的选择与饲养方式。

①做好品种选择。传统稻田放牧养鸭采用的品种主要是中国地方麻鸭品种，如四川麻鸭、建昌鸭等；现在放牧肉用仔鸭的生产主要采用现代快速生长型肉鸭品种（如樱桃谷肉鸭、天府肉鸭、澳白星 63 肉鸭、北京鸭等）与中国地方麻鸭品种进行杂交，其生产的杂交肉鸭进行放牧饲养。

②饲养方式。放牧肉用仔鸭的饲养方式可采用全放牧饲养、半牧半舍饲养等方式。全放牧饲养是中国的一种传统的养鸭方式，主要以水稻田为依托，采取农牧结合的稻田放牧养鸭技术。半牧半舍饲养是在传统放牧养殖的基础上进行的改进，肉鸭白天进行放牧饲养，自由采食野生饲料，人工进行适当补饲；晚上回到圈舍过夜，有固定的圈舍供鸭避风、挡雨、避寒、休息。

（2）幼雏鸭阶段的饲养管理。

①幼雏鸭的育雏方式。幼雏鸭的育雏方式可分为舍饲育雏和野营自温育雏两种方式。舍饲育雏可参见前面"0～3 周龄阶段快大型商品肉鸭的饲养管理"。我国南方水稻产区麻鸭为群牧饲养，采用野营自温育雏。育雏期一般为 20 d 左右，每群雏鸭数多达 1 000～2 000 只，少则 300～500 只。

②幼雏鸭的饲料与饲喂方式。

a. 幼雏鸭的饲料。过去常用半生熟的米饭（或煮熟的碎玉米等），现在提倡使用雏鸭颗粒饲料饲喂。喂料时将饲料均匀地撒在饲场的晒席上。育雏期第一周喂料 5～6 次，第二周 4～5 次，第三周 3～4 次，喂料时间最好安排在放牧之前。每日放牧后，应视雏鸭的采食情况适当补饲，让雏鸭吃饱过夜。

b. 饲喂方式。育雏期采用人工补饲为主，放牧为辅的饲养方式，放牧的次数应根据当日的天气而定，炎热天气一般早晨和 16:00 左右才出牧。

③做好放牧前的准备。群鸭育雏依季节不同，养至 15～20 日龄，即由人工育雏转入

全日放牧的育成阶段。放牧前为使雏鸭适应采食谷粒，需要采取饥饿强制方法即只给水不给料，让雏鸭饥饿 $6 \sim 8\,h$，迫使雏鸭采食谷粒，然后转入放牧饲养。

（3）肉用仔鸭生长肥育期的放牧管理。

①选好放牧时间。育雏结束后，鸭只已有较强的放牧觅食能力，南方水稻产区主要利用秋收后稻田中遗谷为饲料。鸭苗放养的时间要与当地水稻的收割期紧密结合，以育雏期结束正好水稻开始收割的安排最为理想。

②选定放牧路线。放牧路线的选择是否恰当，直接影响放牧饲养的成本。选择放牧路线的要点是根据当年一定区域内水稻栽播时间的早迟，先放早收割的稻田，逐步放牧前进。按照选定的放牧路线预计到达某一城镇时，该鸭群正好达到上市，以便及时出售。

③选定放牧路线。鸭群在放牧过程中的每一天均有其生活规律，在春末秋初每一天要出现 $3 \sim 4$ 次采食高潮，同时也出现 $3 \sim 4$ 次休息和戏水过程。在秋后至初春气温低，日照时间较短，一般出现早、中、晚三次采食高潮。要根据鸭群这一生活规律，把天然饲料丰富的放牧地留作采食高潮时进行放牧，这样充分利用野生的饲料资源，又有利于鸭子的消化吸收，容易上膘。

④做好放牧群体控制。鸭子具有较强的合群性，从育雏开始到放牧训练，建立起听从放牧人员口令和放牧竿指挥的条件反射，可以把数千只鸭控制得井井有条，不致糟蹋庄稼和践踏作物。放牧鸭群要注意疫苗的预防接种，还应注意防止农药中毒。

⑤放牧肉鸭的出栏。放牧肉鸭达到适宜的商品体重应及时上市屠宰。

四、番鸭的饲养管理

番鸭又称"瘤头鸭""麝香鸭"，是著名的肉用型鸭。家鸭（如北京鸭、麻鸭等）起源于河鸭属，瘤头鸭起源于栖鸭属，故家鸭和瘤头鸭是同科不同属、种的两种鸭类。在我国饲养的番鸭，经长期饲养已驯化成为适应我国南方生活环境的优良肉用鸭。番鸭虽有一定的飞翔能力，但性情温驯，行动笨重，不喜在水中长时间游泳，适于陆地舍饲，在东南沿海如福建、广东、广西、浙江、江西和台湾等地均大量繁殖饲养。

公番鸭与母家鸭之间的杂交属于不同属、不同种之间的远缘杂交，所生的第一代无繁殖力，但在生产性能方面具有较大的杂交优势，称为"半番鸭"或"骡鸭"。这种杂交鸭体格健壮，放牧觅食能力强，耐粗放饲养，增重快，皮下脂肪和腹脂少，瘦肉率高。

近年来，半番鸭的生产在国内外发展都很快。半番鸭的生产技术要点如下：

1. 选择适宜的杂交方式

杂交组合分正交（公番鸭 × 母家鸭）和反交（公家鸭 × 母番鸭）两种。经生产实践证明以正交效果好，这是由于用家鸭作母本，产蛋多，繁殖率高，雏鸭成本低，杂交鸭公母生长速度差异不大，12 周龄平均体重可达 $3.5 \sim 4\,kg$。如用番鸭作母本，产蛋少，雏鸭成本高，杂交鸭公母体重差异大，12 周龄时，杂交公鸭可达 $3.5 \sim 4\,kg$，而母鸭只有 $2\,kg$，因此，在半番鸭的生产中，反交方式不宜采用。

杂交母本最好选用北京鸭、天府肉鸭、樱桃谷肉鸭等大型肉配套系的母本品系，这样繁殖率高，生产的骡鸭体形大，生长快。

2. 采取适宜的配种方式

半番鸭的配种方式分为自然交配和人工授精。采用自然交配时，每个配种群体可按25～30只母鸭，放6～8只公鸭，公母配种比1：4左右进行组群。公番鸭应在育成期（20周龄前）放入母鸭群中，提前互相熟识，先适应一个阶段，性成熟后才能互相交配。增加公鸭只数，缩小公母配比和提前放入公鸭，是提高受精率的重要方法。

要进行规模化的半番鸭生产，最好采用人工授精技术。番鸭人工授精技术是骡鸭生产成功与否的关键。采精前要对公鸭进行选择，人工采精的种公鸭必须是易与人接近的个体。过度神经质的公鸭往往无法采精，这类个体应于培育过程中予以淘汰。种公鸭实施单独培育，与母番鸭分开饲养。公番鸭适宜的采精时间为27～47周龄，最合适的采精时期为30～45周龄。低于27周龄或超过47周龄采精的，则精液质量低劣。

3. 番鸭的饲养方法

番鸭与家鸭的生活习性及其种质特性虽有相当的区别，但骡鸭的饲养方法与一般肉鸭相似，具体饲养方法可参见前面相关内容。

📖 知识准备二

鸭病防治技术

一、鸭病诊断与防治

（一）现场调查与处置

1. 临床及病史检查

大部分鸭传染病的发生、发展及临床表现都具有一定的规律性，临床检查可以发现一些具有明显诊断意义的特征，对疾病的诊断具有重要的临床价值。兽医诊断人员在条件许可时，应到现场去观察发病鸭群，特别是疫情出现明显加重和扩散趋势，或者暴发严重疾病的鸭场。兽医诊断人员对病史和环境情况了解越多，就越能更快地找到解决问题的办法。当然，遇到一些特征性不明确的复杂病例，必须进行深入的调查，并结合相关的实验室检测研究才能作出正确的诊断。

现场调查可直接掌握发病鸭的临床特征、病鸭和死亡数目、死亡时间和地点等重要的线索，并可以直接观察鸭舍通风、喂料和给水系统，了解鸭群的详细的生产记录，包括饲料消耗、饲料配方、体重增长、育雏和饲养程序、产蛋、日常用药和免疫接种、年龄、病前的历史、养禽场的位置、异常天气或养禽场的异常事态等各种管理情况。不能亲临养鸭场观察发病鸭群的兽医或其他诊断人员在进行实验室诊断和提出治疗措施之前应通过详细的问诊和咨询获得尽可详细的病史信息。

（1）鸭群的基本情况调查。

①防疫状况。1～3 d是否注射大舌病、鸭肝抗体；是否注射流感油苗；抗体油苗种类选择、注射剂量、注射操作、免疫应激情况等。合理有效防疫的鸭群发病会明显降低。

②日龄。不同鸭的日龄，常发疾病会有所不同。1～10日龄鸭群易发生沙门氏菌、鸭肝、脾坏死等；11～20日龄易发生浆膜炎、大舌病、鸭瘫等；21～30日龄易发生流感、黄病毒等。

③有无呼吸道症状。鸭的呼吸道发病率非常低，除天气干燥原因引起的刺激性咳嗽外，空气污浊刺激也可引起湿咳或呼吸啰音，大群出现甩鼻或清咳多为受寒感冒。

④密度、通风。如果鸭群密度过大，鸭群均匀度变差，鸭毛潮湿易发生感冒和鸭病毒性肝炎。高浓度的氨气严重刺激鸭的呼吸道并造成黏膜损伤，可引起种鸭产蛋下降，增强了商品肉鸭对呼吸道病原感染的易感性。通常情况下，工作人员从舍外进入鸭舍内，如果眼部感到有明显的刺激即表示氨气等有害气体偏高，应加强通风。

⑤死亡率。从死亡率的高低，可以判断鸭群疾病的严重程度。

⑥病程的长短。发病急，病程长，多为大病；发病缓，病程长则可能是慢性病、代谢性疾病；病程短，无死亡，则是小病。

⑦发病史、治疗史。了解鸭群发病历史和用药情况，诊断和治疗做到心中有数。

（2）群体检查。群体视诊的原则：目的主要在于掌握大群的基本状况，进入鸭舍时一定要动作缓慢，防止惊群。

①检查精神状态。健康的鸭对外界刺激反应灵敏，在兽医进入棚舍时，健康的鸭都会有逃离动作、跑动有力，或者抬头观察，双眼有神，头部动作灵活。而发病的鸭群无精打采，对外来人漠不关心。

②粪便情况。发声或者敲击棚舍驱赶鸭群，刚刚站立的鸭子都有排便习惯，顺势观察鸭粪便的情况，正常的粪便为灰色粪便或灰色稀便，不正常的粪便有白、褐色、黏液、水样等情况的变化。

③饲料。询问鸭的采食量，更换饲料时间，采食量变化的情况确定鸭的发病情况。

（3）个体检查。

①鸭头。鸭头部肿胀多为烈性病毒或急性大肠杆菌，发烧呼吸困难；鸭嘴较粗短多为细小病毒大舌病；鸭嘴壳有溃疡多为药物腐蚀及光敏症；眼鼻间鼓包是支原体窦炎。

②眼睛。鸭子湿眼圈，像戴眼镜一样，一般为浆膜炎发病或感冒。眼睛肿胀粘连，糊眼瞎眼，一般为棚内氨气浓度过大，刺激眼睛流泪发炎而粘连。干眼圈一般为慢性炎症，内热免疫力障碍。

③胸腺。胸腺为鸭重要免疫器官，如发生烈性疾病会导致胸腺肿胀出血、长期的疾病或霉菌中毒会造成胸腺萎缩。

④肌胃、腺胃。腺胃的病变在鸭上极为少见，一般不作为判定依据；肌胃病变主要有两种：一种为肌胃内金发黑溃疡易脱落，霉菌毒素腐蚀及中毒时常见；一种为腺胃内容物变为绿色或肌胃内金绿染，鸭体温居高不下时出现。

⑤肝脏。鸭肝脏出现刷状出血点、红色出血、大面积黄染时为鸭肝；有针尖样白色坏死点并伴有糊肛的为沙门氏菌；出现大理石样花纹时一般为霉菌毒素中毒；颜色变黑药物中毒可能性较大；出现白色或者黄色渗出物时为浆膜炎或大肠杆菌病；肝脏和其他脏器都有石灰渣样渗出物时为痛风。

2. 血样采集与送检

鉴于我国目前大多数养鸭场没有设立专门的疫病诊断实验室，对一些临床上无法诊断的疾病需要求助于相关的专业诊断室或大专院校和研究院所的实验室进行确诊。

采样前，饲养管理人员应仔细检查鸭群，了解和掌握鸭群的整体情况。工作人员进入鸭舍时，必须穿着一次性防护服。有些疾病（如禽流感、衣原体病等）除能感染家禽外，对人员的健康也有潜在的威胁。如怀疑或已诊断有这些病，应告知所有工作人员该疾病可能带来的危害并采取必要的预防措施，以免感染人。

在检查发病鸭群的同时，将有明显临床症状或死亡鸭带出鸭舍，有条件的鸭场可以在剖检室，或者带到专门的实验室进行剖检取样。必要时可现场采集一些血液样品，然后间隔2～3周再采集1次血样，通过检测血清中抗体的水平进行诊断。

鸭可从跗关节附近的隐静脉采血（图4-2），也可从主翅静脉（图4-3），或者直接从心脏穿刺采取血样（图4-4）。跗关节附近的血管比较明显，采血相对比较容易。将鸭保定后，用酒精棉轻轻擦拭采血部位，用食指和中指夹紧血管回流处，大拇指和无名指固定鸭趾关节部位，待酒精挥发后将注射器针头从血流的相反方向刺入血管并固定，向后抽注射器活塞柄，获取1～2 mL血液后，迅速将注射器针头取下，将其中血液注入离心管，或相应的容器中。隐静脉采血的缺点是抽血后不易止血，需要用干棉球压紧采血部位并持续几分钟才能完全止血。

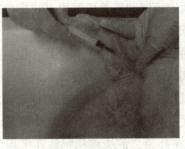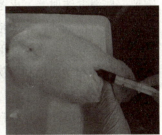

图4-2　鸭腿部隐静脉采血　　　　图4-3　鸭翅静脉采血　　　　图4-4　鸭心脏采血

现场采集血样最简单、最好的方法是翅静脉穿刺，尤其是被采血鸭仍要放回鸭群的情况下更是如此。为了能更好地进行静脉穿刺，先将鸭的两翅向背部提起，然后用左手握住翅羽根部，压迫阻止血液回流后即可使静脉血管明显扩张，局部先用70%酒精棉擦拭消毒，按照上述方法抽取静脉血。需要获得较大量的血样时，可心脏采血，应将鸭只仰卧使胸骨向上，用手指将食道膨大部及其内容物压离，将注射器针头通过胸腔入口刺入并沿着中线水平向后刺入心脏，同时轻轻抽动注射器活塞柄。

采集血液样本时应尽可能做到无菌操作，并将血液样本置于洁净的容器中（如1.5 mL

的干燥离心管）同时做好标记，待血液凝固后离心分离血清，或者将凝固的血样放置于4 ℃冰箱，使血清充分析出，并将分离出的血清转移至新的离心管中，冻存或送至实验室进行检测。没有条件做检测的鸭场，可将血液样品置于冰浴中，送至相关的实验室进行血清分离和检测。通常情况下，采取1 mL血液所析出的血清可满足大多数血清学检测所需。

若需要全血样本，应将采集的血液立即注入预先装有枸橼酸钠溶液的容器或试管中（每10 mL新鲜血液加15 mL2%的枸橼酸钠溶液），或者装进内含枸橼酸钠粉的小瓶里（每毫升全血用3 mg 枸橼酸钠），并快速混匀。准备无菌抗凝采血管时，可先将适量的2%枸橼酸钠溶液加入试管中，高压消毒灭菌处理后，置干烘箱里烘干水蒸气，而枸橼酸钠则存留于管壁。也可使用市售的含肝素或EDTA抗凝剂的血液采集管。但应注意，肝素和EDTA等对cDNA合成和PCR反应可能有一定的干扰作用，如果血样需要进行PCR检测，可能会影响检测结果。

如怀疑有血液寄生虫或血恶病质，应当用清洁的玻片制备全血涂片做进一步的检查。

（二）实验室诊断

1. 鸭的剖检

剖检的目的是通过检查鸭身体、脏器和组织的变化，采集合适的样本进行微生物学、免疫学、病理组织学检查或动物接种试验等，以确诊引起鸭群生产性能不良、发病或死亡的原因。剖检过程中应仔细观察和记录每一个变化，尤其要注意那些共性的和特异性病理特征。

鸭的剖检方法及所用器械随人员而异。日常剖检工作所需的器具包括骨剪（用以剪断粗大的骨头）、普通剪刀和医用剪刀、手术刀（用于进行组织的检查）和镊子等。另外还需要一些消毒注射器、灭菌的容器和培养皿等用以收集血样和组织标本等。

对于待检的活鸭，应依据具体情况，如鸭个体的大小和数量、拟采集的组织或体液样本等，采取放血或血管注射空气的方法扑杀和处死，但前提条件是必须遵循相关的实验动物管理条例和动物福利条例。如果怀疑是一过性疾病（一过性麻痹）、呼吸道感染、化学物质中毒、断料或断水，以及送检途中过热引起的异常，应留下几只活鸭饲养在笼子里，待其适应了周围环境并观察是否能从上述疾病表现中恢复。

（1）体表检查。活鸭在扑杀之前应将病鸭放在平坦的地面并驱赶强迫其运动，观察其运动和呼吸情况，有无运动失调、瘫软和姿态异常等。呼吸道严重感染的病例有时可出现张口呼吸，环境安静时可听见有明显的呼吸杂音。

死亡或处死的鸭在剖检前应用清水将身体完全浸湿，避免剖检过程中羽毛和尘屑飞扬。若怀疑是人畜共患性病原感染，应使用消毒液将待检鸭浸湿，并在负压剖检台上进行剖检操作。开始剖检之前，应检查体表有无体外寄生虫、创伤、肿块、脓肿，有无啄伤、腹泻、呼吸道分泌物、眼结膜分泌物、脱水等。

检查鸭头部时，应注意眼眶周围有无明显的分泌物以及喙的状态。检查完头部后，再检查后肢，包括跗关节、跗跖及趾关节等有无感染，如有肿胀，应触摸肿胀的关节是否发热、波动或变硬。

（2）内部检查。剖检时将鸭体背位仰卧在解剖盘中，先剪开两膝与躯干腹侧区之间的皮肤，双手分别握紧两膝部向外侧用力至股骨头和髋臼完全脱离，之后将鸭身体平放左手提取腹部中线和泄殖腔之间的皮肤并剪开，并沿两侧向前剪开和剥离皮肤，暴露整个腹膜和胸部肌肉，检查胸部肌肉色泽及有无出血等。然后在腹部近泄殖腔处剪开腹膜并从躯干两侧朝前胸方向剪断肋骨骨架，最后用骨钳切断喙突和锁骨即暴露出所有脏器。

①心脏检查。某些代谢性疾病，如痛风等，在心脏（心包膜和心肌），甚至肝脏表面出现大量的白色尿酸盐结晶。而大多数细菌败血性感染可引起鸭心包液增多，甚至呈胶冻状，如传染性浆膜炎、大肠杆菌性败血症等，病程稍长即可出现明显心包炎，表现为心包与胸骨严重粘连，心包增厚，不透明，并有大量纤维素性渗出等。鸭多杀性巴氏杆菌和鸭瘟等急性感染致死病例通常可见到冠状沟脂肪带有明显的出血点。

②肝脏检查。较多传染病感染可引起肝脏的变化，并具有一定的病理特征和诊断意义。若怀疑是某种细菌感染引起的传染性疾病，需要通过细菌分离培养和鉴定才能确诊。

③肺组检查。肺脏包括左、右两部分，呈粉红色的海绵样结构。鸭肺脏组织常见的肉眼病变主要有肺瘀血、水肿和肺组织中有小结节等。其中，鸭呼吸道真菌感染通常可引起肺脏形成结节。确诊则需要进行真菌的分离培养和鉴定。

采集肺脏样本时，可用镊子的钝端从紧贴背侧壁处插入进行剥离。

④肾脏检查。肾脏尿酸盐沉积是机体代谢异常的一个重要指征。饲料异常、中毒及长时间断水等均可导致尿酸盐沉积。

⑤生殖系统检查。临床上鸭群出现产蛋下降或产蛋异常时，应注意检查种鸭生殖系统的变化。高致病性禽流感病毒和坦布苏病毒等感染产蛋鸭引起产蛋率急剧下降均与病毒侵害生殖系统密切相关，临床剖检可见卵泡出血、萎缩和变形等。病原侵染卵巢和输卵管后，可在卵泡发育过程中侵入卵泡，引起鸭胚或雏鸭感染。卵巢或输卵管黏膜组织样品中分离和检测到病毒和细菌是病原垂直传播的最有力的证据之一。

⑥淋巴组织检查。鸭淋巴组织广泛分布于消化道、呼吸道和生殖器官内，发育完善的淋巴器官包括胸腺、腔上囊、脾脏和淋巴结等。胸腺和腔上囊为初级淋巴器官，其大小随年龄而变化。

⑦胸腺检查。剖检时应仔细观察胸腺的变化，注意是否有出血、坏死及体积的大小（与同群正常鸭相比）。

⑧脾脏检查。脾脏是多种病原体侵害的主要靶器官之一，如鸭呼肠孤病毒感染可引起典型脾脏坏死和出血，鸭疫里默氏杆菌感染引起脾脏肿大，外观呈大理石样等，这些特征性的变化具有一定诊断意义，剖检时应注意观察。此外，病原体在脾脏中存留时间长，数量大，可作为病原分离培养的重点样本。

⑨消化道检查。消化道检查是临床剖检过程中非常重要的环节，尤其是怀疑鸭群疾病与营养代谢、中毒，或者消化道寄生虫感染有关时，应对口腔、咽、食道、胃、肠道、泄殖腔等进行检查。饲料维生素 A 严重缺乏可引起咽部和食道坏死，另外，鸭瘟病毒感染

病例的食道黏膜可见有明显的出血斑，病程稍长则形成一层坏死性伪膜。

临床剖检时应注意观察腺胃黏膜及肌胃角质层的变化。腺胃黏膜层，或肌胃角质层的病变等在很大程度上与中毒和饲料品质低劣有关。

番鸭细小病毒、禽流感病毒和鸭肝炎病毒等感染可引起鸭胰腺的损伤，表面出现大小不一的白色或透明状坏死点，剖检时应注意观察。

除代谢性疾病外，细菌、病毒和寄生虫感染均可引起肠道病变，如黏膜出血和坏死等。严重的病例，肠道外观即可见有出血斑、环状出血或环状肿大，如鸭瘟和鸭霍乱，剖开检查肠道黏膜病变更为明显。怀疑有消化道寄生虫感染时，应收集肠道粪便样本做寄生虫检查。鸭急性球虫感染病例则可轻轻去除肠内容物，然后刮取肠黏膜进行涂片检查，观察到典型的球虫的裂殖子即可确诊。

鸭瘟病毒感染病例剖检时可见泄殖腔黏膜有明显的出血斑。

⑩脑组织检查。检查脑组织时，首先将鸭脑部皮肤剥离露出额骨，用骨剪将额骨从中央十字线剪开，然后再将四周边缘剪开，剥离骨片即可以暴露脑组织，观察组织变化。

2. 病原分离与鉴定

临床大多数疾病仅凭临床症状和肉眼观察到的病理变化不能做出正确的诊断，需要借助实验室检查来确诊。

（1）细菌的分离和鉴定。怀疑有细菌感染，最好在剖检暴露脏器后立即取样进行细菌分离培养，以免后续检查过程中的人为污染。以肝脏细菌分离为例，先将手术刀片或金属片（如锯条等）在酒精灯火焰上加热后，轻轻烧烙脏器表面并用刀尖轻轻划破组织，然后将接种环插入组织中取样划线接种到相应的琼脂平板中进行细菌培养。

分离到细菌后需要做进一步的鉴定工作，以确定感染细菌的种和型。必要时，需要利用易感鸭进行人工感染实验，来确定分离株的致病性。

（2）病毒的分离与鉴定。若要分离出病毒，要先采集到含有足够量活病毒的标本，并且要找到敏感的病毒繁殖系统。

①病毒分离标本的采集。为了保证采集足够量活病毒标本，必须注意以下几点：

a.选择组织样本。在诊断实践中，往往需要根据感染鸭的临床症状、流行病学特点等，初步推断可能是哪一种病，再决定采集何种标本。

b.用拭子采集到的标本，应立即浸泡于肉汤中，有的病毒不稳定，应尽可能早地接种到敏感动物和组织中。

c.有的血液样本需要加抗凝剂，有的不加，若病毒主要存在于血清中，全血或血清接种均可。如果病毒主要吸附在白细胞上或红细胞上，采血时加抗凝剂可提高分离率。

②采集标本时间。一般在发病的早期，或急性期采样，越早越好。晚期体内易产生抗体，病毒成熟释放减少，分离病毒比较困难。另外，疾病晚期可能发生交叉感染，增加判断难度。死亡尸体标本最好在死后 6 h 内采集，否则病毒容易死亡。

③标本的保存和运送。由于大多数病毒对热不稳定，以立即接种为好，如需运送或保

存，必须冷藏并于 48 h 内送至实验室。一般在 50% 中性甘油中，4 ℃保存最好。反复冻融严重影响病毒的活性。如需要保存较长时间才能进行检查，最好存放在 –20 ℃以下，干冰或液氮保存。

④样本的处理。处理样本的目的主要是将组织细胞中病毒释放出来，并去除样本中潜在的细菌污染。

虽然采集样本时要尽可能无菌操作，但实际上很难做到严格的无菌，所有的样本需要再进行除菌处理。

⑤样本的接种。因为病毒不能像细菌那样在人工培养基上进行培养，所以必须选用活的易感动物或细胞来培养，常用于鸭源病毒分离和繁殖的实验室宿主系统主要有鸭胚或鸡胚、细胞培养和实验动物。

⑥病毒的鉴定。在确定已分离到病毒后，需要对分离的毒株做进一步的鉴定。病毒鉴定的方法包括形态学观察、免疫学鉴定和病毒核酸检测和基因序列分析等。

（三）鸭病的防治

1. 鸭病的预防

（1）制订制度，选好人才。制订必要的操作规章和管理制度，招聘有良好的素质、责任心和自觉性的工作人员进行岗前培训，并依照制度进行考核。

（2）全进全出，不混养。不同品种和年龄的鸭有不同的易发病，鸭场内如有不同龄期的鸭共同饲养，则龄期较大的鸭群可能带来某些病原体，本身虽不发病却不断地将病原体传给同场内日龄小的敏感雏鸭，引起疾病的暴发。因此，全进全出的饲养方法，发病的概率比多日龄共存的鸭场要少得多。实践证明，全进全出的饲养方法是预防疾病、降低成本、提高成活率和经济效益的最有效措施之一。

（3）净化环境，减少病原。一方面，要保持种鸭无病原或者净化病原；另一方面，要采取物理、化学方法等消毒方法对大门、生产区、鸭棚内进行常规消毒、减少环境中的病原。消毒不能流于形式，要切实落在实处。

（4）计划免疫，提前预防。免疫计划是预防鸭传染病的重要措施，兽医工作人员应该依照当地流行的鸭传染病种类、鸭生产用途来拟定免疫计划进行免疫，有条件的话可以检测抗体水平，在实践中逐步调整，使免疫计划的制订贴近实际。

①疫苗的类型。目前应用于鸭群传染病预防的疫苗分为灭活疫苗和弱毒活疫苗两大类。

商品鸭所用的灭活疫苗一般是全细菌或全病毒加佐剂制成，如鸭传染性浆膜炎灭活苗、鸭霍乱疫苗和禽流感疫苗等。矿物油佐剂作为兽医领域应用最为广泛的佐剂，其优点是油佐剂疫苗诱导免疫反应持续时间长，个体反应相对均匀，适用于种鸭或产蛋鸭群的预防免疫。商品肉鸭在接种油佐剂疫苗时应注意：选用颈部皮下注射，避免将油佐剂疫苗注射到腿部或胸部肌肉内；接种疫苗时间与肉鸭出栏上市应间隔 3 周以上，以防止油佐剂在机体内残留。

弱毒活疫苗是通过生物学或化学的方法使某些病原微生物致病力降低或失去致病性，但疫苗株接种到动物体后仍然有一定的繁殖能力并能刺激机体产生良好的保护性免疫反应。活疫苗毒株的效价对免疫效果具有显著的影响，应注意其运输、贮藏、稀释和使用方法。活疫苗一般避光贮存于冰箱的冷藏区。主要是通过皮下或肌内注射进行免疫接种。

国外曾报道过雏鸭通过喷雾免疫接种鸭传染性浆膜炎弱毒疫苗，并取得良好的免疫效果。

②血清学监测。鸭群按照一定的免疫程序进行免疫，定期采集足够数量的血清样本在一个指定实验室使用同一个标准的检测技术进行抗体效价检测，经过一段时间和基于足够大的样品数分析就可建立标准基线。一旦基线建立，就可确定鸭群的血清学数据是分布在基线的上面还是下面。以禽流感疫苗免疫为例，种鸭在开产前应进行血清学检测，同时在整个产蛋期要定期监测。这样可评估疫苗免疫效力，也可监测到野毒感染。如发现种鸭抗体效价过低，可在产蛋期加强免疫。

③免疫失败。有许多原因可引起免疫失败，常见的有：

a. 疫苗使用不当。如活疫苗未能完全按照供应商的贮存、运输操作程序，病毒往往在使用前即已失活。同样，活苗饮水免疫如果操作不当或水中的消毒剂未被去除，疫苗则可能会被灭活。

b. 疫苗毒株与流行的野毒血清型不同。许多传染性病原存在多种血清型，疫苗株的血清型与生产中流行毒株的血清型不同，对野毒感染不能提供有效的保护，结果也会导致免疫失败。

c. 机体免疫抑制。某些传染性病原和霉菌毒素具有免疫抑制作用，可引起免疫失败，如黄曲霉毒素可引起免疫抑制，导致机体对疾病抵抗力下降。

d. 管理因素。如果一个养鸭场在引进每一批新鸭之前不进行彻底清洁消毒，病原因子则会逐渐积累，当某一特定病原量达到一定程度，即使正常的有效免疫程序也不一定能提供保护作用。

e. 母源抗体的干扰。种鸭的免疫状态直接影响雏鸭的免疫效果。如果雏鸭有较高水平的母源抗体，在头两周免疫接种的疫苗，尤其是弱毒疫苗可能被中和，不能刺激机体产生有效的保护性免疫反应，因此，在确定幼雏的活苗免疫时机时应考虑母源抗体的状况。

2. 鸭病的治疗

（1）药物治疗。药物预防和治疗仍然是我国养鸭生产控制疾病的重要手段之一。

治疗的重点是病鸭和疑似病鸭、但对假定健康鸭的预防性治疗也不能放松。治疗应在确诊的基础上尽早进行，这对及时消灭传染病、阻止其蔓延极为重要，否则会造成严重后果。在生产中，不能把抗生素治疗作为控制疾病的主要手段，只有加强饲养管理和做好免疫预防，才能有效保证正常的生产效率，并获得合理的经济效益。

进行抗生素治疗之前，应考虑有无其他的选择。因为抗生素治疗花费巨大，使用抗生素治疗疾病应谨慎。当疾病暴发时，应改善管理条件，调节环境的温度、通风和降低湿度来降低任何环境和管理条件对疾病的影响。某些疾病暴发时也可用维生素和电解质进行支持性治疗。这些先期措施有利于减少抗生素的使用。

应根据发病和死亡情况，选择有典型症状的病例并采集病料进行细菌培养和药敏试验，为准确使用抗生素提供依据，从而减少抗生素的使用。

（2）护理和辅助治疗。鸭在发病时，由于体温升高、精神呆滞、食欲降低、采食和饮水减少，造成病鸭摄入的蛋白质、糖类、维生素、矿物质水平等低于维持生命和抵御疾病所需的营养需要。因此，必要的护理和辅助治疗有利于疾病的转归。

①可通过适当提高舍温、勤在鸭舍内走动、勤搅拌料槽内饲料、改善饲料适口性等促进鸭群采食和饮水。

②依据实际情况，适当改善饲料中营养物质的含量或在饮水中添加额外的营养物质。如，适当增加饲料中能量饲料（如玉米）和蛋白质饲料的比例、以弥补食欲降低所减少的摄入量；增加饲料中维生素A、维生素C和维生素E等的含量对于提高机体对大多数疾病的抵抗力均有促进作用。

二、鸭常见细菌病防治

（一）鸭传染性浆膜炎

鸭传染性浆膜炎又名鸭疫里默氏杆菌病、新鸭病或鸭败血病，是由鸭疫巴氏杆菌引起的侵害雏鸭的一种慢性或急性败血性传染病。其临床特征为倦怠、眼与鼻孔有分泌物、绿色下痢、共济失调和抽搐。病变特征为纤维素性心包炎、肝周炎、气囊炎、干酪样输卵管炎和脑膜炎。本病传染性强，传播速度快，发病率、病死率均高，严重影响肉鸭的养殖效益。本病广泛分布于世界各地，常引起小鸭大批死亡和生长发育迟缓，给养鸭业造成巨大的经济损失，是当前危害养鸭业的主要传染病之一。

1. 病原特点

鸭传染性浆膜炎的病原为鸭疫里默氏杆菌，革兰氏阴性、不形成芽孢的小杆菌，有荚膜，不能运动，瑞氏染色时大部分细菌呈两极着色特性，呈单个、成双，偶尔呈链状排列，或偶呈丝状，菌体大小不一，（0.2～0.4）μm×（1～5）μm。

在普通培养基和麦康凯培养基上不生长，初次分离可将病料接种于胰蛋白胨大豆琼脂（TSA)或巧克力琼脂平板，在含有二氧化碳的环境中培养形成表面光滑、稍突起、圆形、直径1～1.5 mm的菌落。在血琼脂上不产生溶血。

根据表面多糖抗原的不同，采用凝集试验和琼脂扩散试验来进行血清学分型，截至目前，报道共有21个血清型，即1～21血清型，据报道，1、2、3型的毒力较强。我国调查目前至少存在13个血清型，以1型最为常见，各血清型之间无交叉保护力。

2. 流行病学

家禽中以鸭最易感，樱桃谷鸭、番鸭、麻鸭、丽佳鸭等多种品种的鸭均可发病。鸭传染性浆膜炎主要侵害 2～7 周龄幼鸭，尤以 2～3 周龄雏鸭最严重。对雏鹅易感性较强。

本病的传播途径有污染的饲料、饮水、飞沫、尘埃等通过呼吸道和消化道，以及损伤的皮肤等途径传播。

本病一年四季都可发生，尤以冬季为甚，以气温低、湿度大的季节，发病和死亡最高。发病率和死亡率受多种因素的影响，差异较大，环境条件差或并发其他疾病时常常促进鸭疫里默氏杆菌感染的暴发。

3. 临床症状

病鸭最常见的临床表现是精神倦怠、厌食、缩颈闭眼、眼鼻有浆液或黏液性分泌物，常因鼻孔分泌物干涸堵塞，引起打喷嚏，眼周围羽毛黏结形成"眼圈"。拉稀，粪便稀薄呈淡黄白色、绿色或黄绿色。病鸭软脚无力，不愿走动、伏卧、站立不稳，常用喙抵地面。部分鸭出现不自主地点头，摇头摇尾，扭颈，前仰后翻，翻倒后划腿，头颈歪斜等神经症状。多数病鸭死前可见抽搐，死后常呈角弓反张姿势。耐过鸭生长受阻，没有饲养价值。

4. 病理变化

广泛性纤维素渗出性炎症是本病的特征性病理变化，其中以心包膜、肝脏表面最为显著。纤维素性心包炎，心包液增多，心外膜表面覆盖纤维性渗出物，慢性病例心包增厚、混浊，与纤维性渗出物粘连在一起。气囊混浊、增厚且附有纤维素性渗出物。肝脏肿大，呈土黄色或红褐色，表面被一层灰白色或淡黄色纤维素膜覆盖，有肝周炎、肝坏死；脾肿大，表面有灰白色坏死点，呈斑驳状。

鸭的脑膜充血、出血，脑膜上也有纤维素渗出物附着，鼻窦内充满分泌物。少数日龄较大的鸭见有输卵管发炎、膨大，内有干酪样物。

鸭的皮肤常发生慢性局部感染，表现为后背部或肛周围呈坏死性皮炎病变，在皮肤和脂肪层之间有淡黄色渗出物。

5. 诊断

（1）临床综合诊断。2～7 周龄的幼龄鸭多发，成年鸭很少发生，幼龄鹅也易感，表现为神经症状和纤维素性心包炎、气囊炎或者肝周炎，流鼻涕、流泪，拉稀，跛行，寒冷多雨，环境差的饲养场多发，基本可以诊断为鸭传染性浆膜炎。

（2）实验室诊断。在急性败血症时期，无菌采集心血、肝或脑等病变材料，接种于 TSA 培养基（添加 5%～10% 犊牛血清）、血琼脂培养基或巧克力培养基上，在含二氧化碳的环境中 37℃ 培养 24～48 h 观察菌落形态并做纯培养，对其若干特性进行鉴定。

（3）鉴别诊断。

①与雏鸭大肠杆菌病的区别。雏鸭在 15 日龄前发病死亡率高，日龄越大，死亡率越低，一般没有明显的神经症状，无角弓反张症状。

②与鸭病毒性肝炎的区别。发病日龄比鸭传染性浆膜炎小，无明显腹泻症状，临死前和死后大多呈角弓反张姿态，剖检时肝肿大，表面有出血斑点，无浆膜的纤维素性炎症。

6. 防治

（1）预防措施。加强饲养管理和卫生消毒工作，减少各种应激因素，圈养的雏鸭，保持适当的通风换气，避免过度拥挤，减少炎热或寒冷的应激等，可在其易感日龄前2～3 d用敏感药物进行预防。也可对雏鸭在4～7日龄接种鸭疫里氏杆菌灭活油苗来预防本病。

（2）治疗措施。对于全群发病的雏鸭每天用庆大霉素肌肉注射，或用环丙沙星、氟苯尼考、磺胺类药物等治疗，辅助添加多种维生素和电解质，同时用消毒药对场地、用具进行彻底消毒，可使疫情得到控制。

（二）鸭巴氏杆菌病

鸭巴氏杆菌病是由致病性的多杀性巴氏杆菌感染引发的一种细菌性传染病，又被称为鸭霍乱、鸭出败。鸭巴氏杆菌病具有发病急、发病过程短、发病率和致死率高的特征，会对整个养殖业造成巨大经济损失。

1. 病原特点

致病性巴氏杆菌为革兰氏阴性，不能运动，有荚膜、不产生芽孢的短杆菌。在蛋白胨琼脂平板和巧克力琼脂平板上形成光滑、无色透明的菌落。多杀性巴氏杆菌在自然条件下抵抗能力相对较差，对热环境十分敏感，60 ℃环境下30 min可将其灭活，常用的消毒剂在短时间内就能够将其杀死。

2. 流行病学

所有日龄、品种的鸭群均易感染本病。日龄30 d以上的育成鸭、肉种鸭感染率最高；日龄不足30 d的雏鸭发病率相对较低。

病原菌侵入鸭体内后，随着血液流经全身，在肝脏、脾脏、咽喉分泌物中大量聚集。它在鸭群中主要通过消化道和呼吸道进行传播，也可经由鸭群皮肤表面的伤口、黏膜损伤处侵入，引发感染。

本病一年四季均可发病，以春、冬两季发病率最高。人工养殖密度较大，鸭舍卫生条件较差，通风情况不佳，饲料缺乏维生素、微量元素、蛋白质，则引起鸭群抵抗力低下，会进一步增加本病的发生概率。

3. 临床症状

巴氏杆菌侵入鸭群体内后，潜伏期最短5 h，最长5 d，可分为最急性、急性、慢性三种类型。

最急性型，不出现任何异常就突然死亡。急性型，鸭在感染病菌2～3 d后出现症状，主要表现为精神沉郁，体温会逐渐升高，最高可达到43 ℃；病鸭尾翅会明显下垂，伴有嗜睡症状，食欲几乎或完全失去，但饮水大幅度增加。病鸭口中流出大量黏稠液体，伴有明显的呼吸困难。因病鸭有甩头咳嗽的行为，故本病在民间俗称"摇头瘟"。

4. 病理变化

最急性型，病鸭肝脏处有少数针头大小、灰白色的坏死点，心冠脂肪处有部分出血点。急性型，病鸭皮下、浆膜、黏膜、腹膜、腹部脂肪等处都存在点状的出血点。部分病鸭解剖结果显示，十二指肠、直肠处有明显的弥漫性出血症状，排泄物中往往混有大量血液；气囊、肠管等有比较明显的黄色干酪样渗出物沉积。慢性型，关节腔内有干酪样或较浑浊的渗出液，鼻腔、气囊黏膜等存在炎症。

5. 诊断

根据病史、流行病学特征、症状和病变可作出初步诊断。取肝或血压片，革兰氏染色发现两极浓染的短杆菌，可作为快速的推断性诊断。本病的确诊需要进行细菌分离和鉴定。

（1）病料触片染色镜检。无菌采集病死鸭肝脏、脾脏组织，制成触片，固定后瑞氏染色，镜检见大量两极浓染的卵圆形短杆状杆菌。

（2）细菌分离培养。无菌采集病死鸭肝脏接种于血液琼脂平板，置生化培养箱内，恒温 37 ℃持续培养，24 h 后可见培养基表面长出许多圆形、湿润、表面光滑的露珠状小菌落，菌落周围没有溶血环。挑取菌落涂片，革兰氏染色，镜检见卵圆形短杆状革兰氏阴性菌。

6. 防治

（1）预防措施。

①加强饲养管理，严格控制鸭群密度，定期对鸭舍进行消毒、清洁，给鸭群提供一个良好的环境，减少病原繁殖生存的空间。

②日常可视季节变化、本地区发病情况和本场实际，将庆大霉素、土霉素等抗生素药物适量混入鸭群饮水及饲料中进行提前预防；还可以使用灭活疫苗，定期对鸭群进行免疫接种，提高鸭群的抵抗力。

（2）治疗措施。

①抗生素口服治疗法。可选用的抗菌药物有恩诺沙星、环丙沙星、卡那霉素等；还可以选择头孢噻呋、大观霉素等药物。从上述药物中选择 1 ~ 2 种，掺入饲料或饮水中，连用 5 d，鸭群症状会明显减轻。若病鸭症状比较严重，基础治疗外还需要选择头孢噻呋、青霉素、链霉素等其中一种药物，按照每只鸭每千克体重 10 mg 进行肌肉注射，连续使用 2 d，效果显著；将青霉素、链霉素、庆大霉素 3 种药物分别按照 50 000 U/kg、40 000 U/kg、30 000 U/ kg 体重的标准混合肌注到病鸭体内，连续使用 2 d 可明显改善症状。

②中药治疗方式。药方组成：龙胆草、生地、金银花、连翘各 50 g，柴胡、茵陈、丹皮、玄参各 40 g，蝉蜕、防风、薄荷各 30 g，甘草 20 g，取适量水熬煮成 500 mL 药液，晾凉后供 200 只病鸭服用。剩余药渣粉碎后拌入饲料中，连续用药 3 ~ 5 d 。

三、鸭常见病毒病防治

（一）鸭瘟

鸭瘟又名鸭病毒性肠炎，是由鸭瘟病毒引起的鸭和鹅等禽类的一种急性、热性、败血性传染病。其特征是体温升高、脚软、绿色下痢、流泪和部分病鸭头颈部肿大；食道黏膜有小点出血，并有灰黄色假膜覆盖或溃疡，泄殖腔黏膜充血、出血、水肿和假膜覆盖，肝有不规则、大小不等的出血点和坏死灶。本病流行广，传播快，发病率和病死率都很高，严重威胁养鸭业的发展。

1. 病原特点

鸭瘟病毒属于疱疹病毒科，呈球形，有囊膜，为双股 DNA，直径 160～180 nm，胰脂酶可消除病毒上的脂类，使病毒失活。病毒在病鸭体内分散于各种内脏器官、血液、分泌物和排泄物中，其中以肝、肺、脑含毒量最高。本病毒对禽类和哺乳动物的红细胞没有凝集现象，毒株间在毒力上有差异，但免疫原性相似。

病毒对外界抵抗力不强，温热和一般消毒剂能很快将其杀死。5% 生石灰作用 30 min 也可灭活，pH 值为 3 和 11 时迅速被灭活。

2. 流行病学

不同年龄和不同品种的鸭均可感染鸭瘟病，以番鸭、麻鸭、绵鸭和天府肉鸭易感性最高，北京鸭次之。成年鸭和产蛋母鸭发病和死亡较为严重，1 月龄以下雏鸭发病较少。鹅也能感染发病。鸡对鸭瘟病毒抵抗力强，鸽、麻雀、兔、小白鼠对本病无易感性。病鸭和带毒鸭是本病主要传染源。某些野生水禽感染病毒后可成为传播本病的自然疫源和媒介。鸭瘟可通过病禽与易感禽的接触而直接传染，也可通过与污染环境的接触而间接传染。鸭瘟在一年四季都可发生，但以春夏之季和秋季流行最为严重。

3. 临床症状

鸭瘟病的潜伏期为 2～5 d。病初体温升高（43 ℃以上），稽留高热，流泪，部分病鸭头颈部肿胀（俗称"大头瘟"），严重灰绿色下痢。病鸭精神萎靡，两腿麻痹，多蹲伏，羽毛松乱无光泽，不愿走动和下水，减食或停食，渴欲增加，流涎，流鼻涕，呼吸困难。严重者眼睑水肿甚至外翻，结膜充血或小点出血；泄殖腔黏膜充血、出血、水肿、外翻，有黄绿色假膜。病程一般为 2～5 d。

4. 病理变化

肝、脾、心、肺、胰、肾、腺胃与食道膨大部和肌胃的交界处、肠道、法氏囊等出血，尤以肝脏和肠道病变具有诊断意义。肝脏除出血外还有多量大小不一的不规则灰白色或灰黄色坏死点。胆囊肿大，充满黏稠的墨绿色胆汁。喉头、食道和泄殖腔黏膜出血，有灰黄色假膜覆盖或出血斑点，假膜易剥离，剥离后留有溃疡瘢痕。肠道，以十二指肠和直肠出血最为严重，肠道淋巴集结处肿胀、出血。产蛋母鸭卵巢充血、出血，输卵管黏膜充血和出血。雏鸭发生鸭瘟时，法氏囊病变更明显，表现为严重出血，表面有坏死灶，囊腔充满白色干酪样渗出物。

病鸭的皮下组织发生不同程度的炎性水肿，在"大头瘟"典型的病例，头和颈部皮肤肿胀、紧张，切开时流出淡黄色的透明液体。

5. 诊断

成年鸭多发，发热，肿头，食道和泄殖腔假膜覆盖，肝和胰腺坏死灶，可初步作出诊断。确诊还需进行中和试验、琼扩试验和 ELISA 等实验室诊断。临床上鸭瘟容易与鸭霍乱、禽流感等疾病混淆，其鉴别诊断如下。

（1）与鸭霍乱进行鉴别。鸭霍乱病程明显比鸭瘟短，鸭霍乱可于肠道出现明显出血，但缺乏肠道溃疡及食道和泄殖腔黏膜表面的假膜。青霉素、磺胺等抗菌药物对鸭霍乱具有良好治疗效果而对鸭瘟无效。

（2）与禽流感鉴别诊断。禽流感是病毒感染，可造成高发病率和高死亡率，产蛋鸭、鹅则发生明显减蛋，其原因可能与毒株变异有关，症状与鸭瘟相似，表现为肿头、流泪、内脏器官出血、坏死等，实验室诊断可将其区别。

6. 防制

（1）预防管理措施：不从疫区引进鸭，如需引进时，要严格检疫，要禁止到鸭瘟流行区域和野水禽出没的水域放牧。可通过鸭瘟鸭胚化弱毒苗和鸡胚化弱毒苗免疫进行预防，免疫采用皮下或肌肉内注射方法，雏鸭 20 日龄首免，4 ～ 5 月后加强免疫 1 次即可，3 月龄以上鸭免疫 1 次，免疫期可达一年。

（2）发病处理措施：发生鸭瘟时，应立即采取隔离和消毒措施，对鸭群用疫苗进行紧急接种，并注意用抗生素控制细菌性继发感染。

（二）鸭大舌病

鸭大舌病又称为新型鸭细小病毒病，是由新型鸭细小病毒引起的一种传染性疾病，主要临床症状为短喙、舌外伸、胫骨短粗、软脚及生长发育受阻。根据该病的临床表现又被称为"鸭短喙侏儒症"。该病最早于 20 世纪 70 年代在法国西南部半番鸭中出现；在国内，该病最早于 2008 年下半年在福建地区的雏半番鸭中出现，随后在浙江、安徽、江苏等地也有发生，并迅速蔓延至四川、河南、河北、北京、江西、湖北、上海、广东、广西等地，呈全国蔓延之势，引起养鸭业从业者及科研人员的广泛关注。

1. 病原特点

新型鸭细小病毒（NDPV）与小鹅瘟病毒（GPV）、番鸭细小病毒（MDPV）都是细小病毒科细小病毒亚科依赖病毒属的成员，为单股链状 DNA 病毒。各分离株基因组序列都在 5.1 kb 左右。典型的细小病毒粒子为球形或六角形，呈二十面体对称，直径 20 ～ 25 nm，无囊膜且结构紧密。这种病毒对外界因素具有非常强的抵抗力，对乙醚、氯仿、n-丁醇、0.5% 苯酚、脱氧胆酸钠盐、胰酶等均不敏感。

2. 流行病学

鸭大舌病可发生于多种肉鸭，如樱桃谷鸭、半番鸭、番鸭、麻鸭、白鸭及褐莱鸭等。该病多流行于每年 10 月至次年 5 月，具有明显的季节性。发病在 6 ～ 40 日龄，日龄越小，发病率越高。发病率在 5% ～ 20%，严重者达 40% 左右，死亡率低于 10%，僵鸭淘汰率高达 80%，给养鸭业带来巨大经济损失。该病既可垂直感染也可水平传播。

3. 临床症状

患病鸭（一般 6 日龄左右）先是出现精神萎顿、不愿意走动，站立不稳，行走时双脚向外岔开，呈八字脚或翻滚，严重的可出现跛行、瘫痪、拉稀、爪干燥等，有的病鸭倒地后背部着地，努力挣扎很难站起来。7 d 之后（两周龄左右）陆续出现短喙、舌头外伸下弯、眼圈周围羽毛湿润，流泪，粪便稀薄，胫骨短粗，羽毛蓬松，走走停停或蹲坐式瘫痪或侧卧，采食不便或无法采食，并且生长发育迟缓。部分病鸭后期会出现腿骨和翅骨骨折情况。

4. 病理变化

患病鸭或者病死鸭临床剖解表现为胸腺肿大轻微出血、肝脏肿大、肾脏肿大，胰腺针尖样出血点，肺脏充血、出血。舌头肿胀弯曲，出现间质性炎症，舌部的结缔组织疏松、水肿；肾小管存在出血、水肿和炎性细胞浸润，肝脏轻微萎缩。与 GPV 和 MDPV 引起的症状相比，NDPV 感染的病理学变化更轻微，对组织的损伤相对较小。

5. 诊断

（1）临床诊断。根据临床症状可做出初步诊断。

（2）病理剖检。剖检可见内脏器官多数无明显的特征性病理变化，只可见腿骨断裂和肠黏膜脱落、出血，严重者导致致密的黑色肠栓；部分患鸭心肝肺肾、胰腺、胸腺等组织细胞肿大、充血、出血、变性及坏死等病变。

（3）实验室诊断。鸭大舌病可通过病毒分离和动物攻毒试验进行确诊，但耗时长、可行性差。由于 NDPV 与小鹅瘟病毒（GPV）之间高度的序列同源性以及抗原交叉性，使常规 PCR 和血清学方法不能有效区分这两种病毒。基于 VP1 基因序列建立的 PCR 检测方法，能够特异性地检测 NDPV。

6. 防治

鸭大舌病目前必须采取综合防治措施才能取得理想效果。

（1）预防措施。

①免疫预防。早期感染和垂直感染是导致该病发生的重要原因，所以种鸭场应加强对该病的免疫净化。种鸭在 40 ～ 50 日龄和 80 ～ 90 日龄接种小鹅瘟弱毒疫苗。可用鸭源细小病毒灭活苗或小鹅瘟番鸭细小病毒二联苗免疫。1 ～ 3 日龄新进鸭苗注射鸭细小病毒病疫苗或鸭细小病毒病抗体，鸭细小病毒病抗体在 1 ～ 3 日龄注射，每羽 0.5 ～ 0.8 mL，在疫苗中添加头孢噻呋钠等药物，可提高鸭苗存活率和免疫效果。13 日龄肉鸭注射小鹅瘟抗体，能有效预防该病的发生。

②饲养管理方面：加强饲养管理，搞好环境卫生和科学的消毒工作，供给安全优质清洁的饮用水，确保水质不被污染。

（2）治疗措施。鸭大舌病发生后，对病症轻微的患鸭可及时注射番鸭细小病毒病抗体或小鹅瘟高免卵黄抗体，1.0 ～ 2.0 mL/ 羽。已经发生喙短、骨骼短粗的鸭无治疗价值。

对症治疗，可用中药双黄连，补充电解质特别是钙离子，增加维生素 D_3 用量等。

（三）雏鸭病毒性肝炎

雏鸭病毒性肝炎（Duck Virus Hepatitis，DVH）是由鸭肝炎病毒引起的小鸭的一种传播迅速和高度致死性的病毒性传染病。本病的特征是发病急、传播快、死亡率高。临诊特点为角弓反张。病理变化特征为肝脏肿大和出血。本病常给养鸭场造成巨大的经济损失。

1. 病原特点

鸭肝炎病毒（Duck Hepatitis Virus，DHV）属微 RNA 病毒科。病毒不凝集禽和哺乳动物红细胞。病毒有Ⅰ、Ⅱ、Ⅲ 3 个血清型，有明显差异，各型之间无交叉免疫性。而国内外所报道的雏鸭病毒性肝炎绝大多数是由Ⅰ型肝炎病毒引起，另外还可能存在Ⅰ型肝炎病毒变异株。病毒对外界抵抗力很强，对氯仿、乙醚、胰蛋白酶和 pH 3.0 都有抵抗力，在 56 ℃加热 60 min 仍可存活，在 2% 的漂白粉溶液中 3 h，5% 酚、碘制剂均可使病毒灭活。

2. 流行病学

雏鸭病毒性肝炎主要发生于 3 周龄以下雏鸭，随着日龄的增加，其易感性逐渐降低。1 周龄内雏鸭病死率可达 95%，4 周龄以上的雏鸭发病率和死亡率都很低。5 周龄以上的鸭，人工感染，仅出现免疫反应，但无临诊症状。鸡、火鸡和鹅不感染，成年鸭可感染而不发病，但可通过粪便排毒，污染环境而感染易感小鸭。

通过接触病鸭或被污染的人员、工具、饲料、垫料、饮水等，经消化道和呼吸道感染。在野外和舍饲条件下，本病可迅速传染易感小鸭，表明它具有极强的传染性。

病鸭和带毒的鸭成为传染源，野生水禽可能成为带毒者，鸭舍中的鼠类也可能散播本病毒，病愈鸭仍可通过粪便排毒 1～2 个月。

本病一年四季均可发生，但主要发生在孵化季节，我国南方多在 2—5 月和 9—10 月，北方多在 4—8 月。而在肉鸭舍饲条件下可常年发生，无明显季节性。

3. 临床症状

雏鸭病毒性肝炎临床上表现为病程短、发病急、死亡快等特点，临床上往往在短时间内出现大批雏鸭死亡。感染雏鸭首先表现为精神沉郁，行动迟缓，跟不上群，然后出现蹲伏或侧卧，随后出现阵发性抽搐。大部分雏鸭在出现抽搐后数分钟或几小时内死亡，多数死亡鸭头向后背，呈角弓反张姿势。喙端和爪尖淤血呈暗紫色，少数病鸭死亡前排黄白色和绿色稀粪。

4. 病理变化

病理变化主要在肝脏，肝脏肿大，质地柔软，表面有出血点或出血斑，严重时刷状出血。肾脏轻度肿大、出血。胆囊肿胀呈长卵圆形，充满胆汁，胆汁呈褐色，淡黄色或淡绿色。脾脏有时肿大，外观呈斑驳状，多数病鸭的肾脏发生充血和肿胀，其他器官没有明显变化。

5. 诊断

（1）临床综合诊断。主要 1 周龄内雏鸭发病，发病急，发病率和死亡率高，以及肝脏有明显的出血点或出血斑等即可做出初步诊断。

（2）实验室诊断。病毒的分离、鉴定和动物接种试验。

（3）鉴别诊断。

①与雏鸭煤气（一氧化碳）中毒的区别，多发生于雏鸭舍烧煤取暖而通风措施不良，而且多发于晚间，主要表现雏鸭大批量死亡，离取暖炉越近死亡越多，剖检死亡鸭可见血液凝固不良、鲜红。

②与雏鸭急性药物中毒的区别，养鸭生产中偶尔可出现用药不当或用药量严重超标导致大批雏鸭急性药物中毒死亡，药物中毒病例的肝脏一般不出现明显的出血点和出血斑，可能为肝脏瘀血，肠黏膜充血和出血。

6. 防治

（1）预防措施。应避免从疫区或疫场购入带毒雏鸭，自繁自养和全进全出的饲养管理制度，养鸭场和周围环境定期消毒；使用鸭肝炎弱毒苗给临产蛋种母鸭皮下注射 2 次，间隔 2 周，其所产雏鸭在 10 ～ 14 日龄时免疫 1 次；未经免疫的种鸭群，其后代在 1 日龄时免疫 1 次；发病或受威胁的雏鸭群，可经皮下注射康复鸭血清、高免血清或免疫母鸭蛋黄匀浆进行治疗。

（2）治疗措施。对于发病鸭群可紧急注射高免卵黄或高免血清来控制疫情，每羽1.0 ～ 1.5 mL。

（四）鸭坦布苏病毒病

鸭坦布苏病毒病（Duck Tembusu Virus Disease，DTMUVD）是由鸭坦布苏病毒（Duck Tembusu Virus，DTMUV）引起的一种以蛋鸭产蛋大幅下降，雏鸭出现头颈震颤、四肢麻痹等神经症状为主要特征的传染性疾病。自 2010 年 4 月起，我国中东部地区浙江、福建、广东、广西、江苏、江西、安徽、河南、河北、山东和北京等地的大部分鸭场相继暴发DTMUVD，给养鸭业造成了严重经济损失。

1. 病原特点

鸭坦布苏病毒（DTMUV）隶属于黄病毒科黄病毒属，是恩塔亚病毒群中的一种新型黄病毒，呈球形，直径为 40 ～ 50 nm，为有囊膜的单股正链 RNA 病毒，基因组大小约为11 kb。DTMUV 对氯仿、乙醚、去氧胆酸钠等脂溶剂敏感；不耐热，56 ℃ 15 min 即可灭活；不耐酸、碱，最适 pH 为 8.0 ～ 8.5；该病毒对鸡、鸭、鹅、鸽、鼠、兔、猪和人的红细胞均无凝集特性，但经蔗糖 – 丙酮处理后，可凝集鸡、鸭、鹅、鸽和猪的红细胞。

2. 流行病学

几乎所有品种的鸭都能感染鸭坦布苏病毒，包括北京鸭、樱桃谷鸭、番鸭、山麻鸭、金定鸭、绍兴鸭、缙云麻鸭、龙岩鸭、康贝尔鸭、台湾白改鸭等，其中以蛋鸭较为易感。

还能感染蛋鸡、鹅、鸽、麻雀、鹦鹉、野鸭、小鼠。鸭存在健康带毒状态。鸭坦布苏病毒对 7 周龄以下的雏鸭具有较强致病性，其中 2 周龄内的雏鸭更易感，感染率和发病率高达 90% 以上，死亡率 5%～30%，2～4 周龄鸭死亡率高达 40%，5～6 周龄鸭死亡率高达 25%。对育成鸭的致病性与鸭的周龄相关，7～21 周龄均易感，其中 7～10 周龄、18～21 周龄较易感，14～16 周龄有较强抵抗力。7～8 周龄鸭死亡率低于 10%。蛋鸭感染后日产蛋率可下降 5%～20%，死亡率为 2%～5%。

在自然条件下，DTMUV 可通过库蚊作为媒介传播病毒，有明显的季节性。该病一年四季均可发生，夏季和秋季是高发期，在冬季依然出现流行。该病毒还能通过消化道、呼吸道等方式传播。该病传播速度快，一般可在 2 d 内传遍整栏鸭群。另外，该病还可垂直传播，导致种蛋孵化率、出壳率下降，死胚及弱雏增多。

3. 临床症状

雏鸭、育成鸭感染后主要表现为精神沉郁、体温升高、采食量下降、拉绿色稀粪、不愿站立、驱赶不动，部分病鸭出现翻个、脚软、歪脖、双脚麻痹、步态不稳等神经症状。通常感染后 4～7 d 为死亡高峰，从第 13 d 开始逐渐好转。耐过鸭通常表现为发育不良。

产蛋鸭感染后的典型症状是产蛋量骤降，一般在感染后第 2 d 出现厌食，随后 3～4 d 产蛋率急剧下降，可下降至 10% 以下，甚至绝产，排绿色粪便。部分病鸭伴随有双脚麻痹、摇头晃脑等神经症状。病程约数周，一般可耐过，但新开产鸭表现最为严重，耐过蛋鸭的产蛋水平无法恢复至发病前。

4. 病理变化

病鸭的病变主要表现为卵巢出血，卵泡膜充血、出血，卵泡变形、萎缩、液化、破裂，严重者出现卵黄性腹膜炎，部分病鸭的输卵管内出现胶冻或干酪样物；公鸭可见睾丸体积缩小，重量减轻，双侧减重明显，输精管萎缩；病死的肝脏肿大，多数颜色发黄；脾脏呈大理石样，有的极度肿大、破裂；卵泡充血、坏死、液化；心肌苍白，常见内膜出血，有的外壁出血；脑膜出血、脑组织水肿、充血或出血；肠道、肾脏、胰腺、肺脏等也有不同程度的病变。

5. 诊断

（1）临床诊断。根据临床症状和剖检病变进行初步诊断，然后再通过病毒分离与鉴定、血清学以及分子生物学等方法进行确诊。

（2）实验室诊断。

①病毒分离与鉴定。采集发病动物的卵巢、肝脏、脾脏、脑等病变组织，经研磨、离心、过滤后接种鸡胚或鸭胚，也可用 DEF、CEF、DF-1、BHK-21、Vero 等细胞系进行病毒的分离鉴定，其中，BHK-21 对 DTMUV 的分离率最高。但该方法对研究人员的操作技术要求较高，且成功率相对较低。

②血清学诊断。目前，血清学诊断方法有血凝抑制试验（HI）、乳胶凝集试验（LAT）、琼脂扩散试验、间接免疫荧光（IFA）、酶联免疫吸附试验（ELISA）、胶体金免疫层析

及中和试验等。

6. 防治

（1）预防措施。

①疫苗预防。雏鸭可在 7 ～ 15 日龄进行首免 DTMUV 弱毒苗，接种 1 羽份 / 羽，25 ～ 30 日龄进行二免，接种 1 ～ 1.5 羽份 / 羽；蛋鸭 / 种鸭则在开产前半个月接种 DTMUV 灭活疫苗，每羽接种 1 mL。

②切断传染源、提高鸭群抵抗力。研究表明，鸭场附近的蚊子和麻雀体内均能分离到 DTMUV，因此需要在场区搞好环境卫生，减少蚊虫滋生，并定期喷洒灭蚊药，同时还要驱逐麻雀等飞禽，避免因带毒飞禽的流动而造成疫病传播，必要时可采用全进全出的封闭式饲养管理模式，切断传染源。

③生物安全防控，加强饲养管理，提高防范意识。加强管理人员规范操作，提高管理人员素质，强化生物安全防范意识，做好饲养人员的生活安排，管理人员和饲养人员必须严格隔离开来。进入场区的交通工具、用具等设备，需要严格进行消毒，严禁发病鸭场与健康鸭场人员和车辆的流动。

（2）治疗措施。目前治疗鸭坦布苏病毒病最主要的方法就是对症治疗。当鸭群出现采食下降、产蛋下降及神经症状时可使用抗病毒药，如应用板蓝根、金银花等具有清热解毒功效的中草药配以阿米卡星、头孢类抗生素、舒巴坦钠等抗菌消炎药共同治疗，可对该病起到一定的防治作用。

四、鸭常见寄生虫病防治

（一）鸭球虫病

鸭球虫病是一种出血性肠炎疾病，是鸭球虫寄生于鸭肠道（极少数寄生于肾脏）所引起的原虫病，是在鸭只养殖当中常见的一种寄生虫病，发病率和死亡率都较强，特别是雏鸭更易受到危害。

1. 病原特点

鸭球虫属孢子虫亚门、孢子虫纲、球虫目、艾美耳科。家鸭球虫共有 10 个种，大部分寄生于肠道，其中泰泽属、毁灭泰泽球虫的致病力最强。

2. 流行病学

球虫感染在鸭群中广泛发生，各种年龄的鸭均可发生感染。轻度感染通常不表现临床症状，成年鸭感染多呈良性经过，成为球虫的携带者。因此，成年鸭是引起雏鸭球虫病暴发的重要传染源。鸭球虫病的发生往往是通过病鸭或带虫鸭的粪便污染饲料、饮水、土壤或用具引起传播的。鸭球虫只感染鸭不感染其他禽类。2 ～ 3 周龄的雏鸭对球虫易感性最高，发生感染后通常引起急性暴发，死亡率一般为 20% ～ 70%，最高可达 80% 以上。随着日龄的增大，发病率和死亡率逐渐降低。6 月龄以上的鸭感染后通常不表现明显的症状。

发病季节与气温和湿度有着密切的关系，以7—9月发病率最高。

3. 临床症状

急性感染2～3周龄的雏鸭，精神萎顿、缩颈垂翅、食欲废绝、喜卧、渴欲增加、腹泻，常排出暗红色或深红色血便，常在发病后2～3 d内死亡。能耐过的病鸭于发病的第4 d恢复食欲，但生长发育受阻，增重缓慢。而慢性球虫病，则无明显症状，偶尔见有拉稀。

4. 病理变化

剖检急性死亡的病鸭，可见小肠弥漫性出血性肠炎，肠管病变严重，肠壁肿胀、出血；黏膜上密布针尖大小的出血点，有的见有红白相间的小点，肠道黏膜粗糙，黏膜上覆盖着一层糠麸样或奶酪状黏液，或有淡红色或深红色胶冻样血黏液。

5. 诊断

鸭的带虫现象极为普遍，所以不能仅根据粪便中有无卵囊作出诊断，应根据临诊症状、流行病学资料和病理变化，结合病原检查综合判断。急性死亡病例可从病变部位刮取少量黏膜置载玻片上，加1～2滴生理盐水混匀，加盖玻片用高倍镜检查，或取少量黏膜做成涂片，用姬氏或瑞氏液染色，在高倍镜下检查，见到有大量裂殖体和裂殖子即可确诊。耐过病鸭可取其粪便，用常规沉淀法沉淀后，弃上清液，沉渣加64.4%（W/V）硫酸镁溶液漂浮，取表层液镜检见有大量卵囊即可确诊。

6. 防治

（1）预防措施。鸭舍应保持清洁干燥，定期清除粪便，防止饲料和饮水被鸭粪污染。饲槽和饮水用具等经常消毒。定期更换垫料，换垫新土。

（2）治疗措施。在球虫病流行季节，当地面饲养达到12日龄的雏鸭，可将下列药物的任何一种混于饲料中喂服，均有良效。

磺胺间六甲氧嘧啶（SMM）按0.1%混于饲料中，或复方磺胺间六甲氧嘧啶（SMM+TMP，以5∶1比例）按0.02%～0.04%混于饲料中，连喂5 d，停3 d，再喂5 d。

克球粉按有效成分0.05%浓度混于饲料中，连喂6～10 d。

📖 知识链接与课堂讨论

知识链接：

奋斗即人生——记著名家禽专家、四川农业大学教授邱祥聘（江英飒，1992）

75岁高龄的邱祥聘教授一点不显老，一点也不服老。虽然各级科研成果奖他得了不知多少，已是"全国优秀教师"，今年还获得政府特殊津贴，但是，他仍然整日忙于工作。他说觉得压力很大，"我国家禽学起步晚，与国外相比差距大。老一辈中研究家禽的不多，从全国来看，我算是年龄最大的，因此有责任把教学科研搞好，以此推动全国家禽学和家禽业的发展。"

自 1946 年 9 月从美国回来，邱祥聘便致力于家禽育种研究。20 世纪 50 年代初，他最早在国内开展家禽的人工授精试验，与此同时，还开展混合受精试验。在试验基础上选育出的成都白鸡，生长迅速，下的蛋多且大，因而受到广大农民的欢迎。

为了调查四川棚鸭业情况，60 年代初，邱祥聘定点深入乐山地区的一些抱房和鸭棚，与抱房师傅和赶鸭师傅同吃同住，获得第一手材料。这些调查结果为后来的"四川养鸭业改良"课题，奠定了坚实的基础。

邱祥聘有感于我国养禽历史的悠久，他说："原来世界上公认印度是最早开始养禽的，但据考古资料证明，我国有七八千年的养禽历史，而印度仅四千多年。"历史的辉煌更加重了他的压力，"要让我们的研究与世界家禽业的发展紧密结合起来，要让世界了解中国家禽事业的发展"。为此，教授不顾年老，开始了"远征"。1988 年，在日本名古屋举行的第十八届世界家禽会议上，他应邀在大会上作了题为"中国地方鸡种及其利用"的报告。当他走下讲坛，立即被众多的国外同行围住。也是在这次会上，他将近几年他们对羽速型的研究资料撰写成论文发表，这一成果把鸡的自别雌雄率提高到 99.78%，国外资料一般为 95% 左右。联合国官员 W. Bessie 博士称赞他们的发现是"对世界家禽科学的贡献"。

也是在这一年，受世界家禽学会主席委托，邱祥聘在北京主持召开了"国际家禽会议"。第二年，应美国《世界家禽》一书编者的邀约，他为该书撰写"中国家禽"部分。通过这本书，他把中国家禽业介绍给了全世界。

为家禽事业奋斗了近半个世纪的教授，并未卸下"马鞍"。为了结束褐壳蛋鸡配套系要从国外引进的历史，他向省里请缨，承担了"八五"攻关课题——"褐壳蛋鸡配套系的选育"。

人老心不老，壮心依旧。教授用一生实践着他的座右铭："奋斗即人生！"

课堂讨论：说说你所熟悉的农业科学家；谈谈农业的发展与科学家的奋斗；你将如何融入农业发展中？谈谈你所认知的科学家精神。

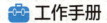 **工作手册**

鸭养殖工作手册

工作任务	工作流程	工作内容	注意事项
任务一：了解鸭的生理特点	通过网络或书本掌握各阶段鸭的生理特性	主要从喜水性、合群性、耐寒性、杂食性、生活规律性强、夜间产蛋性等方面提前构思场地、建设、饲养、管理、收获等内容	请与实际饲养品种和当地环境相互结合
任务二：蛋鸭选择与饲养管理	1.蛋鸭品种选择	目前蛋鸭生产中选用的品种主要有金定鸭、绍兴鸭、荆江麻鸭、三穗鸭、攸县麻鸭、卡基-康贝尔鸭等	结合当地环境及供货渠道与市场行价选择合适的品种

工作任务	工作流程	工作内容	注意事项
任务二：蛋鸭选择与饲养管理	2.蛋用型雏鸭选择	（1）购买鸭苗要求雏鸭体质健康。 （2）根据鸭换羽毛时间的早晚和换羽时间的长短来选择。 （3）不同品种鸭的外貌特征应符合品种要求	作为商品蛋鸭生产的养殖场，雏鸭出壳后及时进行公母性别鉴别，淘汰公鸭
	3.蛋鸭的饲料准备	了解不同时期蛋鸭营养需求，若自己无制造饲料能力，需要提前联系好供货商，准备好各阶段所需饲料	蛋鸭具有高产、稳产的特点，不同阶段对饲料要求较高，特别要注意粗蛋白质、矿物质、维生素和能量等的供给
	4.蛋鸭饲养环境控制	应当在地势干燥、靠近水源的地方修建鸭舍，采光和通风良好，鸭舍朝向以朝南或东南方向为宜。早春和冬天做好防寒保暖工作，因此需要准备好相应保暖设备，光照设备	产蛋期的光照强度以 $10\sim15$ lx 为宜，光照时间保持在 $16\sim17$ h/d。饲养密度以舍内面积 $5\sim6$ 只/m^2计算
	5.蛋鸭疾病预防	建立完善的消毒和防疫措施、做好免疫接种和日常消毒，提前准备好疫苗以及场地、蛋等不同消毒对象的消毒措施	疫苗接种主要为预防鸭病毒性肝炎、鸭传染性浆膜炎、鸭瘟、禽霍乱、鸭病毒性肝炎
任务三：雏鸭的饲养管理	1.了解雏鸭的生理特点	掌握雌、雄鉴别方法，雏鸭的雌、雄鉴别有鸣管鉴别和肛门鉴别两种方法。使用最普遍、准确率最高的是肛门鉴别法	使用最普遍、准确率最高的是肛门鉴别法
	2.雏鸭育雏前的准备	育雏舍检修，准备好供温、光照、采食、饮水等育雏的用具，做好消毒，做好相应物质耗材准备，保温设备的调试等	光照（5 W/m^2）、可按每立方米空间用15 g高锰酸钾和30 mL福尔马林溶液熏蒸，一般提前1 d将育雏舍的温度升高到30～32 ℃；育雏舍相对湿度60%左右
	3.育雏方式	根据现有条件技术和资金从中选择最优选项，有地面平养育雏、网上平养育雏和立体笼养育雏以及地面育雏与网上育雏结合方式	地面平养育雏简单易行，投资少，但房舍的利用率低，且雏鸭直接与粪便接触，易感染疾病。地面平养育雏与网上平养育雏结合方式和立体笼养育雏缺点是投资较大

工作任务	工作流程	工作内容	注意事项
任务三：雏鸭的饲养管理	4."开水"和"开食"	提前准备电解多维和1%葡萄糖的饮水，可以夹生米饭开食，或采用颗粒开食	采用定时定量饲喂雏鸭，不同日龄投喂间隔时间不同，需注意
	5.育雏环境条件控制	育雏分为高温、低温和适温三种方法，因此相应准备设备条件不同，且同时做好通风设备准备。了解不同日龄雏鸭光照条件，提前做好设备调试	注意合理的饲养密度
任务四：养殖方式	放牧饲养	选好放牧时间、选定放牧路线，适合养殖户的小规模蛋鸭养殖，但是对放牧环境以及放牧过程中人员要求较高，放牧时候注意农药危害发生	傍晚收牧后根据鸭的放牧程度适当补料，冬季放牧注意防寒，鸭群要晚放牧早收牧
	半舍饲圈养	提前建好鸭舍、鱼塘，路上水上运动场	一般不外出放牧
	全舍饲圈养	一般鸭舍内可采用厚垫料饲养、网状地面饲养和栅状地面饲养，舍内一般需设置较为完备的饮水和排水系统	全舍饲圈养即育成鸭的整个饲养过程全部在鸭舍内进行
	发酵床养殖技术	主要是利用发酵剂及垫料等制作生物发酵床。而垫料多数情况下要选择稻壳、锯末、玉米秸秆、花生壳、树叶等当地极易收集的材料，且需要特殊发酵料	成本高、技术要求高
	大棚养殖技术	需要规划布局育雏室、饲养棚及相关的设备和工具，同时也应当设置运动场、水池等不同的场地来满足动物的日常活动需要求。掌握常用消毒方法、光照管理等	大棚内鸭饲养技术对设备及技术要求相对较高，成本高，投资风险大
任务五：育成鸭饲养管理	适宜的饲养密度	一般可按以下标准掌握：4～10周龄，每平方米10～15只；10～20周龄，每平方米8～10只	冬季气温较低时，饲养密度可稍高；夏季气温较高时，饲养密度可稍低
	合理分群	对于一般放牧鸭，每群以500～1 000只为宜，而舍饲鸭可用小栏饲养，每个小栏中200～300只	具体根据鸭大小及环境条件自行调整
	合理控制光照	每天光照以8～10 h为宜，光照强度为5 lx，一般以30m^{2}的鸭舍点1盏15 W的灯泡为宜	育成鸭的光照时间宜短不宜长，一般8周龄起

工作任务	工作流程	工作内容	注意事项
任务五：育成鸭饲养管理	做好限制饲喂	限制饲喂一般从8周龄开始，到16～18周龄结束。以将体重控制在相应品种要求的范围内为宜，体重超重或过轻均会影响鸭群产蛋量	限制饲喂主要用于圈养和半圈养鸭群，而放牧鸭群由于运动量大，一般不需限制饲喂
	保持良好运动	一般每天可定时驱赶鸭只在舍内做转圈运动，每次5～10 min，每天活动2～4次	圈养和半圈养鸭群应适当增加运动量
任务六：产蛋期饲养管理	产蛋初期饲养管理	蛋鸭150日龄开产后，产蛋量逐渐增加直至达到产蛋高峰。以此蛋鸭日粮中的营养水平也逐渐增加，采取自由采食方式进行饲喂，每只蛋鸭每天喂料约150 g。每天喂料4次，通常白天喂料3次，晚上再喂料1次，光照时间达到每天15～16 h	在产蛋前期，还要注意抽测蛋鸭体重，若蛋鸭体重在标准体重的±5%以内，表明饲养管理正常；若蛋鸭体重超过或低于标准体重5%以上，则要查明原因，调整蛋鸭喂料量和日粮营养水平
	产蛋中期饲养管理	产蛋中期鸭日粮中营养水平应在前期基础上适当提高，粗蛋白质水平保持在20%左右，并注意钙量和多种维生素的添加。可在日粮中添加1%～2%的贝壳粒，也可单独喂给。 此期光照时间保持在每天16～17 h	注意观察蛋鸭精神状况是否良好、蛋壳质量有无明显变化、产蛋时间是否集中、洗浴后羽毛是否沾湿等
	产蛋后期饲养管理	产蛋后期饲养管理重点是根据鸭群的体重和产蛋率的变化调整日粮的营养水平和喂料量，尽量减缓产蛋率下降幅度，使该期产蛋率保持在75%～80%	如果发现蛋鸭体重增加较大，应适当降低日粮能量水平，或适量降低采食量；如果发现蛋鸭体重降低而产蛋量有所下降时，应适当提高日粮中蛋白质水平，或适当增加喂料量
任务七：蛋用型种鸭产蛋期饲养管理	日粮营养水平	种鸭产蛋初期日粮蛋白质水平控制在15%～16%即可满足产蛋鸭的营养需要，最高不超过17%；产蛋高峰期日粮粗蛋白质水平增加到20%	如果日粮中必需氨基酸比较平衡，蛋白质水平控制在17%～18%也能保持较高的产蛋水平
	种鸭配种	公鸭生长发育良好、体格健壮结实，性器官发育正常，精液品质优良。留种公鸭必须在育雏期、育成期和性成熟初期进行三次严格选择，轻型品种1：（10～20），中型品种1：（8～12）	育成期公鸭和母鸭分群饲养，并在母鸭开产前2～3周按照适宜公母比例放入母鸭群中，种鸭公母混群后注意观察种鸭配种情况。一天中种鸭交配高峰期发生在清晨和傍晚

工作任务	工作流程	工作内容	注意事项
任务七：蛋用型种鸭产蛋期饲养管理	放牧种鸭日常管理	放牧种鸭收牧后应逐渐增加补饲喂料量，使母鸭能饱嗉过夜，可较快进入产蛋高峰期	放牧种鸭因农作原因不能下田放牧，可采用圈养方式饲养，但应加强补饲，防止鸭群产蛋量的大幅度下降
	种蛋收集	初产母鸭的产蛋时间多集中在清晨1—6点，随着产蛋日龄的延长，产蛋时间有所推迟，产蛋后期的母鸭多在上午10时前完成产蛋	种鸭放牧饲养，可在产完蛋后才赶出去放牧，以便及时收集种蛋，减少种蛋污染和破损
任务八：快大型肉用仔鸭舍饲育肥	品种选择	樱桃谷肉鸭、天府肉鸭、澳白星63肉鸭、北京鸭等	应时应地选择品种
	日粮选择	早期应与饲料公司合作确定各阶段饲料营养配方	快大型商品肉鸭体重增长特别迅速，饲养上要根据肉鸭不同生长阶段对营养的要求，配制营养全价而平衡的日粮
	雏鸭的饲养开食	快大型肉用仔鸭早期生长特别迅速，应尽早饮水开食。一般采用直径为2～3 mm的颗粒料开食，做到少喂勤添，雏鸭出壳后1～2周，每天6次，2周龄后定时饲喂，3周龄每天喂4次，其中一次在晚上	饲喂颗粒料可促进雏鸭生长，提高饲料转化率。发现上次喂的料下次喂料时还有剩余，应酌量减少一些，反之则应增加一些使雏鸭始终保持旺盛的食欲
	雏鸭的环境管理	湿度控制。舍内相对湿度第一周保持在60%为宜，通气换气。育雏室内氨气的浓度一般允许10 ppm，不超过20 ppm。光照控制。通常育雏1～3 d，每天采用24 h光照	通风换气时应当注意通风期间鸭舍内环境温度变化，可适当调高舍内温度
	饲养密度	地面垫料饲养1周龄20～30 只/m²、2周龄10～15 只/m²、3周龄7～10 只/m²。网上平养饲养1周龄30～50 只/m²、15～25 只/m²、10～15 只/m²。立体笼养饲养1周龄50～65 只/m²、30～40 只/m²、20～25 只/m²	具体情况应当结合实际情况酌情增减
	饲料和饲养方式过渡	3周龄后，应将育雏期饲料更换为育肥期饲料，饲料更换应逐渐过渡，以3～5 d过渡期为宜。4～8周龄肉鸭的饲养方式多采取地面平养或网上平养	随着体重的增加，应适当降低饲养密度

工作任务	工作流程	工作内容	注意事项
任务一：现场调查与处置	1.临床及病史检查	（1）鸭群的基本情况调查。调查防疫情况、发病日龄、有无呼吸道症状、密度和通风情况、死亡率、病程的长短、发病史和治疗史等内容。 （2）群体检查。精神状态、粪便和饲料等情况的检查。 （3）个体检查。鸭头、眼睛、胸腺、胃、肝脏等的检查	检查过程中注意个体与整体的结合
	2.血样的采集与送检	（1）血液采集。可以采用跗关节附近的隐静脉、主翅静脉和心脏采血方法。 （2）血液送检。没有条件做检测的鸭场，可将血液样品置于冰浴中，送至相关的实验室进行血清分离和检测。通常情况下，采取1 mL血液所析出的血清可满足大多数血清学检测所需	现场采集血样最简单、最好的方法是翅静脉穿刺。采集血液样本时应尽可能做到无菌操作
任务二：实验室诊断	1.剖检	（1）剖检器材。骨剪（用以剪断粗大的骨头）、普通剪刀和医用剪刀、手术刀（用于进行组织的检查）和镊子等。 （2）检查。体表检查、内部检查	对于待检的活鸭，应视具体情况而定
	2.病原分离与鉴定	（1）细菌的分离与鉴定。怀疑有细菌感染，最好在剖检暴露脏器后立即取样进行细菌分离培养，以免后续检查过程中的人为污染。分离到细菌后需要做进一步的鉴定工作，以确定感染细菌的种和型。必要时，需要利用易感鸭进行人工感染实验，确定分离株的致病性。 （2）病毒的分离与鉴定。①病毒分离标本的采集；②采集标本时间，一般在鸭子死亡6 h内；③标本的保存和运送；④样本的处理；⑤样本的接种；⑥病毒的鉴定	
任务三：鸭病的防治	1.鸭病的预防	（1）制订制度，选好人才。 （2）选择厂址，合理分区。从防御卫生角度，鸭场应特别注意远离居民点、远离养禽场、屠宰场、远离市场和交通要道、地势较高，有充足和干净的水源。 （3）全进全出，不混养。 （4）净化环境，减少病原。 （5）计划免疫，提前预防。注意疫苗的类型、疫苗免疫途径，做好血清学监测，防止免疫失败	

工作任务	工作流程	工作内容	注意事项
任务三：鸭病的防治	2.鸭病的治疗	（1）药物治疗。治疗的重点是病鸭和疑似病鸭，但对假定健康鸭的预防性治疗也不能放松。注意事项：①进行抗生素治疗之前，应考虑有无其他的选择；②应在兽医或兽医顾问的指导下选择和使用抗生素；③在进行抗生素治疗之前，应根据发病和死亡情况，选择有典型症状的病例并采集病料进行细菌培养和药敏试验；④禽类的病毒、真菌及其他非细菌性感染不应使用抗生素治疗。（2）护理和辅助治疗	

技能训练

实训一　鸭传染性浆膜炎的实验诊断

一、目的要求

（1）了解鸭传染性浆膜炎的实验诊断程序与方法。

（2）熟悉鸭疫里默氏杆菌的形态特点、培养性状、生化特征和致病性。

二、材料与用具

（1）解剖剪、镊子、解剖盘、接种棒、酒精灯、酒精棉球、一次性手套、灭菌棉签、1 mL 注射器、放大镜、香柏油、擦镜纸、显微镜、生化培养箱等。

（2）试验动物、鲜血琼脂平板、肉汤培养基、灭活小牛血清、微量生化发酵管等、革兰氏染色液等。

三、操作方法

1.鸭传染性浆膜炎的临床症状与病理变化观察

认真观察实验鸭只的临床症状后进行详细、系统的解剖，观察病鸭的病理变化。发生鸭传染性浆膜炎病鸭表现出该病的特征症状与病变情况，病鸭主要特征表现为精神沉郁、湿眼圈，鼻窦部肿胀，跗关节肿胀，中枢神经紊乱，共济失调；剖检可见纤维素性渗出性心包炎、肝周炎和气囊炎，部分病鸭可见鼻窦腔有黄白色干酪样渗出物。

2.鸭传染性浆膜炎的病原分离和培养

在急性败血症期，细菌在病鸭各器官组织，如心血、脑、气囊、肝脏、肺、骨髓和病变渗出物中均可分离到，而前三种器官最适合细菌分离。使用无菌操作剪开病鸭腹腔和头部颅骨，分别从心血、肝脏和脑进行细菌分离，划线接种鲜血琼脂平板（或巧克力琼脂、胰酶大豆琼脂），置烛缸或厌氧培养箱 37 ℃培养 24～36 h，观察细菌生长情况。

3.鸭疫里默氏杆菌培养性状与细菌形态观察

（1）培养特性。鸭疫里默氏杆菌在鲜血琼脂、巧克力琼脂和胰酶大豆琼脂上生长良好，在血液琼脂上经 37 ℃培养 24 h，可形成 1～2.5 mm 的圆形、突起、边缘光滑、闪光或奶油状菌落，不溶血。在血液肉汤中经 37 ℃培养 24 h，可见上下一致浑浊，管底无或仅有少量灰白色沉淀物。在麦康凯琼脂上不生长。

（2）细菌形态。将鸭疫里默氏杆菌分离菌株的 18～24 h 纯固体培养物按常规进行革兰氏与瑞氏染色，普通光学显微镜下（油镜）观察菌体形态。鸭疫里默氏杆菌为革兰氏阴性、不运动、不形成芽孢，大小为（1～5）μm×（0.3～0.5）μm，单个或成双存在，液体培养可见丝状长达 11～24 μm 瑞士染色呈两极着色。

4.鸭疫里默氏杆菌的生化特性观察

将接种环拉直并烧灭菌后（稍冷却）挑取血液琼脂平板分离菌的 24 h 培养的单菌落接种细菌微量生化反应管，发酵管开口端用胶布封口，盲端向上 30°～45°角放置在烛缸 37 ℃培养 24～36 h，观察发酵管内液体的颜色变化。鸭疫里默氏杆菌不发酵葡萄糖、麦芽糖、果糖、乳糖、蔗糖、甘露糖、甘露醇。吲哚和硫化氢试验、硝酸盐还原及枸橼酸盐利用试验均为阴性。

四、实验报告要求

（1）扼要反映鸭传染性浆膜炎病鸭的病原分离、细菌形态观察、培养特性和生化特性检验的实验步骤。

（2）准确报告本次试验的结果，分析其中存在的问题。

项目思考

1. 如果你是一名临床兽医，该如何诊断鸭病？
2. 简述鸭传染性浆膜炎的诊断和防治方法。
3. 简述鸭霍乱的临床症状。
4. 如果你是鸭场的兽医技术人员，该如何制订鸭瘟的预防方案？
5. 简述鸭大舌病的流行特点和临床症状。
6. 简述鸭病毒性肝炎的病例变化。
7. 阐述鸭坦布苏病毒病的诊断方法。
8. 简述鸭球虫病的治疗方法。

1.某鸭场饲养樱桃谷鸭3 000余只，6月龄，体温升高至43 ℃以上，临床表现为头颈缩起，离群独处，羽毛松乱，翅膀下垂，饮欲增加，食欲减退，两腿发软无力，走动困难，行动迟缓，部分病鸭头部肿大，2 d后有病鸭开始死亡。请根据病例内容完成以下试题。

（1）对这起疫情的诊断，第一步需要进行的检查是（　　）。

A.病毒分离鉴定　　　　　　　　　B.细菌分离鉴定

C.临床剖检　　　　　　　　　　　D.血清学方法检测抗体

E.血清学方法检测抗原

（2）在诊断过程中如果观察到病死鸭食道黏膜有出血点、有纵行排列的灰黄色假膜覆盖，假膜剥离后留有溃疡瘢痕；泄殖腔黏膜出血、水肿，黏膜表面覆盖一层灰褐色坏死痂；肝脏出血，灰白色坏死灶。作为临床兽医，你认为（　　）。

A.需要进一步进行病毒分离鉴定，才能做出初步诊断

B.需要进一步进行细菌分离鉴定，才能做出初步诊断

C.需要进一步进行血清学方法检测抗体，才能做出初步诊断

D.需要进一步进行血清学方法检测抗原，才能做出初步诊断

E.根据获得的病理变化资料，可以作出初步诊断

（3）如果这起疾病是鸭瘟，下列措施中控制疫情最为合理的是（　　）。

A.严格封锁、消毒，所有鸭紧急接种鸭瘟弱毒疫苗

B.严格封锁、消毒，所有鸭紧急注射青霉素

C.严格封锁、消毒，所有鸭紧急注射链霉素

D.严格封锁、消毒，隔离和淘汰有临床症状鸭，临床健康鸭紧急接种鸭瘟弱毒疫苗

E.严格封锁、消毒，隔离和淘汰有临床症状鸭，临床健康鸭紧急接种鸭瘟灭活疫苗

（4）实验室确诊，下列能够最快获得实验结果的方法是（　　）。

A.病毒分离鉴定　　　　　B.琼脂凝胶扩散试验

C.酶联免疫吸附试验　　　D.反向间接血凝试验

E.聚合酶链反应（PCR）

2.某肉鸭孵化和养殖场，孵出的雏鸭在育雏室3日龄即开始发病，表现为精神沉郁、厌食、眼半闭呈昏睡状，以头触地。死前有神经症状，表现为运动失调，身体倒向一侧，两脚痉挛性后蹬，全身抽搐，死时大多呈"角弓反张"姿态。请根据病例内容完成以下试题。

（1）对这起疫情的诊断，需要进行的第一步是（　　）。

A.临床剖检　　　　　　　B.细菌分离鉴定

C.病毒分离鉴定　　　　　D.血清学方法检测抗体

E.血清学方法检测抗原

（2）在诊断过程中，如果观察到病死鸭主要病变为肝肿大、质脆，表面有大小不等的出血点。同时，你也了解到饲喂同一批次饲料的其他鸭场相同日龄的鸭无异常，本场30日龄的鸭与发病鸭的用具和饲养人员有交叉却没有发病。作为临床兽医，你认为（　　）。

A. 需要进一步进行病毒分离鉴定，才能做出初步诊断

B. 需要进一步进行细菌分离鉴定，才能做出初步诊断

C. 根据获得的病理变化和流行病学资料，可以做出初步诊断

D. 需要进一步进行血清学方法检测抗体，才能做出初步诊断

E. 需要进一步进行血清学方法检测抗原，才能做出初步诊断

（3）如果这起疾病是鸭病毒性肝炎，下列控制疫情最为合理的办法是（　　）。

A. 严格隔离、消毒，所有易感雏鸭紧急接种鸭病毒性肝炎弱毒疫苗

B. 严格隔离、消毒，所有易感雏鸭紧急注射青霉素

C. 严格隔离、消毒，所有易感雏鸭紧急注射链霉素

D. 严格隔离、消毒，所有易感雏鸭紧急注射鸭病毒性肝炎高免血清或卵黄抗体

E. 严格隔离、消毒，所有易感雏鸭紧急接种鸭病毒性肝炎灭活疫苗

（4）如果该鸭场附近就是某高校，实验室设备和鸭病诊断试剂齐全，下列能够最快获得结果的方法是（　　）。

A. 病毒分离鉴定

B. 雏鸭血清保护试验

C. 斑点酶联免疫吸附试验

D. 反转录 – 聚合酶链反应（Rrr-PCR）

E. 免疫组化法

项目五　养鹅与鹅病防治

知识目标

1.熟悉鹅的品种特征，掌握不同品种鹅的生产性能；

2.了解鹅不同阶段划分，掌握不同阶段鹅的饲养管理；

3.掌握鹅常见疾病的诊治方法。

技能目标

1.能根据生产需要选择鹅品种进行养殖；

2.能进行雏鹅苗选择，以及育雏期的饲养管理；

3.能进行商品鹅的饲养管理；

4.能进行种鹅的饲养管理；

5.能进行鹅病诊治。

素质目标

1.树立科学的养殖观念；

2.培养综合素质和养鹅岗位的职业能力。

养鹅与鹅病防治

🧰 案例导入

××企业投资新办了一个种鹅养殖场，以销售种鹅为目的。从外地一家种鹅场购买了2 000只当地品种的种鹅鹅苗开始饲养。经过200多天饲养，种鹅开始产蛋，但好景不长，该品种的母鹅产几个蛋后，即出现就巢性，加之种鹅第一年的产蛋量、配种率、鹅蛋受精率、孵化率都不理想，造成严重亏损。

案例分析：①地方品种是否适应本地养殖没有做好充分的市场调查；②产蛋率低的原因是品种，还是饲养管理引起；③在选择种鹅品种之前，多渠道进行专业咨询，全面了解各品种在主产区的生产性能、适应范围、产销情况，更要了解输出到外地的综合表现和各种生产性能和指标情况；④种鹅的产蛋量、配种率、鹅蛋受精率、孵化率不理想，需要做好原因分析，避免产生经济损失。

📖 知识准备一

鹅饲养管理技术

中国是世界上养鹅数量最多、品种资源最为丰富的国家，其中列入《中国畜禽遗传资源志——家禽志》中的鹅品种和遗传资源就有31个。与欧洲家鹅的起源不同，中国家鹅起源于鸿雁，而欧洲家鹅则起源于灰雁。

一、鹅的品种与选择

（一）鹅的品种分类

鹅的品种以肉用为主，一般按公母鹅成年体重大小分为小型、中型、大型三大类，小型品种鹅公鹅体重为 3.7～5.0 kg，母鹅 3.1～4.0 kg，如我国的太湖鹅、乌鬃鹅、豁眼鹅、籽鹅、伊犁鹅等。中型品种鹅公鹅体重为 5.1～6.5 kg，母鹅为 4.4～5.5 kg，如我国的浙东白鹅、皖西白鹅、溆浦鹅、四川白鹅、雁鹅等，德国的莱茵鹅等。大型品种鹅公鹅体重为 10～12 kg，母鹅 6～10 kg，如我国的狮头鹅、法国的图鲁兹鹅、朗德鹅等品种。按经济用途可分为肉用型、肥肝型、羽肉兼用型和观赏型。按羽毛颜色分为白鹅和灰鹅两大类，在我国北方以白鹅为主，南方灰白品种均有，国外鹅品种以灰鹅占多数。

（二）国内常见鹅的品种

1. 小型鹅种

小型鹅种主要包括太湖鹅、乌鬃鹅、阳江鹅、豁眼鹅、籽鹅、长乐鹅、永康灰鹅、伊犁鹅等。

（1）太湖鹅。太湖鹅是我国著名的小型鹅种，饲养历史悠久。原产于江苏、浙江两省沿太湖地区，主要分布于江苏、浙江、上海，现在东北、华中、华南等地区均有分布。太湖鹅产蛋量高，耗料少，是杂交配套系的理想母本，但是由于体型较小，近亲交配导致品种的衰退。体态高昂，体质细致紧凑，全身羽毛紧贴。肉瘤圆而光滑，无皱褶。颈细长呈弓形，无咽袋。公鹅体型较高大雄伟，常昂首挺胸展翅行走，叫声洪亮，喜追逐啄人；母鹅性情温顺，叫声较低，肉瘤较公鹅小，喙较短。全身羽毛洁白，偶在眼梢、头顶、腰背部有少量灰褐色斑点；喙、胫、蹼均橘红色，喙端色较淡，爪白色；眼睑淡黄色，虹彩灰蓝色，肉瘤淡姜黄色。雏鹅全身乳黄色，喙、胫、蹼橘黄色。

成年公鹅体重为 4.0～4.5 kg，成年母鹅体重为 3.0～4.0 kg，太湖仔鹅在放牧条件下，辅饲粗粮，70 日龄上市体重可达 2.5 kg。若以饲喂为主，则体重可达 3 kg 以上。太湖鹅母鹅性成熟早，160 日龄左右开产，产蛋具有很强的季节性，一般在 9—10 月开产，次年 5 月份底左右停产。

（2）乌鬃鹅。乌鬃鹅原产于广东省清远市，又称清远鹅。乌鬃鹅体型紧凑，头小、颈细、腿矮。公鹅体型较大，呈榄核型，母鹅呈楔形。羽毛大部分呈乌棕色，从头顶部到最后颈椎有一条鬃状黑褐色羽毛带。青年鹅的各部位羽毛颜色比成年鹅较深，喙、肉瘤、胫、蹼均为黑色，虹彩棕色。成年公鹅体重为 3.0～3.5 kg，母鹅为 2.5～3.0 kg。早期生长速度较快，放牧条件下 56 日龄可达 3.0 kg，舍饲条件下 56 日龄可达 3.5 kg。平均年产蛋 30 枚，平均蛋重 145 g，蛋壳白色。性成熟早，母鹅在 120～140 日龄开始产蛋。就巢性强，一年就巢 4～5 次。

（3）阳江鹅。阳江鹅原产于广东省阳江市。阳江鹅主要特征是自头顶至颈背部有一条宽 1.5～2 cm 的棕色羽毛带，故阳江鹅又称"黄鬃鹅"或"黄棕鹅"。体型细致紧凑，全身羽毛紧贴，背、翼和尾为棕灰色。喙、肉瘤黑色，胫、蹼为黄色、黄褐色或黑灰色。母鹅头细颈长，躯干略似瓦筒形，性情温顺；公鹅头大颈粗，躯干略呈船底形，雄性明显。

成年公鹅体重约为 4.05 kg，母鹅约为 3.12 kg。在放牧饲养条件下，70～80 日龄体重可达 3.5 kg。舍饲饲养条件下，70～80 日龄体重最大可达 5 kg。性成熟较早，母鹅在 150～160 日龄开产。年平均产蛋量 30～35 枚，平均蛋重为 141 g，蛋壳白色，个别呈淡青色。

（4）豁眼鹅。豁眼鹅原产于山东省莱阳地区，由于上眼睑有一疤状缺口，故取名为豁眼鹅，又称疤痢眼鹅、豁鹅和五龙鹅。豁眼鹅体型轻小紧凑，头中等大小，额前长有表面光滑的肉质瘤，眼呈三角形，眼睑前方尖而后方圆，前上方眼睑边缘有 0.4～0.5 cm 的豁口。体躯呈卵圆形，背部宽而平、胸腹丰满，腿脚粗壮。全身羽毛洁白，肉瘤橘黄色，喙、胫、蹼橘红色。

成年公鹅体重为 3.72～4.58 kg，母鹅为 3.12～3.82 kg。90 日龄仔鹅体重为 1.9～2.5 kg，150 日龄体重可达 3.0～3.5 kg。母鹅性成熟较早，开产日龄为 180 日龄左右，产蛋旺季为 2—6 月，年产蛋量 100 枚左右。

（5）籽鹅。籽鹅原产地为黑龙江省绥化市和松花江地区。籽鹅体型小而紧凑，近似长圆形。全身羽毛为白色，头顶有缨（又称顶心毛），部分个体有咽袋。头小颈细长，肉瘤小呈橙黄色，喙、胫、蹼均呈橙黄色。背平直，胸部丰满、略向前突出，尾部短而平，尾羽上翘。虹彩呈蓝灰色，皮肤呈黄色。公鹅肉瘤稍突出。母鹅体型较小，肉瘤不明显，无腹褶。雏鹅绒毛呈黄色。

成年公鹅体重为 4.0～4.5 kg，母鹅为 3.0～3.5 kg。56 日龄公鹅体重为 3.0 kg，母鹅为 2.6 kg。70 日龄公鹅体重 3.3 kg，母鹅 2.9 kg。母鹅 180～210 日龄开产，年产蛋量达 100 枚以上，最高可达 180 枚，蛋壳白色，是世界上少有的产蛋量高的鹅种。

（6）长乐鹅。长乐鹅原产地为福建省长乐区。长乐鹅羽毛多为灰褐色或银灰色，少数为纯白色。成年鹅头颈部羽毛有一条深褐色的羽带，与背部、尾部羽毛的棕褐色区连接。肉瘤呈黑色或黄色带黑斑，胫、蹼呈橘黄色。头部无顶星毛，无咽袋。喙呈黑色，虹彩呈褐色。公鹅肉瘤大而圆，胸部宽深。母鹅肉瘤扁小而光滑，经产母鹅有腹褶。雏鹅羽毛呈灰黄色，喙呈暗褐色。

成年公鹅体重为 4.5 kg 左右，母鹅为 4.0 kg 左右。60 日龄仔鹅体重为 2.7～3.5 kg，70 日龄体重为 3.1～3.6 kg。性成熟稍迟，母鹅 210 日龄达到性成熟，年平均产蛋量为 30～40 枚，蛋壳白色。

（7）永康灰鹅。永康灰鹅原产于浙江省永康市。永康灰鹅体躯呈长方形，颈细长。羽毛颜色似"乌云盖雪"，上部颜色较下部深，颈部正中至背部主翼羽灰黑色，颈部两侧和前胸部为灰白色，腹部为白色，尾部上部灰色、下部白色。肉瘤、喙呈黑色，皮肤呈淡黄色，胫、蹼呈橘红色，爪呈黑色。公鹅肉瘤较大，颈长而粗，体躯长，胸深广。母鹅肉瘤较小，颈略细长，后躯发达。雏鹅绒毛呈灰色。

成年公鹅体重为 3.5～4.5 kg，母鹅为 3.1～4.2 kg。60 日龄肉用仔鹅体重为 2.52 kg。性成熟早，120～150 日龄开产，年产蛋量 40～60 枚，平均蛋重 145.4 g，蛋壳白色。

（8）伊犁鹅。伊犁鹅又称塔城飞鹅、新疆鹅，原产于新疆维吾尔自治区伊犁和塔城一带，是我国唯一起源于灰雁的鹅种。伊犁鹅体格中等，体躯呈椭圆形，头上无肉瘤，颌下无咽袋；颈较短，腿短粗，翼、尾较长。羽毛紧贴，成年鹅喙、胫、蹼、趾呈橘红色，皮肤呈白色，羽色有灰色、白色和花色。虹彩呈蓝灰色。雏鹅绒毛体上部呈黄褐色，体侧呈黄色，腹下呈深黄色。颈部较短，无肉瘤突起，体躯呈椭圆形，胸部宽广丰满，腿部粗短。

成年公鹅体重为 4.2 kg 左右，母鹅为 3.5 kg 左右。在天然草场上放牧，60 日龄活重公、母鹅分别为 3.03 kg、2.77 kg。性成熟晚，270～300 日龄开产，年产蛋 5～24 枚，平均蛋重为 153.9 g。每年 3—4 月产蛋，蛋壳乳白色。

2. 中型鹅种

中型鹅品种有四川白鹅、皖西白鹅、浙东白鹅、溆浦鹅、雁鹅、扬州鹅等。

（1）四川白鹅。四川白鹅产于四川省温江、乐山、宜宾、永川和达川区等地，分布于平坝和丘陵水稻生产地区。四川白鹅羽毛紧密，呈白色、有光泽。喙、肉瘤、胫、蹼呈橘红色。眼睑小呈圆形，虹彩蓝灰色。成年公鹅体型稍大，头颈粗短，体躯较长，额部有半圆形的肉瘤，颌下咽袋不明显。成年母鹅体型稍小，头清秀，肉瘤不明显，颈细长，无咽袋，腹部稍下垂，有少量腹褶。雏鹅绒羽呈黄色。

成年公鹅体重为 4.5～5.0 kg，母鹅为 4.3～4.9 kg。60 日龄仔鹅体重约 2.5 kg，90 日龄体重可达 3.5 kg。母鹅于 210～240 日龄开产，年产蛋量 60～80 枚，平均蛋重 146.28 g，蛋壳为白色。母鹅无就巢性。

（2）皖西白鹅。皖西白鹅原产于安徽省六安市。成年鹅全身羽毛洁白，部分鹅头顶部有灰毛。体型中等，颈部细长呈弓形，胸深背宽。公鹅颈粗长有力，母鹅颈较细短，头顶肉瘤呈橘黄色，圆而光滑无皱褶，公鹅肉瘤大而突出，母鹅稍小。喙橘黄色，喙端色较淡，胫、蹼均为橘红色，爪白色，皮肤为黄色，肉色为红色。少数个体头顶有球形羽束（俗称顶心毛）。雏鹅绒毛为淡黄色，雏鹅喙为浅黄色，胫、蹼均为橘黄色。

成年公鹅体重为 6.0～6.3 kg，母鹅为 5.5～6.0 kg。在放牧条件下，60 日龄仔鹅体重可达 3.5 kg，90 日龄体重达 4.5 kg。母鹅约 160 日龄开产，多集中在 1 月份和 4 月份产蛋，年产蛋量约 25 枚，平均蛋重 142.0 g，蛋壳为白色。

（3）浙东白鹅。浙东白鹅又称为奉化白鹅、象山白鹅、定海白鹅、绍兴白鹅，原产于浙江省宁波市。浙东白鹅体型中等偏大，结构紧凑，肉瘤高突，颈细长，背平直，体躯呈长方形，尾羽上翘。全身羽毛呈白色，少数个体的头、背部夹杂少量斑点状灰褐色羽毛。喙呈橘黄色，虹彩呈蓝灰色，皮肤呈白色，胫、蹼呈橘黄色，爪呈白色。公鹅体大雄伟，颈粗长，肉瘤高突，耸立于头顶，尾羽短而上翘，行走时昂首挺胸。母鹅颈细长，肉瘤较小，腹部大而下垂，尾羽平伸，极少数鹅有"反翅"现象，部分翼羽朝上反长。雏鹅绒毛呈黄色。

成年公鹅体重约 5.0 kg。母鹅约 4.0 kg。30 日龄平均体重 1.32 kg，70 日龄平均体重 3.7 kg。性成熟早，一般 150 日龄开产。每年有 4 个产蛋期，每期产蛋 8 ～ 13 枚，年产蛋量约 40 枚，平均蛋重为 149.1 g，蛋壳呈白色。就巢性强，每年就巢 3 ～ 5 次。

（4）溆浦鹅。溆浦鹅原产于湖南省溆浦县。溆浦鹅体型高大，呈长圆柱形，羽毛分灰、白两色，少数为淡黄色、花色。群体中约有 20% 个体有顶心毛。羽毛紧密，体躯和颈稍长，前胸和腹部发达，尾部上翘。白鹅、淡黄鹅和花色鹅喙呈橘黄色，灰鹅喙呈黑色。虹彩多呈蓝灰色，皮肤呈白色，胫、蹼呈橘红色。公鹅头部有明显的肉瘤。母鹅肉瘤呈扁平状。白羽溆浦鹅雏鹅绒毛呈浅黄色，灰羽溆浦鹅雏鹅绒毛呈灰黑色。

成年公鹅体重为 6.0 ～ 6.5 kg，母鹅为 5.3 ～ 6.0 kg。60 日龄仔鹅体重为 3.0 ～ 3.5 kg，90 日龄平均体重 4.4 kg。母鹅一般在 210 日龄左右开产，主要集中在秋末和初春产蛋，年产蛋量 30 枚左右，平均蛋重 212.5 g。蛋壳以白色为主，少数呈淡青色。就巢性较强，每年就巢 2 ～ 3 次。

（5）雁鹅。雁鹅原产于安徽省西部六安市的霍邱县、寿县、金安区、裕安区、舒城县以及合肥市的肥西县和河南省的固始县等。雁鹅头大小适中，有黑色肉瘤，质地柔软，向上方突出，呈桃形或半球形，肉瘤边缘及喙的后部有半圈白羽。喙呈黑色，虹彩呈蓝灰色，皮肤多呈黄白色，胫、蹼呈橘黄色，少数有黑斑。公鹅体型较大，体质结实，全身羽毛紧贴。胸深广，腹下有皱褶，背宽平，腿粗短。母鹅颈细长，胸深背宽，腹下有皱褶，腿粗短。雏鹅全身绒毛墨绿色或棕褐色，喙、胫、蹼均为黑色。

成年公鹅体重为 5.5 ～ 6.0 kg，母鹅为 4.5 ～ 5.0 kg。60 日龄仔鹅体重 2.2 ～ 2.4 kg，90 日龄体重 3.5 ～ 4.0 kg。120 日龄体重为 4.0 ～ 4.5 kg。母鹅 240 ～ 270 日龄开产，年产蛋量 25 ～ 35 枚，平均蛋重 150 g，蛋壳呈白色。就巢性强，每年就巢 2 ～ 3 次。

（6）扬州鹅。扬州鹅主产于江苏省高邮市、仪征市及邗江区，扬州鹅是我国自主培育的第 1 个通过国家审定的肉鹅新品种，以太湖鹅为母本选育而成，2006 年 5 月通过国家级品种审定。扬州鹅头中等大小，高昂的前额有半球形肉瘤，肉瘤明显、呈橘黄色。颈匀称，粗细、长短适中。体躯呈长方形、紧凑。羽毛洁白、绒质较好，偶见眼梢或头顶或腰背部有少量灰褐色羽毛的个体。喙、胫、蹼橘红色，眼睑淡黄色，虹彩灰蓝色。公鹅比母鹅体型略大，体格雄壮，母鹅体型清秀。雏鹅全身乳黄色，喙、胫、蹼橘红色。

在舍饲条件下，肉用仔鹅 70 日龄平均体重为 3.52 kg；放牧加补饲条件下平均体重 4.05 kg，料肉比为 2.69∶1；公鹅屠宰率 89.4%，母鹅屠宰率 85.9%；种鹅 65 周龄入舍母鹅产蛋数为 71 枚，平均蛋重 139.5 g，蛋壳白色。

3. 大型鹅种

狮头鹅原产于广东省潮州市饶平县溪楼村，因其前额和颊侧肉瘤发达呈狮头状而得名，是我国唯一的大型鹅种。

成年公鹅体重为 10 ～ 12 kg，母鹅为 9 ～ 10 kg。在以放牧为主的饲养条件下，70 ～ 90 日龄上市未经肥育的仔鹅，公鹅体重为 6.18 kg，母鹅为 5.51 kg。240 ～ 270 日龄开产，年产蛋量 25 ～ 35 枚，平均蛋重约 203 g。

（三）引入鹅品种

1. 朗德鹅

朗德鹅原产于法国西部靠比斯开湾的郎德省，利用图卢兹鹅、玛瑟布鹅进行杂交，经过长期选育，逐渐形成了这一世界闻名的肥肝生产专用鹅种。朗德鹅体型中等偏大，体宽，颈粗短。肉瘤平坦，形状不明显，呈橙红色。喙橘黄色，尖部略浅，胫、蹼呈肉色。眼睑为纺锤形，呈深灰色。颌下无咽袋，无顶心毛。羽毛整体呈灰褐色，较松，颈背部羽接近黑色，胸腹部较浅，呈银灰色，腹下部则呈白色。皮肤呈白色。毛色灰褐，在颈背部接近黑色，在胸腹部颜色较浅，呈银灰色，到腹下部呈白色。也有个别白羽或灰白杂色的。

成年公鹅体重 7 ～ 8 kg，母鹅体重 6 ～ 7 kg，仔鹅生长迅速，8 周龄活重可达 4 ～ 5 kg。性成熟期约 180 d，平均年产蛋 50 ～ 60 枚，蛋重为 180 ～ 200 g。肉用仔鹅经填肥后活重可达 11 kg，填饲后平均产肝 820 g，料肝比为 23.8 ∶ 1，除直接用于肥肝生产外，主要是作为父本品种与当地鹅进行杂交，提高后代生长速度。

2. 莱茵鹅

莱茵鹅原产于德国的莱茵河流域，广泛分布于德国莱茵州。经法国克里莫公司选育，成为世界著名肉毛兼用型品种。莱茵鹅体型中等偏小。头上无肉瘤，颌下无皮褶，颈粗短而直。初生雏绒毛为灰黄色或黄褐色，随着生长周龄增加而逐渐变白，至 6 周龄时变为白色羽毛。喙、胫、蹼均为橘黄色。

成年公鹅体重为 5 ～ 6 kg，母鹅为 4.5 ～ 5 kg。仔鹅 8 周龄体重可达 4.0 ～ 4.5 kg。母鹅开产日龄在 210 ～ 240 d，正常产蛋期在 1—6 月月末，年产蛋 50 ～ 60 枚，平均蛋重在 150 ～ 190 g。引入我国后主要作为父本与国内鹅种杂交生产肉用杂种仔鹅。

3. 罗曼鹅

罗曼鹅是欧洲古老品种，原产于意大利，有灰、白、花 3 种，我国引入的主要是白羽罗曼鹅。罗曼鹅属于中型鹅种，全身羽毛白色，眼为蓝色，喙、脚胫与趾均为橘红色。其体型明显的特点是"圆"，颈短，背短、体躯短。

成年公鹅体重为 6.0 ～ 6.5 kg，母鹅为 5.0 ～ 5.5 kg。仔鹅 90 日龄即可出栏屠宰，母鹅平均重 6.5 kg，公鹅平均重 7.5 kg，料肉比约为 2.8 ∶ 1。年产蛋 40 ～ 45 枚。白罗曼鹅用于肉鹅和羽绒生产，也可与其他鹅品种杂交，改善其肉用性能。

4. 图卢兹鹅

图卢兹鹅又称茜蒙鹅、土鲁斯鹅，是世界上体型最大的鹅种。其原产于法国西南部图卢兹镇。图卢兹鹅头大、喙尖、颈粗短、胸深背宽，腿短而粗。咽袋发达，有大而弯曲的龙骨向前突起。腹部下垂，几乎接近地面。羽色灰褐色，腹部红色，喙、胫、蹼呈橘红色。

成年公鹅体重为 10 ~ 12 kg，母鹅体重为 8 ~ 10 kg，年产蛋 30 ~ 40 枚。图卢兹鹅易沉积脂肪，用于生产肥肝和鹅油。

（四）品种选择

不同鹅品种生产性能差异较大，只有选择合适的鹅品种才能提高养殖效益。养禽场应做到：一是根据市场需求情况，确定品种方向，如肉用型、蛋用型、羽绒型、鹅肝型；二是对品种进行调查，了解品种特征和生产性能；三是结合当地自然条件与经济条件，调查有意选购品种；四是了解选购品种种禽饲养场的情况，从正规、合格种鹅场引种。一般选择早期生长速度快、精料消耗少、饲料报酬高、体重大、适应性广、抗逆性强的鹅种。

二、鹅的饲养管理

（一）鹅的生活习性

1. 喜水性

鹅是水禽，鹅虽然要在陆地上采食、睡眠和产蛋，但其喜水性比较强，习惯在水中嬉戏、觅食和求偶交配，每天约有 1/3 的时间在水中生活。

2. 合群性

家鹅具有很强的合群性，行走时队列整齐，觅食时在一定范围内扩散。鹅群在放牧时前呼后应，互相联络。出牧、归牧有序不乱，这种合群性有利于鹅群的管理。鹅离群独处时会高声鸣叫，一旦得到同伴的应和，孤鹅便会循声归群。

3. 警觉性

鹅的听觉敏锐，反应迅速叫声响亮，性情勇敢、好斗。鹅遇到陌生人会高声呼叫，展翅啄人。

4. 耐寒性

鹅的羽绒厚密贴身，具有很强的隔热保温作用。鹅的皮下脂肪较厚，耐寒性强，羽毛上涂擦有尾脂腺分泌的油脂，可以防止水的浸湿。

5. 节律性

鹅具有良好的条件反射能力，每日的生活表现出较明显的节奏性。放牧鹅群的放牧、交配、采食、洗羽、歇息和产蛋都有比较固定的时间，活动节奏表现出极强的规律性。舍饲鹅群对一日的饲养程序一经习惯之后很难改变。而且每羽鹅的这种生活节奏一经形成便不易改变，如原来的产蛋窝被移动后，鹅会拒绝产蛋或随地产蛋。

6. 草食性

鹅觅食活动性强，饲料以植物性为主，能大量觅食天然饲草，一般无毒、无特殊气味的野草和水生植物等都可供鹅采食。雏鹅从 1 日龄起就能吃草，因此，要尽量放牧，若舍饲，要种植优质牧草喂鹅，保证青绿饲料供应充足。鹅没有嗉囊，食道是一条简单的长管，容积大，能容纳较多的食物，当贮存食物时，颈部食管呈纺锤形膨大。鹅没有牙齿，但沿着舌边缘分布着许多乳头，这些乳头与咀板交错，能将青绿饲料锯断。鹅的肌胃强而有力，饲料基本在肌胃中被磨碎。在饲料中添加少量细砂，或在运动场放置细砂，有助于鹅对饲料的磨碎消化。

（二）雏鹅的饲养管理

雏鹅指孵化出壳至 4 周龄的小鹅。雏鹅具有体温调节机能差、消化道容积小、消化吸收能力差、生长发育迅速、对外界抗病能力差等特点，因此雏鹅的培育是养鹅生产中一个关键的生产环节。雏鹅培育的目标是培育出生长发育快、体质健壮、适应性强的雏鹅。

1. 优质雏鹅的选择

雏鹅品质好坏影响其生长速度，直接关系到育雏率和生产性能。选择优质鹅苗时，应满足健雏标准：体重符合品种要求，群体整齐；脐部被腹绒毛覆盖，紧而干燥；腹部广阔平坦，卵黄吸收良好；羽毛洁净而富有光泽；充满活力，精神好，反应灵敏；握在手中感触有弹性，挣扎有力，鸣声大。

优质雏鹅苗选择可采用"一看二摸"的方法。一看指观看鹅苗体态、活力、脐肛、来源、绒毛等，主要观察鹅苗的眼睛、腿和脚、绒毛、肛门，健壮的鹅苗眼睛亮而圆，腿和脚红润有肉，绒毛如蛋黄色且非常干净，肛门干净无粪便等糊肛现象，而弱苗则表现为眼睛无神，腿脚干瘪无肉，肛门污秽、绒毛脏有异物等现象。判断雏鹅的精神状态、健壮、绒毛色泽。二摸是用一只手持雏鹅颈部及胸部，另一只手由背向后摸至尾部，检查腹部是否涨大，并观察抓摸时的反应。及时淘汰腹部较大、血脐、瞎眼等弱残雏。

2. 育雏舍检修

育雏舍应选在向阳背风、地势高燥的地方，应保温良好、干燥、利于通风换气。进雏之前，根据进雏数量计算育雏舍面积，保证育雏舍空间宽敞，利于空气流通。另外，还要对照明、通风、保温设施进行检修，使空气流通而无贼风，电力供应稳定。

3. 制订育雏计划

育雏是一项精细的工作，需要事先做出科学合理的计划安排，育雏计划主要包括育雏总数、批数、每批数量、时间、饲料、疫苗、药品、垫料、器具、育雏期操作、光照计划等。根据育雏舍面积、设备条件、饲料来源、资金、养殖场主要负责人的经营能力、饲养管理技术水平、市场需求等具体情况，拟定育雏计划。先确定全年总共育雏的数量、批次、每批的饲养规模；然后拟定进雏及雏鹅周转计划、饲料及物资供应计划、防疫计划、财务收支计划及育雏阶段应达到的技术经济指标。

4. 育雏舍消毒

将育雏的所有设备移出，集中清洗消毒。开食盘、饮水器、料桶、料槽等先用高压水枪冲刷，再用消毒液浸泡、清洗消毒。可采用 0.1% 过氧乙酸、1% ～ 2% 福尔马林、1%

的高锰酸钾、1% ～ 2% 的火碱溶液、0.5% ～ 1% 的复合酚或 5% 的漂白粉溶液等。金属笼具先用高压水枪冲洗，冲不掉的粪便、羽毛要用钢丝刷刷干净，晾干后用火焰喷灯喷射消毒。饮水系统清洗过滤器、水箱和水线，然后用百毒杀或含氯化合物消毒药浸泡 1 ～ 3 h，最后用清水冲洗干净备用。

育雏舍进行熏蒸，熏蒸消毒前将所有用具和设备移入舍内，每立方米空间用 42 mL 福尔马林（37% ～ 40% 甲醛溶液）和 21 g 高锰酸钾，建议时间不少于 48 h。48 h 后打开门窗通风，降低舍内甲醛气味，待气味消除后准备进雏。

5. 育雏室升温

育雏舍要提前 1 d 就开始预温，将温度保持到 28 ～ 30 ℃，待雏鹅运回后要立即进入育雏舍。若采取地面或炕上育雏的，应铺上一层厚约 10 cm 的清洁干燥的垫料，然后开始供暖。

6. 雏鹅的运输

雏鹅的运输时间最好不要超过 24 h，以保证雏鹅及时开水、开食，最迟不得超过 36 h。运输途中不能喂食，长距离运输可中途让雏鹅饮水，饮水中加入多维（1 g 多维 / kg 水），以免运输应激。采用专用雏箱装运雏鹅，雏鹅数量不宜过多，以免中途出现挤压。运输过程中应注意保暖和通风，若种鹅群未免疫小鹅瘟疫苗，其所产后代雏鹅应注射小鹅瘟抗血清后再起运。运输雏鹅要防止受寒风吹和炎热高温，避免运输出现脱水。初春季节，雏鹅运输宜用封闭式车辆，但运雏箱内不宜装得过多，若车内温度高时，可开通风。夏季宜用敞棚车或在夜间运输。

7. 接雏

雏鹅运到场后，快速把雏鹅盒卸车，并平摊放在地上，再指派专人检查质量和数量，并在半小时内将雏鹅从盒内倒出，散布匀称。不能在车内抽查或在育雏舍内全群检查，容易造成热应激。

8. 育雏方式

雏鹅的育雏方式分为自温育雏、地面垫料式育雏、网上平养式育雏、立体笼育雏，根据育雏舍条件选择合理育雏方式，做到"全进全出"。

9. 育雏鹅的饲养管理

（1）潮口。雏鹅开食前先让其饮水，出壳后的第一次饮水称为潮口，潮口除可满足雏鹅对水分的迫切需要外，还可刺激食欲，促使胎粪的排出。一般保证雏鹅出壳后 20 ～ 24 h 进行，也要结合雏鹅的动态来灵活掌握，即大多数鹅苗站立走动、伸颈张嘴、有啄食欲望时，就可进行潮口，潮口的持续时间一般以 3 ～ 5 min 为宜。潮口的水要清洁卫生，饮水中加 0.05% 的高锰酸钾或少量葡萄糖和维生素，对个别不会饮水的雏鹅可采取人工训饮，将其头部按进饮水器中浸一下。饮水的温度应在 26 ℃左右，开水后保证育雏室饮水器不能断水。

（2）雏鹅开食与饲喂。开食是指雏鹅第一次吃料，潮口后即可喂料，有利于提高雏鹅成活率。开食在雏鹅出壳后 12～24 h 进行，可将饲料撒在浅食盘或塑料布上，让其啄食。如用颗粒料开食，应将粒料磨破，以便雏鹅的采食。开食不求雏鹅吃饱，做到少喂勤添，1 周龄前每天饲喂 8～10 次，其中晚上喂 2～3 次；2 周龄时每天饲喂 6～8 次，其中晚上喂 1～2 次；3 周龄时每天饲喂 5～6 次。育雏栏内应放置沙粒盘，保证雏鹅自行按需采食。

（3）控制温度、湿度。刚出壳后的雏鹅，体温调节机能差，因此要防寒保暖，育雏期间应注意保持适宜的温度。育雏温度是否合适，可根据雏鹅的活动及表现来判断，若温度过低，雏鹅会聚集、扎堆，易造成死亡；若温度过高，雏鹅会向四周扩散，张口呼吸，饮水量增大，尖叫出汗，突遇凉风，易患感冒。温度过低或过高时，都要及时调整温度。育雏舍的温度：1～5 日龄为 30～28 ℃，6～10 日龄为 28～26 ℃，11～15 日龄为 24～22 ℃，16～20 日龄为 22～20 ℃，21 日龄以后室温应保持在 18 ℃以上。夜间温度要比白天高 1.0～0.5 ℃。21～28 日龄可完全脱温。

育雏舍相对湿度控制在 60%～70%。一般高湿低温时，雏鹅容易感冒和下痢；高湿高温时会因闷热而造成代谢与食欲下降，抵抗力减弱，发病率增加。注意育雏舍的通风换气，经常保持舍内垫料的干燥、新鲜，空气流通，地面干燥清洁。

（4）控制饲养密度。雏鹅生长发育迅速，育雏期间应根据品种、季节、育雏舍的结构、通风条件和饲养方式等及时调整饲养密度，1～7 日龄为 15～20 只 /m²，8～14 日龄为 10～15 只 /m²，15～21 日龄为 10 只 /m²，22～30 日龄为 6 只 /m²。饲养密度过大，易导致空气质量差，影响雏鹅发育，而且鹅群挤在一起抢食，生长发育不均，还易发生啄癖；饲养密度过小，育雏舍的利用率低。条件好的可以适当增加饲养密度，随着日龄增加，饲养密度逐渐减少。

（5）合理分群。合理分群可有效防止雏鹅挤堆时造成雏鹅被压伤或压死，雏鹅分群饲养时鹅群不宜过大，每群的数量以 100～200 只为宜。在雏鹅开水、开食前，应根据出雏时间、体质强弱、大小、公母等情况分群饲养，第 1 次分群，给予不同的保温制度和开水开食时间。在开食后第 2 d，应根据雏鹅采食情况，第 2 次分群，将不吃食或吃食量很少的雏鹅分出来另外喂食。

（6）通风。育雏室空气质量以人进入舍内不感觉闷气，不刺激眼、鼻为宜。适当通风保证雏鹅舍内的空气新鲜，良好通风将二氧化碳、氨气等有害气体排出舍外，保证雏鹅健康成长，但应避免贼风入侵，并保持舍内温度适宜。

（7）光照。育雏室光照过强易引起啄羽啄肛，合理光照有利于雏鹅生长。初生雏鹅视力弱，为防止受惊和压伤，要保证适宜的光照。一般每天的光照以保持在 16～18 h 为宜，1～3 d，保证光照时间 23～24 h，以后每天减少 1 h，3 周以后完全采用自然光照；1～15 日龄保证 0.3～0.5 W/m²，以利于夜间补饲，并可防止挤堆。

（8）放水与放牧。雏鹅放牧地应"就近、平坦、草嫩、水洁、僻静"。雏鹅 10 日龄后，如果气温适宜，可以开始放牧，节约成本，集约化育雏可以不放牧；每天放牧 2 次，上午和下午各 1 次，每次放牧时间要控制在 0.5 ～ 1 h，以后随日龄增长而适当延长放牧时间。阴雨天应停止放牧。7 日龄后，雏鹅可在清洁的浅水盆内进行第一次放水，让雏鹅饮水、游泳、洗涤绒毛，以每次放水 3 ～ 5 min 为宜。有条件也可在气温适宜时，结合放牧，把雏鹅赶到浅水处，让其自行下水、戏水，切勿强行赶入水中，以防风寒感冒。

（9）卫生防疫。育雏舍要保持经常打扫场地，更换垫料，保持育雏室清洁、干燥，每天清洗饲槽和饮水器，消毒育雏环境，按免疫计划接种疫苗。同时，还要防止狗、猫、鼠、蛇、黄鼠狼等对雏鹅造成伤害。

（三）后备种鹅的饲养管理

后备种鹅指从 5 周龄开始至 30 周龄产蛋前为止这段时期，也称种鹅的育成期。

1. 种鹅引种

种鹅应符合品种特征，繁殖性能好，较强适应能力，种鹅引种根据市场需求的变化情况进行调整。作为种鹅的鹅雏应来自有种鹅生产许可证且无国家规定的小鹅瘟、禽流感、副黏病毒病等传染病和遗传性疾病的种鹅场，或由其提供种蛋所生产的经过产地检疫的健康雏鹅，不得从疫区引进种源，实施"全进全出"的饲养制度。

2. 后备种鹅选择

后备种鹅应根据仔鹅的品质、鹅的生产季节、仔鹅的种用季节来选择，后备种鹅符合品种性状、外貌特征、体重、体格发育状况等性能指标。应从育雏开始选择，按品种要求、育种方向、生长速度和外貌特征进行选择。

公鹅：应选择前期生产速度快，体型较大，体质健壮，头大脸阔，肉瘤大而光滑，眼明亮有神，喙部长而钝，颈粗稍长（生产肥肝的应粗而短），胸宽深，背宽长，腹部平整，胫粗有力，两腿间距较宽，鸣声响亮，雄壮威武，性欲旺盛的公鹅。此外，应在留种时和配种前检查公鹅阴茎发育是否正常。

母鹅：应选择体型中等，体质健壮，性情温顺，面目清秀，喙短，眼睛饱满灵活，鸣声低而短，颈细中等长，两翅紧扣体躯，羽毛紧密而富光泽，体躯长而圆，前躯较浅窄，后躯深而宽，臀部圆满，胫结实距离宽，以及羽毛、胫、蹼的颜色符合品种特征，无杂毛的母鹅。

第一次：一般从 2 ～ 3 年龄的母鹅所产种蛋孵化出的雏鹅中，选择出壳快、身体健康、绒毛光亮、腹部柔软无硬脐的健壮雏。按照雏鹅比种鹅计划多留 20% 左右选留，公母比例为 1∶4。

第二次：在 4 周龄育雏期结束时进行，选择生长发育快、头中等大、眼睛灵活有神、喙粗短有力、颈部粗而长、胸深而宽、腹部平整、背部宽长、脚宽且有力、声音洪亮、体格健壮的育雏鹅留种；公鹅选择的重点是体重大，而母鹅应选中等体重的。淘汰体重偏小的、伤残的、有杂色羽毛的个体，淘汰鹅转入肉用鹅进行育肥饲养。

第三次：在 70 ～ 80 日龄进行，主要根据生长发育情况、羽毛生长情况及体型外貌等进行选择，淘汰生长速度较慢、体型较小、腿部有伤残的个体。

第四次：在150～180日龄进行，应选择品种特征典型、生长发育良好、体重符合品种要求、健康状况良好的鹅留作种用，母鹅要求产蛋多、持续期长、蛋大、体型大、适时开产的优秀个体。通过按摩方法观察公鹅交配器官大小、形状和颜色，要求交配器官淡粉色、螺旋状、螺纹表面有锯齿状凸起，长度大于等于7 cm。检查精液质量，淘汰繁殖力差公鹅，如不排精或排精数量少、颜色异常、过稀等。

3. 种鹅的公母比例

在自然交配情况下，经三次选择后公母配种比例为：大型鹅种1：（3～4），中型鹅种1：（4～5），小型鹅种1：（6～7）。若采用人工授精，则公母鹅比例为1：（15～20）。

4. 后备种鹅的饲养管理

（1）饲养方式。后备种鹅一般采取舍饲、圈养、放牧、放牧与补饲相结合的饲养方式。

（2）饲养。

①饲料。后备种鹅的饲料以青绿饲料为主，但应注意补充矿物质和复合维生素。在青绿饲料不足的情况下，适当补充精饲料。后备种鹅80日龄左右开始换羽，经30～40 d换羽结束，此时仍处于生长发育阶段，不宜过早粗饲，应根据饲养方式，合理提供饲料营养水平，保证后备种鹅体格发育完全。

②限制饲养。限制饲养的目的在于控制体重，防止过肥，使其体况适合以后产蛋，适时达到性成熟时间，训练其耐粗食能力。后备种鹅经第二次换羽后，开始有性行为，鹅身体发育远未完全成熟，群内个体间常会出现生长发育不整齐、开产期不一致等现象。采取限制饲养措施来调节开产期，使鹅群比较整齐一致地进入产蛋期

限制饲养期为40～50 d，一般从17周龄开始到22周龄结束（即从120日龄开始至开产前50～60 d结束）。采取公母分开饲养。后备种鹅限制饲养方法主要有两种：一是减少补饲日粮的饲喂量，实行定量饲喂；二是控制饲料的质量，降低日粮的营养水平特别是蛋白质和能量水平。

由于后备种鹅以放牧饲养为主，限制饲养时根据放牧条件、季节、后备种鹅体质状况灵活掌握饲料配比和喂料量，保持较低的日粮中蛋白质水平，有利于骨骼、羽毛和身体的充分发育，从而达到维持鹅正常体质、降低种鹅培育成本的目的。

5. 后备种鹅的日常管理

（1）保持鹅舍清洁干燥。鹅舍环境做到宽敞明亮、安静、卫生、通风良好，严防阴冷潮湿，特别要注意鹅舍冬季的保温情况，夏季通风、避暑。及时清洗消毒洗水槽、食槽，更换垫料。及时清理鹅粪，保证鹅群饲料、饮用水、生活用具的卫生。另外，还要定期环境消毒。

（2）分群饲养。限制饲养阶段，后备种公、母鹅要分群饲养，有利于培育合格的后备种鹅。后备种鹅饲养后期应及时将种公鹅放入种母鹅群中，以提高受精率。

（3）保持合适的饲养密度。后备种鹅阶段，保持合适的饲养密度有利于种鹅的生产性能。15周龄前按照室内面积4只/m²确定饲养密度，15周龄后3～3.5只/m²。饲养密度过大，影响后备种鹅生长，也不利于羽毛的生长。

（4）后备种鹅强制拔羽。人工强制拔羽目的：后备种鹅换羽整齐，则产蛋期间产蛋比较一致。进行人工强制换羽的种鹅群应实行公母分群饲养，以免种公鹅骚扰种母鹅和减弱公鹅的精力，待换羽完成时再合并饲养。人工强制拔羽要选择天气晴朗时进行，切忌在寒冷的雨天进行，将后备种鹅的主副翼羽、尾羽、翅窝粗羽全部拔光。拔羽后，后备种鹅适应性变差，要加强饲养管理，将鹅群围在干净的运动场内饲喂与休息，避免雨淋和暴晒，防止感染。同时，应提高饲料质量，饲料中含粗蛋白质在15%左右。可立即喂给青饲料，并慢慢增喂精料，促使其恢复体质，提早产蛋。

（5）光照时间合理。为了促使种鹅性成熟和增加产蛋数量，在后备种鹅的后期还需要进行合理的光照刺激。建议每周增加光照时间0.5 h，生长到产蛋期光照时间就可以增加到15 h了，然后维持不变，光照强度为2～3 W/m²即可。光照管理需要相对恒定，否则便会影响种鹅的生产成绩。

（6）疫病防治工作。在开产前，做好后备种鹅驱虫与免疫接种工作。根据种鹅免疫程序，及时接种小鹅瘟、禽流感、鹅副黏病毒病和鹅蛋子瘟等疫苗。

（7）日常管理。观察鹅群。每天要观察鹅群动态，及时发现体质衰弱的个体，挑出加强护理，待完全恢复后再放入大群中。特别是限制饲养时，注意通过观察鹅群精神状态、采食情况、排粪情况、呼吸状况等判断鹅群健康状况，发现异常及时处理。

放牧管理。应选择收割后的稻田、麦地、水草丰富的草滩丘陵等进行放牧；放牧过程中应注意防暑，种鹅育成期多为每年5—8月，放牧时应早出晚归，避开中午酷暑，10:00左右将鹅群赶回圈舍，或赶到阴凉的树林下让鹅休息，休息场地最好有水源，便于鹅群饮水、洗浴。

运动与洗浴。后备种鹅阶段饲养管理的重要目标之一是促进鹅体格和骨骼发育，适当的运动是达到这个目标的重要途径。圈养的后备种鹅每天运动场活动，必要时采取驱赶鹅群运动。适当洗浴有助于后备种鹅保持良好的羽毛状况。洗浴的次数和时间结合天气情况进行，洗浴时间不宜过长，洗浴水质要清洁。

（四）种鹅产蛋期的饲养管理

产蛋期种鹅的体力消耗量较大，需要为其补充蛋白质、钙、磷等营养元素，维持身体营养均衡。

1. 种鹅产蛋前期的饲养管理

种鹅产蛋前期指种鹅开产前5周到开产之时，也称为预产期。

（1）开产前选留标准。种母鹅要求体型大而重，头大小适中，眼睛明亮有神，颈长灵活，体型长圆，前躯较浅窄，后躯宽深，腹部柔软容积大，臀部宽广，产蛋性能良好，年产蛋量最好达到45枚以上。当年留种母鹅体重要达到成年标准体重的70%以上。种用公母鹅羽色一致，以保证后代羽色符合市场需求。无论公鹅还是母鹅，严格淘汰体型小、生产力低、体质弱、繁殖力差和生产性能衰退的个体。

（2）公母合群与调群。进入产蛋前要进行公母合群，组群时将品质优秀种公鹅放入种母鹅群中，保证公鹅的品质和数量。鹅的品种不同，公鹅的配种能力也不同，其配种比例为：大型鹅种1∶（3～4），中型鹅种1∶（4～5），小型鹅种1∶（4～6）。通过翻肛检查公鹅生殖器官（阴茎）的发育情况，选择生殖器官发育良好、性欲旺盛的公禽作种用，严格淘汰阴茎发育不良和有病的公鹅。种鹅有大群配种和小群配种两种配种方法。在种鹅开产前4周，应根据种公鹅的配种能力适当调群，使同群个体间相互熟悉、相互适应，以提高种蛋受精率。

（3）保证营养供给。产蛋前期要适量补饲精饲料，促进鹅肌肉、生殖器官较快发育，尤其是促进卵泡和输卵管的发育，为以后产蛋做准备。从第26周起由育成期饲料改为产蛋前期饲料，饲料更换要逐渐进行。放牧鹅群，既要加强放牧，又要换用种鹅产蛋期日粮适当补饲，逐渐增加补饲量。舍饲的鹅群，应注意日粮中营养物质的平衡，使种鹅的体质得以迅速恢复，为产蛋积累营养物质。每周增加日喂料量25 g，用4周时间过渡到自由采食，不再限量，注意补饲量不能增加过快，否则会导致过早产蛋而影响以后的产蛋和受精能力。

（4）合理光照。光照时间的长短及强弱，对种鹅的繁殖力影响较大。在临近产蛋时，延长光照时间，可刺激母鹅适时开产，短光照则可推迟母鹅的开产时间；在生长期采用短光照（自然光照），然后逐渐延长光照时间，可促使母鹅开产。种鹅临近开产期，用6周的时间逐渐增加每日的人工光照，使种鹅的光照时间（自然光照＋人工光照）达到16～17 h，此后一直维持到产蛋结束。

（5）控制放牧。如果后备种鹅阶段采用放牧饲养方式，在进入这个阶段后要减少放牧时间、缩短放牧路程，让种鹅积蓄一定的营养，为以后产蛋打好基础。放牧时，可早出晚归，但放牧距离不宜太远，并要留出较多的时间让种鹅下水洗浴、戏水；回牧时，不能驱赶过急。

（6）精心管理。做好鹅舍内外环境及饲养用具和设备的卫生消毒工作，对水槽、料槽定期清洗、消毒，及时清理舍内粪便、更换垫料，通风良好，使舍内保持清洁、干燥。控制合理的饲养密度，一般为3～4只/m²。设置足够的产蛋箱，大群放牧饲养的可在鹅棚附近搭建产蛋棚，舍饲鹅群在圈内靠墙四周放置产蛋箱。

（7）疾病的免疫接种。种鹅产蛋前应做好相关疾病疫苗的接种工作，可在饲料中添加一些禽用多种维生素来降低鹅群应激反应。一般在开产前15～20 d做好鹅副黏病毒、鹅疫二联油乳剂疫苗和鸭瘟疫苗的接种工作。间隔7～15 d后再做好禽霍乱和小鹅瘟疫苗的防疫注射工作。产蛋前期的种鹅可进行一次驱虫。

2. 种鹅产蛋期的饲养管理

（1）提供充足的营养。种鹅在产蛋期一定要注意营养物质的科学供给，应饲喂全价配合饲料。其中，粗蛋白质占16%～17%，钙磷比为（2.5～3）∶1，配合青绿多汁饲料，充分给水。生产中，可根据种鹅的产蛋、配种、孵化、粪便状态等情况来调整日粮配方，尤其是注意产蛋高峰时的营养供给。鹅产蛋期以舍饲为主，一般每天饲喂3次，让其自由采食粗料，精料则按实际的养殖情况合理供应。避免鹅体况过肥，否则会影响产蛋量及其健康。放牧每天补饲三次，其中晚上一次，每天补喂精料120～150 g，并添加适量青料。保证种鹅饮水的充足，并避免让其饮用冰冷水，有条件时最好饮用温水。

（2）优化配种条件。鹅属于喜水动物，习惯早晚在水中交配，因此应保证种鹅的下水时间。要对水面上鹅群的密度进行合理控制，避免因母鹅数量不足而出现公鹅打斗现象。种鹅喜欢戏水，可设计种鹅水上活动场所，为配种提供良好条件。根据种鹅的下水规律，将鹅群赶至水边，对种鹅交配情况进行观察，发现性欲望较弱或生病种鹅，应立即将其淘汰，更换新的种鹅。要及时调整好公、母的配种比例一般为1∶（5～10）。必要时采取人工辅助配种与人工授精。但要防止鹅在水中活动、洗浴时间过长，而致体能消耗过大，体力下降，影响配种、产蛋。

（3）保持充足光照。充足的光照可加速公鹅性器官的成熟，有利于提升其性欲，同时也可刺激母鹅的产蛋能力。种鹅产蛋期间，每日合理控制光照时间（自然光照＋人工光照）达到16～17 h，保持恒定维持到产蛋结束。光照强度按每平方米5～6 W灯泡，高度离地2 m。

（4）产蛋管理。母鹅产蛋一般在凌晨和10:00前结束，设置足够的产蛋箱。大群放牧饲养的可在鹅棚附近搭建产蛋棚，舍饲鹅群在圈内靠墙四周放置产蛋箱。10时前避免让鹅外出，让母鹅在产蛋箱产蛋。开产时，对初产母鹅的产蛋行为进行约束和调教，在产蛋巢穴内放置"引蛋"使得产蛋管理具有一定规范性。发现有鹅在舍外产蛋时，应及时将鹅和蛋一起带回鹅舍中的产蛋箱内，以调教养成舍内窝箱产蛋的习惯。要勤拾蛋，收集的种蛋应贮在蛋架上。

（5）及时淘汰与分群。在产蛋期，如果出现断翅、瘸腿、公鹅掉鞭、母鹅重度脱肛等不可逆转的情况，应立即对其予以淘汰处理；凡产蛋性能不佳或停产过早的母鹅也应及时地将其隔离饲养或淘汰。在产蛋后期，鹅群中有大量的母鹅陆续停产，此时应将停产母鹅与产蛋母鹅及时地分开饲养，采取不同的饲养管理措施。

（6）卫生防疫。在产蛋期，种鹅的抗病能力较差，要做好各种疾病的预防和治疗工作，及时进行小鹅瘟、副黏病毒病等疫病的抗体检测工作，酌情进行二次免疫注射。保持鹅舍的通风换气，定时清理舍内外的粪便，定期消毒，勤换垫料，使鹅舍干燥、卫生、清洁。鹅场避免噪声等应激的发生，必要时可在饲料或饮水中加入药物进行预防。

3. 种鹅休产期的饲养管理

一般到每年的4—5月，种鹅开始陆续停产换羽，进入休产期，产蛋率下降至5%以下。

（1）种鹅的选留。种鹅一般利用年限为3～4年，为保证鹅群旺盛的生产能力，可根据母鹅的开产期、产蛋性能、蛋重、受精率和就巢情况进行选留，并整理鹅群。母鹅停产后，首先将鹅群中的病、弱、残鹅，产蛋率低的母鹅和阴茎伤残的公鹅及时淘汰，淘汰的种鹅作肉鹅肥育出售。同时，按比例补充新的后备种鹅，新组配的鹅群必须按公母比例同时更换公鹅。

（2）人工强制换羽。人工强制换羽通过改变种鹅的饲养管理条件，缩短换羽时间并使换羽后产蛋比较整齐。换羽之前，首先清理淘汰产蛋性能低、体型较小、有伤残的母鹅及多余的公鹅，准备好之后对鹅群停止人工光照，停料 2 ～ 3 d，但要保证充足的饮水；第 4 天开始喂给由青料加糠麸、糟渣等组成的青粗饲料，第 12 ～ 13 d 试拔主翼羽和副主翼羽，如果试拔不费劲，羽根干枯，可逐根拔除。否则应隔 3 ～ 5 d 后再拔 1 次，最后拔掉主尾羽。为种鹅拔羽以后，立即喂给青饲料，并慢慢增喂精料，加强饲养管理，促使其恢复体质，提早产蛋。

（3）活拔羽绒。种鹅休产期可进行人工活体拔羽以增加经济收入。拔羽绒前 1 d 要将羽绒清洁干净，拔绒当天停食、停水，有羽毛被淋湿的鹅要等羽绒干后再拔取，拔羽绒部位是除头、双翅及尾以外各部位的毛。拔羽绒后要给鹅创造好的环境，并要加强饲养管理，每天补充精料 150 ～ 180 g，精料营养水平代谢能为 10.9 MJ/kg，粗蛋白为 16.5%。若有条件还可在饲料中加 2% ～ 3% 水解羽毛粉更为宜。短期不能在阳光下暴晒，不能让鹅下水。

（4）日粮控制。为保证休产期种鹅理想体况，控制日粮水平，做到"看膘给料"。进入休产期的种鹅应以放牧为主，其目的是消耗母鹅体内的脂肪，提高鹅群耐粗饲的能力，降低饲养成本。产蛋结束后至拔毛前，逐渐减少日粮饲喂，并将产蛋期鹅料改为休产期鹅料，日饲喂次数由产蛋期的 3 次减少至 1 次，每只母鹅日饲喂 100 g 左右，每只公鹅 150 g 左右，主要目的是消耗母鹅体内的脂肪，加速鹅的换羽。给公母鹅补充充足的青绿饲料，如有条件应延长放牧时间，既可提高鹅群耐粗饲的能力，又可降低饲养成本。到了休产后期，主要任务是种鹅的驱虫防疫、提膘复壮，为下一个产蛋繁殖期的到来做好准备。

（5）日常管理。保证饮水，保持舍内通风良好，每天要及时清除鹅粪，保持舍内外清洁卫生，除做好常规消毒工作外，还要做好日常鹅群的保健工作。

（五）商品肉鹅（28 ～ 70 日龄）的饲养管理

1. 饲养方式

商品鹅常见的饲养方式有放牧饲养、放牧与舍饲相结合、半舍饲圈养等方式。

2. 商品肉鹅的选择与组群

育雏结束后，选择健康、生长发育快、耐粗饲、适合性好的商品杂交鹅来饲养。淘汰体质弱的鹅、僵鹅、病鹅，此时仔鹅消化能力强，采食量大，对外界环境适应性和抵抗力增强，是骨骼、肌肉和羽毛迅速生长的阶段，组群做到大小、强弱一致，保证商品鹅的均匀度一致。可根据牧场大小、饲料生长情况、草质、鹅群的体况来确定放牧鹅群大小，较好的草场可以采用轮流放牧的方式，以 100 ～ 200 只为一群比较适宜，对于田间地头以 30 ～ 50 只为一群比较适宜。对舍饲鹅群来说，保证每平方米 4 ～ 5 只，每群 50 ～ 80 只。

为了达到鹅群生长整齐、增肥同步的育肥效果，需要将大群分为多个小群来饲养。分群时将体型大小相近、采食能力相差不大的鹅分为一群，按照体质强弱分为强群、中群、弱群。选择好育成鹅后，在育肥前要对其进行驱虫处理，以提高饲料转化率，达到良好的育肥效果。

3. 商品鹅的饲养管理

（1）舍饲平养。舍饲平养就是将育肥鹅饲养在舍内，（具体方法同肉鸡、肉鸭舍内网上平养）可自由采食、饮水；也可每天饲喂 4 ~ 5 次，21：00 喂最后一次；应供给全价饲料和优质牧草，特别是维生素和矿物质的供给，应保证充足、新鲜、清洁卫生的饮水，冬季饮温水。为增加商品鹅的食欲，鹅群每 2 d 进行一次水浴，特别是临出栏 3 ~ 4 周，这样有利于鹅毛生长，提高出栏鹅品质。运动场内需堆放沙粒，供鹅选食，保证舍内环境安静、少光，并限制其活动，让其尽量休息。保持鹅圈舍清洁卫生、干燥，定期消毒，预防疾病发生。

（2）放牧饲养。放牧饲养在育雏结束后，白天可完全放牧，选择有丰富牧草、草质优良、靠近水源的地方，要根据牧场大小、饲料生长情况、草质、鹅群的体况来确定放牧鹅群大小，较好的草场可以采用轮流放牧的方式，晚上可补食精料一次。放牧时要注意鹅群的饮水和休息，可节省不少精料，降低生产成本。放牧前和收牧回舍后要清点鹅数，检查鹅群健康情况，发现病弱鹅应及时隔离和治疗，天热时早出晚归，天凉时晚出早归。

4. 商品鹅的育肥

（1）育肥原理。商品鹅出栏前，根据仔鹅生长发育情况，短期育肥。短期育肥原理主要限制肉鹅活动，以减少体内养分的消耗，同时饲喂能量饲料，保证适宜的饲养环境，促进其脂肪沉积、快速长肉。

（2）育肥前准备。育肥的商品鹅要选择健壮无病、精神活泼、善于觅食，日龄为 60 日龄以上的育成鹅。育肥时应将大群鹅分成小群饲养。分群原则：将体型大小和采食能力相近的公母鹅混群，分成强、中、弱群，然后根据实际情况采取相应技术措施，缩小群体之间的差异，使全群达到最高生产性能，一次性出栏。

（3）育肥方式。按照采食方式分为自由采食育肥法和填饲育肥法。自由采食育肥法又分为放牧育肥法、舍饲育肥法、放牧与舍饲育结合法。育肥鹅选择精神状况良好、羽毛光亮、觅食能力强、健康鹅进行育肥。

（4）育肥期的饲养管理。无论是舍饲还是填饲育肥，都要适当降低鹅群饲养密度，限制鹅群活动，保持安静，控制光照。保持清洁饮水，每天清洗料槽、水槽，定期消毒，保持舍内外的卫生。

①放牧育肥。放牧育肥方法是目前最经济实惠的育肥方式，以放牧为主饲养的中鹅，骨架较大，但胸部肌肉不丰满、膘度不够、出肉率低、稍带些青草味。放牧育肥期间，根据放牧牧场实际情况，配置全价配合饲料或自调预混饲。经短期肥育，可改善肉质，增加肥度，提高产肉量。放牧育肥：一是尽量选择牧草丰富的地方，可提高单位面积载鹅量；

二是选择牧草种类丰富的草地，尤其是豆科、禾本科、菊科等牧草要丰富；三是放牧场地附近最好有水塘、河流等水源，能提供清洁的饮水和便于清洗羽毛；四是放牧地附近最好有建造的简易棚舍，以供鹅群遮阳或避风雨；五是放牧地要远离疫病区、工业区、污染区等，利于鹅的健康生长。如可利用农作物收割后，根据鹅的批次、生长情况，白天将鹅群放牧到田地，采集遗穗、遗粒及草籽，晚上再喂 1 ～ 2 次精料，并给以充足清洁的饮水，体重可达到出售标准。

②舍饲育肥。舍饲育肥法是将鹅饲养在光线较暗的舍内，增加鹅的饲养量，加大饲养密度，控制鹅的运动范围，减少鹅的活动，以降低鹅的能量消耗，是目前养殖场主要的育肥方式。舍内采用地面或网上平养，日粮以青绿饲料为主，精饲料为辅，精粗饲料合理搭配；舍外可提供陆地运动场和水面运动场，使鹅能充分运动，增强体质。运动场内需要放置沙粒，以供鹅群采食，增加其消化能力。舍饲育肥一般为 15 ～ 20 d，可选择育肥配合饲料或自制育肥饲料，每天饲喂 3 ～ 4 次，体重增加 30% ～ 40% 即可出。

③填饲育肥。填饲育肥也称强制育肥，是将饲料以强制性的方式塞进鹅口腔及食道内，以促进饲料快速消化吸收，填饲期适宜控制在 3 周。填饲育肥能快速、超量地增加鹅的营养、体重，缩短鹅育肥时间。填饲育肥法有人工填喂法和机器填喂法两种。日常供应的饲料一般都是饲养场自己配制的，同时应该限制鹅群的活动。

（5）适时出栏。商品鹅经过育肥后可出栏上市，如果继续育肥会使肉鹅的脂肪含量过多，饲养成本增加。达到出栏标准的肉鹅一般要求体躯为方形、后腹下垂、胸肌饱满、颈部细而结实。一般上等肥度的肉鹅皮下可以摸到较为结实且富有弹性的脂肪块，皮下的脂肪较厚，胸肌饱满，中等肥度的肉鹅则可在皮下摸到板栗大小的稀松脂肪块，当肉鹅育肥到中上等水平时即可屠宰上市。

📖 知识链接与课堂讨论

知识链接：

鹅肥肝生产

鹅肥肝是鹅经专门强制填饲育肥后产生的、重量增加几倍的肝脏产品。生产鹅肥肝的常用模式：一是选择国外优良品种朗德鹅；二是利用朗德鹅的杂交优势，以朗德鹅作为父本，选取中等体格以上的当地鹅种为母本，杂交一代所生产的鹅肥肝；三是以国内地方大型鹅种如狮头鹅为父本，选取产蛋性能高的如四川白鹅为母本生产的鹅肥肝。鹅肥肝生产技术要点如下：

1. 鹅肥肝分级及鹅种选择

（1）鹅肥肝分级。鹅肥肝根据质量、新鲜度、完整性、颜色等进行分级。从重量方面，优质鹅肥肝为 600 ～ 900 g，一级鹅肥肝为 350 ～ 599 g，二级鹅肥肝为 250 ～ 349 g，三级肥肝为 150 ～ 249 g。

（2）鹅种选择。国外多用朗德鹅、莱茵鹅等，我国多选用朗德鹅、溆浦鹅、狮头鹅等品种，一般选用 11 ～ 12 周龄的肥育鹅进行填饲。

2. 填饲肥肝鹅的适宜周龄与体重

肥肝鹅的强制填饲通常应在其骨骼基本长足，肌肉组织停止生长，即达到体成熟后进行效果才好。一般大型仔鹅在 15 ～ 16 周龄，体重 4.6 ～ 5.0 kg，中型仔鹅在 12 ～ 13 周龄，体重 3.5 kg 左右开始填饲为宜。采用放牧育肥的鹅，在填饲前 2 ～ 3 周补饲粗蛋白质 20% 左右的配合饲料或颗粒饲料，为填饲期大量填饲打下良好的基础。

3. 预饲期、填饲期、填饲次数与填饲量

（1）预饲期。预饲期是正式填喂前的过渡阶段，其长短因品种、季节及习惯等因素而差异较大，一般为 5 ～ 30 d。

（2）填饲期与填饲次数。填饲期的长短取决于填饲鹅的成熟程度。鹅的填喂期平均为 23 ～ 30 d，日填饲次数 4 次。

（3）填饲量。在消化正常的情况下，应尽量加大填饲量，把大量脂肪转运到肝脏，迅速形成肥肝。小型鹅种的填饲量以干玉米计为 0.5 ～ 0.8 kg，大中型鹅种为 1.0 ～ 1.5 kg。

4. 填饲方法

（1）填饲前的准备。将待填饲的鹅按公母、体重大小、体质强弱分群。挑出病鹅或体质差的鹅。分群过程中，剪去鹅的脚趾甲，防止在填饲过程中抓伤人或待填饲的鹅相互抓伤。然后将填饲饲料按料水比 1 ∶ 2 的比例拌湿调匀。

（2）抓鹅。填饲者抓住鹅的食道膨大部，抓时四指并拢，拇指握颈部，用力适当，即可将鹅提稳。不要抓鹅的翅膀或脚，防止鹅挣扎造成伤残。

（3）填饲操作。一般采用填喂机填饲。填喂操作方法：填饲时，填饲者左手握鹅的头部，掌心握鹅的后脑，拇指与食指撑开鹅的上下喙，中指压住鹅舌，右手握住鹅的食道膨大部，将填饲胶管小心送入鹅的咽下部，鹅的颈部应与胶管平行。然后将饲料压入食道膨大部，随后放开鹅，完成填饲。

5. 填喂期的饲料及管理

（1）填喂期的饲料。玉米粒是用量最大的饲料，它在填喂期饲料中可占 50% ～ 70%，最好采用黄玉米；小麦、大麦、燕麦和稻谷等可在日粮中占一定的比例，但最好不超过 40%；豆饼（或花生饼）主要供给鹅蛋白质需要，一般可在日粮中加进 15% ～ 20% 的量；鱼粉或肉粉为优质蛋白质饲料，可在日粮中添加 5% ～ 10%；青饲料是预饲期另一类主要饲料，在保证鹅摄食足量混合饲料的前提下，应供给大量适口性好的新鲜青饲料。填饲料最好在浸泡后饲喂。

（2）填饲期管理。整个填喂期均在舍内饲养，栏舍要求清洁干燥、通风良好、安静舒适，不要放牧放水，有时可让鹅在舍边小运动场活动、休息并限制鹅的活动。每次填喂前要检查食道膨大部，看上次填喂的饲料是否已消化，从而灵活掌握填喂量。平时还要注意观察群体的精神状态、活动状态，以及体重、耗料、睡眠等方面情况。一旦发现呼吸极度困难、不能或很少行动、严重滞食、眼睛凹陷、嘴壳发白的鹅，应随时屠宰。

6. 鹅肥肝摘取

（1）屠宰。屠宰前的赶、捉、关，以及整个屠宰过程的所有动作都要敏捷轻谨，以免鹅体和肥肝受损。屠宰时，切断鹅的颈静脉，并将鹅头向下拉，以助血液从体躯各处向下流出。放血时间要足够，以利于将肝脏中的血液排尽。血放净后，将鹅在 70 ℃左右的热水中浸烫，然后拔毛，将毛拔净。

（2）取肝。屠体冷却至 0～2 ℃，用刀从泄殖腔沿腹中线剖开，摘取全部内脏，再连同胆囊一起将肝脏分离出来。肝脏除去胆囊后，放在清洁的盘上，盘底部铺有油纸。

（3）分级包装。连盘带肝一起移到 0～2 ℃的冷藏室，冷却 2～4 h 后，依照技术等级进行分级、包装。

知识准备二

鹅病防治技术

一、鹅常见细菌病防治

（一）鹅大肠杆菌性腹膜炎

鹅大肠杆菌性腹膜炎是产蛋母鹅和仔鹅的一种常见传染病，由大肠杆菌引起成年母鹅生殖器官卡他性出血性炎性病变。

1. 病原

大肠杆菌革兰氏阴性，为中等大小的短杆菌，无芽孢、有鞭毛、能运动。兼性厌氧菌，对糖类发酵力很强，对外界不良因素的抵抗力不强；加热 50 ℃ 30 min、60 ℃ 15 min 死亡，一般消毒药物均能杀死本菌。

2. 流行特点

大肠杆菌广泛分布于自然界，当水源受到严重污染，鹅群在污染的水中寻食、交配，就很容易将病原传入生殖道和消化道，特别是进入春季和初夏，气候暖和，水温上升时，也正是母鹅进入产卵的旺季，性活动旺盛，交配频繁，生殖道受感染的机会大大增加，所以本病多发生于母鹅产蛋高峰季节，产蛋停止，病也随之停息。本病能导致鹅成批发病和死亡，发病率高达 35% 以上。

3. 临床表现

病鹅主要表现精神委顿，减食或食欲废绝，行走缓慢，常蹲伏地上，不愿下水，触诊腹部，有疼痛反应，产卵减少或停止，也常见产软壳蛋，部分病例随泄殖腔排出蛋白和卵黄，肛门周围也常被污染结成硬块，病程为 3～7 d，病鹅因严重失水、消瘦、心力衰竭而死亡，病死率高达 70% 左右。公鹅感染后表现为阴茎炎性水肿或溃疡，重症病例出现化脓性结节，有的产生坏死灶，阴茎不能回缩入泄殖腔，失去配种能力。

4. 剖检病变

病鹅外观羽毛蓬乱，消瘦，眼球下陷，肉瘤萎缩，喙干燥，皮肤干燥、萎缩，呈严重脱水状态；呼吸系统无显著变化，心肌松软、色淡，腹腔积液，充满淡黄色、淡红黄色腹水及凝固性纤维蛋白，腹水常见卵黄凝块、肠浆膜显黄色，有卡他性出血性炎性病变，腹膜有不同程度的炎性纤维素性渗出物附着，剥出纤维素性渗出物，可见出血点或出血斑。输卵管黏膜发炎，有出血点和淡黄色纤维素性渗出物，管腔中有破裂的卵脓块。卵巢呈急性出血性炎性病变，有的卵滤泡出血或破裂。

5. 诊断

根据产卵季节以产卵母鹅发病为主，结合剖检病变，可初步作出诊断，进一步可采取输卵管分泌物及病变的卵子做病原分离、生化鉴定和血清学分类鉴定后即可作出确诊意见。

6. 预防

对本病的预防应加强饲养管理，改善放养条件，更换死水塘堰的污染积水，避免鹅群在严重污染的塘、堰中放牧，减少传播机会。对公鹅应逐只检查，发现外生殖器有可疑病变的应停止配种，有条件的饲养场可进行人工授精。在本病发生的地区，每年产蛋前半月可用蛋子瘟灭活菌苗进行预防接种，免疫期5个月。对于已发生本病的鹅群，接种量可适当加大，接种后5~7 d，病情即可逐渐停息。

7. 治疗

可选用链霉素治疗，每只鹅肌内注射5万~8万单位，每天注射2次，连用3 d，效果良好。此外，可用磺胺嘧啶拌入饲料喂饲，也有一定疗效。

（二）鹅沙门氏菌病

鹅沙门氏菌病又称鹅副伤寒，是各种家禽都发生的常见传染病，主要危害幼鹅，呈急性或亚急性经过，表现为腹泻、结膜炎和消瘦等症状，成年鹅呈慢性或隐性经过。

1. 病原

鹅沙门氏菌病的病原为多种沙门氏菌，主要为鼠伤寒沙门氏菌、肠炎沙门氏菌、鸭沙门氏菌和鸡白痢沙门氏菌。该病病原抵抗力不强，加热60 ℃ 15 min即失去致病性，普通消毒药能很快使之灭活。

2. 流行病学

病鹅和带菌鹅是传染源。鹅沙门氏菌病的传播途径主要是消化道，其次是污染的种蛋垂直传播，少数情况下可通过呼吸道传播。被污染的饲料、饮水、用具、土壤及鹅舍环境等都是本病的传播媒介。各种应激因素，如不良的环境、不利的天气、长途运输等，都是促使本病发生的诱因。

3. 症状与病变

经蛋垂直传染的雏鹅，在出壳后数日内很快死亡，无明显症状。出壳后感染的雏鹅，表现食欲不振、口渴、腹泻，粪便呈稀粥样或水样，常混有气泡，呈黄绿色；肛门周围被粪便污染，干涸后封闭泄殖腔，导致排粪困难；眼结膜发炎、流泪、眼睑水肿、半开半闭；鼻流浆液性或黏液性分泌物；腿软、呆立、嗜睡、缩颈闭目、翅膀下垂、羽毛蓬松；呼吸困难，常张口呼吸，多在病后 2～5 d 内死亡。成年鹅无明显症状，呈隐性经过。主要病变部位在肝脏，症状是肝肿大、充血、表面色泽不均，呈黄色斑点，肝实质内有细小灰黄色坏死灶（副伤寒结节）；胆囊肿大，充满胆汁；肠黏膜充血、出血、淋巴滤泡肿胀，常突出于肠黏膜表面，盲肠内有白色豆腐样物；有时出现卵巢、输卵管、腹膜的炎性变化。

4. 诊断

鹅沙门氏菌病缺乏特征性症状及病变，经临床和剖检检查只能初步怀疑本病，确诊只能做病原学检查。

5. 防治措施

预防鹅沙门氏菌病最主要的方法是保持种鹅健康，慢性病鹅必须淘汰。孵化前对种蛋和孵化器进行严格消毒。雏鹅与成年鹅分开饲养，并做好卫生消毒及饲养管理工作。对发病的雏鹅群可进行药物治疗和预防：环丙沙星，按 0.05%～0.1% 混饲，连喂 3 d；鲜大蒜捣烂，按 1 份大蒜加 5 份清水，制汁内服，既可预防，也可治疗。

（三）鹅巴氏杆菌病

鹅巴氏杆菌病又称鹅霍乱、鹅出血性败血病，简称鹅出败，是由禽型多杀性巴氏杆菌引起鹅的一种急性败血性传染病。本病分急性型和慢性型两种：急性型表现为败血症，发病率和死亡率很高；慢性型表现为呼吸道炎、关节炎。

1. 病原

鹅出败由禽型多杀性巴氏杆菌引起，该菌体呈卵圆形或短杆状，宽 0.25～0.4 μm，长 0.6～2.5 μm，呈革兰氏阴性，无芽孢，无鞭毛，不运动，用瑞氏染色，显微镜下观察，菌体两端着色较深，呈明显的两极染色，中央部位着色较浅，很像并列的两个球菌，所以又称两极着色杆菌。根据本菌不同荚膜抗原分为 A、B、C、D 四个基本型。鹅的巴氏杆菌主要是 A 型菌，少数为 D 型菌。

2. 流行特点

家禽包括鸡、鸭、鹅、火鸡对本病有易感性。野鸭、海鸥、麻雀、啄木鸟、白头翁等多种飞鸟都可感染致死，各种试验动物如小白鼠、豚鼠、家兔、鸽也能感染死亡。本病在鹅群中多为散发，但水源严重污染，鹅在污染水中游泳也能引起暴发流行。本病的传染源为病死的鸡、鸭、鹅、兔，或带菌的病禽，污染的环境、饲养工具。饲料、饮水、带菌的飞沫、灰尘等是主要的传播媒介，病原通过消化道、呼吸道进入家禽体内。在自然情况下，巴氏杆菌也存于鹅的呼吸道，平时并不致病，当禽舍潮湿、阴暗、拥挤，气候突变，维生素缺乏，蛋白质及矿物质饲料不足，体内外寄生虫感染等不良因素的刺激导致鹅的抵抗力降低时可诱发本病。

3. 临床表现

自然感染的潜伏期为 3 ~ 5 d，本病在临床上因个体抵抗力的差异和病原菌毒力的差异，其症状表现可分为以下三型：

（1）最急性型。多见于流行初期，高产母鹅感染后多呈最急性型。无先期症状，常突然发病倒地死亡，有时晚上喂料时无异常发现，次日早晨却发现病鹅死于鹅舍内。

（2）急性型。急性型最为多见。病鹅主要表现精神沉郁，不吃食，离群，蹲伏地上，头藏在翅下，驱赶时，行动迟缓，不愿下水，腹泻，排灰白色或黄绿色稀粪，体温升高达 42 ~ 43 ℃，呼吸困难，病程 2 ~ 3 d，多数死亡。

（3）慢性型。多见于流行后期，部分病例由急性型转化而来。病鹅主要表现为持续性下痢，消瘦，后期常见一侧关节肿大、化脓，精神不佳，食量小或仅饮水，驱赶出现跛行，部分病例还表现呼吸道炎，鼻腔中流出浆液性或黏性分泌物，呼吸不畅，贫血，肉瘤苍白，病程可持续 1 个月以上，最后因失去生产能力而被淘汰。

4. 剖检病变

死于最急性型的病死鹅尸体可见肝脏有不同程度的肿大瘀血，心冠、心外膜有少量散在性出血点，消化道无显著病变。急性型病例全身出现败血症病变，浆膜、黏膜有点状出血，心包积液，呈淡红色，心包膜有点状出血，左、右心室内膜，冠状沟有点状出血，肝肿大、充血、质脆，肝被膜下有粟粒大小的棕色或灰白色坏死灶，气管及支气管黏膜充血、出血，肺充血，被膜下有点状出血，小肠黏膜有不同程度的炎性病变。慢性型病例主要病变见于小肠和回肠有不同程度的卡他性炎性病变，小肠黏膜脱落，黏膜下层水肿，肠壁增厚，脚关节炎性肿大、化脓，切开有干酪样物。

5. 诊断

根据临床症状和剖检病变，对本病不难作出诊断；进一步确诊，可采取死鹅肝、腺组织涂片，血液涂片，革兰氏染色镜检，如出现大量革兰氏阴性两极着色小杆菌即可确诊，也可用病变组织做细菌培养和动物接种分离病原菌，最后做出诊断。

6. 预防

对本病的预防，平时应加强饲养管理和清洁卫生，经常保持鹅舍干燥通风，防止气候的突然变化和饲料的骤然变化，减少不良因素的刺激，同时要有计划地做好鹅群的预防免疫工作。大群饲养可采用饮水免疫，效果好，省力，目前国内用于饮水免疫的有 1010 禽霍乱弱毒菌苗，免疫期可达 8 个月。也可用 CV 系禽霍乱弱毒冻干苗，用铝胶水作百倍稀释，每只鹅颈部皮下注射 0.5 mL，2 周后再注射一次，7 d 后开始产生免疫力，免疫期为

3个月。

7. 治疗

青霉素、链霉素、土霉素可用于本病的治疗，对急性病例有一定疗效。青霉素成年鹅每只5万～8万单位，一日2～3次，肌内注射，连用4～5 d；链霉素每只成年鹅肌内注射10万单位，每天一次，连用2～3 d；土霉素每千克饲料中加入2 g，拌匀饲喂。仔鹅的药量可酌情减少。

磺胺类药物：20%磺胺二甲基嘧啶钠注射液，每千克体重肌内注射0.2 mL，每日2次，连用4～5 d；长效磺胺每千克体重0.2～0.3 g内服，每日一次，连用5 d；复方敌菌净按饲料质量加入0.02%～0.05%拌匀饲喂，连用7 d。

紧急预防和治疗，可用抗禽霍乱高免血清皮下注射3～5 mL，治疗量可适当加大，隔日重复注射一次，对早期病例有效。

二、鹅常见病毒病防治

（一）小鹅瘟

小鹅瘟是雏鹅的急性或亚急性败血性传染病，以渗出性肠炎、肝炎、肌肉变性，特别是心肌变性为主要特征，病原体是细小病毒。我国于1956年在扬州首先发现本病，于1961年分离出病原体，称小鹅瘟病毒，迄今已在我国南北方20余个省（区、市）流行。

1. 病原

小鹅瘟的病原目前国内外已基本统一称为细小病毒。我国分离的毒株为圆形，无囊膜，大小为22～25 nm。迄今为止，世界各国对小鹅瘟细小病毒的研究证明只有一个血清型。国内各地分离的毒株抗原性也无明显差异。本病毒对外界的抵抗力较强，在 −20 ℃下可存活2年以上，能抵抗56 ℃的高温3 h。

2. 流行特点

小鹅瘟在自然情况下只感染雏鹅，鸡、鸭不受感染，人工接种也不发病，雏鹅患病的日龄为3～30日龄，1月龄以上发病的极少，以5～15日龄发病的最多，病死率高达75%～95%。20日龄以上发病的不多。本病的传染源为带毒的种蛋孵化后感染的雏鹅。当孵出的雏鹅发现受感染后，以后各批常呈暴发流行，所以污染的孵化室也是本病的传染媒介。在饲养肉鹅的地区，由于每年都在成批更新鹅群，所以本病常呈周期性流行。据报告，本病大流行后1～2年内不出现大规模流行，在大流行次年的雏鹅人工接种强毒，有75%的雏鹅有抵抗力，而每年不大批更新鹅群的地区，发病率和死亡率较低，一般在20%～50%。

3. 临床表现

本病潜伏期3～5 d。根据病程长短分最急性型、急性型和亚急性型。

（1）最急性型病例见于出壳后3～10日龄发病的雏鹅，常无先期症状，然后突然发病倒地死亡。

（2）急性型病例多见于 5 ～ 15 日龄的小鹅。主要表现精神委顿，羽绒松乱，声音嘶哑，有采食动作，但不吞咽，含起青草又摆头甩掉。症状出现后数小时行走迟缓，打瞌睡，只饮水不吃食，腹泻，排黄白色或淡绿色稀粪，肛门突出，肛周绒毛被粪便粘污，后期呼吸困难，鼻孔中有浆液性分泌物流出，死前出现抽搐、脚麻痹的现象。病程 1 ～ 2 d，最后因心力衰竭而死亡。

（3）亚急性型病例多见于 15 日龄以上的小鹅。部分由急性型转化而来，主要表现为精神委顿、不吃食、消瘦、腹泻，少数病例可排出条状香肠样、表面有纤维素性假膜的硬性粪便。本型病程较长的病例可能耐过，但早期生长迟缓。

4. 剖检病变

最急性型病例除肠道有急性卡他性炎症外，其他脏器病变不明显。急性型病例尸体消瘦，眼窝下陷，口腔黏膜棕褐色，有多量黏液性分泌物，全身皮下广泛性出血，胸腔积液，心肌松软、苍白，脂肪变性，冠状沟有点状出血，肝瘀血肿大，呈紫红色或淡棕色，被膜下有出血点或出血斑，肝实质脆弱，切面有粟粒大坏死点，胆囊肿大，充满暗绿色胆汁，肾肿大瘀血，呈暗红色，胰腺肿大，呈灰白色，有点状坏死灶，空肠、回肠有急性纤维素性渗出物，肠内容物稀薄，有血块，多数病例小肠扩张，肠壁变薄，肠内容物呈胶冻样，混有血块，黏膜脱落，典型病例小肠中段黏膜坏死、脱落，与凝固性纤维素性炎性渗出物融合成硬块，阻塞小肠，外表呈香肠状。

5. 诊断

根据本病的流行病学特点，临床症状和剖检病变可初步作出诊断，但确诊必须进行病原分离鉴定，根据病原分离和中和试验结果即可确诊此病。

鉴别诊断：据报道，加拿大发现一种以感染 8 ～ 28 日龄雏鹅为主的腺病毒，引起雏鹅急性死亡，死亡率高达 25%，主要病变为肝苍白，脂肪变性、肿大，有多量散在性出血点和坏死灶，皮下广泛性出血，腹水增多。用肝细胞触片染色显微镜检查，发现细胞核内出现嗜碱性和嗜酸性染色的两种核内包涵体，轮廓清晰。电子显微镜检查发现晶格状排列的病毒粒子，大小为 55 ～ 66 nm，具有腺病毒的特征，人工复制病例，也能出现和自然病例相似的病状和剖检病变及核内包涵体。本病的临床症状、病变与小鹅瘟极为相似，但病毒中和试验，彼此不出现相互中和反应，病原为腺病毒，与小鹅瘟病毒的抗原特性完全不同。鹅的腺病毒感染，国内研究不多，在诊断中应引起重视。

6. 防治措施

各种抗生素及磺胺类药物对本病治疗无效。早期病例可皮下注射抗小鹅瘟高免血清 0.5 mL，隔日重复注射一次，有一定疗效。重症病例注射剂量适当加大。对未出现症状的雏鹅使用高免血清紧急预防注射，可控制本病的流行。

7. 预防

小鹅瘟主要是种蛋带毒感染和孵化室的污染传播，故应在种蛋孵化前应进行表面浸溃消毒，同时孵化室在上蛋前也应进行彻底消毒，如果雏鹅出壳后 5 ～ 6 d 发现大批发病死亡，则表明孵化室已受到严重污染，应停止继续孵化，进行全面彻底消毒，查明污染原因。

小鹅瘟细小病毒可以通过母鹅垂直传播，因此控制疫区种蛋的随意流动是预防小鹅瘟的重要一环。此外，在有小鹅瘟发生的地区，每年在母鹅产蛋前 25 ～ 30 d，应对种鹅进行预防接种，不仅能有效地防止种蛋带毒，雏鹅出壳后还可从卵黄中获得母源抗体，产生被动免疫，抵抗小鹅瘟细小病毒的传染。

（二）鹅禽流感

鹅禽流感又称鹅流行性感冒，是由 A 型流感病毒中的致病性血清型毒株所引起的鹅传染病。

1. 病原

鹅禽流感的病原体为 A 型禽流感病毒，有十多种血清型。

2. 流行病学

鹅禽流感主要经呼吸道感染，也可由被污染的水源、羽毛、排泄物、饲料及用具经消化道感染。在鹅群附近发生禽流感的鸡、鸭群，也是重要的传染源。本病一年四季均可发生，以冬、春季节多发，夏、秋季节零星发生。气候突变，冷刺激，饲料中营养物质缺乏均能促进该病的发生。大批发病和死亡常见于 10 ～ 12 月及翌年的 1 ～ 4 月。

3. 临床症状

鹅禽流感的潜伏期较短，一般为 4 ～ 5 d。因感染鹅的品种、日龄、性别、环境因素、病毒的毒力不同，病鹅的症状各异，轻重不一。病鹅的临床症状也有所不同，分为最急性型、急性型和亚急性型。

（1）最急性型病鹅常突然发病，食欲废绝，低头闭目，很快倒地，不久就会死亡。死亡率可达 90% ～ 100%。

（2）急性型病鹅精神沉郁，羽毛松乱，双翅下垂，拉黄绿色稀便，两腿发软，下颌、颈等皮下水肿，眼结膜充血，有出血点或出血斑，眼泪呈红色（俗称血泪），后期见眼结膜浑浊呈灰白色（俗称眼生白膜）。病鹅出现神经症状，曲颈歪头，左右摇摆或频频点头，最后倒地挣扎，终因呼吸困难而死亡。产蛋母鹅感染禽流感后产蛋率下降，破蛋、小蛋数量增加，耐过的产蛋母鹅经 30 ～ 45 d 才能恢复产蛋。

（3）亚急性型表现以呼吸道症状为主，一旦发病很快波及全群。病鹅呼吸急促，流浆液性鼻液，呼吸时发出啰音，咳嗽，经 2 ～ 3 d 大部分病鹅的呼吸道症状减轻。若在发病早期及时控制，症状迅速减轻或消失，只有少数病鹅转为慢性型。母鹅染病后产蛋率下降，死亡率很低。

4. 剖检变化

头部肿大的病例，可见头部皮下呈胶冻状，颈上段肌肉出血，鼻黏膜充血、出血和水肿，鼻腔充满血样黏液性分泌物，喉、气管黏膜有不同程度的出血。严重病例可见腺胃分泌物增多，腺胃与肌胃交界处有出血点或出血带。肠黏膜充血、出血，尤以十二指肠严重，心肌、肺、肝、肾、脾、脑等均有不同程度的出血。产蛋鹅卵泡充血、出血、变形和皱缩，输卵管黏膜充血、出血。

5. 诊断

由于鹅禽流感的临床症状和病理变化差异较大，所以确诊必须依靠病毒的分离、鉴定和血清学试验。

本病在临床上与新城疫的症状及剖检变化相似，应注意鉴别。

（1）与鹅副黏病毒病的区别。鹅禽流感的特征是全身器官以出血为主；鹅副黏病毒病的特征是以脾脏肿大，并有灰白色、大小不一的坏死灶，肠管黏膜有散在性或弥漫性大小不一、灰白色的纤维素性结痂病灶为主。

（2）与鹅巴氏杆菌病的区别。鹅巴氏杆菌病的病原体是禽多杀性巴氏杆菌，其主要病理变化的特征是肝脏有散在性或弥漫性针尖大小、边缘整齐、灰白色并稍突出于肝表面的坏死灶（详见鹅巴氏杆菌病内容）。鹅禽流感的肝脏以出血为特征，无灰白色坏死灶。

6. 防治措施

鹅禽流感危害极大，故一旦暴发，确诊后应坚决彻底销毁疫点的所有鹅只及有关物品，执行严格的封锁、隔离和无害化处理措施。严禁外来人员及车辆进入疫区，鹅群处理后，鹅场要全面清扫、清洗、消毒，空舍至少3个月。

预防和控制鹅禽流感的方法的核心问题是防止病毒的入侵，这在大、中型鹅场较易操作，对于广大养鹅专业户认真操作起来比较困难。因鹅群不大，有些鹅群还要经常放牧。因此，预防鹅禽流感只能加强饲养管理，搞好环境卫生，增强鹅体的抗病力及做好免疫接种，提高鹅体对鹅禽流感的免疫力。

（1）疫苗接种疫苗最好选用多价灭活苗。种鹅7～10日龄首免，在颈部背侧的下1/3正中处皮下注射，每只0.5 mL；肉鹅注射一次即可，种鹅50～60日龄二免，每只注射1～1.5 mL；开产前三免，每只注射2～3 mL，以后每4～5个月免疫1次。种鹅未免疫的，所产种蛋孵出的雏鹅5～15日龄首免，每只注射0.5 mL；60日龄二免，每只注射1～1.5 mL。种鹅已免疫的，所产种蛋孵出的雏鹅15日龄左右首免，60日龄二免。

（2）使用抗生素和抗病毒药物控制继发感染，可降低鹅群发病造成的损失。可用中药板蓝根2 g/（只·日），大青叶3 g/（只·日），粉碎后拌料，配合防治。也可用抗菌药物如环丙沙星0.005%饮水，连用5～7 d，以防止大肠杆菌、支原体等继发感染与混合感染。

（3）注意事项。不要将鹅群与其他家禽混养。一旦发现疑似禽流感症状的鹅，要立即将鹅场封锁，同时上报有关部门进行诊断或处理，并注意自身安全防护。

（三）鹅副黏病毒病

鹅副黏病毒病也被称为鹅的副黏病毒感染、鹅类新城疫等。本病是由鹅源禽副黏病

Ⅰ型引起的鹅的一种烈性传染病，是我国养鹅业危害最大的传染病之一。

1. 病原

鹅副黏病毒病是由副黏病毒引起的一种具有高发病率和死亡率的传染病。鹅副黏病毒的抵抗力不强，容易被日光杀死，在干燥及腐败环境中很快失活，但在阴暗、潮湿、寒冷的环境中，病毒能够生存很久，组织器官和尿液中的病毒在 0 ℃环境中至少可以存活 1 年以上，而在土壤中能够存活 1 个月。患病鹅的肝脏、脾脏、心脏、肾脏、法氏囊、胰腺、胸腺、肺、气管、血液、肌肉、脑组织、食道、肠道等均含有大量病毒，患鹅咳嗽及打喷嚏时排出的飞沫和排泄物及羽毛等也含有大量病毒。

由于鹅副黏病毒和鸡副黏病毒均属于禽副黏病毒Ⅰ型，常被认为是鹅的新城疫，但鹅副黏病毒属于 F 基因Ⅶ型毒株，而鸡新城疫病毒属于 F 基因Ⅱ型毒株，两者的抗原性存在差异，因此用新城疫疫苗免疫鹅群难以达到预防和控制鹅副黏病毒病的目的。

2. 流行病学

鹅副黏病毒病由病鹅及其分泌物、排泄物等引起传染。本病主要通过消化道和呼吸道感染。当易感鹅吸入病毒或食入病毒之后就会感染，感染会从一个鹅群传到另一个鹅群，从而引起大流行。病毒在被感染而未出现症状的鹅体内迅速复制，通常在鹅出现症状之前 24 h，病毒已大量地从口、鼻分泌物和粪便中排出。患病鹅在症状消失后 5 ～ 7 d 才停止排毒，有的甚至 14 d 还有病毒排出，因此康复鹅应隔离 2 周后才入舍，否则将成为传染源。

被污染的炕坊是重要传染源，鹅副黏病毒可通过鹅蛋传播。患鹅副黏病毒病的种鹅所产的蛋含有病毒，且蛋壳外带有大量副黏病毒及其他微生物。许多孵化鹅蛋的炕坊长期以来没有或很少进行消毒，此外，对死胚、臭蛋等没有进行无害化处理，因此，被污染的炕坊是鹅副黏病毒病的重要传染源。

3. 临床症状

鹅副黏病毒此病流行初期，病鹅食欲减少，羽毛松乱，渴欲增加，缩颈，看似比正常的短一些，用手触摸发硬；两腿无力，孤立一旁或瘫痪；羽毛缺乏油脂，容易附着污秽物；开始排白色稀粪，中期粪便带红色，后期呈绿色或黑色。部分病鹅呼吸困难，甩头，口中有黏液蓄积；有些病鹅出现扭颈、转圈或向后仰等神经症状。

4. 剖检变化

病死鹅尸体消瘦，剖检见脾脏肿大，表面和实质有大小不等的白色坏死灶。病变的主要部位在肠道，十二指肠、空肠、回肠出血、坏死，结肠部分出现溃疡灶，小的如豆状，大的如小纽扣状，病灶中心发黑，易与肠管剥离，剥离后肠管变薄、出血；胰腺有出血和灰白色坏死灶，肝脏肿大、瘀血；腺胃与肌胃交界处有出血点；泄殖腔有时出现溃疡病灶；鹅口腔黏液较多，喉头出血；食道黏膜，特别是下端有芝麻大小灰白色或淡黄色结痂，易剥离，剥离后可见紫色斑点或溃疡。

5. 诊断

根据临床症状和剖检变化可初步诊断为鹅副黏病毒病。

6. 预防和扑灭鹅副黏病毒病的措施

（1）正确使用疫苗。对鹅副黏病毒病，目前没有活苗供使用，仅有灭活苗。鹅副黏病毒病灭活苗有Ⅰ号和Ⅱ号两种剂型，使用时应根据不同地区的疫病流行情况以及鹅群的用途选用，才能有效地预防和扑灭本病。

（2）种鹅群免疫。种鹅群至少应经四次灭活苗免疫。第一次免疫，在7～15日龄用Ⅰ号剂型，每雏皮下注射0.5 mL；第二次免疫，在第一次免疫后2个月内用Ⅰ号剂型，每鹅皮下或肌内注射0.5 mL；第三次免疫，在产蛋前15 d左右用Ⅰ号剂型，每鹅肌内注射1.0 mL；第四次免疫，在第三次免疫2个月后用Ⅱ号剂型，每鹅肌内注射1.0 mL。经四次灭活苗免疫后，种鹅群在整个饲养期内能比较有效地抵抗本病。

（3）雏鹅群免疫。种鹅经免疫且母源抗体HI为24的雏鹅群，第一次免疫，在15日龄左右用Ⅰ号剂型灭活苗免疫，每雏皮下注射0.5 mL；第二次免疫，在第一次免疫后2个月内进行，每鹅肌内注射0.5 mL。种鹅未经免疫或无母源抗体的雏鹅群，第一次免疫应在2～7日龄或10～15日龄时用Ⅰ号剂型灭活苗免疫，每雏皮下注射0.5 mL；第二次免疫，在第一次免疫后2个月内进行，每鹅肌内注射0.5 mL。

（4）紧急预防接种。当鹅群周围已发生鹅副黏病毒病时，对健康鹅群除采取消毒、封锁等措施外，应立即注射Ⅱ号剂型灭活苗。每鹅皮下或肌内注射0.5 mL，种鹅1.0 mL。在Ⅱ号剂型灭活苗免疫后一个月再用Ⅰ号剂型灭活苗免疫。

（5）综合措施。有计划地做好鹅群的免疫监测和接种工作，使鹅群保持较高的抗体水平；新引进的鹅必须在严格隔离饲养的同时，接种鹅副黏病毒病灭活疫苗，经过两周确认无病后，才能与健康鹅混养。鹅场要严格执行卫生防疫制度，人员进出时均要消毒。除做好防治外，鹅群必须与鸡群严格分开饲养，避免相互传播疾病。

三、鹅常见真菌病防治

（一）鹅口疮

鹅口疮又名家禽念珠菌病或霉菌性口炎，是白色念珠菌引起的鹅和其他家禽上消化道的一种霉菌病。该病的特征是上消化道黏膜发生白色的假膜。

1. 病原

白色念珠菌是念珠菌属中的一种类酵母菌，在自然界广泛存在，健康家禽及人的口腔、上呼吸道、肠道中也常有本菌存在。本菌在病变组织及普通培养基中都能产生芽生孢子及假菌丝。出芽细胞为卵圆形，似酵母细胞，革兰氏染色阳性。假菌丝由细胞出芽后发育而成。本菌为兼性厌氧菌，在沙保弱培养基上长出酵母样菌落，略带酒味，在玉米粉培养基上可长出分枝的菌丝体、厚膜孢子及芽生孢子。非致病性念珠菌不产生厚膜孢子。

2. 流行特点

鹅口疮主要发生于幼龄鹅。幼禽的易感性比成年禽高，发病率和死亡率也高。病鹅的粪便中含有大量病原菌，被污染的环境和水中也含有大量病原，本病通过消化道传染，口腔黏膜受损时有利于病原的侵入，饲养管理失调，环境卫生不好，可促进本病的发生，病原也能通过卵壳传播。

3. 临床表现

病鹅主要表现生长不良，精神不佳，羽毛粗乱，口腔黏膜上有乳白色或淡黄色斑点，并逐渐融合成大片白色纤维状假膜或干酪样假膜，故称鹅口疮，这种假膜发生于嗉囊者更为多见。

4. 剖检病变

病鹅口腔黏膜有乳白色假膜，嗉囊增厚呈灰白色，有的有溃疡，表面为黄白色假膜覆盖，少数病例食道中也能见到相同病变。

5. 诊断

根据口腔和食道、嗉囊的特殊病变，可初步作出诊断，进一步确诊可采取病变组织抹片，革兰氏染色，显微镜检查，观察酵母状菌体和假菌丝，若观察到病原菌，进一步做细菌培养，如果在玉米琼脂平板上培养长出分枝的菌丝体、厚膜孢子及芽生孢子，即可确诊。必要时可用纯培养物百倍稀释，做家兔耳静脉注射，4～5 d后死亡，剖检时可见肾皮质层有粟粒样脓肿。皮下接种可引起皮下脓肿；用病变组织抹片镜检可发现菌丝和孢子。

6. 预防

本病的发生与环境卫生条件密切相关，因此应注意改善饲养管理条件，保持环境的清洁、干燥，注意鹅舍的通风换气。可定期用 1 ：（2 000 ～ 5 000）倍稀释的百毒杀消毒。鹅群中如发现患有鹅口疮的病鹅，应及时将其进行隔离、消毒和治疗，防止饲料、饮水及环境污染。本病可感染人，特别是小孩，可以引起人的鹅口疮、阴道炎、皮炎、肺的念珠菌病。饲养人员要注意个人防病，一旦发现本病要严格消毒，用消毒药水洗手，工作时戴上口罩，穿好工作服，戴上工作帽，进出更衣、换鞋、消毒。

7. 治疗

群体发病可将制霉菌素 50 ～ 100 mg 加入 1 kg 的饲料中拌匀饲喂，连喂 1 ～ 3 周。进行个别治疗时，可先除去病变部位的假膜涂搽碘甘油，灌服 2% 硼酸水 10 ～ 30 mL，也可让病鹅饮用 0.5% 硫酸铜溶液。

（二）鹅曲霉菌病

鹅曲霉菌病又称鹅霉菌性肺炎，是曲霉菌引起的真菌病。本病在华南地区梅雨季节常有发生，雏鹅的发病率和死亡率均很高，多呈急性暴发，成鹅多散发本病。

1. 病原

鹅曲霉菌病主要的病原体是烟色曲霉菌，是病原性霉菌中常见的一种。曲霉菌的孢子广泛分布于自然界中。烟色曲霉菌可产生毒素，对血液、神经和组织具有毒害作用。黑曲霉、黄曲霉等也具有不同程度的病原性，有时也可从病灶分离出青霉菌、白霉菌等。鹅感染曲霉菌造成死亡的原因：一方面由于霉菌的大量繁殖，形成呼吸道机械性阻塞，引起鹅窒息而死；另一方面由于吸收了霉菌毒素而引起中毒死亡。

曲霉菌对物理及化学因素的抵抗力极强。120 ℃干热 1 h 或煮沸 5 min 才可将其杀死。2% 苛性钠、0.05% ~ 0.5% 硫酸铜、2% ~ 3% 石炭酸、0.01% ~ 0.5% 高锰酸钾处理，短时间内不能使其死亡。5% 甲醛、0.3% 过氧乙酸及含氯的消毒剂，需要 1 ~ 3 h 方能杀死本菌。在我国南方地区梅雨季节时空气湿度大，空气中含有大量霉菌，霉菌一旦污染饲料或垫料即可大量繁殖，鹅只可经呼吸道或消化道而被感染。如果出雏机污染霉曲菌或孵坊污染曲霉菌，则鹅苗一出壳即可能被感染。

2. 临床症状

自然感染的潜伏期为 2 ~ 7 d，人工感染为 24 h。幼鹅发生本病常呈急性经过，出壳后 8 d 内的雏鹅尤易受感染，一个月内雏鹅，大多数在发病后 2 ~ 3 d 内死亡，也有拖延到 5 d 后才死亡的。雏鹅流行本病时，死亡高峰是在 5 ~ 15 d，3 周龄以后逐渐下降。日龄较大的幼鹅及成年鹅呈个别散发，死亡率低，病程拖得长。

患鹅食欲显著减少，或完全废绝，精神沉郁，待在一边，不爱活动，翅膀下垂，羽毛松乱，嗜睡，对外界反应冷漠。

随着病情的发展，患鹅出现呼吸困难，张口伸颈，呼吸如打哈欠和打喷嚏样，一般不发出明显的"咯咯"声。由于呼吸困难，颈向上前方伸得很快，一伸一缩。口黏膜和面部青紫，呼吸次数增加。由于腹式呼吸牵动，全身像航行的小木舟上下升动；或两翼扇动，尾巴上下摇动。当把雏鹅放到耳旁，细听可听到沙哑的水泡声。当气囊破裂，呼气时发出尖锐的"嘎嘎"声。有时患鹅流出浆液性鼻液，病的后期下痢，排出黄色或绿色的稀粪。

患鹅还会出现麻痹状态，或发生痉挛或阵发性抽搐，出现摇头，头向后弯，甚至不能保持平衡而跌倒。有的病例（7 ~ 20 日龄）会发生曲霉菌性眼炎，其特征是眼睑黏合而失明。当眼炎分泌物积蓄多时，便会使眼睑鼓凸。

3. 病理剖检

曲霉菌病的病理变化在相当程度上取决于曲霉菌传染的途径和侵入机体的部位，其发生的病变或呈局限性或呈全身性。病变的主要特征是肺及气囊发生炎症，有时也发生于鼻腔、喉头、气管及支气管。典型病变则在肺部可见有针头大至粟粒大甚至更大的结节，颜色呈灰白色或淡黄色，这些小结节大量存在时，可融合为较大的结节，其特点是结节质地柔软，富有弹性或如软骨状，或橡皮样，切面见有层次结构，其中心呈均质干酪样的坏死组织，内含的菌丝体呈丝绒状，边缘不整齐，周围有充血区。有些病例肺部出现局灶性或弥漫性肺炎，很少形成结节，在这种情况下，肺组织出现病变，发炎过程使部分肺泡发生水肿。在接近支气管的下部、气囊或腹腔浆膜上用肉眼可见蓝灰色或蓝绿色的干酪样块状物，或可见菌丝斑，呈圆形突起，中心稍凹陷，形似碟状，呈绿色或深褐色，用小棍子拨动时可见到粉状物（实际上是真菌的孢子）飞扬。有些病例见肝脏肿大，还可见灰白色的小结节。

4. 诊断

曲霉菌病的诊断，首先观察患鹅呼吸困难所表现的各种症状，尤其在张口吸气时，颈部气囊明显胀大，一起一伏，一般不发出"咯咯"声；其次是怀疑发生本病时立即调查垫草、孵化器等工具、饲料是否发霉；再次是尽可能多剖检几只病例，根据特征性的病理变化进行综合分析；最后通过镜检找霉菌，对本病不难确诊。

5. 预防与治疗

防止本病发生的根本办法是贯彻"预防为主"的措施。搞好孵化室及育雏室的清洁卫生工作，不使用发霉的垫草和饲料，是预防本病的重要措施。梅雨季节为了预防本病的发生，可在每千克饲料中加入 50 万单位的制霉菌素喂饲雏鹅，喂 3 d 停 2 d 为一疗程，连用 2 ～ 3 个疗程。

发病鹅群每千克饲料加入 100 万单位制霉菌素，连喂 5 ～ 7 d，并以 1/2 000 ～ 1/3 000 的硫酸铜溶液作饮水，连用 5 ～ 7 d。以上措施会很快降低鹅的死亡率，迅速控制病程。

四、鹅常见寄生虫病防治

（一）鹅绦虫病

鹅体内寄生有多种绦虫，包括片形皱缘绦虫、某些膜壳绦虫（如冠状膜壳绦虫、巨头膜壳绦虫、缩短膜壳绦虫等）和矛形剑带绦虫等，其中以矛形剑带绦虫危害最严重。矛形剑带绦虫主要危害数周到 5 月龄的鹅，感染严重时会表现出明显的全身性症状。青、成年鹅也可感染，但症状一般较轻，患鹅发育受阻，感染 1 周龄内鹅死亡率甚高（60% 以上），带黏液性的粪便很臭，可见虫体节片。

1. 病原

矛形剑带绦虫的成虫长达 11 ～ 13 cm，宽 18 mm。顶突上有 8 个钩排成单列。成虫寄生在鹅的小肠内。孕卵节片随禽粪排出到外界。孕卵节片崩解后，虫卵散出。虫卵如果落入水中，被剑水蚤吞食后，虫卵内的幼虫就会在其体内逐渐发育成为似囊尾蚴的剑水蚤。当鹅吃到了这种体内含有似囊尾蚴的剑水蚤，就会发生感染。在鹅的消化道中，似囊尾蚴能吸着在小肠黏膜上并发育为成虫。

2. 症状

患鹅首先出现消化功能障碍的症状，排出灰白色或淡绿色稀薄粪便，污染肛门四周羽毛，粪便中混有白色的绦虫节片，食欲减退。病程后期患鹅拒食，口渴增加，生长停滞，消瘦，精神萎靡，不喜活动，常离群独居，翅膀下垂，羽毛松乱。有时呈神经症状，运动失调，走路摇晃，两腿无力，向后面坐倒或突然向一侧跌倒，不能起立。发病后一般1～5 d死亡。有时，由于其他不良环境因素（如气候、温度等）的影响，而使大批幼年患鹅突然死亡。

3. 剖检特征

病死鹅血液稀薄如水，剖检可见肠黏膜肥厚，呈卡他性炎症，有出血点和米粒大、结节状溃疡，十二指肠和空肠内可见扁平、分节的虫体，有的肠段变粗、变硬，呈现阻塞状态。心外膜有明显出血点或斑纹。

4. 诊断

可根据粪便中观察到的虫体节片及小肠前段的肠内虫体做出诊断。

5. 防治措施

剑水蚤在不流动的水里较多，因此，鹅群应尽可能放养在流动且最好是水流较急的水面，避开剑水蚤繁衍生活较多的死水塘（池）等处。幼鹅与成鹅要分开饲养、放养。对感染绦虫的鹅群应进行有计划的药物驱虫。

药物治疗最好采用直接填喂法，可以用以下药物进行治疗：

（1）硫氯酚（别丁），使用剂量为每千克体重150～200 mg，一次喂服，也可按1∶30的比例与饲料混合，揉成条状或豆大丸状剂型填喂。吡喹酮，使用剂量为每千克体重10 mg，一次喂服。

（2）氯硝柳胺（灭绦灵、血防–67），使用剂量为每千克体重50～60 mg，一次喂服便可以杀死绦虫头节，促使虫体排出，利于排除隐患。

（3）阿苯达唑进行治疗，混饲方便，但用药时间长且需要3～5 d才能排出虫体。

（二）鹅球虫病

鹅球虫病主要是由艾美尔科艾美尔属及泰泽属的球虫寄生于鹅的肾脏和肠道所引起的一种原虫性疾病，是鹅的主要寄生虫病之一。本病主要发生于小鹅，成年鹅多为带虫者，成为传染源。鹅因食入受感染性卵囊污染的饲料及饮水而感染。各个品种的鹅均可发生本病。

1. 症状

鹅球虫按寄生部位不同，可分为寄生于肾和寄生于肠道的两种类型。

（1）肾球虫病。肾球虫病由具有强大致病力的截形艾美尔球虫所引起，本种球虫分布很广，对3～12周龄的鹅有致病力，其死亡率最高可达100%，甚至引起暴发流行。本病发病急，病鹅精神沉郁，衰弱，拉白色稀粪，厌食，翅下垂，目光呆滞，眼睛凹陷。幸存者歪头扭颈，步态摇晃或以背卧地，剖检变化为肾肿大，由正常的淡红色变成淡灰黄或红色，可见有针头状大小的白色病灶或条纹状出血斑点，在灰白色病灶中含有尿酸盐沉积物及大量卵囊。

（2）肠道球虫病。寄生于鹅肠道的球虫中，以柯氏艾美尔球虫和鹅艾美尔球虫的致病力为强，能引起严重发病和死亡；其次为有害艾美尔球虫，其他种致病力较弱。鹅艾美尔球虫引起出血性肠炎，病鹅厌食，步态蹒跚，下痢，衰弱，小肠肿大，充满浓稠淡红棕色液体。小肠中下段有卡他性肠炎，肠黏膜出血糜烂，有假膜覆盖，或假膜脱落，并与粪便等内容物形成坚实的肠栓子，阻塞肠管。

2. 诊断

刮取假膜压片（或取肾组织压片）镜检，发现大量的裂殖体和卵囊；取肠内容物涂片镜检，查出大量卵囊即可确诊。

3. 防治

（1）加强饲养管理，及时清除粪便，更换垫料，保持清洁卫生。饲舍保持干燥，防止鹅粪污染饲料及饮水。小鹅和成鹅分开饲养。

（2）在饲料中添加抗球虫药物，对病鹅可选用下列药物治疗：

氯苯胍：80 mg/kg 混料，连用 3 d，再用 40 mg/kg 混料喂 3 d。配合其他抗生素使用，效果更好。

盐霉素：60 mg/kg 混料喂。

磺胺六甲氧嘧啶：0.05% 浓度混料，连喂 3 ～ 5 d。

广虫灵：按 0.05% 浓度混料，连喂 5 d。

五、鹅常见普通病防治

（一）雏鹅"水中毒"

在育雏期间的雏鹅，由于各种原因造成饮水不足，一旦遇水即暴饮，体内突然增加大量水分，使渗透压失去平衡，导致组织内大量蓄水，继而进入细胞内而出现水肿，以脑细胞为甚，这种现象称水中毒。

1. 临床症状

雏鹅水中毒一般发生于暴饮后半小时左右，表现为呼吸急促，缩颈垂翅，精神沉郁，嘴里流出黏液或白沫，排出水样稀粪。食管膨大部胀满，触之有波动感，皮肤发紫。张口摇头或频频回顾食管膨大部。肌肉震颤，步态不稳，靠墙或依附其他鹅只行进，两脚急步呈直线后退，或转圈，即使碰撞墙壁或其他障碍物也不调头转向。有的病例表现嗜睡，眼睑浮肿，眼围增大，足后出现痉挛、抽搐，倒地后两肢做游泳状摆动。触摸皮肤有过敏感觉，似有疼痛感并发出尖叫声。急性中毒者会突然仰卧倒地，昏迷而死。耐过者，生长发育严重受阻。部分病鹅经过一段时间后可康复。

2. 病理变化

食管壁大部分和腺胃含有大量带泡沫状的黏液性分泌液或水样液体；消化管膜轻度充血，肠管黏膜用刀背轻刮易脱落；呼吸道内含有少量泡沫状分泌液；其他器官无明显异常。

3. 预防

（1）预防雏鹅水中毒，就要防止雏鹅脱水，导致雏鹅脱水原因很多，主要包括：育雏舍温度低，雏鹅怕冷扎堆取暖，饮水量减少；饮水器少，或分布不均，或饮水器放置位置不合理，导致雏鹅饮水不足；从外地引入雏鹅，长途运输途中未能及时补给水分，加上到达场地后受惊，不熟悉饮水器位置等，导致雏鹅体内严重缺水。因此，根据脱水原因及时调整措施：要控制好育雏舍温度，提供舒适环境，一旦发现雏鹅扎堆，轻轻驱散，使雏鹅有更多机会接触饮水器；饮水器要摆放均匀、数量充足，位置要固定；长途运输雏鹅时，运前让其饮足水，或喂湿饲料。若运输时间较长，可在途中选择一个避风的合适地点补给饮水，水中添加 5% 葡萄糖（或白糖水）和 0.1% 维生素 C。

（2）一旦雏鹅发生脱水，不要马上给过多饮水，应分多次有节制少量给水，然后再让其自由饮水，防止其突然暴饮而造成水中毒。可在饮水中加入口服补液盐，口服补液盐的配方是：葡萄糖 20 g、氯化钠 3.5 g、氯化钾 1.5 g、碳酸氢钠 2.5 g，将上述药品溶解在 1 000 mL 凉开水中并装在清洁的容器里，然后倒入饮水器中，让雏鹅自由饮用，每次少给，要勤给。

4. 治疗

若发生水中毒，要马上停饮淡水，然后降低舍内的温度，加强通风，把雏鹅移到阴凉地方并把雏鹅散开，在饮水中添加电解多维、维生素 C 及少量的食盐，让雏鹅饮用，或供给生理盐水、糖盐水等。

（二）鹅软脚病

鹅软脚病的病因和症状表现极为复杂，它不是一种独立的疾病。因此，把多种病因引起鹅呈现软脚的一系列症状，称为鹅软脚症候群。临诊时见到鹅只呈现两脚发软的，都属软脚症候群。但这里主要是介绍非传染病引起的鹅脚发软，致使其站立不稳和走动困难等一系列症状的软脚病。

1. 病因

（1）主要是由于饲养管理条件不良所致。育雏环境寒冷潮湿，舍内缺乏阳光。饲养密度过大，运动不足。

（2）饲料营养不全，尤其缺乏维生素 D_3 及钙，尤其是钙磷的比例不恰当。

（3）较长时间的阴天，鹅只光照不足，更容易引起维生素 D_3 的缺乏，此时即使饲料中有足够的钙，也无法被鹅只吸收。

（4）维生素 B_1 缺乏也可以引起多发性神经炎和外围神经麻痹，脚无力，步伐不稳。

（5）维生素 B_2 缺乏也会引起脚趾弯曲，腿麻痹，走路困难。

（6）维生素 E 缺乏引起脑软化症，也能引起脚麻痹。

（7）红霉素与莫能霉素、盐霉素、甲基盐霉素等任一种抗球虫药合用时，也会引起腿无力和麻痹。

（8）有害的气体如一氧化碳、氨气、甲醛，也会引起脚软弱。

2. 临床症状

发病初期只见病鹅喜欢蹲伏，走几步就蹲下，跟不上大群，食欲不振，生长缓慢，接着出现两脚发软，走动无力，走得过急或过快时容易摔倒；随着病情的发展，患鹅不能正常站立和自由行动，移动时则关节触地爬行，甚至用两翼支撑着地，因而脚部容易磨损发炎、肿大、增厚而形成关节畸形。

3. 防治措施

（1）保持鹅舍干燥，搞好卫生，增加放牧时间，尽量让鹅只多晒太阳。当阴天时间较长时，要注意在饲料中添加维生素 D_3。

（2）饲料的配合要全面，雏鹅要以全价颗粒料为主。

（3）当出现软脚病鹅时，将患鹅集中隔离饲养，每只肌内注射维丁胶性钙注射液 2 mL，每天 1 次，2～3 d 为一疗程。其他鹅喂给益生素、多种维生素（特别是维生素 A+维生素 D_3），饲料中添加贝壳粉或碳酸钙，按每只鹅 0.5 mg，以减少本病的发生。

（三）有机磷中毒

有机磷农药有剧毒，其种类很多，如敌百虫、敌敌畏、对硫磷、马拉松、乐果等。鹅因误食了施用过有机磷农药的蔬菜、谷类、牧草或被农药污染的塘水，都会发生中毒。

1. 症状

病鹅突然停食，精神不安，运动失调，瞳孔明显缩小，流泪，大量流涎，频频摇头和做吞咽动作，肌肉震颤，下痢，呼吸困难，体温下降，最后抽搐、昏迷而死。

2. 防治措施

（1）预防。本病应以预防为主，农药的保管、贮存和使用必须注意安全。严禁用含有机磷农药的饲料和水喂鹅。放牧地如喷洒过农药或被污染，有效期内不能放牧。一般不要用敌百虫作鹅的内服驱虫药，但可用其消除体表寄生虫，用时注意浓度不要超过 0.5%。

（2）治疗。中毒初期，可用手术法切开皮肤，钝性分离食道膨大部，纵向切开 2～3 cm，将其中毒性内容物掏出或挤出，用生理盐水冲洗后缝合。然后，静脉注射或肌内注射解磷定，成鹅每只每次 0.2～0.5 mL，并配合使用阿托品，成鹅每只每次 1～2 mL，20 min 后再注射 1 mL，以后每 30 min 服阿托品 1 片，连服 2～3 次，并给充足的饮水。如是雏鹅，则依体重情况适当减量，体重 0.5～1.0 kg 的小鹅，内服阿托品 1 片，15 min 后再服 1 片，以后每 30 min 服半片，连服 1～3 次。针对以上治疗方法，同时配合采用 50% 葡萄糖溶液 20 mL 腹腔注射、0.2 g 维生素 C 肌内注射，每天 1 次，连续 7 d。待症状减轻后，针对腹泻不止，在饮水中，按每千克体重 25 mL 投入复方敌菌净，连续 1 d，以防脱水。若对硫磷中毒，病鹅用 1% 石灰水上清液或 3% 碳酸氢钠溶液灌服，每只鹅 3～5 mL。需要注意的是，敌百虫中毒不能服用石灰水，因石灰水能使敌百虫变成毒性更强的敌敌畏。

（四）中暑

中暑是日射病与热射病的总称，又称为热衰竭症，是炎热夏季常发生的疾病。鹅只可以大群发生，尤以雏鹅更常见。

1. 病因

中暑的主要原因是高温、闷热和高湿、高热。鹅只在烈日下暴晒，使头部血管高度扩张而引起脑膜急性充血，从而致使中枢神经系统机能障碍。鹅只缺乏汗腺，羽毛致密，长时间在灼热的地面上活动或停留就容易发生日射病。在高温季节若饲养密度大，环境潮湿，饮水不足，湿度大而闷热，通风不良，体内的热量难以散发而引起热射病。我国南方在夏季常出现晴雨变化无常的天气情况，鹅群（尤其是雏鹅）放牧时在阳光直射下暴晒，突然被雨淋湿后，又直接赶回鹅舍，在高度湿热的环境中，也容易引起中暑。

2. 临床症状

日射病以神经症状为主，患鹅烦躁不安、颤抖，有些病鹅乱蹦乱跳，甚至在地上打滚，体温升高，眼结膜发红，痉挛，最后昏迷倒地而死。病理变化以大脑和脑膜充血、出血和水肿为主。

发生热射病时，鹅表现为呼吸急促，张口伸颈呼吸，翅膀张开而垂下，口渴，体温升高，打战，走路不稳，痉挛，昏迷倒地，常引起大批死亡。其病理变化以大脑和脑膜充血、出血，全身静脉淤滞，血液凝固不良，尸冷缓慢为特征。

3. 预防

高温季节，尽量避免在烈日下放牧，池塘边应搭盖凉棚遮阴。育雏时应降低饲养密度，鹅舍要通风，尤其应注意打开地脚窗，要有充足的冷水供其自由饮用。夏天放牧应早出晚归，尽量走阴凉牧道，选择凉爽的牧地，并有充足的水源。

4. 治疗

一旦发生中暑，应立即进行急救。把鹅赶下水降温，或转移到阴凉通风处，先泼洒冷水降温（个别严重的病鹅可以放在冷水里浸一会），或给予维生素C、红糖水任其自由饮用；严重者可以喂饮8～10滴水；也可大群喂服酸梅汤加冬瓜水或红糖水解暑。

📖 知识链接与课堂讨论

知识链接：

农技学堂——如何提高鹅病诊断的准确率？

第一步：观察。当发现鹅群不正常，或者出现死鹅的时候，先不要慌张，要对鹅群进行细致的观察。观察的内容有：大群的精神状态；是否有闭眼呆立的、精神极度沉郁的，所占比例有多少；是否有惊群、乱飞的现象；是否有张口伸颈呼吸的现象；采食量和饮水量是否下降，下降的幅度有多大；水线、料线是否干净通畅；是否有拉稀现象；是否有红、黄、白、绿或黑色等颜色粪便；粪便是否干燥，是否呈现细长条；肛门是否被粪便污染等；产蛋量是否减少。观察并发现问题后应逐条记录。

第二步：听。听呼吸道的声音清脆还是浑浊；大声怪叫还是细微的啰音；咳嗽的频率有多快？比例有多少？呼吸道症状集中在靠门的一边，还是集中在鹅舍最中间的部位。听的时候要在夜间进行，因为夜间听得更清楚。对于不太容易分辨的声音，或者比较细微的声音，需要静静地站在鹅舍里面 10 min 以上才能听清楚。且在通过听诊发现问题后应逐条记录。

第三步：想。想想最近几天管理上有没有失误；通风是否过头，还是没有通风；温度控制是否出现高低起伏；防疫工作是否做到位了；鹅群有没有受到过强烈的应激；天气有何变化；是否有刮风下雨，还是空气燥热发闷了；想鹅群的前后变化，鹅群以前是什么状态，雏鹅是什么状态，是一直不断地零星死亡，还是突然间出现的死亡。想到最近发生的问题，逐条记录。

第四步：解剖。解剖是个大难题，因为不知道要解剖哪些部位。其实解剖并不困难，只要细致耐心。把死鹅摆放在一起，从多个角度拍照，把鹅皮一点一点剥开，剪开腹腔，用手术剪尖轻轻地把各种器官剥离，一样一样取出来，肝、心、脾、肺、气管、腺胃、肌胃、肠道等，摆放在一起，逐个拍照片。即便不认识哪个器官或者搞不清楚功能也没关系，只要看到就把它拿出来拍照，将照片储存起来。

第五步：问。就是选择比较信任的老师或专家，通过微信发送照片和语音，或者直接打电话沟通，将这些问题告诉他们，让他们帮助进行综合分析与判断，这样可以提高诊断的准确率。

课堂讨论： 如何指导养殖户科学养鹅，怎样提高鹅的抗病能力并解决生产中发生的实际问题。

🧰 工作手册

鹅的饲养管理及疾病防治工作手册

工作任务	工作流程	工作内容	注意事项
任务一：育雏准备	1.检修育雏舍	育雏舍设备检修	
	2.育雏舍消毒	（1）清扫。 （2）消毒	
	3.升温	育雏舍要提前1 d就开始预温，将温度保持在28～30 ℃	
	4.育雏计划制订	育雏计划内容：育雏总数、批数、每批数量、时间、饲料、疫苗、药品、垫料、器具、育雏期操作、光照计划等	

工作任务	工作流程	工作内容	注意事项
任务二：鹅苗的选择	1.品种选择	（1）鹅品种识别。 （2）根据养殖场实际情况，选择不同品种的鹅苗	
	2.挑选优质鹅苗	优质鹅苗特征与公母鉴定	
	3.运雏与接雏	（1）运输计划的制订：运输工具、路线、时间等。 （2）运输途中雏鹅的饲养管理。 （3）鹅苗到场的接雏	
任务三：育雏	1.育雏方式选择	根据育雏舍条件选择合理育雏方式，做到全进全出	
	2.潮口	保证出壳后20～24 h进行，结合雏鹅的动态灵活掌握	
	3.开食	潮口后即可喂料，可将饲料撒在浅食盘或塑料布上	
	4.环境控制	（1）看"鹅"施温。 （2）观察温湿度计：相对湿度控制在60%～70%。 （3）通风换气：以人进入舍内不感觉闷气，不刺激眼、鼻为宜。 （4）光照控制：一般每天的光照以保持在16～18 h为宜，1～3 d，保证光照时间23～24 h，以后每天减少1 h，3周以后完全采用自然光照	
	5.饲养管理	（1）合理的饲养密度：1～7日龄为15～20 只/m²，8～14日龄为10～15 只/m²，15～21 日龄为10 只/m²，22～30 日龄为6 只/m²。 （2）分群与组群：以100～200 只为宜，根据育雏天数分群。 （3）放水与放牧。 （4）观察育雏鹅苗动态。 （5）勤做清洁卫生	
任务四：后备种鹅饲养管理	1.引种	种鹅应符合品种特征，繁殖性能好，有较强的适应能力	

工作任务	工作流程	工作内容	注意事项
任务四：后备种鹅饲养管理	2.后备种鹅选择	（1）公鹅选择与母鹅选择：符合品种特征。 （2）选择时间：出雏、育雏结束、70～80日龄、150～180日龄。 （3）公母比例合理	
	3.饲养管理	（1）放牧为主的饲养方式。 （2）限制饲养。 （3）分群饲养。 （4）强制拔羽	
任务五：种鹅的饲养管理	1.产蛋前期的饲养管理	（1）开产前种鹅选留。 （2）公母合群与调群。 （3）日常管理	
	2.产蛋期的饲养管理	（1）调整日粮营养水平。 （2）保持适宜的配种公母比。 （3）合理控制种鹅的光照。 （4）洗浴。 （5）放牧管理。 （6）捡蛋	
	3.休产期的饲养管理	（1）鹅群整理。 （2）强制换羽	
任务六：商品鹅的饲养管理	1.饲养方式选择	放牧、舍饲、放牧+舍饲	
	2.育肥	（1）放牧育肥。 （2）舍饲育肥。 （3）人工填饲育肥	
任务七：鹅病的防治	1.鹅病的预防	（1）制订防疫制度。 （2）计划免疫，提前预防。注意疫苗的类型、疫苗免疫途径，做好血清学监测，防止免疫失败。 （3）加强饲养管理	
	2.鸭病的治疗	（1）药物治疗。治疗的重点是病鹅和疑似病鹅，但对假定健康鹅的预防性治疗也不能放松。注意事项：①进行抗生素治疗之前，应考虑有无其他的选择；②应在兽医或兽医顾问的指导下选择和使用抗生素；③在进行抗生素治疗之前，应根据发病和死亡情况，选择有典型症状的病例并采集病料进行细菌培养和药敏试验；④禽类的病毒、真菌及其他非细菌性感染不应使用抗生素治疗。 （2）护理和辅助治疗	

实训一　鹅活拔羽绒技术

一、目的要求

掌握鹅活拔羽绒的操作方法与技术。

二、材料与用具

仔鹅、后备种鹅、休产期的种鹅若干只、70% 酒精、0.2% 高锰酸钾、药棉、消毒用药水、板凳、秤、围栏、装羽绒的容器（纸箱、塑料桶、布口袋等）。

三、操作方法

1. 拔羽前的准备

（1）拔羽鹅只的准备。仔鹅、后备种鹅、休产期的种鹅都可以拔羽，活拔羽绒的前 1 d 应停食，只供给饮水；活拔羽绒的当天应停止饮水，以防粪便污染羽绒和操作人员的衣服。拔毛前 10 min 给每只初次进行拔毛的鹅灌 10 mL 白酒，使毛囊扩张，皮肤松弛，既容易拔毛，又减轻鹅的痛苦。

（2）场地和用具准备。天气晴朗、温度适中，选择向阳背风的场地，将地面打扫干净。准备好围栏、消毒药水和放鹅绒的容器等。在拔毛前几天进行抽样检查。

（3）检查拔羽鹅。在拔羽绒前，应对鹅群进行抽样检查，观察鹅羽毛羽绒生长情况，鹅羽绒的根部干枯并且无血管时方可进行拔绒。

2. 保定鹅体

（1）双腿保定法。操作者坐在板凳上，先用绳捆住鹅的双脚，将鹅头朝向操作者，背置于操作者腿上，用双腿夹住鹅只，然后拔羽。该方法较为常用。

（2）半站立式保定。操作者坐在板凳上，先用手抓住鹅颈上部，使鹅呈站立姿势，然后用双脚踩在鹅两脚的趾和蹼上面，使鹅体向操作者前倾，然后拔羽。该方法比较省力、安全。

（3）卧地式保定。操作者坐在板凳上，用右手抓鹅颈、左手抓鹅的两腿，将鹅伏着横放在地面上，左脚踩在鹅颈肩交界处，然后拔羽。该方法虽然可以使保定牢固，但掌握不好易使鹅体受伤。

3. 拔羽操作

（1）拔羽部位。鹅的肩部、胸部、颈下部、腹部、两肋、背部绒毛均可活拔。

（2）拔羽的顺序。拔羽的顺序一般从胸上部开始拔，从胸到腹、从左到右。胸腹部拔完后，再拔体侧、颈部和背部的绒毛。一般先拔片羽，后拔绒。

（3）具体操作：生产中常采用毛绒分拔法，用左手按住鹅体皮肤，用右手的拇指、食指和中指捏住片毛的根部，一撮一撮地一排排紧挨着拔毛，片毛拔完后再将绒毛拔下来。活拔羽绒时，为避免拔断，拔绒时要迅速，用力要均匀，捏绒毛宁少勿多。拔片羽时每次2～4根为宜，不可垂直往下拔或东拉西扯，以防撕裂皮肤。主、副翼羽和尾羽可不拔。如果不小心将鹅的皮肤拔伤，要立即在伤处涂抹消毒药水（紫药水、碘酊等），并注意改进手法。

4. 活拔羽绒的包装与贮藏

拔下的羽绒按片羽和绒羽分开装袋。羽绒包装多采用双层包装，即内衬厚塑料袋，外套塑料编织袋。包装时要尽量轻拿轻放，分层用绳子扎紧，然后置于干燥、通风的室内保存。保存时要防霉、防潮、防蛀、防热等。

5. 活拔羽绒后鹅的饲养

拔羽后的鹅要加强管理，3 d内不在强烈阳光下放养，7 d内不要让鹅下水和淋雨。在饲料中增加蛋白质的含量，补充微量元素、维生素，适当补充精料。另外，若发现活拔羽绒后鹅出现病态，要及时处理。

技能考核： 根据实训条件，每名学生活拔羽绒1～2只。教师应根据学生操作环节、保定效果、拔羽情况等进行考核。

实训报告： 学生记录拔羽操作过程并测定毛片和羽绒的质量与比例，写下实训报告。

 **项目思考**

1. 种鹅的饲养管理要点有哪些？

2. 一肉鹅养殖场需要给一批数量为5 000只的雏鹅进行小鹅瘟疫苗免疫，作为主管兽医，你打算开一个工作会，将此工作安排给场内的5名刚招进的技术员，请你拟一份详细的会议发言，对免疫过程中的技术要求和关键细节做特别强调，以保证本次免疫能够取得满意效果。

3. 某鹅场刚出栏了一批肉鹅，需要对圈舍进行彻底消毒，便于下一批次的肉鹅饲养，请制订一份详细的消毒计划，以利于相关员工能够根据此消毒计划开展消毒工作。

4. 某鹅场近几天出现了不明原因的肉鹅死亡病例，死亡主要发生在2～3月龄的肉鹅，为查明死亡原因并及时采取措施减少损失，现需要对部分死亡肉鹅进行解剖。作为该鹅场的技术总监，你要指导3名实习生完成了此项工作，请详细表描述指导过程。

1. （　　　）是长寿家禽。

    A. 肉鸡   B. 鹌鹑

    C. 鸭   D. 鹅

    E. 蛋鸡

2. 家禽中（　　　）对粗纤维的消化力较强。

    A. 肉鸡   B. 蛋鸡

    C. 鸭   D. 鹅

    E. 火鸡

3. 不属于鹅生活习性的是（　　　）。

    A. 喜水性   B. 食草性

    C. 不合群性   D. 耐寒怕热

    E. 喜扎堆

4. 雏鹅在温度适宜时的表现为（　　　）。

    A. 分布均匀   B. 活动正常

    C. 无扎堆现象   D. 以上都对

    E. 以上都不对

5. 确诊鹅流感最可靠的方法是（　　　）。

    A. 酶联免疫吸附实验   B. 反转录聚合酶链式反应

    C. 电镜观察   D. 平板凝集

    E. 病毒分离鉴定

附录 "家禽饲养工"国家职业标准

1. 职业概况

1.1 职业名称

家禽饲养工。

1.2 职业定义

从事家禽和特种禽类日常饲养、管理、疫病预防的人员。

1.3 职业等级

本职业共设五个等级，分别为：初级（国家职业资格五级）、中级（国家职业资格四级）、高级（国家职业资格三级）、技师（国家职业资格二级）和高级技师（国家职业资格一级）。

1.4 职业环境条件

室内、外，常温。

1.5 职业能力特征

具有一定的学习能力、表达能力、计算能力、空间感和实际操作能力，动作协调。视觉、听觉、嗅觉正常。

1.6 基本文化程度

初中毕业。

1.7 培训要求

1.7.1 培训期限

全日制职业学校教育，根据其培养目标和教学计划确定。晋级培训期限：初级不少于180标准学时；中级不少于150标准学时；高级不少于120标准学时；技师、高级技师不少于80标准学时。

1.7.2 培训教师

培训初级、中级、高级的教师应具有本职业高级及以上职业资格证书或本专业中级及以上专业技术职务任职资格；培训技师和高级技师的教师应具有本专业高级以上专业技术职务任职资格。

1.7.3　培训场地与设备

具有满足教学需要的标准教室，具备常规教学用具和设备的实验室和场地。

1.8　鉴定要求

1.8.1　适用对象

从事或准备从事本职业的人员。

1.8.2　申报条件

——初级（具备以下条件之一者）

（1）经本职业初级正规培训达规定标准学时数，并取得结业证书。

（2）在本职业连续见习工作1年以上。

（3）本职业学徒期满1年以上。

——中级（具备以下条件之一者）

（1）取得本职业初级职业资格证书后，连续从事本职业工作2年以上，经本职业中级正规培训达规定标准学时数，并取得结业证书。

（2）取得本职业初级职业资格证书后，连续从事本职业工作3年以上。

（3）连续从事本职业工作4年以上。

（4）取得经劳动保障行政部门审核认定的、以中级技能为培养目标的中等以上职业学校本职业（专业）毕业证书。

（5）大专以上本专业或相关专业毕业生。

——高级（具备以下条件之一者）

（1）取得本职业中级职业资格证书后，连续从事本职业工作3年以上，经本职业高级正规培训达规定标准学时数，并取得结业证书。

（2）取得本职业中级职业资格证书后，连续从事本职业工作4年以上。

（3）取得经劳动保障行政部门审核认定的、以高级技能为培养目标的高等职业学校本职业（专业）毕业证书。

（4）大专以上本专业或相关专业毕业生从事本职业工作1年以上。

——技师（具备以下条件之一者）

（1）取得本职业高级职业资格证书后，连续从事本职业工作2年以上，经本职业技师培训达规定标准学时数，并取得结业证书。

（2）取得本职业高级职业资格证书后，连续从事本职业工作3年以上。

（3）取得本职业高级职业资格证书的高级职业学校本职业（专业）毕业生，连续从事本职业工作2年以上。

——高级技师（具备以下条件之一者）

（1）取得本职业技师职业资格证书后，连续从事本职业工作3年以上，经本职业高级技师培训达规定标准学时数，并取得结业证书。

（2）取得本职业技师职业资格证书后，连续从事本职业工作4年以上。

1.8.3 鉴定方式

分理论知识考试和技能操作考核。理论知识考试采用闭卷笔试方式，技能操作考核采用现场实际操作方式。理论知识考试和技能操作考核均实行百分制，成绩皆达 60 分及以上者为合格。技师和高级技师资格还须经进行综合评审。

1.8.4 考评人员与考生配比

理论知识考试考评人员与考生配比为 1 ∶ 20，每个标准教室不少于 2 名考评人员；技能操作考核考评员与考生配比为 1 ∶ 5，且不少于 3 名考评员。综合评审委员不少于 5 人。

1.8.5 鉴定时间

理论知识考试时间为 90 分钟；技能操作考核时间：初级、中级、高级不少于 30 分钟，技师和高级技师不少于 60 分钟。综合评审时间不少于 60 分钟。

1.8.6 鉴定场所和设备

理论知识考试在标准教室进行；技能操作考核在工作现场进行，并配备符合相应等级考试所需的动物、用具及设备等。

2. 基本要求

2.1 职业道德

2.1.1 职业道德基本知识

2.1.2 职业守则

（1）诚实守信，尽职尽责。

（2）尊重科学，科教兴农。

（3）遵纪守法，爱岗敬业。

（4）团结协作，求实奉献。

（5）规范操作，保护生态。

2.2 基础知识

2.2.1 安全知识

（1）安全生产常识。

（2）养禽机械设备使用常识。

2.2.2 专业基础知识

（1）家禽解剖生理知识。

（2）家禽遗传育种知识。

（3）家禽营养与饲料知识。

（4）家禽环境控制与保护知识。

（5）家禽饲养管理知识。

（6）家禽疫病预防知识。

2.2.3　相关法律法规知识

（1）《中华人民共和国劳动法》的相关知识。

（2）《中华人民共和国农业法》的相关知识。

（3）《饲料和饲料添加剂管理条例》的相关知识。

（4）《饲料添加剂安全使用规范》的相关知识。

（5）《中华人民共和国动物防疫法》的相关知识。

（6）《兽药管理条例》的相关知识。

（7）《中华人民共和国环境保护法》的相关知识。

（8）《无公害农产品管理办法》的相关知识。

3. 工作要求

本标准对初级、中级、高级、技师和高级技师的技能要求依次递进，高级别涵盖低级别的要求。

3.1　初级

职业功能	工作内容	技能要求	相关知识
一、家禽饲养	（一）饲料和禽种识别	1.能够看懂饲料标签。 2.能够识别饲料原料、配合饲料、浓缩饲料和预混合饲料种类。 3.能够识别禽种的外貌特征	1.饲料标签知识。 2.饲料原料、配合饲料、浓缩饲料和预混合饲料知识。 3.禽种的外貌特征
	（二）饲喂技术	1.能分类保管饲料。 2.能进行雏禽初饮、开食操作。 3.能使用各种喂料器给家禽供料。 4.能使用各种饮水器给家禽供水	1.饲料的保管方法。 2.雏禽的开食方法。 3.家禽喂饮设备的使用常识
二、家禽管理	（一）生产准备	1.能清扫、消毒禽舍及其设施。 2.能准备常用养禽器具。 3.能摆放喂料器和饮水器	禽舍主要设施、设备、器具的种类和作用
	（二）禽舍环境调控	1.能读懂温湿度计。 2.能使用控温和控湿设施设备进行温度和湿度的控制操作。 3.能使用通风和光控设备进行通风和光照控制操作	1.温湿度计的使用方法。 2.禽舍通风、光控设备的使用方法

职业功能	工作内容	技能要求	相关知识
二、家禽管理	（三）生产阶段管理	1.能接运各阶段家禽转群。 2.能对肉禽出栏进行停食、供水、装车。 3.能利用称具称测家禽的体重、蛋重。 4.能按次集蛋、装箱和存放。 5.能填写现场生产记录	1.家禽转群要求。 2.肉用家禽出栏要求。 3.家禽体重、蛋重的称测方法。 4.禽蛋集蛋、装箱和存放要求。 5.养禽现场生产记录的填写方法
三、家禽疫病预防	（一）养禽场卫生控制	1.能清理、洗刷和消毒喂饮器具。 2.能进行禽舍、用具、水池、舍外环境、人员、禽体的消毒操作。 3.能对禽粪及废弃物进行物理性堆积处理	1.养禽场常用的消毒方法。 2.常用消毒器具的使用方法。 3.禽粪堆积处理方法
	（二）禽病预防	1.能观察出禽群的异常行为。 2.能发现病、弱禽个体。 3.能进行投药操作。 4.能进行驱虫操作	1.家禽的异常行为。 2.病禽的临床表现。 3.家禽投药方法。 4.家禽驱虫方法

3.2　中级

职业功能	工作内容	技能要求	相关知识
一、家禽饲养	（一）饲料和禽种识别	1.能识别家禽各生产阶段使用的饲料种类。 2.能识别禽种的经济类型。 3.能描述各阶段家禽的品质要求	1.家禽各生产阶段使用的饲料种类知识。 2.不同禽种的生产性能标准及品质标准
	（二）饲喂技术	1.能用感官判断饲料和饮用水的品质。 2.能确定雏禽开食时间和方法。 3.能够训练和观察家禽的采食、饮水。 4.能进行换料过渡操作。 5.能操作机械化的饲喂设备	1.饲料和饮水的品质感官判断方法。 2.家禽采食、饮水行为特点。 3.家禽换料过渡方法。 4.养禽机械饲喂设备的操作方法
二、家禽管理	（一）生产准备	1.能计算饲养面积、密度和器具的数量。 2.能安置简单生产设备。 3.能维修简单生产器具	1.家禽饲养密度、主要设备、器具的需要标准。 2.养禽常用生产设备、器具的使用和维修方法

职业功能	工作内容	技能要求	相关知识
二、家禽管理	（二）禽舍环境调控	1.能设置和安装温湿度计。 2.能用风速仪测定禽舍的通风量。 3.能调节光照控制设备进行光照调整	1.禽舍温湿度计的安置方法。 2.风速仪的使用方法。 3.光照控制设备使用方法
	（三）生产阶段管理	1.能安排各阶段转群家禽入舍。 2.能使用断喙器给雏鸡进行断喙操作。 3.能对蛋品进行分级、消毒。 4.能安排肉禽出栏时间及主要设备、器具。 5.能汇总各种生产记录	1.断喙器的使用方法。 2.蛋品分级标准。 3.肉用禽送宰运输要求。 4.家禽生产资料的汇总方法
三、家禽疫病预防	（一）养禽场卫生控制	1.能对养禽场各区域采取隔离措施。 2.能采取防止鼠和鸟等野生动物污染饲料和饮水的措施。 3.能稀释配制各种消毒剂。 4.能对禽粪及废弃物进行化学性处理	1.养禽场的区域隔离措施。 2.饲料保管知识。 3.消毒剂使用方法。 4.禽粪的化学处理方法
	（二）禽病预防	1.能隔离处理病、弱家禽。 2.能进行免疫接种操作。 3.能进行家禽的采血操作	1.病患禽隔离处理措施。 2.家禽免疫接种操作方法。 3.家禽采血操作方法

3.3 高级

职业功能	工作内容	技能要求	相关知识
一、家禽饲养	（一）饲料调制	1.能按配方配制饲料。 2.能补充和调制各种饲料添加剂	1.家禽饲料配制技术。 2.家禽饲料和添加剂使用知识
	（二）饲喂技术	1.能确定家禽每天的饲料需要量、饲喂次数和饲喂时间。 2.能进行限制饲喂操作。 3.能实施肉用禽肥育及人工填饲操作	1.家禽的消化特点和饲料需要量标准。 2.家禽限制饲养方法。 3.肉用家禽肥育方法和人工填饲方法

职业功能	工作内容	技能要求	相关知识
二、家禽管理	（一）生产准备	1.能安装调试各种生产设备。 2.能维修禽舍及其设施。 3.能检验和校正各种生产设备、器具	1.主要生产设备的安装调试方法。 2.禽舍主要设施、设备、器具的使用知识
	（二）禽舍环境调控	1.能确定家禽各阶段的温湿度标准。 2.能计算禽舍通风量。 3.能制订家禽光照方案	1.各生产阶段家禽的环境温度湿度需要标准。 2.家禽对通风和光照的要求标准
	（三）生产阶段管理	1.能对禽群进行检查、挑选和分群工作。 2.能测定、统计体重均匀度和调整禽群。 3.能统计各种生产数据	1.优劣家禽的外形区别。 2.家禽体重均匀度的测定方法。 3.主要生产数据统计方法
三、家禽疫病预防	（一）养禽场卫生控制	1.能制订养禽场各区域隔离措施。 2.能对饮用水源进行消毒处理。 3.能对禽粪及废弃物进行生物学处理。 4.能操作污染物排放设备	1.养禽场的区域隔离措施。 2.饮用水源的消毒处理方法。 3.禽粪的生物学处理方法。 4.污染物排放设备的使用知识
	（二）禽病预防	1.能确定免疫用疫苗的种类及使用方法。 2.能确定预防投药、驱虫的时间和方法。 3.能临床诊断家禽的常见疾病	1.家禽免疫与疫苗使用。 2.家禽常见疾病预防及诊断知识

3.4 技师

职业功能	工作内容	技能要求	相关知识
一、家禽饲养	（一）饲料调制	1.能设计饲料配方。 2.能选定饲料原料。 3.能制订饲料供给计划	1.家禽饲养标准及饲料营养成分。 2.饲料配方设计原则。 3.家禽生产对饲料的需求
	（二）饲喂技术	1.能制订限制饲喂方案。 2.能制订肉用禽肥育及人工填饲措施。 3.能执行并指导本级以下人员实施饲养试验方案	1.限制饲养原理。 2.肉禽的生长发育规律及人工填饲要求。 3.家禽饲养试验要求

职业功能	工作内容	技能要求	相关知识
二、家禽管理	（一）生产准备	1.能对各种生产设备进行选型和组织安装自动化设备。 2.能改进禽舍及生产设施	1.养禽常用机械设备的工作原理。 2.禽舍主要设施设置要求
	（二）禽舍环境调控	1.能确定禽舍温度和湿度的控制方法。 2.能确定禽舍通风方式。 3.能确定禽舍的光照控制方法	家禽对温度、湿度、通风和光照需求的基本原理
	（三）生产阶段管理	1.能执行家禽各阶段的生产计划。 2.能分析各种生产指标的影响因素。 3.能执行影响生产的补救措施。 4.能制作生产报表	1.家禽各阶段生产特点。 2.影响家禽生产性能的主要因素。 3.家禽生产报表的主要内容及制作方法
三、家禽疫病预防	（一）养禽场卫生控制	1.能制订养禽场卫生防疫制度。 2.能选定各种消毒剂。 3.能进行病死禽的无害化处理。 4.能维护排放污染物的设施	1.养禽场卫生防疫要求。 2.消毒剂的消毒原理。 3.病死禽的无害化处理方法。 4.污染物排放设施的维护方法
	（二）禽病预防	1.能实施家禽的保健措施。 2.能组织本级以下人员执行发生传染病时紧急预防措施。 3.能制订免疫计划。 4.能观察出生产中家禽的应激反应	1.家禽保健与安全生产措施。 2.家禽常见疾病的预防措施。 3.家禽在生产过程中的主要应激反应
四、培训管理	（一）培训指导	1.能对本级以下人员进行理论培训。 2.能对本级以下人员进行实际操作指导	家禽饲养管理基础知识及实际操作技术
	（二）技术管理	1.能分析生产技术资料并写出技术报告。 2.能执行饲养试验方案。 3.能进行养禽生产成本分析	1.养禽生产主要技术资料分析方法与技术报告写作知识。 2.家禽饲养试验要求。 3.养禽生产成本构成

3.5 高级技师

职业功能	工作内容	技能要求	相关知识
一、家禽饲养	（一）饲料调制	1.能开发利用饲料资源。 2.能进行饲粮营养水平的调整	饲料营养与科学利用知识

职业功能	工作内容	技能要求	相关知识
一、家禽饲养	（二）饲喂技术	1.能制订家禽各生产阶段的饲养方案。 2.能检查饲喂效果。 3.能设计饲养试验方案	1.家禽各阶段生产性能指标。 2.饲喂效果的检查方法。 3.饲养试验方案设计方法
二、家禽管理	（一）生产准备	1.能确定家禽的饲养管理方式。 2.能制订家禽新品种的引进和饲养管理计划	1.家禽饲养管理基本原则。 2.家禽新品种引进的基本要求
	（二）禽舍环境调控	1.能设计禽舍温度和湿度控制设施。 2.能设计禽舍通风设施。 3.能设计禽舍的光照控制设施	养禽场温度、湿度、通风和光照综合调控知识
	（三）生产阶段管理	1.能制订各阶段家禽的生产计划。 2.能制订影响生产的补救措施。 3.能解决生产中的突发事件	1.家禽各阶段生产标准。 2.影响家禽生产性能的因素及机理
三、家禽疫病预防	（一）养禽场卫生控制	1.能制订饲料和饮用水品质控制措施。 2.能提出水源利用和处理意见。 3.能制订卫生消毒方案。 4.能制订养殖场污染物排放方案	1.饲料品质控制相关知识。 2.畜禽饮用水水质标准。 3.养禽场卫生消毒知识
	（二）禽病预防	1.能制订家禽的保健措施。 2.能制订发生传染病时紧急预防措施。 3.能审核免疫计划。 4.能分析家禽生产中应激产生的原因	1.家禽保健与安全生产知识。 2.家禽传染病的传播、诊断和预防知识。 3.生产中应激因素的种类及机理
四、培训管理	（一）培训指导	1.能编写培训教材。 2.能组织本级以下人员学习如何提高技能操作水平	1.培训教材的编写方法。 2.教育学心理学知识
	（二）技术管理	1.能组织本级以下人员进行技术革新。 2.能设计饲养试验方案。 3.能进行养禽生产的经济效益分析	1.养禽新技术的应用。 2.饲养试验方案设计方法。 3.养禽生产的经济效益分析方法

4. 比例表

4.1 理论知识

项目		初级/%	中级/%	高级/%	技师/%	高级技师/%
基本要求	职业道德	5	5	5	5	5
	基础知识	20	15	15	10	10

	项目		初级/%	中级/%	高级/%	技师/%	高级技师/%
相关知识	家禽饲养	饲料和禽种识别	5	5	—	—	—
		饲料调制	—	—	10	10	10
		饲喂技术	15	15	10	10	5
	家禽管理	生产准备	5	5	5	5	5
		禽舍环境调控	15	15	15	15	15
		生产阶段管理	20	25	20	15	15
	家禽疫病预防	养禽场卫生控制	10	10	10	10	10
		禽病预防	5	5	10	10	10
	培训管理	培训指导	—	—	—	5	5
		技术管理	—	—	—	5	10
合计			100	100	100	100	100

4.2 技能操作

	项目		初级/%	中级/%	高级/%	技师/%	高级技师/%
技能要求	家禽饲养	饲料和禽种识别	10	10	—	—	—
		饲料调制	—	—	10	10	10
		饲喂技术	20	20	20	15	10
	家禽管理	生产准备	10	10	10	5	5
		禽舍环境调控	15	15	15	15	15
		生产阶段管理	20	20	20	20	20
技能要求	家禽疫病预防	养禽场卫生控制	15	15	15	15	15
		禽病预防	10	10	10	10	10
	培训管理	培训指导	—	—	—	5	5
		技术管理	—	—	—	5	10
合计			100	100	100	100	100

2023 年动物疫病检疫检验全国职业院校技能大赛

动物疫病检疫检验大赛规程

参考文献

[1] 李和国，马进勇.畜禽生产技术 [M].北京：中国农业大学出版社，2016.

[2] 杨宁.家禽生产学 [M].3 版.北京：中国农业出版社，2022.

[3] 张玲.养禽与禽病防治 [M].北京：中国农业出版社，2019.

[4] 席克奇.禽类生产 [M].北京：中国农业出版社，2014.

[5] 陈合强，连京华，施海东.现代肉种鸡饲养管理新技术 [M].北京：中国农业科学技术出版社，2015.

[6] 陈浦言.兽医传染病学 [M].6 版.北京：中国农业出版社，2015.

[7] 李文刚，姚卫东，秦华.畜禽传染病与诊疗技术 [M].北京：中国农业大学出版社，2011.

[8] 关文怡，蒋增海.动物常见病防治 [M].北京：中央广播电视大学出版社，2015.

[9] 徐建义.禽病防治 [M].2 版.北京：中国农业出版社，2012.

[10] 王宝英，邓同炜，黄炎坤，等.新编禽病诊疗手册 [M].郑州：中原农民出版社，2006.

[11] 李雪梅，文平.养禽与禽病防治 [M].北京：中国轻工业出版社，2016.

[12] 周大薇.养禽与禽病防治 [M].成都：西南交通大学出版社，2014.